凌河 著

# "戏说"背后的迷雾

## 《司马心说》之卷四

上海文艺出版社

## 透过"戏说"的背面
### （代序）

建国65周年的金秋十月，习近平总书记两次批评历史虚无主义。共和国第一个全民公祭的法定"烈士日"刚刚过去，面对对于历史的淡忘曲解特别是对于先烈的那种流蜚，我们应该有所警觉。

事情似乎是从"戏说"而始——先是新编小说《沙家浜》出笼，阿庆嫂这个地下交通员，既同"有枪就是草头王"的胡司令睡觉，又做了"泰山顶上一青松"的郭建光的情妇，浴血抗战的新四军，被"解构"成土匪流寇，共产党人这个"中流砥柱"，被戏谑成草莽江湖。这样的"戏说"，竟也让人看出了"畅销"的"商机"，于是便来播新编电视剧《杨子荣》，我们的侦察英雄，居然与土匪头儿"共用"一个情人；又来上演新编话剧《红岩》，那叛徒甫志高，竟当着千百观众的面，用极为下流的语言调戏亵渎被捕的江姐——某些小说和舞台尽行"戏说"甚至"胡说"的同时，关于先烈的飞短流长，那些令人笑不出来的"段子"，在网上流转，在坊间流传，甚至还上了公开发行的媒体，比如刘胡兰临刑，说的不是"俺就是共产党员"，而是"俺舅是共产党"，又比如董存瑞舍身炸碉堡那一刻，高呼的不是"为了新中国，冲啊"，而是什么"再不要相信河南人"，连黄继光的扑碉堡、罗盛教的救人捐躯、邱少云的牺牲于烈火，都成了戏弄的对象。一片"戏说"之间，把洒满鲜血的革命战争，化成了轻佻的笑谈，将舍生就义的革命先烈，"漫画"成可笑的角色。

当然更有并不"戏说"的，近年以来，似乎"戏说"还不过瘾，便有进行所谓"严肃的研究"的——比如说"狼牙山五壮士"本是"散兵游勇"，因为"要吃要喝加打人"，才激起了村民向日寇告密，于是才有了围剿。又说英勇跳崖而牺牲的其中三人，其实早已被打死，只是日寇将其尸体丢下悬崖而已！这样的"考证"，据说只是依了一个再也找不到的"老先生"的"描述"，而当地尚存的老人尤其是幸存的壮士之一葛振林的亲历亲睹，却故意不闻不问。此类诽谤和诋毁，理所当然被告上了法庭，这就不是一场儿戏了。又比如说刘胡兰的死因，在她牺牲70年后的今天，居然有的博客"石破天惊"，说刘胡兰并非死于敌手，竟是被"颤抖的乡亲们"铡死的。这样的谎言，其实一看就是杜撰的，然而为什么还能在网上你转我贴呢？却更值得我们深思之。

虚无主义并不是一概虚无。"戏说"也好，"胡说"也罢，据说都只是一种"解构"，然而却更有"重构"的，就是在把先烈们"拉下神坛"踩在脚下的同时，一些反派人物，却又被捧到了天上——比如一个汪精卫，因为要"重新审视"，于是便来"分析"汪的"心路"，有着"独特的曲径"，更有"自毁"性格，就是"我不下地狱，谁下地狱"吧！所以不惜独自扛上"汉奸"罪名，执意要"闯虎穴"。汪之少年，不是行刺过清摄政王么？所以"甘为釜山柴薪，燃烧牺牲，造就革命胜利焰光"，竟成了汪的"心理特质"，而且"一脉相承"——"心路"之尽头，是汪精卫的"自我牺牲决心"，是他何等关心敌占区人民的疾苦，认为沦陷区的民众没有一个与日本人"沟通协调"的"中国人政府"怎么行，所以他来"担当"。你看拿一个汪某人，真"分析"出一点"牺牲精神"，几乎可以还他"清白"了！

当然远不止一个汪精卫。刘文彩成了"善人"，只讲他办过学，赈过灾，全然不讲他的剥削尤其是这个"中将清乡司令"手中包括共产党人萧汝霖在内的九条人命；马步芳成了"圣人"，只讲他搞过绿化、建过公路，一笔勾销这个杀人如麻的恶魔曾一次将西路军6000将士尽行活埋，还拿毛毯裹着尸体空运去南京领赏的罪行；张灵甫更成了"战神"兼"情种"，只讲他作为一名下级军官曾上过抗日战场，尽行隐去他将抗日的新四军将领砸棺悬尸的恶行，只讲他"柔情似水"，矢口不提他的杀妻之暴，甚至连他在孟良崮明明被毙，也一定要说成"成仁"的"自尽"；至于周作人的投日事敌，更被说成是为了"保护北大校产"，甚至无中生有捏造"北平地下党派去的卧底"，竟有了一点"地下工作者"的派头……而将瞿秋白烈士就义时的慷慨浩然连同"此处甚好"的视死如归，硬安在伏法的汉奸陈公博头上，就更是不择手段了。

在对待先烈的问题上,看来真不仅是一个"戏说"而已——不是已经有一句话,叫做"宁可十年不将军,不可一日不拱卒"吗?我们面对着林林总总的云遮雾罩,头脑也不宜简单化,只有分析好这种种怪状的深刻成因和醉翁之意,才能有一个清醒的头脑和一双清晰的慧眼呵!

(2014.10)

# 目录

透过"戏说"的背面(代序) /001

"看不懂"也要两面看 /001
写在"旧闻"的背后 /003
"记者"问题 /005
一条新闻看背后 /007
"照片风波"外的联想 /009
另一种示众 /011
13%的"辩证法" /013
"拜错了菩萨" /015
也说"洗脚妹"议政 /017
"205个公章"告诉我们什么 /019
我们为什么热议"第一夫人" /021
学习粉丝团引出的反思 /023
臧天朔的新卖点? /025
谨防舌尖上的误区 /027
也从"引进鞭刑"说起 /029
说"忧"论"喜"话"低迷" /031
从抢话筒说到惜字如金 /033
拜错了没有? /035
还有一种勾肩搭背 /037
为什么掀开垃圾箱 /039

茅台还有"故事" /041
失败了也不要紧 /043
神剧为什么走红 /045
切莫轻忘这个"1068" /047
弥勒梳个大背头? /049
菩萨也有"额度"? /051
反腐岂能靠"内讧" /053
二十七个衙门与一道加减法 /055
还是说清楚为好 /057
写在新闻的背面 /059
"衙署"是什么"文化" /061
大衣哥为什么挨骂 /063
一斤酒量与谁醉? /065
请读两条吃喝新闻 /067
感于作协"清理门户" /069
且听雷母那席话 /071
干露露也要当"市长"? /073
"15斤公文"和"27个部门" /075
捧到天上又何必? /077
从红旗渠源头说到齐白石墓地 /079
从"邻居反腐"说开去 /081
疑闻更要说清楚 /083
"二号首长"是个什么问题 /085
"官衔"是个什么问题 /087
听一听王树增的两个故事 /089
有必要搞那么些"梦办"吗? /091
从"无根树"想到"波将金村" /093
我们不要忘记 /095
"廉政寄语"也要两面观 /097

"副处级"的"用场" /099

刘部长办公室的那块"石头" /101

"涂鸦"背后说"不知" /103

另一种"买官" /105

"洗脚"问题 /107

赤日炎炎读"官闻" /109

"金盆洗手"只是个笑话? /111

又是"梁启超故居"? /113

不该成"新闻"的新闻 /115

又是一个"△"? /117

制度不能变成稻草人 /119

从"男儿膝下有黄金"说起 /121

不要过分爱惜自己的羽毛 /123

鲁迅究竟该不该退出 /125

"土坯房"是门政治学 /127

真是"可惜了"? /129

解剖一只"麻雀" /131

有话放到桌面上讲 /133

怎样的"快感" /136

又是一个"一号文件" /138

"大文章"与小算盘 /140

"埋单"问题 /142

从"民国铁路"说起 /144

特别要强调一个"严"字 /146

还是晒出来更好 /149

又是一只"麻雀" /151

"样子"是个什么"问题" /153

要讲一点改革的哲学 /156

"接待"这个"生产力" /158

改革飞入百姓家 /160
既要有真勇气还要有大智慧 /162
还是要有"那么一股劲" /164
自己拿起手术刀 /166
看家本领不能忘 /168
要更加敬畏市场 /171
骗局也有"背后" /173
危险的"关系" /175
改革之年更要讲改革精神 /177
洪城又闻"铲字"声 /180
从悟空的"猴毛"说到女娲的"遗骨" /182
38顶"乌纱"的背后 /184
并非"故事" /186
"办公"问题 /188
转观念再也等不得 /190
储藏室为什么空荡荡 /193
"文坛"犹闻武打声 /195
"处长问题"？ /197
一点叹息 /199
"都教授"也是咱的人？ /201
反弹回潮更须防止 /203
"不拿"与"不干" /206
不要忘记了"窑洞对" /208
"教授"问题 /210
轧一下"闹猛"又何妨 /212
想一想这番"兰考之问" /214
低级趣味必须远离 /216
要有一点辣味 /218
敢担当是一种鲜明品格 /220

先从"小儿科"治起 /223

"为官不易"又岂能"为官不为" /225

拿出"削手中权"的勇气 /227

"163次协调会"的另一面 /229

"总理套餐"为什么风靡 /231

"山寨纪委"为什么"频仍多发" /233

"老板"与"圈子" /235

向旧习惯说"不" /237

也要向"好人主义"说不 /239

不要走向另一个极端 /241

改革要破"中梗阻" /244

"西瓜办"也须"两面观" /246

从岳飞扯到秦桧 /248

从"家臣"说到"教父" /250

药 /252

市长为什么"挂印封金" /254

"不习惯"说明了什么 /257

解剖一只"另类麻雀" /260

透过"送水秀"的背后 /262

从一个"铲"字说开去 /264

从鱼翅的"末路"说起 /267

"30万美金买一个区长"？ /270

"老板修衙"要往深处看 /272

新《官场现形记》？ /274

"政治生态"是个大问题 /276

也听刘铁男一言 /278

"不作为"与"乱作为" /280

在"山头"与"圈子"的背后 /282

党内决不允许搞"团团伙伙" /285

"见菩萨就烧香"也要两面看 /288

这是什么"作派" /290

警惕"甲板上的老鼠" /292

也从"公函求情"说开去 /294

党内决不允许自行其是阳奉阴违 /296

听一听季建业的忏悔 /298

鲁迅也是"彩民"？ /301

听一下张新明的这一个"电话" /303

三月未来说"雷锋" /305

不要放过了"官僚主义" /307

张爱玲的"三围"？ /309

贿赂也有"奇葩"？ /311

宗老板的"一瓶水"和陈市长的"80个章" /313

牢记这个座右铭 /315

罗局们的"手气"咋这么好 /318

五老皆已驾鹤去 /320

说"难"论"易"道"为官" /323

"成本"问题 /325

韩天衡的"三论" /327

"促进派"与"促退派" /329

冷静下来才好 /331

从"刘胡兰之死"说开去 /333

学一点陈云同志的"请不动" /335

"官夫人"与"红军服" /337

怎样的"骨气"？ /339

再也别闹笑话 /341

"办公问题"也莫等闲看 /343

一点也不好笑 /345

从"砌墙新闻"说开去 /347

绝不再让"好人主义"风行一时 /349

一碗炸酱面与一盘涮羊肉 /352

不只是笑料 /354

警惕和识别"AB面"现象 /356

不要放过这只"米粉箱" /358

一把手要警惕被"围猎" /360

一点杞忧 /362

"要做政治的明白人" /364

"既有人情味、又按原则办" /366

"八小时之外"的政治学 /368

"我不是局长"？ /371

不是读史 /373

从董存瑞的呼喊说开去 /375

"绰号"问题 /378

不是曹雪芹？ /380

六尺巷也要抢？ /382

墨吏之"孝" /384

卖官也标"明码"？ /386

## "看不懂"也要两面看

元旦与春节之间,各地正在或正要开"两会",一片崭新气象,会风都有改变。然而这几天的时候,忽然传来某地一位人大代表的"炮轰",抱怨当地政府"故意"将预算案搞得"谁也看不懂",引来议论纷纭。

如果真是有这种"故意",那当然不好。人民代表大会是咱们的根本政治制度,地方人大被称为"地方国家权力机构",而预算,则决定着行政权力的"活动范围",这可不是几个钱的问题呵。所以审议预算,是权力机构的基本职能,是人民代表的崇高职责,如果"谁也看不懂",那怎么监督,如何履责。所以预算案还是要尽可能搞得"易懂"一点,说"大实话",说"明白话",故弄玄虚,云里雾里,"故意"让人莫若以明,当然不行,我们说要"改文风",恐怕预算案也不必例外。

但是话要说回来,预算案确有它的科学性、专业性和严谨性,数字会枯燥一点,条目会抽象一些,要把预算案做得"通俗易懂",恐怕很难,甚至不太可能。这就提出一个人民代表也要学习的问题。一些"议员""看不懂预算",不是一个地方才有,多年来甚为普遍,这里当然有政府要尽可能"通俗"的要求,但更有一个我们"议员"的知识结构问题。预算是一定要"看懂"的,"看不懂",你怎么行权?而"看懂"预算并不是一件极易之事,需要我们殚精竭虑之外,还要有一定的专业知识。人民代表也应当是"学习型"组织,如果一届、两届,多年"看不懂"预算,怎么举手呢?而把预算的枯燥,仅仅归结于有人"故意",恐怕并不符合事实,也不利于"议员"的自我提高。

我们的人民代表,来自于各个行业,代表不同阶层,大多不是职业政治家、经济学家或律师,这是我们的特色,也是一个优势、一个长处。但人代会毕竟不是"劳模会"或"群英会",既然做了人民代表,就要跨越地区、超越行业,努力代表不同人群共同的、整体的甚至带有根本性的利益。这里不仅有代表的结构问题,更有我们要不断提升自己的要求——我们不是说,人代会审议通过法案,是把它"提升到国家意志"的高度吗?为了这个"代表性",我们要与时俱进地适应执政的现代化,为了这个"高度",我们自身也要不断"提升"才好。

这里说的,当然不仅仅是一个"看懂"预算的问题——前几天,为了"明星"该不该进政协,不是曾经沸反盈天么?而我也只是担心,周星驰"看得懂"预算吗?

(2013.1)

## 写在"旧闻"的背后

曾为"夜光杯"写过几则"新闻的边上",但最近读报,新闻不多,"旧闻"却不少。读来有感,于是写这篇"'旧闻'的背后"。

"旧闻"之一,说是"两弹元勋"邓稼先病危,杨振宁远自美国,飞来看他,问起奖金之事。邓夫人许鹿希答,人民币10元,邓稼先更正说,原子弹10元,氢弹10元,"这是真的,不是玩笑"——因为1985年颁发原子弹特等奖,总数一万元,平均分配,人人有份,按10元、5元、3元分发。

这则"旧闻",是最近刊登的,意为褒扬邓稼先"不爱财",如此高风亮节,对于奖金,"总是笑而不语",当然是一曲"高耸入云的颂歌"。但从这"颂歌"中,从这"两弹元勋"、首推头功的邓稼先,只分到"10元奖金"里头,尤其是从"平均分配、人人有份"的"公平"里头,我们读到了什么?今天发表这则"旧闻",如果我们不能从邓稼先的"10元奖金"里读出它的"不是玩笑",反当成"颂歌"来弘扬,"弘扬"的又是什么呢?

"旧闻"之二,是说小平同志的一言九鼎。比如1980年12月,美国留学生兰温蒂反映她和中国学生徐铬无法结婚,小平同志看到了,于是批示,于是3天后教育部通知北大,允许兰徐结婚;又比如也是那个时候,马寅初先生致信小平同志,请他帮助办理其长孙赴美留学的护照,因为拿不到啊,于是小平同志批示,"教育部处理,对马老的事应照顾些"……

小平同志是亲民的,而我们从这些"旧闻"又读到了什么?一宗跨国婚姻,要最高领导人批示,才能"结婚",这样的"佳话"恐怕不能再有。至于要个留美护照,还是因为是"马老",所以要"照顾些",这恐怕也只能说明"锁国"的尚未"开放",连小平同志都为之苦恼吧!这"旧闻"的背后,我们也许更应当读到深深的教训。

写到这里的时候,想起了 20 年前的另一则"旧闻"——那时开全国人大,河南一位修脚工出身的人大代表,一不提案,二不建言,天天带着工具在会内给人修脚,会过半程,已修脚数十人,于是当时的通讯社发统稿,题曰《开会不忘修脚》,意即"将雷锋精神带入了两会",使人"如沐春风"云云。

而这"春风"背后,也有人问,河南的选民,选你到北京来开人大,是为了"修脚"么?作为"国会议员",你在"议会"庙堂,应当于军国大计,建言献策、直言谠议呢,还是埋着头给人"修脚"?"如沐"这样的"修脚新风",我们究竟如何看待人民代表大会制度这个"我国的根本政治制度",又怎样理解人大代表、政协委员的职能直至他们的"结构"呢?

"新闻"的"边上"有新闻,而"旧闻"的"背后"更有深意,尤其是旧闻的"新登",就更要看一看它的"背后"呢。

(2013.1)

## "记者"问题

"八条新规"甫出,中央领导率先,于是各地纷纷行动,百官莫不仿效。某地一位书记,微服出去私访,没有车队,打的是"的",没有扈从,只有他一人,也没有召集会议,只是同夜排档的老板随便吃了一顿普通的饭。于是书记打"的"的真新闻,第一时间见了当地的报纸,书记与民同饭的动人照片,更是上了当天的夜荧屏。

于是芸芸众生,大多赞扬,但是也有人疑问,既然是悄然一人的私访,怎么会在"第一时间"见报?既然是默默地打了一回"的",又怎么会有这样清晰的照片?原来书记确是没有了前呼后拥,却没有忘记叫"记者"随从,原来这样一番"作风之旅",是注定要"见报"上电视的!

这样一来,就引出人们的叹息了,叹息的并不只是这一次的"秀",而是因为这样的"秀"实在是太过平常了——就说这个"记者"问题,也并非今天才有。某地领导,慰问贫苦村民,明明到了民舍,紧紧地握住了穷人的手,但那一个信封就是不肯拿出来。等什么呢?原来因为"随行"的记者没到,闪光灯还亮不起来,所以要等,等到镜头之下才能给。还有一地,洪水肆虐,县长小舟独自探险,结果牺牲了。但一同牺牲的并非一人,而是两人,还有一位是电视台的摄影记者。这一叶小舟,只能上两人,县长斥退了随从,阻止了秘书,危难之中却没有忘记让摄像机上船。这两个真实的故事,足以说明"记者"的重要性和普遍性,即便是到了"转作风、改政风"之时,还没有忘掉"记者"。

这叫做"习惯了,改也难"。出行的前呼后拥,车队的封路清道,报告的冗长官话,会议的文山会海,等等,对于我们来说,是一种"文化积淀",是一种"惯例定势",是一本"祖宗家法",时已久矣,积累甚深,积重难返,不是"一阵风"可以吹掉的。即便下决心要"改",但在内心深处,在行止惯常中,还是会一仍旧章,照老习惯办事,沿袭那一套老例,或只是"老谱翻新"而已。比如文首那位书记,我看首先是要肯定他的,毕竟是不坐官车而与民同"的"了,毕竟是身到夜市与民同食了,毕竟是在"改作风"了。只是力行之时,仍没有忘记叫"记者"随行,仍没有忘记"报纸有图,电视有影",似乎扈从均可不要,但一个"记者",那是万万"改"不得的,这条割不掉的"尾巴",既令人不免叹息,也使人可以体谅。

其实习近平同志南访广东,中巴是夹在社会车辆当中静悄悄地"潜行"的,连窗帘都没拉。这个情景,央视没有播过,新华社也没有发过照片,但网上竟有几张近景——这组近景,是一位行人拍客用手机偶尔拍下的,然后传到网上,于是不胫而走。我看这就比"随行记者"的"官照"好——领导的好作风,不是不可以宣传,但最好是让老百姓用他们的眼睛来看到,这样才真实,这样才能真正刻在人民的口碑上!

(2013.1)

## 一条新闻看背后

"八条规定"出来之后,短短一月,不但"文风"有所革新,就是"会风"也在改,比如说,大桥造好了,也不剪彩,静悄悄地通了车;又比如说,一个重要的会议,只开了55分钟;甚至还说,由于会议改了自助餐,所以连周边的宾馆饭店,生意也清淡了不少——这样的新闻,当然令人有了一丝欣喜。

但也有欣喜之下,仍有些许不解的——比如年底之时,报纸有一条新闻,说会务礼品均价下降了两成。什么原因呢?因为量有减少。其中一个"新气象",是"会务礼品算着订"了,"过去80人的会议会订上120份礼品",现在呢?"数量精准了许多,最后多余还会退货",不但"人均预算下降了",就是"预定数也精打细算了"……

这当然是好现象啰,可以算作走出了"第一步"吧——但这"一步"又实在是太过"蜗步龟行"啦。你看,精打细算了,每人只有一份了,再不"虚报冒领"了,然而人们却从中看出,"会议"原来还在发"礼品","每人"还是有"一份",还是要大包小袋扛回家去!

不知从何时起,开会要发礼品,成为莫不如此的惯例甚至规则,而且这规则还碰不得、不可移易,就是现在要改会风,也只能是算得"精明"点,但仍然要确保"每人一份",似乎不这样"发",会就开不好,人家就不高兴——这条新闻从深处说明一个道理,我们面对的风气,是多年的积习,仅仅靠改一点细微末节,做一点表面的文章,恐怕是不够,也无济于事的,所以我们的"欣喜",一时还不能过度。

这其实也是当前改会风、文风中的一个倾向性问题——我们在任何时候,都要注意可能出现的倾向,比如说,八条新规刚出,有人说它"新风紧吹",

这是对的，但诚如刘云山同志警告的那样，不要仅仅成为"一阵风"。这是深有其意的，类似的详规，过去也不是完全没有过，改了一阵，后来怎么样呢？历史的经验值得注意，千万不要"风头"一过，就故态复萌，又回到老路、老例上去。注意倾向，当然还要注意一个倾向掩盖另一个倾向，比如文首那个开了55分钟的重要会议，也有网友担心，这么"重要"的议题，"55分钟"真能解决问题吗？可不要为"短"而短呵。我看这个会恐怕是真办了事了，但网友的担忧也不无道理——有事则长，无话则短，会议最终还是要"解决问题"，并不仅在于长短，尤其不要去搞另一种形式主义——这个道理，并不只限于会议的长度。总之，对于八条规定，我们要把握它的精髓，懂得它的实质。

说到精髓和实质，我们改会风、改文风等等，面对的是多年的惯例和定则，这种惯常和定势，其实是一种"文化积淀"，是一种"习惯势力"，深植于某些地方的"官风"和"政风"之中，时已久矣，积习也其深。所以我们切不可以为一阵风就可以吹掉，几个月就可以改变，还是要以务实的精神和"长期作战"的韧劲，才能从"实质"上来一次改革。

（2013.1）

## "照片风波"外的联想

一张照片,引出轩然大波——人民教育出版社的一本教材,一张张作霖的大帅照,忽然被指为"假照片"。"假"在哪里呢?一是张大帅的孙子,说那不是他的祖父,二是民国上将何海涛的孙女,说那是她的爷爷——一个是孙子,一人是孙女,两位"后人"的否认,怎不叫人笃信无疑呢?于是报网时评蜂拥,万炮齐轰"教材",于是舆论沸反盈天,怒斥"教材"误人子弟。

然而风云变幻,并未打住,沈阳张氏帅府博物馆出来回应,说照片并未搞错,确是张作霖本人,一有民国《国闻周报》刊登的此照为证,二有馆藏照片原件可据。看来是"张某某看错了"?他是张作霖死后才出生的孙子,从来没有见过祖父;至于那位孙女,也只是在祖父过逝50年后,才在一本书中看到过"唯一的一张照片",似乎不足为凭……

照片风波,谁是谁非,还要争论下去,我们可以静观结局。然而在这个风波外,却不免想到另一个问题,那便是历史人物的研究,是否可以对他们"后人"的言说"笃信无疑",由"孙子"、"孙女",甚至重孙玄孙甚至数不尽多少代的"后人"们一言九鼎、一句定夺呢?

首先是真实性。"后人"的言说,当然有公道的,例如刘少奇之子刘源、罗瑞卿之女罗点点和陶铸之女陶斯亮,在他们评论父辈的长文中,能够以历史的眼光,不但讲"光辉业绩",而且析"复杂心理",甚至"人性的弱点",以沉痛的教训昭示读者。但这样的"回忆录"凤毛麟角,大多的"后人"或出于浓厚的亲情,或始于现实的打算,不但要为先人讳,而且还要过度溢美,每加拔高不说,还有生造杜撰的,这当然是人之常情,我们可以予以体谅,但难以"笃信无疑"。

二是重要性。例如历史人物中,不乏政治家、军事家,他们的历史功过、历史地位,主要是由其在政坛风云中的纵横折冲,于硝烟战场上的横扫千军确立的,并不决定于生活琐细、家长里短、儿女温情。如果政治上的同僚对手不出来说话,战场上的战友敌手又不见云,而历史学者又不从"大"处着眼,只听凭"后人"们"回忆"那些一顿饭、一件衣、一封私信的"家事",或过多地由"身边"的医生、护士、司机、炊事员、警卫员们来"口述历史",衣食住行如何简朴,待人接物怎样和气,生动是生动,毕竟不能代替严肃全面的历史研究和功过论定吧。

更重要的是,历史人物多为"公众人物",对于他们的研究,是国家民族的事,是全社会的事,并不是"后人"们家里的事,不是他的一己之私、一家之谈,不宜由他来论定臧否。有的"后人",有亲身经历,可以情感交融,说给大家听听;有的"后人",甚至成了研究先人的专家、学者,他们的"一家之言",更应当让我们共享;但也有这样的"后人",不但从未见过先祖,而且还曾为祖辈所"不容",他们当然也可以写"回忆录",但以更加"实事求是"为好,至少不要天花乱坠呵。

同样的道理,"风波"里的"照片"究竟是不是张作霖张大帅,恐怕还是要请历史学家来鉴别,至少不能光由两位"从未见过一面"的"后人"拍板吧!

(2013.1)

## 另一种示众

沸扬的上周将要过去之时，忽然出来了一条据说与"改作风"有关的"官闻"，某市两个"芝麻官"，因为没去参加一个"务虚会"，被令在当地日报头版具结检讨。

不知什么原因，关于这个"头版检讨"，舆论之间，是不太纷纭的，只有少数声音，谓其"动了真格"，多数人却以为是"作秀"，连《人民日报》都发表言论，对此事深表怀疑。

两位小官犯了多大的"错误"呢？是没去开会，如此而已。这当然不好，"会风散漫"，也应当整顿。但这个"会风"问题，往往不仅在于与会者的打瞌睡、发短信甚至"翘会"，更在于多如牛毛的"会"，是虚应故事还是真解决问题，一讲大半天的"报告"，是冗长枯燥还是言之有物，总之它是"求真"还是仅仅"务虚"。有"会"不开自然要查，但究竟是如"头版检讨"所说，是因为办公室通知环节出了毛病，还是另有急公来不及，抑或是实在"不感兴趣"，所以胆大妄为竟然"不来"，至少不能仅仅因为主持会议的领导拍了桌子，所以就要一棍子打下去——至于两名"芝麻官"中，一位是消防支队长，另一位是疾控中心的主任，他们也要到"经济工作务虚会"上去听会，究竟是真有必要，还是常说的"陪会"呢？

也有有识之士看了这条新闻，说因为没去开会，就要公开登报亮相检讨的做法，近似另一种"示众"——这是多少年来我们有些人习惯了的一种老办法，现在却被某市当作"改作风"的"动真格"，十分值得往深处予以反思。说"示众"是种老习惯，你看抓了小偷，要当街示众，打击犯罪，要开"公判大会"，万众千人来观看，有的地方"创新举措"，将违反"文明公约"的人，拿到当地的电视里来亮相,等等,更不要说几千年留下来的"祖宗家法"了。问题是现在的"改作风",本来是与时俱进顺应时代的新事物,本来是执政方式现代化的新气象,为什么"一怒之下"又来"示众",为什么拿着新瓶装旧酒,用习惯了的老一套来"改",又将早已过去的老办法也误认为"新风气"呢——这真是我们所讲的"舆论监督"或"民主空气"吗?更不要说两名官员没来开会,这样的事有什么"公共性",又与读者公众有什么关系呢?

　　这是一个深层的问题。我们现在"改作风",面对着的是沉淀已久的积习,是积重难返的"官场病",绝不是一阵风可以吹掉,几个月可以改过来的。有的人麻木不仁,不当它回事,"棒槌不可当真",有的人刮一阵风,"风头"上宁可过头,表面文章不怕过犹不及,"风"去了依然故我,反弹还愈强烈。其实还有一种倾向,那就是用"老一套"来"改",用沿袭多年、深入内心的老习惯来办"新"事,他们以为自己也在"改",但人们都从表面的"雷厉风行"和"轰轰烈烈"中,仍然看到多年累积的思想方法和行为惯性,"条顿剑"仍然"在行动","旧文化"依然没退出,骨子里还是那一套老办法、旧定势、过去的惯性,这种"改",因为没"换脑筋",所以还是走老路,甚至会变味。

　　是不是"另一种示众"呢?如果是,那么它是不是"改作风"中值得注意的那个老问题。

(2013.1)

## 13%的"辩证法"

咱们的网民,也真是细心——连霍高速吕义大桥垮塌,死10人,坠数车,当地的大报,第一时间发了报道。就是这篇报道,网民拿来一数,说全文1303个字,涉及事故本身只有寥寥169个字,占13%,那么其余的7段在讲什么呢?剩下的1134字,全系表扬政府如何辛苦工作,光点了18个领导的名,就用了600个字,而无一字提到伤亡人员的名字以及他们已经到现场的家属的悲痛……

大概就是"反面文章正面做"的"辩证法"了,秉持这个"辩证法"的,并非三门峡市一家,就在不久前的光山事件中,凶犯持刀砍伤了一大批小学生,然而记者到"有关部门"特设的宣传机构去了解真相,却被答曰"正忙,没空"。忙什么呢?一忙搜集领导"高度重视,层层批示"的关心,二忙赶写当地有人主动用摩托车送受伤孩子回家的动人事迹——"这要抓紧宣传,这才是好事新风呢"!

这种祸殃中的"领导重视",这种灾难里的"好事新风",其实也并非自今日起——20多年前的大兴安岭特大火灾,烧掉了百万平方公里的森林,却只有一家《中国青年报》称之为"血的教训",揪住官僚主义的渎职罪不放,多数的媒体,发自第一现场的亲历记,多是高歌救火的英雄、领导的亲临以及百姓的"感激",一场七分人祸的惊天大灾,居然成了一曲"高耸入云的凯歌",拿来"弘扬新风"。这是中国新闻史上的一个"典范",也是一种"定势"、一个模板,今天的三门峡、光山之类,不过是依样葫芦而已。

据说中国人是最讲"辩证法"的,一是说要看"本质",什么是"本质"呢?大桥垮塌,只是"表相","领导重视",才是"本质";校园无防卫、凶犯随意进，只是"表相"，几个开来摩托车的好心人，才是"生活的本质"，才说明那个地方的"主流"。二是说要讲"转化"，坏事可以变好事，坏事必然变好事，甚至坏事本身就是好事，所以连"死人"，都是"辩证法的胜利"，所以还要借灾难来"树形象"，借死伤来表"亲民"，叫做把丧事当成喜事办。

这真是"辩证法"么？这只是某些官场的"哲学"而已，奇怪的是这种"哲学"，竟然会深入膏肓，屡见而不鲜。

(2013.2)

## "拜错了菩萨"

大年初五的财神,我们是迎过了,硝烟弥漫的鞭炮,也已经消散,但"迎财神"那天的一桩奇闻,却仍然成为元宵时节的笑谈——初五那天,40万武汉市的跪在归元古寺,烧香、磕头、"迎财神",祈求一年好财运。

有识之士,闻之笑谈,"连下巴都笑掉了"。什么道理呢?道理很简单,归元寺是佛寺,菩萨之所在、佛门之圣地,那财神爷呢。叫做赵公明赵公元帅,乃道教的神。几十万人跪倒佛堂外去,拜道教之神,看来是走错了庙门拜错了菩萨。

现在佛堂闹猛,菩萨们也忙得很。早生贵子,要拜托他,避灾祈福,要托付他,甚至孔老夫子管的那档事——高中状元,也要交给他。笔者亲见一学子跪拜菩萨,托他保佑高考考得好、名校能进去,为了怕菩萨搞错,还将准考证举起来给菩萨"看看清",不要记错了证件的号码。菩萨真是太忙,要办的事儿实在太多,从确保平安,一直到报仇雪恨,桩桩件件都要管,如果没有个好脑筋好记性,还真会记错办岔呢?难怪观音要有"千手",否则还真是完成不了那么众多的任务呢,现在好了,佛门不但要管自己分内的事儿,还要代为办理本属道教的发财这个"第一要务",纵然是法力无边,也忙不过来呢。

其实拜错了菩萨的事,并非大年初五才有,多年之前,笔者去绍兴街上的三味书屋,那可是鲁迅老夫子的故地啊。见厨房间一个瓮里,丢满了小票硬币,那是南北游客,纷纷祈福所为。然而到鲁府之上,求什么福呢?发财致富,先生并不内行,早生多生,先生更非强项,要么又是拜托考试顺利、连中三元?似也不是先生的特长。究竟求的什么?再一问,那瓮,其实并不是什么"神器",只是鲁妈们腌霉干菜的物事而已。但是不管,只要有洞,就要丢币,就要求托，就像天下到处的水潭、圆石等等，管它释儒道，何论神佛俗，哪一处不是丢满了钱币、寄托了数也数不清的虔诚呢？谁还管得了这鲁迅读书的私塾是干什么的而那黑黑的菜瓮本来又是何物。

　　当然也不必过度嘲笑"拜错了菩萨"——也是春节里头，某地一大群民工，齐刷刷跪倒在曹雪芹的碑前，原来是讨工钱。曹雪芹一介书生，能为你作什么主？曹雪芹一生贫寒，他有什么万贯家财可以"散尽"、发给你们？但是讨薪的事儿，没人来管，当地的各路"菩萨"，一个个高高挂起、袖手壁观。白干一年的民工们没有办法，只有乱拜，结果找到曹雪芹，跪成一排。说他病急乱投也好，说他拜错菩萨也罢，这背后的缘由，却值得我们同情，而这"拜错"的根源，更堪令我们反思啊！

（2013.2）

## 也说"洗脚妹"议政

"洗脚妹"当上了"议员",走进了国家的议政殿堂,成了"最高权力机构"的一员,这是本次"两会"的一条热闻——在厦门打工的"洗脚妹"刘丽。作为安徽省第一位当选全国人大代表的农民工,恐怕也是三月的人大会堂里唯一的一名"洗脚妹",当然要成为媒体追访的热点。尽管选举之前,刘丽还不知是选"议员",以为是评奖,说要让给别人,但她毕竟以高票当选了全国人大代表。

本届的全国人大代表中,基层代表数量增多、农民工代表倍增、党政领导干部代表下降,已经引起了公众的瞩目。"刘丽"们走进人大会堂,是一种结构变化,已经有学者议论,说这既强调了宪法权力的平等性,又反映了对基层群众利益的更加注重,无疑是一个进步。所以人们这样看重一个"洗脚妹"的"议员",这样看好"刘丽现象"。

其实"洗脚妹"当"议员",并非从刘丽始。24年前的那次"两会",也曾有一位来自河南的"修脚妹"当选过全国人大代表,也出过一个"现象"——那时也正值三月"学雷锋",那位"修脚妹"出身的"议员",在会中身体力行,拿着钎脚刀为数十位代表修脚,可惜并没有提出一份议案、建议,甚至连发言也无一字。对于这件事情,当时是有争议的,有的媒体,大赞"修脚新风",但也有不赞同的,说人民选你进入"议会",是托你于国家大事,参政议政的,不是让你来做"好事"的,由此还提出了人代会与劳模会的区别甚至代表的结构问题——24年过去了,刘丽这个"洗脚妹"进了人大,会不会也是埋头给人解乏呢?看来不会了,刘丽带来了两份建议书,一份是建立农民工基础生活保障系列,另一份是她的本行足浴标准。刘丽还说,她深感责任重大,多做调研，整理数据，把人民代表这个身份做好——你看刘丽的这个"身份说"，还真有一点政治学觉悟呢，比起一个"修脚妹"选入人大这件事来，这进步或许更大，也更能打消一些人们的担心。

刘丽对"议员"的"身份"和责任有自觉，她说既然当了代表，就要为天下的"洗脚妹"说话。这话首先是有道理的，来自不同阶层的"议员"，当然要从自己最了解的实际出发，反映不同时期特定人群的共同利益和诉求，这也是一种代表性。当然也有有识之士，对"代表性"还有更深层次的看法，认为全国人民代表大会作为国家整体的最高权力机构，我们的代表既要代表他所在的某个地区、某个阶层、某个行业的利益，更要从全体人民和国家利益的高度上思考一个问题的解决方式。人民代表恐怕不仅仅是某方面利益的代表，更不是特殊利益集团或群体的代言人，"这是中国特色的优点所在"——所以刘丽不但要为"洗脚妹"说话代言，还要努力展开自己，在争取读懂预算、搞懂法案以外，还要争取多考虑一点"天下之事"呢。这自然是一个更高的要求，而这更不仅是对一个"洗脚妹"出身的"议员"的要求，这可是不少人多年没有搞清楚、走出来的一个"宪法误区"呵。

(2013.2)

## "205个公章"告诉我们什么

审批一个项目,盖了多少公章?全国人大代表张有喜在两会上告诉我们——205个。张有喜所在的大同煤矿集团,为了办一个同忻煤矿,经历了漫长的审批过程,跑了33个政府部门,先后要出147个文件,盖了205个公章。

"205个公章",其实并不罕见,例如为审批一个企业,跑了两年零九个月,到几百个公章盖齐,市场早已明日黄花,这样的事儿我们早有所闻。当然这些年,我们也在改,比如搞"一站式"甚至"一窗式",十几个公章一下搞定,又比如搞"并联",几个"衙门"三堂会审,也确实缩短了时间,然而多是在"加快审批进度"上做文章,"205个公章"却一个也没有少,"33个部门"也还是各路尊神缺一不可。看来"205个公章",要害并不仅仅在于它的"多",也不仅仅在于过程的"长",症结就在于"权力过于集中,管了许多不该管也管不好的事",还是小平同志26年前一针见血的那句话,那个"体制弊端"。

这几天大家对国务院机构改革关注热切,但不要忽视了机构改革的实质,是政府职能的转变或曰归位。改革不只是部门的分拆并合,也不是不同部门之间权力的分解组合和上下级政府之间的下放移易,如果只是这样看问题,那么只不过把"公章"换了个办公室——改革的实质不在于部"大"部"小",而在于"集权"还是"放权",在于充分发挥市场配置资源的基础性作用和社会力量在管理社会事务中的作用。市场能决定的,就由市场决定,企业应自主的,就由它拿主意,社会组织能发挥作用的,就让它挑大梁,这是改革的一个方向。在这个方向之下,"首先要解决政府管得过多过细的问题",划清政府与市场、社会和企业间的权界关系,减少对微观事务的干预,将事前审批更多地转为事后监管。我们的一些政府部门,再也不能是"闲不住的手",再也不要做"千手观音"。

"205个公章",有的是必要的,谁也没有说办个煤矿,一个"公章"也不要盖,现在的问题则在于有些程序的必要性掩盖了某些权力的不合理性,似乎个个"公章"都不能少,"13个部门管一个西红柿",家家都要伸出手来,这就是改革的复杂性。这个复杂性背后,不但有计划经济的惯性也即所谓"观念障碍",也有习近平总书记点出的利益格局的"藩篱"——权力过于集中,正是权力寻租甚至权力腐败的根源,所以冲破这道"藩篱",不仅是职能转变的首当其冲,更是推进政治体制改革、预防和整治腐败的一大要务,而我们说的改革要"啃硬骨头",难也就难在这种深刻的利益调整。正是从这个意义上,我们要将"205个公章"这样的怪状看深一步才好。

(2013.2)

## 我们为什么热议"第一夫人"

习近平主席的出访,已经进入了第三个国家。中国新任元首的首次出访,这几天成为国人热议的话题,人们热议习主席一言"鞋合不合脚,只有穿了才知道",人们也热议"第一夫人"彭丽媛的"优雅、大气、自信"——从她的举手投足,到她的华贵笑容,从她的国产大衣、国产包,到她以"中国妈妈"的慈爱看望俄罗斯的孤儿。

对于国人来说,彭丽媛不是一个陌生的名字,更不是一个陌生的形象。这位被称为"惊为天人的女高音",这位中国歌唱家中第一个女硕士,曾以一曲《珠穆朗玛》洒向人间,又曾以一首《父老乡亲》震撼了多少人心。彭丽媛更是一位军旅歌唱家,在戍边前线的雪山哨岗,在抢险救灾的冲锋舟上,在地震救援的废墟旁边,中国人早已熟悉了她的一身戎装。尤其是彭丽媛的满腔爱心,她为慈善事业特别是救助关爱艾滋病患者倾注的心血,一直成为国人的美谈——所以人们普遍将这位"第一夫人",称为"我们的正能量"。

"第一夫人"往往是一个国家形象的一部分,甚至被称为"柔性外交的软实力"。现代政治尤其是国际舞台上,不少"第一夫人"都以自己的风格和魅力,显示过本民族的文化,张扬过本国女性的形象,成为国与国间友好亲善不可或缺的纽带和桥梁。可以这样说,"第一夫人外交"也是现代政府的一个要素、一个标志。其实,我们也有过成功的"元首夫人"外交——整整50年前,王光美陪同刘少奇主席访问列国,也是以优雅的形象和热情的友善为中国外交大人加分,为国门初开的新中国增光添彩,至今成为不少国人美好的追忆。很可惜的是,这"夫人外交"在四年后的浩劫中,竟成为刘少奇同志的一大罪状,王光美更因这次出访而备受红卫兵的侮辱,可见一个国家要搞一点政治的现代化是多么地困难。

今天的国人，热议"第一夫人"外交，不仅在于她的个人风格在某种程度上代表国家的文化，也不仅因为她的着装、配饰、举止会引领时尚乃至风尚，更在于今天的中国，正在走向政治更加开放、执政方式更加现代化。在现代社会中，"第一夫人"乃至"第一家庭"不完全是一家之私，在很大程度上成为民众关注甚至公共事务的一部分，成为人们观察一个党、一个政府的一种观点，不必犹抱琵琶，不宜雾里看花，更不能一边"无可奉告"，一边飞短流长小道沸扬。不久之前，新华社详细发布了中共现任七位常委的从政经历、教育背景尤其是他们的家事，成了中国政治更加透明公开的一个标记。从这意义上说，这几天中国人普遍热议国家主席的名言与"第一夫人"的亮相，不仅是中国外交的亮点，或许更是中国政治的前进——可不要仅仅把它看成饭后茶余、家长里短呵。

(2013.2)

## 学习粉丝团引出的反思

春节前夕，一则有关"学习粉丝团"的新闻不胫而走，网民以微博实时直播习近平总书记广东行之后的甘肃行，轻车简从，面食简餐，菜场民居，步步深入，信息独特快捷，视角人性亲和，引发了网上网下的热议关注。说它"草根追星"也好，说它表达了公众对自己的总书记的"亲爱"也好，依我看来，如果它发布的信息是准确的，图片是真实的，那它传播的是正能量，收到的是好效果。联想到不久前新华社向外播发新一届中央常委的政坛路和家常事，经国内媒体转载所引起的热浪，不由得深有感想，也颇有一点反思。

首先想起的，是两条关于领导人的"轶闻"——是美国CBS主持人华莱士访问小平同志。这是中国领导人第一次接受外国电视媒体的采访，由于"钢铁公司"的威严和强硬，身经百战的华莱士还是颇有担忧。但他万万没有想到，准备了三年的采访竟是这样开头的——小平同志坐下以后，第一句话就问，"能抽支烟么？"华莱士回答，"可以可以，给我也来一支吧"，小平同志于是递上打开的烟盒，请华莱士拿一支，因为过滤嘴特长，小平同志还说，"你看，他们就这样对付我"……一场严肃的对话，就在如此轻松的气氛中开始了，华莱士的担忧一扫而空——这可是世界上人口最多的国家的最高领导人与另一个"超级大国"的头牌"无冕王"之间的对话呵！这个"开场白"，把小平同志刚柔相济、纵横自如的风格，栩栩如生地表现出来。然而很可惜，这个戏剧性的细节，我们是在时隔20多年、两位老人均已作古后的"历史资料"中才看到。

还有一件事，10多年前的春节，江泽民总书记走访一个普通的工人家庭，听说他们已在准备娶媳妇，于是江泽民同志就说起他的一个孩子，老大不小了，还"没有着落"，"老太太（指王冶坪同志）急得不得了"，可是孩子的事，你又不能多干预啊,所以在这件事上,"你比我有福气"。这样一番家长里短,将江泽民同志亲蔼随和、开朗豁达的性格,多么生动地展现出来。然而同样很可惜,国家主席和一位工人师傅之间这段人性化的聊天,我们是在香港的电视中才看到的。

我一直很费解,像这样的情节,为什么我们当时不能播,要放它二三十年,为什么我们的观众看不到,要跑到外面去看呢?其实类似这样的事,还有不少,例如小平同志到上海曲阳新村,不看图纸,不听汇报,径直走进老百姓的卫生间,亲眼看看群众的吃喝拉撒;又例如江泽民同志小年夜去山村,亲手揭开农民家黑黑的锅盖,硬是要亲眼瞧一瞧他们的年食究竟是什么;再例如胡锦涛同志寒冬去老工人家,俯下身亲自去捏一捏老人的被褥有多厚,是不是不够暖和。这些细节,如果"实时直播",就像微博上的"学习粉丝团"那样,是会成为真新闻、好新闻的呵,对于官僚主义、不良作风,也是最好的批评。

这似乎也是一个"改文风"的问题——我们的政务报道、领导人报道,似不能总是在会议上、报告中,也不宜只有严肃工作的一面,更不宜过于单调、生硬、枯燥和刻板。领导人也是人,他们有性格、有特点,也有七情六感,往往更具人格魅力和人性色彩。向人民展示他们的个性和风格,使领导人的形象更加鲜活、更加生动、更加亲切起来,恐怕不只是一个技术性改进的问题,这里既要有对公众的充分信任,更要有我们足够的自信呵!

(2013.2)

## 臧天朔的新卖点？

臧天朔的摇滚，我是格外喜欢的，所以臧天朔的"出来"，我也一则以"喜"——臧天朔"出来"了，因为聚众斗殴而被判刑6年的他，坐了几年班房，近日假释出狱；臧天朔"出来"了，一时之间，又成了媒体的热点，绘声绘色，说他"出来"那天，喝酒到三更，吉他弹到天明，奔走相告，又传他下个月就要举行"媒体见面会"，再过几月，就要"复出"，举办个人演唱会，而且"身价还要上去"云云。

臧天朔的"媒体见面会"，也有说"不搞了"的，但却激动着不少"媒体"的期待——且不说臧天朔并未刑满，他的假释考验期还有一年六个月，要到2014年8月27日呢！但正是这样一个假释考验期在身的臧天朔，"出来"与娱记"见面"，怎不激起"媒体"的巨大兴趣？"狱中生活"怎么样，"身陷囹圄"什么感觉，想来都是要追询要拷问的热门话题呵！同样的，那个风传中的"演唱会"，如果是在"下半年复出"，不也正是在考验期之中么？看臧天朔如何"戴着镣铐"唱歌弹吉他，那又是多么刺激的事呢！所以假释"出来"的臧天朔，上周竟成了"舆论"的焦点人物，大报小刊，你追我探，媒体网络，风起云涌。

其实"出来"就成"热点"——岂但是热点，而且更成了"卖点"的，并非臧天朔一人。并不很久之前，那位承载着"一段情"的"甜妹"，沉寂11年，一朝"复出"，不也引出了一波罕见的热潮吗？其实善良的人们，对于"甜妹"，是宽容和宽厚的，认为不能一棍子把人打死，也不能因为哪怕再暧昧的那"一段情"，于是就封杀一个人，让她再也没有东山再起的机会。然而宽松的舆论之下，却变成了趋之若鹜的怪异，"甜妹"甫一"出来"，就有数十家电视台踏破门槛，约她"访谈"，请她亮相，邀她做"深夜节目"，险些挤破了头呢！40

岁的"甜妹",哪来那么大的吸引力,隐没 11 年的"复出","卖点"又在哪里?这当然是路人皆知的"明规则"!你看"出来"之后的"甜妹",到处去做"嘉宾",笑也笑了,哭也哭了,明里暗里绕来绕去,不是总绕不过那个惊天大案、那"一段情"以及那一辆"红色的保时捷"么?这就是"卖点",这就是收视率之所在哦。

今天的臧天朔,如有新"卖点",看来就在于他的"身陷囹圄"——明星的"坐班房",于是成了新闻热点,于是大家来"挖",有着两种情况,叫做"两合效应"。一如多年之前,有一位"过气"的女星,红过之后,再也没有了新招。就在公众早已淡忘之时,却因官司缠身而坐了"班房",于是明星"出来"之后,到处宣扬"这九个月",狱中如何生活,起居如何这般,居然给她找到了新的"卖点",居然又引回了早已冷淡的"媒体"围着她转!二如另一位二流的男星,因罪而入狱,不料亦成了身价直飚的"卖点"。这个从来没有因他的歌声而上过头条的歌手,因为"进去"而被屡屡置顶,又因为"出来"而被围追堵截,成了热点和焦点,成了零售量、收视率和点击流量的新"卖点"。

这回的臧天朔,如果又有了新"卖点",那是要恭喜他,也要祝贺娱记们的,只是但愿这"卖点"真的要"新"一点,不要每每老调重弹、老谱翻新,以致人们又似曾相识、疲劳厌倦——你真以为他就是纳尔逊·曼德拉或昂山素季?

(2013.2)

## 谨防舌尖上的误区

这个春节最流行的话语，莫过于"反对舌尖上的浪费"了。急刹车也好，切一刀也罢，节约正在"厉行"，浪费遭全社会"反对"，民心是"顺应"了，老百姓大多拍手。

潮流涌来的时候，我们总是既要热气腾腾，又要保持清醒头脑和敏锐眼光，"月晕而风、础润而雨"，一开始就要谨防被掩盖着的某些倾向，就要预防某些可能出现的误区。

比如说，"反浪费"不要游离了"重点论"。反浪费是全民的事，但重点是反对公款浪费。我们面对的，不是一次一般性的节约运动，这是在改进作风八项规定前提下的一个子系统，是反腐败大背景下的"反浪费"，千万不要搞错了这个时代特征、这个特定涵义、这个内容实质。说"身不正，虽令不从"也好，论"上有所好、下必甚焉"也罢，事实上，几乎要遍及域中的"浪费"，是某些官场的奢靡所引起、而带动的，这个判断应当没有什么异议，人民群众意见最大，反应最强烈的也就在这一点上。"舌尖上的浪费"说到底是"舌尖上的腐败"，实质是权力寻租的一种，根子在于一种"官风"，那种"官场文化"和显潜规则。全民固然要节约，这也毫无疑问，但毛病并不是出在老百姓的"舌尖"上，芸芸众生掏自己的腰包吃饭，虽会有一点中国人的"面子浪费"，但总体说来，他自会"光盘"，吃不了，早已兜着走。问题出在握有"签单权"所以"崽卖爷田心不痛"的"三公消费"上，这就是习近平总书记批示中强调的"特别是公款浪费行为"。没有重点就没有方向，没有区别就没有政策，反浪费要突出重点，私人消费还要鼓励它拉动内需，不要一锅煮，更不要扩大化、泛化，尤其不能转移方向。要知道陈毅同志在七届四中全会后的两句话，"历览古今多少事，成由谦逊败由奢"，主要是警醒刚刚从马上得天下的执政者的，讲的是走出"历史周期律"的大政治，可不是专门写给老百姓看的呀。

又比如说，反浪费切忌"一阵风"。我们很多事情，其兴也勃，其亡也忽，始时轰轰烈烈，过后化为偃息，这是深有教训的。我们说事物发展总有高潮，故"风头"总是难免；链条总要有首先打断的一环，因此"急刹车"也很必要，加之"不过正难以矫枉"，也算个规律，算个国情，所以"一刀切"、"切一刀"也不全无道理。问题是要持恒，要常态化，这就要靠长效机制，才是最难的呵。"一阵风"的一个成因，在于形式主义，表面化、简单化，甚至表演化，因为不动实质，不动机制，"水湿地皮"之下，还是老的习惯、老的规矩、老的土壤，所以"风头"避过，故态复萌，反弹愈烈——不是已经有这样的相约，"过了这阵再重新吃过"么？别人说我们"五分钟热度"，我们除了闻之愤慨之外，最好的辩驳是用行动来回答。

更比如说，反浪费不能只盯住"舌尖"。过往的吃喝之风，根源在哪里，大家心知肚明，而即便是在"风头"上，为什么公款吃喝还有"狡兔三窟"，即使暂不"吃"了，还要演变为"送"？可见"舌尖上"的痼疾不在于"舌尖"，而在于"笼子"，只有"将权力真正关进笼子"，才能从根本上解决"舌尖"问题。"关笼子"有两个层面的要求，一是要严格制定和执行"三公消费"的制度，从管住那"一支笔"着手，才能管好公家的"钱袋子"从而管住"一张嘴"；二是更要从深层次上改革和创新权力运行的制度，尽力改变"权力过于集中"造成的上下级之间包括人身在内的各种依附关系。近日某贫困县坦言，"再穷不能穷接待"，他为什么要勒紧裤带搞"接待"，为什么要强颜欢笑大摆席，因为他的资金、项目、额度乃至政策，都在"上面来的人"手里呵。所以我们与其拍砖穷县的"穷吃、穷招待"，还不如反思一下"接待"为什么成了"生产力"，进而深思一下公款吃喝乃至"一条龙"招待背后的体制原因——总之，头痛医头，就"舌尖"论舌尖，恐怕不行。

(2013.2)

## 也从"引进鞭刑"说起

前几日,各地都在开两会,既有畏友铮言,直叙说议,偶尔也有"雷倒一大片"的言论。无论是庙堂之上,还是江湖之远,庶人相议,天下才有道,众说纷纭,那是很正常、很健全的态势——比如说,近日的某地,一位人大代表就说,咱们现在的自由刑、生命刑还不够,还要"引进鞭刑",才足以震慑犯罪。于是引出网民拍砖、责斥无数,大义凛然有之,说那是"文明法治的倒退",引经据典也有之,说鞭刑那是封建法制乃至奴隶制度的"老货",怎么朗朗乾坤,又要翻出来"引进"呢?

其实"鞭刑"之臧否,并不需要深入讨论,孰是孰非,可谓不辩自明,问题仅仅在于,我们应当怎样看待"议员"们在"议会"上的言说。

十分明白的是,"议员在议会中的言论不受追究",这是近现代民主的一条通则。议员的议政,可以发表任何意见,包括说错话也不得追究,他才没有后顾之忧,也不能箝人之口。但这是事情的一方面,同样十分明白的是,这个"不受追究",是指司法和行政的"追究",并不是说公众舆论也不能批评,新闻媒体也不能非议。恰恰相反,"议员"在"议会"上的任何举止言谈,都是公权行为,都要受到公众的监督,尤其是受到他的选民的鉴别——这其实是一种"交答卷",更是一种最好的"竞选","议员"如果老是"雷人雷语",选民就要考虑手中的选举权乃至罢免权了。这样说起来,例如"引进鞭刑",又例如一讲公布财产就说"官员不是奴隶"等等的言论,引起波澜,那是很正常的。

还有一个更深层的问题,就是"议员"怎样"说话"。我们各地的两会中,固然还有"五年没有说过一句话"的代表委员,还有个别将"不投反对票"等同于"爱国"的民意代表,但总的来说,情况已经发生了很大的改观,"抢话筒"

已经取代"不说话"而成为两会的常态。言路敞开的同时，就出来一个"说什么"的事儿——要说"真话"，而原来意义上的"真话"，除了直抒胸臆、坦诚相言的"真"而外，更是指符合实际、合乎科学，准确代表人民心声和利益的"真"。不论是"实事求是"的"是"，还是"求真务实"的"真"，都是指"规律"，而不是指其他，这一条我们不可轻忘。所以我们的代表委员，要有比较深入的调查研究，要有一点宏观思维和眼界，既要着眼于不同阶段各类人群的特殊利益，也要考虑整个社会的整体趋向，最好还要有一点专业性。这样的议政，才能使情感与理性相融，才能把真话说到深层面。

我们的代表委员，来自各条战线各个阶层，大多不是职业政治家、经济学家和律师，这是我们的特色，也是一个优势，一个长处。但诸位也要提高自己，如果五年十年下来，仍然"看不懂预决算"，如果一届两届下去，依然只是讲"亲历琐事"，或者走到另一端，随想当然、张口就来，"雷人雷语"不断，公众莫名惊诧，那我们的选民就会觉得很遗憾、很失落呵！

（2013.2）

## 说"忧"论"喜"话"低迷"

这究竟是"忧"还是"喜"——据国家统计局近日数字,今年头2个月,"全国消费增速突然放缓"。比如说,社会消费品零售总额比去年增速大幅下降;又比如说,限额以上也即高档餐饮收入增幅同比下降了3.3%。其实不单是庙堂之高,便是平头百姓,也可以感觉到这个"突然",两千元的刀鱼,只卖700元了,天价的新茶,打了个三折,至于高档白酒的降格以求,就更是路人皆知了——所以就有惊呼"消费低迷"的,似乎满腹一个"忧"字。

"低迷"之"突然",就在这两三个月,原因显而易见,就在于中央八项规定出台,"引发公款高档消费的狂降"——比如公款吃喝踩了"急刹车",于是"高端餐饮企业和高档白酒的销售大幅下降",两个月来,高档酒肆的营业额,北京降了35%,宁波跌掉30%,上海也下降了两成。就连花店也受到了冷落,开会不再花团锦簇,迎客也不再姹紫嫣红,于是广州那边原来踏破门槛的花店,竟只剩下三分之一的生意,有的花老板,一边只好把花儿丢埋,一边则要"转型"甚至"转行"了。至于原本以"公吃"为主力的刀鱼,以"官礼"为大头的好茶等等,就更不免"低迷"了。

于是也有一种声音,似乎天要塌下来了,他是担忧,忧"市场"受到"冲击",忧"内需"拉不动了。其实依我所见,这种"低迷",与其说"忧",不如论"喜"——且不说一个靠"集团消费"也即公款消费营造起来的"市场繁荣",这样一种奇特的"刚需",本来就是畸形的,不可靠的,是一种道道地地的"泡沫",一触就破,更是说一个"市场"的火热,一种"内需"的形成,如果在很大程度上竟是依靠公款消费这样一种国有资产的"最大流失",那么这种"繁荣"的成本就太高了,高到了要拿我们的民心向背乃至执政基础去做代价——

我们固然要千方百计拉动内需，但绝不是以浪费、奢靡尤其是腐败来"托市"，来"刺激消费"，从这个意义上说，无论是讲经济还是讲政治，这2个月的所谓"低迷"，都应令我们"喜"，而无所谓"忧"。

当然也有一点"杞忧"，那便是厉行节约反对浪费尤其是遏制公款消费，不能"一阵风"，不能"虎头蛇尾"，更不能风头一过反弹更烈。如果过了"一阵"，"公吃"复又故态，"市场"因此又走出"低迷"、"增速"又现飙升，那才是最堪忧患的呵——八项规定仅仅两三个月，不是已经有人高呼"市场不行了"，所以要"有点弹性"么？

(2013.3)

## 从抢话筒说到惜字如金

一则"抢话筒"的新闻,从人民大会堂传到网上,成为人们描绘两会之热烈、赞扬代表委员之敢言的一个特写——在全国人大贵州代表团的会场上,为了争得当天最后一个发言机会,农民出身的人大代表梁文同,与副省长蒙启良代表抢起了话筒——"蒙省长,别跟我抢了,让我发几句言!"

关于梁文同的"抢话筒",有人赞其"平等意识",也有人论他"胆大"。"抢话筒"的精神,其实是一种责任意识。"你的失语,意味着67万人沉默",这是本届人大会上的一句流行语,人大代表到人大会堂来,不是来"学习",也不是来"旁听"的,而是带着"嘴巴"来、直奔"话筒"去的。选民选我来"代表",就是要我为他们讲话——你看梁代表"抢"下"话筒",讲的三个问题,一是村寨硬化公路,二是农村电力设施,三是贫困山区农民合作医疗参合资金问题,哪一个不是他的"67万"选民的燃眉之急,哪一个不"代表"着"地无三尺平"的黔省山区农民的心声——所以他要"抢话筒",因为他是人民的代表。

"抢话筒",不但是责任,而且是权利——其实人大会堂还有另一件"抢话筒"的轶事,那就是李克强副总理参加湖南代表团的审议讨论,副总理正在侃侃而谈,不料却被"抢"了话筒——民营企业家肖安江代表打断了李克强代表的发言,发表了关于城镇化问题的"插话"。工作人员委婉提醒肖安江"讲短些",但李克强却说"让这位代表把话讲完",然后他才接着讲,因为"插话是代表的权利"——这是有着深厚的宪法学背景的副总理对"抢话筒"的法理解释呵!

两会之上,有"抢话筒"的代表,然而也有不"抢"的委员,不但不"抢话筒",反而还"惜字如金",这就是莫言委员——这位在诺贝尔文学奖颁奖仪式上被称为"最会讲故事的人",在此次两会上却被记者封为"最惜字如金委员"。

莫言委员首次入政协，这次既未提出提案，也未对围堵的记者说了"谢谢"之外的任何一句话。

这是为什么呢？莫言委员坦言，"提案不是哗众取宠，而是要建立在深入调查研究的基础上。要有真言，所以要下工夫，搞好调查，才能作出有见地、有质量的提案。"依我所见，莫言这次的"不抢话筒"，同样是一种责任意识，是一种对人民、对国家高度负责的态度，正如网友所论，"莫委员的低调，比起那些不假思索、信口开河的'雷人雷语'，表现得更扎实稳健"——这位以富有生活著称的作家委员，认为"提案同样来自生活，不能虚构"，所以他"会后将深入基层去调研"，这次就不"抢话筒"啦。

"抢话筒"也好，不"抢"也好，尤其是"抢"下来"说"什么，都辩证地表达了人们对代表委员的综合要求，这就使我们想起了俞正声同志在本届政协闭幕会上对委员的几条共勉，比如说"坚持真理，勇于直言，拒绝冷漠和懈怠"，这就是说，我们要提倡"抢话筒"的精神，直言谠议，无所畏惧；又比如说"实事求是，客观公正，拒绝浮躁和脱离国情的极端主张"，这就是说，我们也要有一点"惜字如金"的风格，讲究科学，不尚空谈。总之，要"讲真话，道实情"，这个"真话"，除了直抒胸臆的坦荡，主要还不是指"想到就说、张口就来"，更是指对客观规律的科学求"真"；而这个"实情"，自然不是拍脑袋想当然，也不是盲人摸象，一叶障目，而是争取更符合国情，既不落后于实际，也不超越于阶段。

写到这里，便想到了本次两会上下流传甚广的一段"好声音"——蔡玲委员的1000字发言，在会场内引来13次掌声，在网上更是点击率爆了棚。蔡委员勇于"抢话筒"，讲的是"如何避免'八项规定'一阵风"这个尖锐问题，蔡委员又"惜字如金"，短短千字发言，既直指问题，又富于建设性，既有市井民谣，又讲科学的规律性，难怪会得到网民的热烈赞扬，因为这表达了公众对代表委员的深层要求呵！

(2013.3)

## 拜错了没有?

沸扬的上一周又过去了。在上周的沸点里头,菩萨很忙,因为凡界俗子,纷纷"拜错"——这倒不是说某市众多市民,于迎财神那天,齐刷刷跪倒在那里的归元佛寺四周,引来舆论纷纷,笑他拜错了菩萨走错了庙,拜道家的"赵公元帅",结果到佛堂外面去磕头——这是前二周的事儿,也不过是一起笑谈而已。

真正说"拜错了菩萨"的,是上周曝出的一则新闻,曰某市一些市民,因为亲属遭受海难,久久得不到赔偿,于是垒起了一座庙,将那里的市长供在里头,天天香烟缭绕,日日磕头跪拜。

评论之间,于是不乏说他"拜错了菩萨"的——市长是人民的公仆,不是上界的佛,你拜他干什么?公权力本是人民的赋予,你朝他磕头,不是搞错了关系么?

但也有说并没有"拜错"的。据说这些海难者家属,奔走了几年,跑了不少于20个部门,还是没有解决,他们没有办法,只好建庙供市长,当作菩萨来拜。当然真正证明没有"拜错"的,是指庙建起来后,尤其是新闻见诸于报网之后,此事居然迅速得到了合理的处理,已与家属们签了赔偿的协议,总算尘埃可以落地了。有人说,这是因为这样旺的香火,"市长"们脸上终于挂不住了,也有人说,是"感动了上帝"。究竟怎么回事,只有天知道,但几年不能解决的积重,这几天毕竟是看到了曙光。

其实春节里头,还有一件"拜错菩萨"的事儿——某地一群农民工,也是齐刷刷跪倒在当地的曹雪芹碑前,原来是讨薪。曹雪芹一介书生,有什么神通可以为你们催讨欠薪?曹雪芹一生贫寒,他也没有万贯家财可以"散尽"、发给你们呀！可是白白辛苦了一年的农民工不管，他们也没有办法，当地的各路"菩萨"都不管他们，他们只好来拜曹雪芹，把"一把辛酸泪"说给他听——然而这一群"拜错"的农民工，终于也没有"白拜"，此举之后，据说春节的末尾几天，欠薪业已结清，工钱迅即发还了。

国人喜拜菩萨，而且经常"拜错"，有识之士，是有批评的，说他膝盖太软，老是要下跪，说他不相信自己，老是寄希望于神仙佛祖。这话是对的，但也不妨想一想，他们为什么要去"拜菩萨"，比如海难事件，如果依法办事，及时处理，家属们何必去供"市长"，又比如欠薪不发，如果有关部门，执法必严，当个"青天"，他又何须去拜曹雪芹？所以事情还要两面看，尤其是要找一找"拜错"的深层原因。

当然真正"拜错"的也有，不是海难的家属，也并非讨薪的农民工，而是某地某局的一位纪委书记。这位书记为了要和婚外情人"天长地久"，竟然写信给菩萨，祈求保佑他们早日成就好事——这也是上周之间，关于"菩萨"的一条新闻。据报道，曝光之后，这书记已被免职，那封致菩萨的信也已成为笑柄。但依我所见，这起真正"拜错菩萨"的荒唐，恐怕不能仅仅作为笑谈。

(2013.3)

## 还有一种勾肩搭背

这真是一个"明察秋毫"又"鞭辟入里"的规定——数日前，中组部下发文件，要求加强学员管理、改进干部教育培训的学风。这个规定强调诸个"不准"，学员在校期间及结(毕)业后，一律不准以同学名义搞"小圈子"，不得成立任何形式的联谊会、同学会等组织，也不得确定召集人、联系人等开展有组织的活动，不得利用同学关系在干部任用和人事安排以及子女入学、就业、经商等方面相互提供方便谋取私利。

这个规定很有针对性，也颇具"专业性"，因为"以同学名义搞小圈子"，已成为官场之上的另一种"勾肩搭背"、某些干部中的另一股不正之风。

干部教育，是那么重要，例如党校、培训班等等，本是提高干部素质的基地。然而也有这样的官员，他对于去"学习"的莫大兴趣，不在于加油充电，而在于"人脉"也。有的"学员"，半年三月，什么也没听进去，"成果"却是"结识"了一批同学；有的"学员"，住校驻班，什么也没学到，结业时却得到一本"通讯录"——那可是宝贵的"联络图"呵，何止"三百六十处"？"出去"之后，"小圈子"更加紧密，"联谊会"、"同学会"更是"活动频繁"，"召集人"、"联系人"常年一呼百应，聚会之上、杯觞之间，其意不在于酒肉，也不在于闲侃神聊，而往往在于发展"关系"，互相提携。更有甚者，在某些"同学会"上，相互拜托有之，请君引见有之，"拉兄弟一把"有之，"包在大哥身上"也有之。这里头既有仕途官道上的投桃报李，也有生意场中的暗度陈仓。

其实这样的"勾肩搭背"，并不只是干部教育培训的学风问题，利用各种渊源，编织和扩张关系之网的纽带，可谓不择其道。比如某些"同窗聚会"，便不是少时同学，十年未见，偶一之相会，那是校园里头，同校同系，"出去"

之后，雄踞一方者，才有资格定期"碰头"，多的却是"资源共享"、你托我帮。又比如某些"MBA"的班，进去之人，大多已非青涩学子，而是有点"事业"的准"成功人士"，所以虽然学了什么令人怀疑，但一张新的"联络图"却已"加重搞活"，于是某类"同期会"等等，就成了仕途商场上"勾肩搭背"的又一种上"层次"的平台。至于本来素不相识，因"公"联袂游过一趟山水，甚至同赴拉斯维加斯"小来来"过一把的，回来之后，也要开"总结会"，还要一季半年"定期聚会"不断，就更是离奇，却也视之平常了。

"小圈子"、"同学会"等等，这样一种"勾肩搭背"，说是一种新的不良风气，其实又是旧糟粕的沉渣泛起。中国旧时的封建官场，讲人以群分、物以类聚，发展到后来，就是朋党，不但讲人身依附，而且搞党同伐异。同出师门，叫做"同门"，必须相互庇护；同届及第，叫做"同科"，做了官要勾连一气；便是同年进学的秀才，也叫"同案"，互相要加以提携；至于旧军界中，一起吃过兵粮的，则叫做"同袍"，到哪也要抱成一团……拉帮结派，是封建的通病，本不足奇，奇怪的是我们有些本该是"公仆"的人们，居然忘记了"要搞五湖四海"这六个大字，反而沉湎于官场的"小圈子"，深陷于宦海的"交际圈"和关系网，岂非咄咄怪事。

官与商不能"勾肩搭背"，我们要高声喝止；而官场里的这种"小圈子"，则是另一种"勾肩搭背"，我们同样要高度警觉。中组部的诸个"不准"，宣示了庙堂之高，对于这种"勾肩搭背"的警告，直指流弊，振聋发聩，我们决不要置若罔闻——还是小平同志那句话，"'小圈子'这个东西害死人哪"！

(2013.3)

## 为什么掀开垃圾箱

李克强担任辽宁省委书记的那几年,作出了彻底改造大片棚户简屋的决策,惠及几百万群众。这其中,有一件"小事"、一个细节,当地人始终没有忘记——那就是李克强进了棚户区,往往喜欢掀开那里的垃圾箱,看看人们丢的是什么,看看老百姓究竟生活得怎么样。于是有人就说,对于这样一个省委书记,"谁也甭想糊弄他!"

李克强为什么掀开垃圾箱?因为不想被人"糊弄"!老百姓的境遇究竟怎么样,他们过得到底好不好,坐在会议上听汇报,猫在办公室里看材料,往往不真切,甚至不真实。即便你到"下面"去看,如果走的是踩过点的"路线",问的是"调教"好的对象,恐怕也不行。但是一个"垃圾箱"却可能是最好的答案,垃圾箱不会骗人,它真实、自然,是一种原生态,是一种生活的本相,是我们调查研究常说的"第一手材料"。从这个意义上说,李克强喜欢"掀开垃圾箱",既是一种好作风,不嚼"别人嚼过的馍",一竿子插到群众生活的深层,又是一种警惕性,不沿袭别人安排的"路线",不轻信那种失真的"汇报",不受人"糊弄"、不让人摆布。这样一种作风,是我们党做群众工作的好传统,而这样一种警惕,更是对当下某些地方盛行的形式主义的无声批评。

"掀开垃圾箱",不仅是群众路线的好作风,也是做群众工作的真本领、真能力。我们的领导干部,既要有"掀开垃圾箱"的求实,又要有从"垃圾箱"里看出老百姓生活境况的真实,看出一个地方经济、社会变化的趋势,看出群众的喜恶与追求来。这是并不容易的一件事,我们有些同志,作风不可谓不深入,但是一个"麻雀"放在面前,却看不懂里面的"五脏俱全","垃圾箱"掀了也白掀。什么原因呢?缺少一点基层工作的实际本领,也缺少一点政治学、经济学、社会学、心理学乃至人的行为科学的基本的专业知识，总之，缺少群众工作的真本领——从李克强掀开垃圾箱看问题，我想到了另一位"书记"。40年前，我曾跟随过一位山区的县委书记工作，这位"老农工"、"老水利"出身的七品官，一脚踩到秧田，就知道水温竟是多少，听农民一张口，就知道这话中有话。那年赣中闹洪水，他卷起裤腿下河，一试水温水流，就对于上游哪座坝倒塌，哪个大堤决口了如指掌，所以对于当时"上面领导"的瞎指挥，可以一言"我们不理睬他"——这就是实践出真知，这就是群众工作的真本事。我们要有几万几十万能够看懂"垃圾箱"，能够从中看出问题来的领导干部，因为这是提高执政能力、做好群众工作不可或缺的看家本领呵！

说一说李克强为什么"掀开垃圾箱"，当然不是宣传个人，而是因为这种愿意"掀开"、喜欢"掀开垃圾箱"的作风，在我们有的干部身上是多么地"稀缺"，而从一个"垃圾箱"中可以看出矛盾、看出毛病的眼力和能力，同样也是我们不少同志的"短板"哦。

(2013.3)

## 茅台还有"故事"

一瓶茅台,总有"故事",说是红军四渡赤水,扎营茅台,靠着茅台的酒,才洗净了百千伤员的伤口,又说当年过雪山,"雪皑皑野茫茫",身着单衣的一方面军,靠着从茅台带去的酒,才能御寒北上,所以说小小一瓶茅台,居然"对中国革命有功"。到了近时,茅台又有故事,要么涨价涨到天上,要么如这几天,跌价又几近谷底,什么原因呢?因为"八项规定",因为"禁酒令"。

其实关于茅台,还有两个"故事",茅台人不知道,但人民却没有忘记——

一是说改革开放初期,小平同志9次到上海过年,住在西郊。小平同志有一个"喜欢",喜欢同家人一齐吃饭;小平同志又有一个"爱好",每顿饭要喝一小杯茅台,那是他的"特权",儿女孙辈们是没有喝的。但小平同志更有一条规矩,那便是每次离开西郊宾馆的前夜,卓琳同志都要把伙食账结清,饭食荤素,一一付清,包括那每顿"一小杯茅台",从不短少一文。

二是说70年代末,李葆华同志主政贵州,曾到茅台视察。临走的时候,茅台酒厂偷偷在他秘书的包里塞进了两瓶茅台。李葆华同志回到贵阳才知道这件事,脸红耳赤地批评了秘书,并严令退钱。不料那几天,正是茅台涨价,李葆华同志坚持按照新价退了酒款,并看过那张汇款单才罢休。

这两个"故事",都是有关茅台,现在在酒桌上谈起,在座的人都认为"匪夷所思"——小平同志给中国人民带来了春天,他喝一小杯茅台又怎么样?但是小平同志有过一句名言,人民已经给了我们"俸禄",我们再不能多占一口,所以他连"一小杯茅台"都要"付清"。而为了中国人民的翻身,李大钊同志连头颅都献了出来,他的儿子兜两瓶茅台又算什么事?但李葆华同志却感到"脸红耳赤"——李葆华后来当了中国人民银行行长,这样连两瓶茅台都要按市价退钱的人管国家的钱袋子,人民怎能不放心?

  两个关于茅台的"故事",其实不是故事,而有着振聋发聩的现实针对性。现在公款吃喝疯掉了,喝得茅台涨到了天价,便是"八项规定"之下,有的"司长"还是顶风吃喝,躲到偏僻民宅里,转到机关食堂内,拉上窗帘还是要喝,实在管不了自己那一张嘴——其实他们酷爱茅台,好这一口,也无妨,甚至也可以任他放开去喝。只是喝过之后,要像小平同志那样自掏腰包,"一一付清"。拿自己的"俸禄"去喝,人民就没有意见,也不会"沸反盈天",他们痛恨的只是一边拿着"人民的俸禄",一边"工资基本不用",从吃到喝再由"人民"包下来,所以才这样大手大脚,如此胡吃海喝。

  现在制裁吃喝之风,药方很多,论教育规劝,谈严管报销,说制度要改,都有见识,都很重要,但小平同志喝"一小杯茅台"都要自己"一一付清"的故事,却给予我们深深的警示,也多少击中了公款吃喝的要害——所以说这两则往事,其实不是"故事",当我们端起茅台之时,能不能想一想如果小平同志与李葆华同志在,他们会怎么样?

(2013.4)

## 失败了也不要紧

沸扬的一周又过去了。在上周频仍的"热点"中，上海的一项地方立法事项备受人们的"特别关注"，这就是上海市政府提请市人大常委会审议《关于促进改革创新的决定（草案）》。这其中的一段话尤其引人注目——"对依照本决定规定程序决策，实施改革创新，而未能实现预期目标，且未牟取私利的，在政府绩效考核中对有关部门和个人不作负面评价，不予追究行政责任及其他法律责任"，被称为"宽容改革失败"的"责任豁免条款"。

"宽容失败"，是鼓励改革的必须。改革就是创新，创新前无古人，少有袭鉴，必须"大胆闯"，才能"杀出一条血路"，创新艰难风险多，谁也不能打保票，谁也不可能不失败，"失败了也不要紧"，才能激励创新的勇气和激情，才能"甩开膀子"，否则只能使人们"足将行而趑趄"，畏首不前。改革同时也是试验，一切经过试验，就是一切经过实践。既然是试验，就不可能百分百成功，"大胆试"，这本来就包含着"不怕失败"的意思。改革要有"试错机制"，要允许实验失利、试验失败。如果改革的试验动辄得咎，尤其还要"秋后算账"，谁还敢于"大胆试、大胆闯"？只能"不求有功、但求无过"，只能"趋利避害"，退避三舍。因此，宽容失败，就是支持和激励改革。

更重要的是，我们还不是从一般意义上讲要宽容改革者，而是说，这个问题对于今天的上海，已经十分迫切，具有重大的现实性和针对性。上海已到了不改革创新不能前进的特定阶段，而今天的改革又是在深水区和攻坚期的"闯关"。上海在"四个率先"道路上遇到的难题和瓶颈也是"率先"的，而从上海产业调整和社会发展的水平看，横亘在我们面前的阻碍也是独特的。可以这样说，当今的上海，每前进一步，每改革一项，都没有现成的套路可以沿袭，都没有既定的模式可以照搬，过去的路径和积累的经验也往往不再适用。上海的路要靠自己走出来，上海的"血路"要靠"先行先试"杀出来，这就尤其需要我们"敢为天下先"、当第一个"吃螃蟹"的勇者，需要我们正确地对待改革者，特别是正确地对待探索的失败——更不要说我们现在的改革，不但要冲破观念的束缚，更面对着利益固化的藩篱这样一个"很大的挑战"，是一场"割腕"的阵痛，前面是错综复杂的阻力和重重风险，如果我们不能宽容改革的某些失败，不能宽待"深水"中的"呛水"甚至"落水"，不能善待勇于改革的人们，甚至也不能包容他们的个性乃至缺点，那就只能彷徨于深水区外，就会寸步难移、裹足不前。

"宽容改革失败"，作为一项严肃的立法，也要求我们依法、全面地予以理解、尤其不能误读。现在有一种解读，似乎只要"不进自己腰包"，什么事都可以"宽容"。这就恐怕有片面性。对于那些为一己牟利的"失败"，当然不能宽容，但并不是说，只要不谋私利，就可以"胆大妄为"，对于那些不经过周密调查研究的"拍脑袋"，对于那种心血来潮忘乎所以的"瞎指挥"，对于那些个人意志凌驾于集体、组织之上一意孤行的"乱拍板"，如果造成了重大损失，看来仍不在"宽容"之列——我国刑法中关于渎职的罪刑规定，并没有改变，而在上海的新法案中，作为"宽容失败"的第一句话，就是必须"依照本决定规定程序决策"哦，这是"宽容"的"第一前提"。所以我们需要宽容、善待的，是真改革，而不是不讲决策程序的"假动作"，是"善政"的好改革，而不是非理性的"瞎折腾"，这就要求我们的改革尤其是决策，更富科学化、民主化，更加依法理性。这是"宽容"的辩证法，也是更高层次上的新一轮改革本身的天然要求——我们现在的改革，已不是初始时期那种"闯红灯"、"打擦边球"的"突破"可以奏效的，而更重在改革体制和规则本身，千万不要忽视了改革的新要求、新变化。上海此次通过地方立法来保护改革，讲的是法制和规范的普遍性和稳定性，而不只是"上面一句话、下面一阵风"，这本身就是一种改革，一种深刻的现代法治意识。

(2013.4)

## 神剧为什么走红

"抗日神剧"的备受批评,大概可算是近期的一个热点。我们指责投资方的舍义逐利,痛斥编导们的胡编乱造,甚至还诟病审查机制的莫名其妙。然而如潮的批评,似乎很少回答一个问题,为什么"神剧"的收视率会这么高——而正是这个"收视率",刺激着众多的投资方;为什么"打鬼子剧"如此走红——而正是这个红极一时,"激励"了某些编导的"创作热情"。据说我们的观众,也有人信以为真,但多数的人,早已知道"神剧"属于荒诞,却仍然天天"收视",乐此不疲,甚至这些天来,"神剧"备受批评了,但不少的频道仍然在劲播,什么原因呢?因为"我们看的人还是多"——这就涉及到了"我们"的问题。

"我们"太需要一场"胜利"了。需要胜利是每个民族的梦想,中国人百年以来,备受欺凌,直到今天,人家还在我们家门口挑衅生事,我们需要胜利,这本是天经地义的事儿。问题在于"我们"往往忘记了一个民族的哪怕很小的一点"胜利",都是要依靠埋头苦干、脚踏实地甚至艰苦卓绝甚至勇于牺牲才能得来,我们常常使用一种"精神胜利法",并以此"过把瘾",以此代替卓绝的奋斗。比如"刀枪不入"的"义和团",就曾深入国人的血液,以为念咒作法,就可以"制夷"、杀尽洋人。"抗日神剧"中那些射箭以拦子弹、徒手撕裂鬼子以及用手榴弹炸掉天上的飞机,包括女侠遭奸后,站起来一举干掉一个排的日伪军云云,为什么"我们"明知荒诞离奇,却大呼"过瘾"呢?这是不是"义和团情结"的再附呢?恐怕是个问号。国人的心里,还有一个"阿Q",这位"精神胜利法"的先祖,首创了"先前阔"的"胜利感",至今没有绝后——"抗日神剧"中那些飞檐走壁、踏雪无痕,大刀片一亮,一大片鬼子人头落地的侠士们,不正是"我爷爷,我奶奶"么?于是"我们"后代,足以稳坐在电视机前尽享辉煌与荣光，更足以在他们的英武身影下心满意足地喝茶、喝彩、过把瘾——所以有识之士叹息，说"神剧"为什么那么走红，因为"我们"实在是太需要它啦。

我们又太需要一场"娱乐"了。"娱乐至死"，似乎又成为某些国人的口号，在一个连反腐都成娱乐化的当下，抗战这样一场流血牺牲的民族战争，也被演化成一场娱乐，叫做无可幸免。"抗日神剧"的娱乐化，是"收视率"奇高的另一个基本原因，除了光怪离奇的"武侠化"，就是一个乱世风尘的"言情化"。哪个"神剧"不贯穿着死去活来的爱情畸恋呢？哪部连续剧没有惊若天人的酷哥美女呢？反派人物，多的是美艳多情的"女特务"，就是一个村姑，也要叫她"全裸敬礼"，正是这种兵荒马乱中的风花雪月、红杏出墙，正是这种刀光剑影下的缠绵、柔情和"三角"，才"投合"了"我们"不少人内心的情趣与追求，才让"我们"一集不漏地看下去——其实"言情化"早不是"抗日神剧"才有，一部《红楼梦》，"我们"似乎从不把它当成"封建社会的盛衰史"来看，而只把"木石前盟"当作它的主线，当作"言情小说"来洒下一把眼泪、一把鼻涕的呀。至于西门庆和潘金莲，在《水浒》中只有寥寥几页，但就是这几笔，不也要拉出来，注满水，拍成几十集的洋洋大观么？这当然就不只是"言情"而是另一种"情趣"了，但照样引出了"我们"的"莫大兴趣"，照样炮炮走红。

有人说，"抗日神剧"的走红，归根到底在于它有"市场"、有"观众"、有"收视率"，所以才久盛不衰，越批越红，所谓"需求决定生产、市场决定供给"嘛！如果真是这样，我们是否能够反思一下"我们"自己，进而反思一下"我们"的"国民习性"和"兴趣爱好"呢？

这种反思的意义，当然不只在于一个"神剧"的走红。

（2013.4）

## 切莫轻忘这个"1068"

"1068"当然是个数字,而这个数字在两月前的中国,几乎要风传天下——沿海某省一个厅,粗粗统计了一下,去年一年竟开了1068个会,平均日开三会,而这个"厅",还是一个"不怎么重要的部门"呢,身居要害、炙手可热的那些"厅",恐怕连"1068"都打不住呵!于是"1068"不胫而走,于是网络之上沸反盈天,但还有一个"于是",那便是过了两个月之后,我们就又淡忘了这个"1068"——今天说这个"1068",还有谁记得是怎么回事呢?"1068"个会照样在开,一个也没有减少呵。

其实"1068"并不石破天惊,日开三会的更非仅这一个"厅",君不见众多的单位部门,每一周的日程表上,从上午到下午直至晚上,密密麻麻排满了的都是会议?君不闻也是一个月前,一位县委书记告诉记者,"这一周开了34个会"?可见"会海"之浩瀚,可见会议之多如牛毛,"1068"之稀松寻常,只是一个"常态"罢了。会,还是要开的,谁也没有说过会不要开。但我们可不要忘记那本名著《帕金森定律》中的一句名言,说开会,往往说明机制本身的设计和运行出了问题,所以要把本来"各司其职"、按部就班的人们一下子召集起来,叫做给正常框架"打补丁"、救急。不管这结论对不对,现在的问题,是我们不少同志,把开会当成了"正常",所谓"工作就是开会";把开会当作了"落实",所以凡有"精神",就要开会"贯彻",凡有任务,就以会议"落实",会开过了,事情就"落到了实处",报告做完了,也就已应故事,而"上面"的检查考核云云,往往也只是看你会议开得"及时不及时",与会的范围"横向"是否"到边"。这种被习近平同志批评为"从会议到会议"的"抓落实",这种"以会议落实会议,用文件贯彻文件"的不变模式,浸淫着官僚主义和形式主义，也是我们的会海无边、难以移易的基本原因。至于有些地方，年初是名目繁多的任务计划会、远景规划会，年中是杯筷相交的代表会、协调会、推进会、交流会，年末又是皆大欢喜的评比会、庆功会、表彰会等等，就更不是"1068"这个4位数可以刹住车了的。

"1068"个会，开得基层干部苦不堪言。整天陪会，哪有时间抓发展实务，会会要汇报，又哪有精力来考虑民生实事？这是不少基层书记抱怨。他们固然"会风不好"，一是逃会，能逃则逃，二是进了会场打瞌睡，一听报告就眼皮打架，三是"精力不集中"，发短信打电话等，其实这林林总总的"会风问题"，不也是对"会海无边"的无声抗议呵！当然也有这样的基层同志，他们来自于群众底层、实践之中，但是"1068"个会开下来，慢慢也"习惯"了整天泡在会上，结果呢？群众工作的一身"武功"却废掉了，带着泥土气的好作风也在这无穷无尽的"会"上消磨殆尽。

自然也有对于"1068"个会乐此不疲的。我们有些干部，似乎已经习惯了在一个接一个的会议中过日子，甚至习惯了在各种会议上放一样的"空炮"，讲各异的"假话"，有的同志偶尔半天没有会、"轮空"，他还真有些"空落落"呢！于是一个会场赶到另一个会场，成了道地的"华威先生"。至于少数领导同志，乐于在会上"找感觉"，惯在麦克风前"过把瘾"，喜欢面对成万上千的下属"树威信"甚至"显威仪"，就不仅是个"会风"问题，而是颇有一点"残余"的味儿啦！

"1068"，我们不要轻忘这个数字，更不要让它周而复始、愈演愈烈。还是要以体制的改革入手，从根本上解决"文山会海"之弊，否则，"1068"个会将年复一年，改作风或又会变成"一阵风"呵。

(2013.4)

## 弥勒梳个大背头？

"容天下难容之事，笑世间可笑之人"，大肚弥勒素来无发，怎么梳了个大背头——原来是在近些天，洛阳偃师的龙华欢乐园中，巍然塑起一尊弥勒佛的金身，袒胸露肚，笑容可掬，只是大脑袋之上，梳了一个大背头。人们走近一看，才觉得这手抚佛珠的弥勒多么脸熟，原来是当地某"企业"的一位"董事长"，一个腰缠亿贯的"老板"！

一个"老板"塑成了佛，是他自个人要"树形象"，还是当地的人们要表彰他如佛一样的"贡献"，这就其情不详了，但有一点可以肯定，弥勒梳个大背头，"老板"变身神仙佛，并非洛阳一例，也非今日才有——不久之前，西北大学现代学院的显目处，也竖立起了女娲和雅典娜的神像，然而人们一看，也是觉得似曾相识，这两尊雕塑的面部，竟是本校两位"校董"的脸。也是两尊"菩萨"，也是两位"老板"，虽然校方再三抱歉，说制作时"考虑欠妥"，但网友诸君，都断定他的"制作"之时，是经过了"深思熟虑"的。

其实"老板"们虽然大多尊神，不少信佛，但真正愿意"立地成佛"的，多乎哉，不多也——他们更多的是崇拜权力、攀附官场，一心想做所谓"红顶商人"。这种"崇拜"，早已不是十年前 PS 一张与克林顿的合影挂在老板桌前那种"低层次"啦，比如有一位"董事长"，是有一支保镖队伍的，赫然命名为"8341"，他是要过一把"官瘾"甚至"御林军的气派"呵；又比如还有一位"老总"，他公司的部门设置，居然有"外交部"和"财政部"，还有"机关事务管理局"，俨如咱们的国务院，只未知有没有"国防部"？他也不是有什么"野心"，只是一点"权力崇拜"罢了。至于还有这样的"集团"，他的"总部"里头，既有"菊香书屋"，又有"西华厅"，而大门口呢，架了金水桥，又铺大广场，还矗立了两柱"华表"呢!这样的"找感觉",就把"老板"们的"心潮澎湃"给一笔勾勒出来了——现在都又出来个"老板"变了大佛,塑了金身,"大肚能容"地俯看天下尘世,笑对凡夫俗子,这是否说明我们的"老板"们,"追求"也在变异,志趣发生了升华呢?

"老板"要"立地成佛",本来说难也易。其难处,在于商场风云险恶,商战刀光剑影,哪里容得下满腔"佛心"呢?所以还得瞒天过海、暗度陈仓,还要连环计、拖刀计、二桃杀三士呢!所以这刀子,是岂能轻言"放下"的。说它之易,是说经过修炼洗革也可以"成佛"。那便是多一点对"下面"的慈目善心,少一点"血汗工厂";多一点对社会的责任义举,少一点向清清河流里甚至饮用取水口的"排放";多一点灾难祸起时的慷慨解囊,少一点"阿巴公"的色彩。这样的"立地"和"放下",即便他梳个大背头去做弥勒,公众也不会有太大的意见,更不会沸反盈天的。

(2013.4)

## 菩萨也有"额度"?

《弥勒梳个大背头》,算是写菩萨的吧,刊登在《夜光杯》的当日,不料又看到一则关于"菩萨"的新闻——说是某地平地而起,又建了一群菩萨庙,这原是好事善举啊,却未料庙里的众菩萨,个个被分摊了聚敛"供养"的"额度"。弥勒跟前,"功德箱"的任务是三千万,而观世音菩萨的身价更是高达五千万,且不说释迦牟尼的化身、报身、法身三佛,分别被下达了数千万的"额度",就连一边的四大金刚,后厢的五百罗汉,都被规定了"指标"——这当然不是菩萨伸手,甚至也不是众僧的自发,而是当地一家有着"政府背景"的"开发区公司"下达的"额度",因为据说,这庙宇的"产权",非他莫属。他不但要"收回成本",而且还要赚有盈余,所以只好把任务摊派给众菩萨啦。

于是舆论之间,就有了种种叹息,说菩萨也有了创收任务,教善男信女,跪拜进香时,到哪里去找那一份虔诚?又说菩萨也伸出手来,他收了别人的钱财,如何帮人"办事",例如观音菩萨,如若完成了"额度",又不能确保个个"早生贵子",她又怎样"结账"?总之既有非议,还有质问,一时沸沸扬扬。

其实"创收任务"这个东西,不但是庙里的菩萨有,即便是凡间的"菩萨",也早已先有了——沿海有个某县,几年来大打招商引资的"全民战争",没有与招商引资无关的人,没有与招财进宝无关的单位,成为嘹亮的口号。全民招商一来,且不说一个乡240名布衣教师,被分配了多少万元的招商"额度",便是公安局、检察院和法院,也不能置身度外,与此"无关"。结果呢?战果硕硕、战绩可观,城管局招来了一家酒店,药监局招来了一家药厂,公安局签下了一份"意向协议",连党的纪律检查委员会,都引进了一家修汽车的4S店,终于完成了"额度"……

当然也有大吃一惊的，说公、检、法加上纪委，那可都是社会生活中的尊神、"菩萨"呀，他们本应是公断是非、纠察不法的"清水衙门"，如果也一一伸出手来招财，那岂不是没有了"清净之地"？纪委引进了4S店，检察院被要求"充分利用人脉关系"广泛投入商战，这些"强力部门"引进自己的"关系"之后，保护还是不保护，"罩"还是"不罩"呢？这几路"菩萨"为了完成自己的"额度"，一样要去杯斛相交、"人情往来"，一样要酒肉穿肠、勾肩搭背，又将置法度于何地呢？——只未知几年下来，纪委的4S店，开得如何了，但文首大庙里菩萨们的"额度"，却真的已经"分配"下去啦！

说到这个"额度"，观音菩萨是最吃重的。其实观音的吃重，并不是自今日此庙而始——近年以来，观音之争，早已硝烟弥漫。一个虚无缥缈的观音，不但有了父母姐妹，而且有了"出生之地"。关于"观音故里"的烽火，绵延一万里，纷飞半中国。天府之国的遂宁宣布，观音在此修道成仙，所以已为这个"故里"一掷十亿，并推出"观音选秀"之热点；而中原腹地的平顶山却曰，观音生于他的李庄乡古城村，出家于他的白雀寺，修成正果则在他的香山寺，才成了千手千眼的菩萨！而西部边陲的昌吉一地，更宣布它乃观音"老家"，什么原因呢？因为"相传"西域曾有劫国，国王有三女，大曰妙庄、次曰妙音，三女则叫妙善，而这妙善，便是观音，后来修到普陀山，成了仙人菩萨……总之群雄逐鹿，争得一塌糊涂。

我原不明白，观世音菩萨只是一个美丽的传说，为什么要"落实"，为什么要如此争抢呢？今日才知道，这抢，是抢得有道理的——不抢，这菩萨的"额度"分配给谁？不抢，这"功德箱"里的进账又归谁呢？

(2013.5)

## 反腐岂能靠"内讧"

颇具"戏剧性"的反腐之中,近日又有一名官员就要落马——而他的风雨飘摇,同样更具有"戏剧性"。海南澄迈县的旅游局长,被举报两年前大摆婚宴150桌,又送价值73万的进口昂科雷越野车给女儿作为嫁妆,而举报的人,竟是他的乘龙快婿!两年前的事儿,为什么今天才举报呢?因为一笔房款,岳父作梗,逼得女婿"无路可走",于是出来举报,于是大义灭亲!

关于这起"灭亲"案,舆论之间,是有众说纷纭的,有曰这是反腐斗争独具的一条蹊径,有说这种灭亲之举,是"最有杀伤力"的"一招",当然也有这样的叹息,说我们反腐,能靠一个"内讧"吗?

说"大义"也好,论"内讧"也罢,这类"内斗"式的"反腐",甚至为某些舆论叫好,并不仅于一起裙带的"灭亲"——某市书记与市长历来官斗,于是书记下了狠手,匿名揭发市长的贪腐行迹。市长"进去"以后,又把书记的劣迹,一一"咬"了出来。结果这对贪官,终于在狱中握手言和,了却了十年官场的恩怨——这起发生于江淮大地的"内讧"式"反腐",当时也引起过多少议论,也有人说不失一条"内部监督"的路子的,但也有人说,依靠"狗咬狗"的"一嘴毛",毕竟不像是反腐败的正道呵。

把希望寄予"内讧",看来很不可靠。且不说裙带之间,共同利益总是远大于"作梗",便是贪官之中,更多的是鼻孔一气、利害与共。他们之间,自会有官场的内斗、仕途的倾轧,乃至分赃的不均,但"大方向是一致的",互相依存,狼狈为奸,是他们的"主流",纵然有点矛盾,也会"求同存异"、相互庇护,要靠他们的"内讧",来东窗事发、水落石出,是要落空的,这也是无数"窝案"告诉我们的规律。近日揭露出一名贪官的落马,是因为"吃独食",贪贿所得,从来不让同僚分享,因为"不均",所以翻车,这样的例子,毕竟凤毛麟角,大多数的贪官,是讲"江湖上规矩"的,所谓"盗亦有道",一般都是"共同犯罪",摆得很平,所以因为"独食"而被"举报"的,不幸只是特例。这就再次告诉我们,所谓"监督",更多的要靠"异体",依靠"利益共同体"中人的相互"扯袖子",依靠"利益攸关者"们的互相"制约",有一点作用,但终于不可靠——这事儿往大里说,就是反腐败要靠"一条新路","这条新路,就是民主",而不是靠"内讧",更不是靠二奶、情妇来"反腐",甚至也不能靠"家庭纪委书记"的"枕上廉风",那东西再浩荡,也无济于事。

还是回到文首那起岳婿"内讧"上来——150桌家宴,几千人蜂拥而来,昂科雷的豪车,女儿早已招摇过市,这样大的动静,已经历时两年,为什么当地的"有关部门",一无纠稽,一句不问? 而到了两年之后,那姑爷出来举报,才当成事来查呢? 再想一下,如果那笔"房款",老丈人不"作梗",女婿也不是"无路可走","内讧"不起,波澜不兴,他还会"举报"吗,这陈局长,不是到了今天,还稳稳地坐在一把手的交椅上么——解剖这只麻雀,就更可见"内讧"之不可靠,"内斗"之不足以寄予希望啦!

(2013.5)

## 二十七个衙门与一道加减法

"27个部门",不是一个笑话、而是一种怪状——两天之前,李克强总理在讲到政府职能转变时,拿出一份调查报告,"前几天,我看到这个调查,企业新上一个项目,要经过27个部门、50多个环节,时间长达6—10个月"。上一个项目,就要"27个"衙门点头,谁都要敲章,谁都要伸出手来,而到了真正需要"扶持"时呢?"有关部门"又一个都不见了,你叫企业如何"投资创业"?

其实李总理的讲话中,还不止一个"27个部门"的调查,比如他说,就业创业难,也与政府部门的资质资格要求多、认定多、考试多、证书多大有关系,光"各级政府部门颁发的资质资格证书就有229种"。"一纸证书漫长的认定过程挡住了不少人的就业创业之路",这是总理的叹息。其实不只这些,李总理列举的"让人费解"的审批事项,居然包括一条渔船的船名,也要经政府部门层层"核定"。

这段时期以来,我们听到过上一个项目要盖216个公章的事,等到两年漫长的审批过程终于结束,市场早已明日黄花,投资方也早已"拜拜"。我们甚至听说过老百姓办一个准生证,结果惊动了10多个部门,盖了三四十个章才罢休,现在又有了这个"27个部门"的调查和小小一个渔船名字的"核定"过程。活生生的事实,"让人费解"的笑话和怪状,再次告诉我们,"以政府权力的减法换取市场活力的加法",这一道加减题的破解是多么必要而又多么紧迫——政府改革,不只是"部门"的精简归并,而是职能的深刻转变;审批变革,不只是"加快"、"一站式"、"一门式"加上"程序并联",结果图章"一个也不能少",而是要"放权","最大限度减少对生产经营活动和产品物品的许可,最大限度缩小投资项目审批、核准、备案的范围,最大可能减少对各类机构及其活动的认定,原则上取消不符合行政许可法规定的资质资格许可";而政府"放权",也不只是在上下级之间分解、移易、授受,而是要坚持三个"凡是"——凡是市场能决定的,就由市场决定;凡是企业应自主的,就由企业自己决定;凡社会能承担的,就充分发挥社会组织的作用。总之,"这项改革,要坚持市场化改革取向"。

做好这道"加减法",首先当然是要突破思想观念的障碍。我们不是一般性地讲转变观念,而是说在当前困难的形势下,尤其要树立市场观念。现在靠刺激政策,政府直接投资,空间已不大,必须靠市场机制。实际上,市场机制本身对经济运行具有自动调节作用,是能够调整一般性经济波动的。如果过多依靠政府主导和政策拉动来刺激增长,不仅难以为继,还会产生新的矛盾和风险。市场主体是社会财富的创造者,是经济发展内生动力的源泉。近20年来,民间投资在全社会固定资产投资中比重也上升到60%,现在还有很大潜力,但由于"玻璃门"与"弹簧门"的问题,仍然有着"有钱无处投、想进进不去"的现象。可见要"下决心打开转变政府职能这扇大门",把该放的权力放到位,以期激发各类市场主体的发展活力和创新力,我们还是要推进新一轮的"解放思想"。

做好这道"加减法",更必须冲破利益固化的"藩篱"。说"放权"有阻力、有难度,甚至要面临"很大的挑战",其中一条,是说政府部门如果权力过大、过于集中,管了许多不该管也管不好的事,就有可能成为"权力寻租"的温床,一"加"一"减",不但会涉及到我们的原有体制、思维方法和习惯的行为定势,还会涉及到一部分人的权力格局和原有利益,因此"断腕"的放权过程,对我们某些同志来说,也可能有"割腕之痛",是一个自我革命的阵痛。但我们必须忍受这个过程,因为这不但是深化经济体制改革的当务之急,还是反对腐败,杜绝寻租的根本之策——刚刚落马的原发改委副主任刘铁男,"进去"之前不到三个月,一边写检查材料,一边"加速"批掉了50多个项目,差不多每天要批一个。刘铁男究竟要干什么,还有待于调查,但刘铁男手里为什么有那么大的"审批权",他手里"一支笔"又会为谁谋利,倒是一个值得"解剖"的标本。

(2013.5)

## 还是说清楚为好

沸扬的上周里头，最沸扬的热点，莫过于几条"官闻"。27岁的副县长、33岁的副市长，岂但是因为"80后"的年轻，又都是"将门之子（女）"，所以人们有质疑，有联想，网上的话，甚至说得很难听。

其实就在上周，27岁的湘潭县副县长徐韬已经被提名免职，降一级安排，然而舆论为什么仍然不依不饶——说是"没有说清楚"，徐韬的提拔，到底有多大问题，也要对他负责啊，至少不能冤枉他。仅仅因为"27岁"，或者因为舆论太火，扛不住，就要摘掉他的乌纱帽，似乎也没有道理呀！如果有问题，那是什么问题，毛病究竟出在哪里，也"没有说清楚"。

但湘潭方面，不是说了吗，程序有点瑕疵，比如没进行会议推荐就破格向上报告，未严格履行推荐和考察程序，等等，涉及此事的6名干部，还受了一点处分呢！然而网友却问，为什么这一路上的程序都会没有？这6名组织干部，为什么要一路"瑕疵"，一路绿灯？他们是擅作主张，还是代人受过？尤其是在郴州参加公选的徐韬，却"飞过海"在他父母当权的湘潭被"录用"了，这样的要害问题，似乎都"没有说清楚"——本来很有意义的一只"麻雀"，却被一个急急忙忙的"免职"几乎要轻轻放下、化为无形。

当然还有"没有说清楚"的，那便是上周另两个热点——继前段"90后女副局长王茜"和"25岁女镇长韩寒"之后，上周又爆出27岁的揭东县副县长江中咏和33岁的耒阳市副市长王卿，说小江副县长是在其父老江副县长"逊位"的同一天，"子承父职"的，又说"80后"王副市长的父亲，就是耒阳市原市长……

我看这似乎不能简单地断定为"猫腻"吧，一是"80后"其实不老小了，当个副县长、县级市的副市长，有什么不可以？二是县长的儿子女儿，就不能当县长？小布什还接了老布什的班呢！但为什么那么多人认为是"官二代""拼爹"呢？也是因为"没有说清楚"——两位年轻有为的官员的简历一直都没有公开，其实对于拟提拔任用的干部，个人的简历都是要"公示"的呀，再说人民代表要举手，也要知道他从何而来呀，可是连这个必要的程序都"没有"了。难怪公众的质疑，并不只在于"子承父业"，更多的则是说，这两位究竟是凭什么真才实学，又做出过哪些突出成绩，才被"提拔"的，应当公开，应当让我们知道——当然到了周五，揭东方面突然撤掉了江中咏的所有"任职决定"，人们才知他的所有任职程序早已违规，因此现在不但不能当副县长，还要一撸到底，打回6年前的原形，叫做连降四级，虽也同样匪夷所思，但我们才终于看到了江副县长一路走来的"简历"。

可见"说清楚"十分重要。君子坦荡荡，有话当面讲，公开是公平和公正的基础，也许你本来很有道理，也许这几位"80后"很有德才，应当破格提拔、脱颖而出，但是你不公开，不说清楚，欲言又止，犹抱琵琶，公众就必有质疑，也不能把这种质疑一概贬为"习惯性"。至于你确有"猫腻"，拿不到台面上来，甚至难见阳光，所以遮遮掩掩，所以故设"程序空白"，那就更不敢"说清楚"了——这种情况，绝不是没有，这也是不少公众一见"80后"，就称"火箭式"，就以为他们都是"李刚"的一个原因吧！

当然也有明明"公开"的事，他居然"不清楚"的——河南固始县国土局的两名官员，早在2010年就因罪被法院判了刑，但两人"戴罪"后却屡被提拔。该局局长解释说，"不知道判刑没判刑"！这就真的奇怪了，这两名官员，是在本县法院经过"公开"审理的法定程序后才判的，作为对他们的判刑依据，其中还有两份证据就是由该县国土局提供的呢，这样大的动静，局长大人"不清楚"，人事部门也不晓得？他们"提拔"过程的那么多程序，一如民意测评、任前公示等等，竟无一人提起这公堂上的公诉与审讯？可见不是没有"公开"，而是"说清楚"了他也装着"不知道"呵。

(2013.5)

## 写在新闻的背面

现在读报的人,比起先前来,多乎哉?不多也。我也离"纸质"渐行渐远,大多数阅读,是在网上了。

但报纸还是可读的,什么原因呢?因为一张报纸,有其两面,读报读报,经常还可以读到新闻的背面——

比如报上宣传一位英雄的事迹,说中条山的深处,人迹罕至的人山里头,有个林场,为了防火防盗,必须有个护林员。于是一个转业军人去了,一去就是30年,老林作床,青山为伴。父亲去世了,不回去;老婆生病了,不回去;连孩子考学,也不回去。30年下来,自己得了关节炎,也不下山,落下个终生不愈的病根。这样的"爱林如家",当然令人感动,于是高奏出一出英雄的颂歌,成为当地报纸的典型,还排了个大戏弘扬他呢!

只是读了典型之后,也有有识之士,发出了"负面"的疑问和感叹——这疑问,就是为什么让人家去深山老林一待就是30年呢?比如他老父病逝,难道不能派人替换一下,让他回来奔丧?比如人家老婆病在床上,难道也不能换一下班,让他照应几天?至于后来英雄得了那么重的病,就更应当替他下来,让他治病,为什么一定要让他"坚守"在深山老林呢?也许这才像一个"模范",也许这才能成为一个"典型",但这样的"打造",是否过于缺少一点人性、人情加人道主义呢?

其实这样缺少一点人道的"典型",在报纸的背面,并非仅此一例——近期雅安地震,感人之事不少,其中一位"卖粥奶奶",则令多少人流泪。长春一位孤老,84岁了,没有亲人,也没有依靠,天天卖粥为生。地震了,老人将卖粥攒下的200元钱无私地捐助出来,算是尽了绵薄心意。于是报纸连篇累牍，荧屏争相传播，"卖粥奶奶"多么令人感动，我们闻之善举，连眼泪都要流下来啦。

然而流泪之余，我们不妨也想一想，一个84岁的老人，毕竟不是"80后"那样的身子啊，叫一个84岁的孤老，仍然天天在街头的寒风里烈日下一勺一勺地卖粥，就凭这一条，也许我们更应当流泪。面对一个84岁的孤老，我们最起码的社会保障在哪里？我们众多的慈善组织又在哪里？也许是在今天，当奶奶颤颤巍巍捧出赖以糊口的200元善款时，我们对她的名字如雷贯耳，但这么多年来，在平凡的日子中，奶奶天天站在街头的身影，我们看见过没有，我们为之动容没有？所以也有人说，"卖粥奶奶"这样的爱心，是否应当鼓励？这样的鼓励，是否有悖基本的人道？说到底，84岁的"卖粥奶奶"，恐怕不是我们的荣耀而是社会的悲哀，我们与其"感动得流泪"，真不如深刻痛切的反思一下我们自己……

新闻的背面，其实还有诸多的可读，只可惜我们的报纸，从来就缺少"力透纸背"的深度，而我们的读者，似乎也忘记了事物都有"两面性"这条辩证的法则。

（2013.5）

## "衙署"是什么"文化"

中原有个叶县,叶县乏善可陈,却有一座建于明洪武二年的五品县衙。一座老掉牙的县衙,又有什么新闻性可言呢?原来近日之间,当今的叶县县长专门视察了这座衙门,并且指出,这"是叶县对外开放的窗口",不但要"着力丰富县衙文化的内容",更要"打响'衙署文化'这张特色名片"!

于是舆论就问,"衙署文化"是什么"文化"?中国的郡县制、官僚制度,虽说对于分封制是一点进步,但两千年以来,县太爷们作为中央皇权的"基石","衙署"内外,是浸淫着封建专制主义的"文化"的呀。就是叶县这个片地16848平方米的县衙门,41个单元,153间房,不但有大堂二堂三堂,还有阴森森的狱堂呢,叶县衙署的建筑,充斥着"父母官"俯视草民百姓的何等气派,而衙署里头的"执政",更有着骨子里的政治形态。我们今天再来弘扬、膜拜这张"名片"?不免令人惊异。

其实"衙署文化"的再度"弘扬",并不止叶县一地。前年的"十一",在共和国的国庆那天,三晋人地的平遥城门缓缓打开,在"雄浑的号角"和"古朴的礼乐"之下,县长身着清朝县太爷的全副七品官服,率领古城"乡绅商贾"和"三班衙役"健步出城迎接宾客。这县长同志的古装,这县太爷的威仪,不同样令人惊异,不同样是"复活"着自中山先生推翻帝制以来,已经正寝了百年的"衙署文化"么?

当然叶县的"文化",只是将八百年的"衙署"重新"弘扬"一下而已,我们的生活中,其实还有"重演"着"衙署"及其"文化"的。不是有县乡开府建衙,大厦豪楼里官均一百平方不说,还有造了金水桥、新华门乃至竖了华表的么?不是还有某地农妇"误闯县衙",结果被生生打了出去的么?至于县府门前一条大道，"禁止社会车辆通行"，至于县太爷出行，先要踩点清道，还要警笛长鸣，都会使我们想起旧时"衙署"门前的"肃静"和"回避"四个黑字呵！可见"衙署文化"的其魂不散，有的地方其实早已在那里"弘扬"，并不需要等待小小叶县来打这张"名片"——至于在华北平原的张北，县电视台将他的县委书记忘情地颂为"一轮红太阳"；至于这县太爷高升"知府"之时，"子民"们还万人空巷送"升官"，差一点要打出"万民伞"，就更是深深的"文化"啦！

"衙署文化"当有叶县县衙那样有形平台，但更有作为"文化"的那些无影载体。比如现在批评官员"不读书"，其实是冤枉了某些"能吏"的。他们也读书，读的什么书呢？从《官经》到《厚黑学》，从《曾国藩用人术》到《历代君王权谋大权》，从《古代帝王驭人术》到《官场文化与潜规则》。有的官员把"官场权谋"一类，当成自己的枕边秘籍，把专制政治下的治人之术和官场黑幕，当成"领导艺术"来"学以致用"，他们不仅钦羡"人臣之道"，而且热衷"为官之术"，官僚政体中对上战兢事君、百般邀宠，对下招降纳叛、结党营私，同僚间防人如贼、互相勾斗的那一套，被当成"炉火纯青"的"仕途守则"和"官场太极拳"。他也没去过叶县，没见过深宅高墙的"五品县衙"，但"衙署文化"这一套，他却无师自通，这一点，你看看某些官员的书架，枕边和随身的公文包里，就十分明白了。

"衙署文化"是什么文化？可不是个伪命题，也决非叶县才有的大问题呵！

(2013.5)

## 大衣哥为什么挨骂

上周一条小小的新闻,竟引出大大的波澜——"大衣哥"朱之文偕一众鲁籍草根明星回家乡演出,"大衣哥"一身黑西装出场,在大批民众围观下,身后三名戴墨镜之"保镖"护驾,还有当地民警现场维护秩序,"排场甚为浩大"。于是网上一片骂声——那可多是原来喜爱"大衣哥"的"朱粉"呀,骂他脱掉了军大衣,穿上了西装革履,骂他褪去了泥土味,居然还用起了保镖,一副"大牌"的派头啦!

其实"大衣哥"挨骂,已不是第一次。"大衣哥"名扬天下之后,就出过"代言风波"

——一家男科性病医院,发行一份"男性刊物",封面之上,赫然"大衣哥"憨厚淳朴的阳刚形象,并印有"雄鹰展翅唱遍中国"的重磅大字。"大衣哥"代言性病医院,一时也引来哗然骂声,说他"不知自重",论他"见钱眼开"——但是"大衣哥"说,"听都没听说过这医院",可见他从未"代言",可见只是一起侵权,于是人们叹息,咱们的人才本来不多,好不容易走出来一个"大衣哥",一个草根的明星,而我们又是这样地去摧残他……

但平心而论,在"大衣哥"身上,真正"摧残"他、"棒杀"的,只是少数,更多的是"呵护"他、追捧他。"大衣哥"出名之后,数不清的演唱会、庆典,踏破了他的门槛,无数的场子,要等他飞来赶去,他已经"没有时间练歌";"大衣哥"所到之处,粉丝团团围住,还为此争斗,发生了骚乱,至于"富婆恋上大衣哥"的"新闻",不也早已在网上飞传么?这也罢了,不过是"民间"对于一位"草根"的"自发"而已,而更为"呵护"的,则还来自于"官府"——"大衣哥"一唱红,当地即刻给他戴上了"政协委员"的桂冠,"大衣哥"的"大衣"里头，有几分"政治"可以拿出来"协商"呢？但套路如此，也管不了那么多，菏泽那厢一把"空着的议席"，早已为"大衣哥"留好啦。家乡的父母官们，一起热情地拜访"大衣哥"，称他为"本县的一大财富"；每逢出行，交警、交通部门都给予"格外照顾"，"可别误了他办事"。就说这次"大衣哥"的出场，除了"保镖"护身，不也还有大盖帽的"现场维持"么？

再说一遍，咱们的人才不多，能够从"草根"而脱颖而出的，更是凤毛麟角。所以咱们尤其"珍惜"、格外"呵护"、特别地追捧，这大概也就是一个"大衣哥"物以稀为贵的缘由吧！然而我们对于"人才"的"呵护"，往往是一个老套路、一种不变的模式。比如"大衣哥"明明从乡间走来，身上本来散发着"泥土味"，对于这样的"人才"，本来应当保护他的"原生态"和"草根性"，这才是人才规律呵！可是我们不管，父母官把他当"财富"来用，地方上把他当"名片"来打，粉丝们把他当"娱乐明星"来追，连他的车开过，都要一路绿灯呵。这样说起来，"大衣哥"脱下军大衣穿上了酷西装，"大衣哥"告别了泥土路带着"保镖"出场，当然就有了一点必然性——我们与其骂"大衣哥"的"忘本"，恐怕还不如反思我们对于人才的"过度"呢！

"大衣哥"出名不久，面对各方的狂轰滥炸、围追堵截，曾经高呼"hold不住"了，因为"对娱乐圈水土不服"。而今天的"大衣哥"，则西装革履、保镖随从了。看来"大衣哥"已经服了"水土"，已经习惯了这一套"规矩"，再也不会"hold不住"啦，但我们的生活中、舞台上，还会有一个"散发着泥土气"的"大衣哥"么，这倒是真正堪忧的事儿——今天的"旭日阳刚"和"西单女孩"，你还看得到他们的"原生态"吗？

(2013.5)

## 一斤酒量与谁醉?

"招聘启事"大多大同小异,无非是学历要高,年纪要轻,身材要高,"盘子"要靓。然而近日在西北某校园张贴的一份广告,却令人大吃一惊——这份只招"女性"的"启事",除了年龄、身高、五官、体重四大标准之外,特别要求"酒量一斤左右"! 于是舆论就莫名惊诧,说这"酒量一斤"、一周只上两天班便可月入数万的"岗位",究竟是干什么的? 这不是"陪酒女"是什么? 也有人不明白,一家"建筑公司",你做你的生意,要什么"酒量一斤"的"陪酒女"? 她究竟陪什么人喝酒?

其实广告里头写得很明白,"本公司"的招聘,是"因拓展业务"。"拓展业务"就要"酒量一斤"? 是的,一点也没有错。君不闻现在某些"商战",早已激化在了"酒桌",一醉方休的"感情投资",已变为一种"商道"、一种规则。市场风云,凝聚在酒席饭桌;利益之争,交错在杯盏相交。君不见近日的年报公布,也是"建筑公司"的中铁建,一年的"招待费"已达8.37亿元? 这还不是"伤害最大"的,紧接着公布的252家上市公司,招待费高达65.25亿元,其中"冠军"中国人寿竟用掉了14.18亿元,股东收益降了39.7%,他的酒肉账却涨了近两个亿! 这样看起来,一家建筑公司招一个"陪酒女",不但十分必要,而且十分平常——不平常的只是人们对这种靠"酒量一斤"去"拓展业务"、打开市场、争夺项目,乃至催讨欠款的"市场经济",有了深深的疑虑。

但是依我所见,这板子还不能全打在"建筑公司"的屁股上——他的那"一斤酒量",固然有"合作伙伴"之间推杯换盏,更多的恐怕还是对"上"的请吃。前段时间,舆论曾嘲笑一位县委书记,一天喝了8回酒,一位县长冒着大雨翻山越岭跑了百里夜路,为的是"上面来人了,要去敬杯酒"。他们为什么要

"喝"？因为"谁也怠慢不了"，因为他的发展资金、民生项目，乃至计划、额度、立项、"切块"等等，都在"上面"手里啊！于是"接待"就成了"生产力"，于是先前"酒杯一端，政策放宽"的"低层次"，就变成了"酒桌上面办公，三杯下肚拍板"。当然也偶有"不喝"的，比如刘铁男当工业司司长时，副省长请他都请不动，非要书记省长请，才"给他一个面子"。刘铁男那时小小一个厅局长，为什么这么大的派头，因为多大的项目，全在他手里的"一支笔"——便是落马前的三个月，不是还突击审批了50多个项目，个个关系到煤、电、油、气的投资建设，个个都卡住了地方的喉咙么？所以刘铁男不喝"规格不够"的酒，要"一把手"给他"敬"才行，因为权在他的手里。至于企业，出生要放行，项目要审批，贷款要恩准，市场要准入，就更不能连杯酒都不敬啦。所以我说，"建筑公司"的"一斤酒量"，也有他的难言之痛，也有他的无奈、不得已，我们固然要批评企业的大请大喝，但更需要致力于政风的整饬与体制的改革。

"酒量一斤与谁醉"？应当研究一下我们的企业为什么要招"陪酒女"，查一查他们的酒究竟敬给了谁？要从根本上杜绝公款吃喝，不能头痛医头脚痛医脚，这样只能消停一时。还是要靠改革，靠"放权"，把企业的自主权还给企业，把市场的决定权归还市场，尽可能压缩大到受贿小到吃请的权力寻租空间，别让我们再把"拓展业务"的战场再集中在"接待"的酒席上，别让企业公开招收"一斤酒量"的"陪酒女"的广告再堂皇地贴进大学里！

（2013.5）

## 请读两条吃喝新闻

上周的沸扬里头,周末突然出来了两条"吃喝"新闻,都是"最新动向",又都不乏"认识价值",读来饶有趣味。

一条叫做"'四菜一汤'走样,大盘套着小盘",说的是"四菜一汤"重又端上公务招待的餐桌,什么"四菜一汤"呢?比如普通的三荤一素,变成了海参、鱼翅、鲍鱼和山珍,仍然是"四菜",却有了"豪华升级版";又比如四个大盘子,里头再套小盘子,装的不同的菜肴,也是四个盘子呀,却远远不是"四菜"啦;再比如先上一轮"四菜一汤",吃掉后再换一轮,餐桌上永远是"四菜一汤"呀,却吃掉了无数道"菜",等等。

"四菜一汤"的变种,也是"风头"之上的"下有对策",已经到了匪夷所思的地步。其实这类"对策",何止一个"四菜一汤"?比如八项规定下来,豪华五星级是"不宜"去吃了,于是成群结队地呼啸而去,变了低调的"转移",转到私人的会所,避到农村的小庄,甚至躲回单位的"食堂",拉上窗帘、屏退左右,照样吃,当然还有把豪店的厨师召到衙门的后院来继续"大办"的。至于把茅台灌进矿泉水瓶子,把天价烟拆了壳子放进杯子里等等,那已是"对策"之中的"小儿科"了——于是有舆论就惊呼,怎么就是管不住自己一张嘴呢?现在可是"急刹车"的当口呵,怎么馋得连"风头"上都扛不住!当然也有人叹息,几十个红头文件都没管住那一张嘴,你叫他自己管住自己,怎么能管得住?

这其实提出了个大问题——比如"四菜一汤"的变种,有的舆论反复强调,问题出在"标准不具体"上,没有详尽规定。但是"详尽"地"规定"吃喝的"标准",多少人该吃多少钱,"四菜一汤"又是什么,其实是很少可能性的,再说"标准"过去也不是没有,但酒杯一端,"标准"又何在呢?所以脚痛医脚恐怕还是"管不住"。还是要讲制度的改变、体制的改革，具体到"公务招待费"的重新审视、公款报销制度的改革，宏大到吃喝费用的公开、让公众监督，直至权力过于集中、运行又不透明的那些体制的改变。总之，也许只有着眼于改革，才有希望尽可能管住过去怎么也管不住的那"一张嘴"。

当然周末的"吃喝"新闻里，还有一条颇具新意的真新闻，那便是"'部委一条街'转型烤馒头热卖"，说是京城月坛附近，过去靠公务接待长盛不衰的一条食街，火爆也不再见，"退单"已是如潮，"整条街上见不到了公务车"，现在转为"以接待工薪阶层为主"；以前的"同和居"老店，辽参、佛跳墙每天都要卖出60—80位，现在没人点了，取代的是早餐、外卖，特色烤馒头最为热销，一天可卖出300多个……

今年头几个月，由于八项规定，高档餐饮明显下滑，也曾有人惊呼"内需不行"了的，甚至要求"网开一面"。其实一个社会的"内需"，如果在很大程度上是靠"集团消费"，比如公款吃喝"拉动"甚至"支撑"的，那不但是一个风险极大"泡沫"丛生的"市场"，而且这种"刺激"，对于我们来说，代价实在太大，大到了要用人心向背甚至执政基础来换取，靠这样的"繁荣"来"止渴"是不行的。所以现在"限额以上餐厅"的门前冷落以及高档消费领域的一时下滑，总体上是一件好事，完全不必忧虑重重，完全不必痛心疾呼。

另一方面，消费还是要鼓励的，内需也必须拉动。这主要是指自掏腰包的私人消费要"刺激"，要逐步变为市场的真正主力。这就给大批以公款消费为依托的产业、行业，提出了转变方向、调整结构的"转型"要求。如果你对中央的决心有信心，你就要看准市场必将发生的变化；如果你看清了"转型"的必要性，你就应当先"转"一步，抢占先机。恐怕不能心存侥幸，也不能抱残守缺，更不能麻木不仁。还拿北京来说，今年头四个月，15家连锁大众餐饮企业营业额又涨了11.7%，其中主要的大众餐业增长还达到了17%呢！这是一个值得注意的动向，所以我们对"部委一条街"的转型报以掌声——当然这种"转型"，应当远不只是每天卖300个烤馒头那样的"低层次"呵！

两则"吃喝"新闻，一则让我们悟到"改革"，一则让我们看见"转型"，我们可以举一反三、往深处想一想。

(2013.5)

## 感于作协"清理门户"

近日中国作协公示新会员，算是一条新闻吧——新闻性不仅在于16名网络写手要登堂入室，更在于5名贪官被除名，清除出中国作协。这5名贪官，文坛上倒是颇有名气，可惜现在均已锒铛入狱，列其大名，有李凤臣、赵立山、王月喜、王剑和王宁云云。

文坛不是高雅之地么，作家更似是清高之众，怎么作家当中，也有贪官？有的。近年以来，贪官之写小说，墨吏之吟诗作词，竟成一个"现象"。说他沽名钓誉也好，论其以权出名也罢，倒也不能完全抹煞他还有那么一点"情趣"。贪官开衙纳贿，又闭门写作，颇有一点"双重人格"与"两面性"呢！我们总是规劝官员，"业余生活"要健康，"情趣"要雅致，似乎管住了"八小时以外"，就不会蜕化变质。现在一看，好像不对了，写书作赋的"雅官"，不是仍然成了日墨万金的腐败么？可见靠一点"情趣"，靠一点"文化"，是难以熏陶他的，这真如名列北宋四大家、写得一手好字的蔡京，原来是个贪官奸相，字写得同样龙飞凤舞的今人胡副省长，虽则"洪城到处古月胡，题字莫非胡长清"，其实只是个贪得无厌的墨吏。

有人说贪官的"文学"，文如其人，必定假伪。这也有道理，比如此次被除名的第一名，曾被称为"诗人书记"的李凤臣，写出的诗不计其数，出版的诗集几可等身，但写了些什么呢？"权系民心聚，姓公不姓私，身为民之仆、必当明斯理"，他就是在写这首诗的"书桌"之上，收取了卖官的巨贿。"佳节将至事纷然，冒雪驱车访饥寒"，这又是李书记的好诗，然然年年"佳节"，他确是"事纷然"、忙得不得了呵，广纳"孝敬"、借节聚敛，收钱收到手都酸呢！所以贪官的作品，真善美三字，至少一个"真"字是没有的。

但也有人说，贪官的"小说"恰恰有真实性，因为他有"生活"、有"体验"啊。这同样有道理。比如贪官的"文学"往往喜欢写官场，上下之间的人身依附、争功邀宠，同僚之间的倾轧争斗，招降纳叛，冷对小民的鱼肉百姓、自视"父母"，以及仕途的生死冷暖、官场的明潜规则、内斗的险凶叵测，直到索贿的诀窍、收受的门道等等，无不是内行里手，他们写的"官场小说"，因为"来自生活"，且有"真情实感"，甚至还是"原型"，比起那些看客的窥探和想象来，要"专业"的多——外行看热闹，内行懂门道么，所以贪官的"小说"云云，竟不料还有几分独到的"真实"和意外的"可读"呢。

这5名被除名的贪官"作家"，现在都在牢里，不知他们于囹圄之中，还在挥笔吗？但"进去"了，还在写的人，是有的——那个被"一支烟"、一盒"九五至尊"牵出来，又被查出受贿百万的周久耕周局长，一审被判11年后，不是"不上诉"吗？什么原因呢？因为"忙得很"，忙于"写一部小说"，而且照例是"反腐小说"。羁押周久耕的牢房，条件不行，"连一张用来写作的桌子都没有"，但周局长一边"抱怨不已"，一边却仍然挥笔疾书。至于"五毒书记"张二江，"在狱中著书立说"，已经写了4本"文学评论专著"；至于在央企事发的贪官曲德臣，入狱之后，也已写出了《人生核算》这样一部决非会计专著的"小说"，洋洋数十万言，厚厚一大本，就更不是什么奇闻了。所以对于此次被除名的5名"囚官"，5位"作家"，人们对于他们的"新作"，也是可以期待的呵。期待他们"笔耕不辍"，不断有"狱中小说"问世！

(2013.6)

## 且听雷母那席话

"不雅视频"案的男主角雷政富,开庭受审业已十日。盘根错节、一锤定案,是可以拭目以待的。然而这几天雷政富老母的一席话,却是已引出了网络的纷传——在雷案开审的前两天,在重庆长寿区李庄村,75岁的雷母愁肠百结,说老伴前几天突然离世,过两天儿子又要在法庭上受审,这几天简直是度日如年呵。双手厚厚老茧的雷母,一遍遍地说"做啥子官嘛",如果可以选择,她宁可儿子当初没有走出大山,宁可儿子在老家种地、在外面打工……于是网络之上,也有一种呼喊,雷政富,你听到了老母的话儿么,你为善良的母亲想过没有?

其实贪官的母亲,东窗事发之时,岂但是"度日如年"呢?四川省交通厅副厅长郑道访的老母,在电视上看到儿子被定罪受贿千万,当场就"过去"了,郑的岳母也在女婿案发后服毒自杀;开封市原市长周以忠落网,老母更是哭瞎了双眼……这些贪官的老母,也许都是善良的,儿婿们贪贿的下场,使她们陷入万劫不复,于是早已有善良之众,苦苦劝说官员,看一看老母们的痛苦吧,听一听雷母们的一席话吧,孝为百善之首,贪贿则是"最大的不孝",为了不让母亲们以泪洗面,为了不让老人们苦度余生,你们也要收手才是呵——当然也有人想象,应当让这些善良的母亲,来"管好儿子",让他们清白为官呵。

这种呼声大概是善良天真的。这类对于贪官的指望,也不仅于一个"孝"字。多年以来,为了贪官们可以"自醒",甚至早有人请出医学专家来,举历史名例,说明廉洁才能使人长寿,又援医学科学,论证贪贿折人之年,说是不义之财在手,天天如惊弓之鸟,一辆警车开过,也要惊魂一夜,你的血管、神经乃至脏器,怎么受得了,又怎么能延年益寿?如果说"孝而不贪"那是为老母计，那么这"廉而长寿"则是为自己计较利弊了——然而结果如何呢？照样把贪贿当成"人生的价值实现"，甚至不贪，"活着又有什么意思"的，巨大的贪欲，驱使贪官"拿命去拼"，一点自爱自惜的小道理，又怎么遏制他的铤而走险？这真如拿几滴老母的泪水，要想使雷政富们幡然觉醒，自是枉然而已。

至于要请出善良的老母，"管好"自己的"儿子"，也并非自母亲而始，这些年来，我们不是曾把"管好"的希望寄托在"家庭纪委书记"身上？"夫人学习班"办了不少，"好太太动员会"也一而再开，似乎那一阵"枕边廉风"，就可以吹得夫君们从此两袖清风，似乎靠一个"廉内助"，就是以把住开门受贿的"关"。结果又是如何呢？且不说贪贿的"夫妻档"并未减少，某些夫人们还真成为笑纳的便道呢，便是廉洁一事，并非只是你家枕头上的私事，也决非一个"夫妻共勉"就可以奏效的——同样的道理，要靠善良老母们来"管住"，恐怕也只能是一种过于天真的幻想和空想呵。

说起雷母一席话，要说的是什么呢？一是反腐很难靠"自醒"。比如一个"孝"字的教化，又比如一个母亲的泪水，那是很难感动一个贪官的内心的，"动之以情"，很难使他悬崖勒马，从善归德。二是反腐不能靠"老母"。反腐不是母亲膝下的家事，也不是关起门来的"内政"，天下之公，还是要靠制度、靠群众、靠公开的监督，归根到底，是靠关紧权力的那个"笼子"呵——这个"笼子"，恐怕要比善良老母的泪水以及夫人们的"枕边风"等等可靠得多！

(2013.6)

## 干露露也要当"市长"？

天下之大，无奇不有，所以本文标题中的这个问号，应该拉直了才对——近日之间，早已风靡南北的"艳模"干露露发出微博，说她要考公务员啦，岂但是"从政"，还要"争取当市长"呢！干露露一脱成名、以脱为业，现在也要走"仕途"，当"市长"？于是舆论之间，不免惊诧，也不少疑问。

其实干露露的要"当市长"，原是不必惊诧的——"脱星"的"从政"，不是一个"国际惯例"，甚至差点要成为"普世价值"吗？当红的艳星，进了内阁，当了部长；闻名的脱星，登坛众院，做了议员，在于欧洲大陆，在于大洋彼岸，不是早已有了先例么？所以一个艳模，如果能当"市长"，大概也是西风之东渐，也是对于五千年文明的一大"启蒙"吧。

再说干露露如果竞选"市长"，恐怕票数还会不少呢！今日之干露露，加上她同样一脱的"干妈"和"干妹"，因为行如其名，所以所到之处，追随者蜂拥，不论是车展之上，还是典礼仪式，莫不人头攒动，摩肩接踵。对于干露露的"出位"，舆论之间，早已批斥再三，但是干露露越批越红，据说签约的门槛已被踏破，档期排也排不过来。什么原因呢？因为"人气太旺"，看的人实在太多，从成功男士，到初出的俊男，几乎要被一网打尽。所以干露露如果竞选，登高一呼，当众再脱，那选票或许直线飙红呢！

还有一条，那便是干露露一旦"从政"，她的"公共形象"或许也不成问题——你看今日之干露露，一边饱受公众诟病，一边却占尽了报网荧屏的"娱乐版"，成为广而告之的艳照。干露露出场之时，闪光灯闪到众人睁不开眼，那里头一半来自媒体，干露露一路之脱，也有大批记者尾随而去，为的是"不要漏掉一点新闻"，再加上我们的媒体，素来推崇"娱乐至死"，即使是时政新闻，聚焦的也不外乎"美女总理"、"绝色议员"，一旦干露露果真当上了市长，那还不是最典型的头条新闻？我们的"新闻意识"一定不会淡薄，我们的"专业主义"一定会长袖劲舞的哦！

干露露要当"市长"，也有人说应当容忍的，甚至提高到"打破阶层固化"的惊人高度，说我们的社会多元宽容，人人都有机会，十年前湖北的"三陪小姐"都当上了副局长，一个干露露为什么不能当"市长"？当然也有人想起了十年前德国的一桩公案——新上任卫生部长的乌拉·施密特女士，因为年轻时"打理"过一个叫做"芭芭丽娜"的"最受欢迎色情娱乐场所"，且曾亲自客串"下海"，结果任命一宣布，德国主要媒体、大小报纸，纷纷在头版头条做出醒目大标题，曰其《"红灯区部长"？》，连篇累牍指出"三陪旧事"，大有把部长大姐轰下来的势头……看来"国际惯例"也有"观念问题"，"思想解放"的德国人也许认为，如果你是一个平头百姓，那么"三陪"也好，一脱成名也罢，可以网开一面，但如你要做部长、当"市长"，从政登仕，那就不行，就要轰你下去。因为公众对于"市长"，有道德上的要求，恐怕不能让你一"脱"之后，再"前程无限"呵！

干露露要当"市长"，当了"市长"后还要"关注环保、民生和反腐败"等等，不管是她的再次炒作，还是她的胡言乱语，恐怕都不要仅仅当成一个笑话。

(2013.6)

## "15斤公文"和"27个部门"

文件堆积如山,"待批"排成长龙,公文多到要用秤来称,这不是笑话,而是近日沸反盈天的一个热点——某市市长讲"勤政",说他从早忙到晚,每天2点才睡,一天要批15斤文件,绝不推延……

"日批15斤公文"的市长,舆论之间,先是体恤的,说他"勤政",说他"负责",也有可惜他毕竟不是一个铁人,天天如此怎么扛得住,毕竟不是一个"机器人",24小时怎么能批如此积重的文件?当然更有人担心,这"15斤文件",好在落在一个"勤政"的市长手里,如果推在那些尸位素餐的官员案头,还不知道要压到猴年马月呢?他们也是"2点才睡",但那是夜夜笙歌,他们也是"从早忙到晚",但那围着什么转,民谣早已说明白啦!

一个市长,为什么要"日批15斤文件"?于是想到了李克强总理不久前讲的一件事情——李总理说,"我看到一个调查,企业新上一个项目,要经过27个部门、50多个环节,时间长达10个月。"上一个项目,就要27个衙门点头,谁都要"批",谁都要伸出手来,所以一个市长,才要"日批15斤公文"。其实李总理那天,还说了一桩奇谈,小小一条渔船的船名,也要经过政府部门层层"核定"直至"顶层"一级才能"批",才能放行。你说这样的"执政",政府怎能不做"千手观音",而"市长"要"批"的"文件",又何止一日15斤?

从"15斤公文"到"27个衙门",再到一条渔船的命名,加上我们早已耳闻的办一个企业盖216个公章的故事,以及一个老百姓办个准生证,结果惊动了11个部门,盖了三四十个章的叹为观止,无非说明一个道理,那就是小平同志早已痛心的"权力过于集中","管了许多不该管、管不好,也管不了的事"的现状,必须从根本上予以改革。这个问题不解决,不仅是行政效率低下的问题,也不仅是市场经济被扭曲、企业发展被耽搁、商战机遇被耽误的事,而且成为权力寻租乃至腐败丛生的一个成因。

所以就有了一道著名的"加减法",那便是"用政府权力的减法换取市场活力的加法"。这道"加减法",说的不是一个"快"字——我们不少地方改革行政审批,搞"一门式"甚至"一窗式",加上"并联审批"等等,快是快了,但公章一个也没有少,文件还是有"15斤",不过是"日批"了而已,并未从根本上改革。这道"加减法",核心是一个"放"字,这个"放",也不仅是政府系统内部的权力分解、移易和上下授受,而是凡市场能决定的,就由市场决定,凡企业应自主的,就由它们自己拿主意,凡社会能解决的,就发挥社会组织的作用。"这要成为一个总的方向",这个方向,就是市场取向的改革方向,这既是经济体制改革深化的当务之急,也是反对腐败的根本之策。也只有这样,才能从根子上把"市长"们从"15斤公文"中解脱出来。

做好这道"加减法",一是要突破观念的束缚,二是要突破利益固化的藩篱,既要有新一轮的思想解放,更要以自我改革的公心,承受权力格局和利益调整的"割腕之痛"。这里还有一条,就是要改变我们习惯了的思维方式和行动模式。例如对于什么才叫"勤政","日批15斤公文"究竟"是利是弊",什么才叫"有作为才有地位",个个衙门都伸出手来,才叫"勇于负责"?恐怕都要重新审视,来一番拨乱反正,才能厘清行政职能转变的思想,也才能读对"日批15斤公文"的新闻。

(2013.6)

## 捧到天上又何必？

近日一条新闻，激起一点波澜，说是西安市长安区的东大村，"斥巨资"建起了"张灵甫将军陵园"，于是舆论哗然，拍砖无数——其实这个"张将军陵园"，只是一个衣冠冢，那里头只有从千里之外的山东孟良崮搞来的一把黄土，而这孟良崮，就是66年前华野全歼整编74师、六纵击毙张灵甫的战场。

张灵甫据说是东大村人，所以家乡父老、江东子弟，不管是为了"拉动旅游、发展村组经济"，还是出于哪种情结，搞一个"陵园"，似也不是什么意外之事，问题在于今年之间，一个张灵甫，似乎要炒得火热，差一点捧到天上去呢！张灵甫的热捧，无非是两条，只讲他曾与日本人打过几仗，抗日有勇，却不讲他积极"剿共"与前，全身心投入内战于后；只讲他那一段"传奇的感情"，却不讲他暴戾杀妻那一桩公案。为了炒热，还硬说张灵甫在孟良崮战役中，不是被"击毙"而是"自戕殉国"自尽成仁，何其"悲哉、壮哉"，用的是蒋委员长当年借张之死而"激励士气"的原版。

张灵甫的重新追捧，是近年来"历史戏"的一出重头。说他"项庄舞剑，意在沛公"，论他"醉翁之意不在酒"，有什么意欲何为甚至大意暗锋，倒也不是，那只是面对复杂的历史，我们往往把持不住而已——历史具有复杂性，人物往往多有两重性、多面性。比如这个张灵甫，的确参与过淞沪、武汉、长沙等会战，杀过日本人，虽无多大胜绩奇功，我们不要抹煞他，然而张灵甫又是一个"剿共"先锋，苏区五次围剿，他参加过四次，抗战一结束，就"奋勇投身"于内战，淮阴战役、涟水战役直到孟良崮，可谓"战功累累"、血迹斑斑，打开临沂后，还将抗日名将罗炳辉毁墓砸尸呢。我们讲"两重性"，不是不讲人的"基本面"，"两点论"其实更是"重点论"，盖棺论定，总要讲讲"基本结论"吧，至少既不能过去那样，只讲他的负面，似乎一点好事也没做过，但也不能到了今天，在历史条件尤其是两岸态势发生变迁之后，又只讲他的"丰功伟绩"，对他的另一面也许还是主要一面却三缄其口、讳莫如深，于是把一个黑白相间的人物，几乎要捧到天上去。

例如热炒张灵甫那样的事儿，其实远不止一个东大村的"将军陵墓"，比如另一个姓张的"朋友"张国焘，早年参与建党出过力，五四游行的前列，也有过他年轻的身影，还把四方面军搞到了八万之众，但终于成了共产党的叛徒和国民党的特务。对于这样一个人物，当然可以分"两分法"，也讲他的那点功劳，但更需要论他的"基本面"，讲他的一生大节和实质。如果连一座张国焘的"故居"，都要"斥巨资"整修重建，开放给莘莘学子"瞻仰"，又不讲他借祭黄陵的叛逃，更不讲他最终投入了军统的怀抱，那样的"历史观"，就令人岂止是叹息而已——所以历史可以"重新审视"，但方法论总要对头，张灵甫云云，也可以"一分为二"，但切不要炒成一种新的"一点论"，以至子孙后人莫若以明、如坠云雾！

(2013.6)

## 从红旗渠源头说到齐白石墓地

"红旗渠源头"和"齐白石墓地",遥不相及的两个地方,风马牛不相关的两件事儿,今天竟要放在一起,这是令人叹息不已的。

名闻天下的"红旗渠",主渠在河南林县,源头则在山西平顺。昨日之间,一则"红旗渠源头变了垃圾场"的新闻,从纸媒传到网上,令人触目的现场照片,引起了公众震惊——"从山顶到渠中,20米高的红旗渠上方,堆积大量的生活垃圾,散发一股刺鼻的异味",这还不算,"20米长的'白色瀑布'生活垃圾倾倒下来,又顺着红旗渠水流向下游"!

由红旗渠源头的垃圾场,想到齐白石的墓地,是因为也是这几天,传出了齐氏后人决定迁墓的消息。什么原因呢?因为位于北京海淀区魏公村小区的齐墓,不但"周围环境嘈杂",墓碑上布满黑色污垢,碑后还贴着寻租的小广告,而且几乎要成为行人的"便溺之地"——虽然墓边特地贴了"禁止在此大小便"的告示,但"走进墓地",仍能闻到一股"异味"。齐墓的不得不迁走,当然自有复杂原因,但这一股"异味",尤其是"屡遭不文明行为破坏",却是要因之一。

其实齐白石墓成了"方便之处",并非自今日而始,报刊网络,早已披露此事,呼吁之声,也已历经数年,然而"方便"继续盛行,几乎要成为一个奇观。所以有识之士痛心之时,说我们不是格外喜欢"文物"以及"遗址"么?你看天下之大,假古迹、伪文物,不是遍地烽烟么?没有的东西,造,也要造出来,乌有的"坟墓",也要无中生有、大事"出土",而一个大师的墓葬,明明是确凿无疑,却如此地暴殄,如此地不加爱惜,这又是为了什么呢?当然更有人想起同为"一代宗师"的张季鸾的墓地,满目疮痍,一片狼藉,比起齐墓来,更为破败,更令人惊心……

再说回红旗渠,这是半世纪前在极其艰苦的条件下,于太行山腰修建的引漳入林工程,"自力更生、艰苦奋斗"的"红旗渠精神"传遍大江南北,至今还应激励怀揣梦想的中国人。红旗渠是全国重点文物保护单位,不应当被垃圾所堆积,而红旗渠更是沿渠几百万人民的饮用水源,关系到多少中原百姓的健康和安全,更不应当从"源头"起被污染——我们辛辛苦苦,甚至用血汗和生命劈开了太行山、修起了红旗渠,却似乎不太晓得珍惜它、爱护它,结果"问渠哪得清如许",演成了"源头变成垃圾场",这里头,究竟是什么问题?是"国民素质"的不尽如人意,还是管理上出了大漏洞?恐怕需要有所反思。

从红旗渠源头的垃圾场,到齐白石墓地的"方便处",这两股扑鼻的"异味",只是近日的两条新闻,这样的新闻远不止区区两条,所以值得写出来,也有理由放在一起,以期引出更深的议论和更广的"反三"。

(2013.6)

## 从"邻居反腐"说开去

反腐呼声日高,于是反腐招数也越来越多——自近日起,西南某地给其557名县管干部,不但设立了"廉情档案",而且开始配备"潜伏监督员"。这些"潜监",包括官员居住小区的社区工作者、退休职工、居民大妈等,均为"隐形人",不公开,负责监督官员们"八小时以外"的行止,因为官员"不清楚谁在监督自己",所以只好"严格要求自己,不去违纪违规"。这个招数,被称为"邻居反腐",被赞为继"职业举报人",也即"民间福尔摩斯"后的又一大"创举"。

反腐确不容易,所以"创举"迭出、奇招屡现。先是苦口婆心、规劝自律,比如为防官员"酒杯一端,政策放宽",所以给他唱"常回家吃饭",甚至"常回家睡觉";又比如给墨吏们讲"腐败使人短命,廉洁才能心安"的"廉洁长寿学",希望他们以性命为重,不要巧取豪夺;再比如发明"反腐扑克",似乎教贪官们豪赌之时,也不要忘了廉洁。

还有"反腐日历",竟是企望污吏们每日晨起,自动金盆洗手。至于公务员的考试,考柳下惠的文章、孔融让梨的故事,更是寄厚望于"坐怀不乱"了。亦有设立"廉政账户",指望受贿之后,悄悄归还国家。更有举办"夫人学习班",请出太太们当"家庭纪委书记",把希望寄予"枕边廉风",这就不知道是否属于"自律"啦!

"自律"不行的时候,于是又有"他律"。某地税务当局,为禁吃请徇私,规定大小官员必须回食堂吃午饭,每吃一顿,打卡一次,多者有奖,少者受罚,以为可以清廉。某地政府,要求属下24小时开机,尤其是晚间外出,领导亲电查对,看有没有在"场所"声色犬马,当然还有到歌厅舞榭门前"突查"

车牌的。至于在报刊之上,呼吁赶紧研制"腐败测谎器"和"清白CT"的,就更是"他律"的奇策,没有办法的办法了。

"他律"的"招数",演化到最近,就有了乘龙快婿因为"家斗"的举报,同僚合流因为"内讧"而检举,以及所谓"情妇告发"、"二奶反腐",据说也被称为"不失为一个战场",就更令人叹息了。

现在又有了"邻居反腐",这当然是一步好棋,"邻居"是"潜伏"的,令官员不知所措,所以时时"自律"、处处"小心";"邻居"又是无处不在的,更可令官员如陷"人民战争"的"汪洋大海",莫不战战兢兢——这大概就是"群众路线"乃至"群众运动"的威力了吧!

群众路线,固然是咱们的根本工作路线,反腐也要靠它,但"群众运动"就不一样了,这毕竟要慎之又慎,不能轻易去搞,这"法宝"更不能动辄去碰——30多年前,我们曾从"人民战争"发展到"群众专政",结果吞下了人人自危、谁也没有逃脱的苦果,这教训我们不要轻忘。

反腐是要依靠群众的,但这个"依靠",主要还是靠制度,这才是群众意愿的高度集中、群众利益的真正所在呵。

比如最近的两件事儿,一是泰州开发区的官员请客,"群众"现场围堵,官员还下跪求饶,有人赞其"强势监督",当然也有人担忧某种"暴力反腐"的双刃剑;二是厦门那边为了拆迁,"群众"剥掉了女书记的衣服,有人说那是"维权之策",更有人担心此类"暴烈行动"的蔓延。可见反腐确要依靠群众,但历史的教训需要记取,习惯的思维也要摒弃。

"邻居反腐"行不行?读者诸君,当然尽可见仁见智。

(2013.6)

## 疑闻更要说清楚

沸扬的一周又要过去了。频仍的热点之中,两条"官闻"格外夺目,一条是副省长倪发科的落马,一条是28岁的"外甥女"当了副县长。网络之上,沸反盈天,舆论之间,疑问甚烈。

其实一个副省长的落马,并不是什么突兀之事。十八大以后,就已有李春城、刘铁男这样的"省部级"东窗事发,就拿倪发科所在的那个省来说,他也只是继王怀忠、王昭耀、何闽旭之后"出事"的又一个副省级干部啦。倪发科落马之所以引出格外的疑问,倒是因为前总理朱镕基14年前讲过的一段话。

《朱镕基讲话实录》记录了这段话——1999年春节前夕,朱镕基看望中办、国办信访局工作人员说:"不久前我到安徽南陵县去察看粮食仓库,在我没去之前粮库都是空的,后来他们把一些粮站的粮都搬过来,摆得整整齐齐。连我都敢骗,真是胆大包天!"而曾任南陵县委书记、时任南陵县的上级芜湖市委分管农业的副书记倪发科,就是这个"粮库满仓骗总理"之骗局的"第一验收者"。不但当时的报纸曾点过他的大名,而且2004年出版的畅销书《中国农民调查》,还详尽写出了这个骗局,当然也没有漏掉倪发科的名字。

人们又想起这桩"一直骗到国务院"的造假案,不是翻老账,而是朱总理痛斥之后,报纸书刊揭露之后,这十余年,倪发科毫发无损,反而平步青云,从一个地级市的副职,一直做到了副省长。这是怎么回事?莫非总理的痛斥,可以当耳边风,莫非这样的造假,因为形成了"官风",所以也可以完全不当回事?这也许是人们最想知道答案、听到"解释"的——在这周的舆论里,公众对倪发科究竟贪贿了多少,并不怎么感兴趣,而反复质疑的,倒是这个"倪大胆"是如何备受重用、扶摇直上的?这个问题,恐怕是要说说清楚、弄弄明白。

还有一条"官闻"，是岳阳市华容县28岁的女孩赵群子，当上了该县的副县长。赵副县长的舅舅，原来是岳阳县委书记。于是网络之上，什么难听的话都有，说过去是"拼爹"，现在则有了"拼舅"，断定她的"神速升迁"是有"猫腻"、靠关系，等等。

本来，28岁当个副处级，恐怕不是什么大不了的真问题。县委书记的外甥女，一定不能当副县长，也许也不能这么绝对。问题在于赵群子是怎么当上副县长的，她何德何能，应当这样"破格"、如此"神速升迁"，应当说得很清楚——尤其是因为她是"外甥女"，瓜田李下，更应当向公众格外交代明白，接受更有力的监督。前天华容方面是出来回答了，只说赵群子在当年考县科级干部时是第一，所以"不存在靠关系上来的问题"，而对于近年来赵的升任副县长职位等一言不发，这就有点王顾左右了。

不说清楚，人们就会疑虑重重，就要七嘴八舌，就会什么难听话都有，这也很正常。当然也不能像前几回那样，只要舆论有质疑，事情还没搞清楚，就来一个紧急免职，一概摘掉乌纱帽，以为这样就可以平息风波，堵住大家的嘴。这种"应急"，对公众不负责任，对"外甥女"们恐怕也有失公道。

本周两条"官闻"，或许还有几条，人们都打问号，有疑问。既然是"疑闻"，就更要说清楚，有下文。君子坦荡荡，有话当面讲。如果有道理，就要合情合理解释清楚；如果有过错，也要敞开来讲明白，自己接受深刻教训，公众也会宽容谅解。怕就怕与舆论"躲猫猫"，甚至"硬着头皮顶住"。

(2013.6)

## "二号首长"是个什么问题

刘铁男案持续发酵,是因为他的秘书王勇也被纪检部门带走接受调查——其实王勇被"带走"已有多日,但因为曝出他的"落马","与刘铁男严重违纪事件相关",所以到了这几天,关于"二号首长"的热议,便在报网热闹起来。

"二号首长",大概是因为一部官场小说,才成为了"秘书"的代指。"二号首长"本来不是什么问题,秘书是一种职业、一个岗位,一个政权、一个机构要正常运转,还真不能或缺这个被叫做"身边人"的岗位。大多数的"身边人",勤勉于职守,自律于行止,默默无闻地做好"小人物",这是应当公道以论的。

但是近年来,以当年河北"一秘"李真案为典型,一些高官的腐败案中,"身边"都出现了一个重要角色,那就是他的秘书。这种"二号首长",有的起了恶劣的作用,有的还成为东窗事发的"第一线索",于是便成了一个公众注目的"问题"。

"二号首长"是个什么问题?固然有"二号"把"一号"拖下水的——有这样的"身边人",为领导"牵线搭桥",为首长"广交朋友",甚至代"一号"暗收利益、代为笑纳的。说他是"身边"的一支"腐蚀剂",一点也不为过。

但"二号首长"更大的真问题,在于他的"权力来源"。从已经暴露的案件可以看到,秘书的腐败行迹,莫不依仗着权势,要么是"奉旨出朝",要么是"狐假虎威",有的干脆就是为首长"办事",说他不好说的话,收他不便收的财。"二号首长"确也有背着领导自行其是的,但那只是个别,多数恐怕还是心照不宣。"二号首长"的腐败,其实只是权力的异化,有的还只是权力的延伸——比如李真,明明已经不做"一秘"了,当了重要的国地税局的局长,但他的"荫庇"仍在，他的"靠山"犹硬，"省委书记一秘"的"罩子"，成为他"出去"后大肆敛聚的"光环"。

就拿这个王勇来说，他似乎也不过是刘铁男的一个"影子"而已。网上对于王勇，最指斥之事，是说刘铁男被网络实名举报之后，能源局发言人出来放言，说那"纯属造谣污蔑"，还要"诉诸法律"，而这个"放言"，就是王勇叫他说的。其实那时王勇跟着刘铁男在俄罗斯，刘铁男不叫他打电话，王勇会拿起这个话筒么？他只是"奉命"而已呢，始作俑者，还是刘铁男刘副主任！刘铁男为官，素以"一个人说了算"著称，他一支笔紧握审批关，下面不"做工作"绝不放行，其实是"钓鱼执法"。他事发后两个多月，一边吊盐水，一边加紧"批"了50多个项目，忽又拿公权力来做"好人"。刘铁男权倾一时，所以王勇的终于被"带走"，恐怕也是在劫难逃。可见"二号首长"的落马，毛病往往还是出在"一号首长"身上。

关于王勇，说他十年前本是刘铁男当工业局局长时的一个小处长，十年尾随左右，亦步亦趋，是个"身边人"。于是人们就来讲"二号首长"的来源问题，说不能老是把亲信、心腹放在身边，秘书也要公选。这当然很有道理，但这还是从"二号首长"自身来看问题。说到底，我们还是要从监督、限制"一号首长"的权力着眼，把权力真正"关进笼子"，才能从根本上解决那个"二号首长"问题——如果领导干部不能在"众目睽睽"的有效监督下"管好自己"，那又怎么"管好身边人"呢？

（2013.6）

## "官衙"是个什么问题

笔谈群众路线,却来说"官衙"问题,不是风马牛不相及,反倒是题中应有之义——近日中办、国办下发通知,一是"全面停建"党政机关新楼堂馆所,二是"全面清理"党政机关的领导干部办公用房,尤其是总书记一言"如果是'官衙'搞得堂皇富丽,我看着不舒服",说的是什么?就是群众路线这条"执政生命线",就是在这次活动中要解决的一个"突出问题"。

"官衙"富丽堂皇,在某些地方,并非自今日始,"限建"乃至"停建"的"金牌",也不是今天才下达。自1988年首个限建令而始,25年来中央发了十道禁令,便是今日的"停建令",5个月来也已是第三次。可谓三令五申,可谓恩威并加,但为什么"近期又出现违规修建楼堂馆所的现象"?为什么一个县"衙门",要建一座超过白宫的办公大楼;一个只有45人的管委会,要享用20377平方米的办公建筑;一幢办公楼,除了办公室里套着卧室、摆着大床之外,竟还有麻将室、按摩房等等?舆论之间,对于"官衙"问题,是开出了不少药方的:比如说,预算要"硬约束";比如说,审查审计要"动真格";又比如说,人均办公面积要严格依照规定,等等,都很恳切,都十分有道理。但为什么十道"金牌"之下,仍然前赴后继、顶风逆行,为什么严规峻罚面前,仍然要巧立名目、变相违建呢?"官衙"问题,究竟是个什么问题,以至于成了顽疾,恐怕还有深一层的问题呢。

"'官衙'搞得堂皇富丽",首先是追求一种"官府"的"气派"。有些地方,为什么要把"官衙"搞得如此豪华,据说那是为了产生一种"震慑力",那些"故宫式"的院墙、"白宫式"的建筑,无非是让人们对于权力"望而生畏"。说他只是贪图享乐,倒也不是,他要的是那么一种"威严"。于是高墙深院,老百姓不能进门；于是门前那条大道，要么"行人不得停留"，要么"社会车辆不得通行"。在那些地方，旧时官府门前"肃静"和"回避"两块牌子，只不过没有再挂出来罢了。所以人们说，"富丽堂皇"的"官衙"，某些地方那巍巍高楼广厦，那高高的护墙，其实成了隔阻党、政府与人民群众血肉联系的有形的"墙"。而这座"墙"的实质，也许就是多少年来把自己当成"父母官"的那样一种深意识，所以才要孜孜以求那么一种"气派"。

"'官衙'搞得堂皇富丽"，还在于追求一种"做官"的"感觉"。"官衙"建成广厦千间，装修得金碧辉煌，你说"看了很不舒服"，他却感到十分"舒服"，十分受用。某地的"官衙"，不但仿了天安门，门前还有"金水桥"，对面还矗起了"华表"，你说他找的是什么"感觉"，不说是"王气浩荡"，也至少是"官威深重"吧。某地的"白宫"里头，"把手"的办公室，一人数百平方米，而属下的小吏们，却挤在逼仄的空间里，这样一种悬殊的森严等级，他不但自己有了"感觉"，还要"下面"人人都有"自知之明"呢！所以他的"感觉"很"舒服"，这种油然而生的"感觉"，就不只是一点"享乐主义"可以概括了的。说到底，那是一种千百年来的"残余"呵！

官府的"气派"也好，做官的"感觉"也罢，"官衙"问题，说到底是个进一步清除封建意识残留的问题——小平同志讲反对种种不正之风，是把反对封建残余放在第一位置，他讲"左"是主要危险，是把封建主义作为第一根源。就拿这个"官衙"来说，封建时代的开衙建府，集中反映了专制王权下官僚制度的意识形态、价值追求、官场规则和所谓"衙署文化"，成为它的一个符号、一个象征，而威严无情的高墙深院，又成为威慑"子民"的一个载体、一个平台。

所以"官衙"问题切莫等闲看——共产党本来就是以反封建起家的政党，人民政府也绝不是旧时意义上的"官府"。我们的生活中，既有仍然蜗居在几十年前老屋简房的县委、县政府，也有给企业民众"腾房让楼"的大机关，他们没有"官衙"问题，是因为摆正了"公仆"的位置。而我们今天观察和分析某些地方"又出现"的"官衙"问题，既要批评它的"超标"，它的"违规使用资金"，它的"铺张浪费"，还要揭示一下它的深层，它足以令人民群众"不舒服"乃至不满、不平的根本原因所在。

(2013.7)

## 听一听王树增的两个故事

中国的现代史上，是有着一面面旗帜、一个个英雄的，如果逐个地去"戏说"，去"消解"，就真的会成为一个真问题。"历史是最好的教科书"，历史既是标杆，又是底线

今又"七一"，想起王树增讲的故事，当然不算风马牛——一部《解放战争》，有着众多像"27万块门板和一本土地账"那样的故事，揭开了蒋委员长500万军队何以一朝倾覆、土崩瓦解的深层奥秘，更揭示了共产党人为什么凭着一点"冷兵器"，三年内便拿下了南京总统府的深刻原因。

但今天又想到王树增讲的两个故事，不是金戈铁马的解放战争，也不是硝烟弥漫的历史战场，而是和平年代发生在我们生活中的两件真事。

其一，王树增到电视台做节目，年轻的女主持人问道："王老师，如今说黄继光是假的，你怎么看？"王树增很生气，对美女说，我参军时就是黄继光所在部队的一员，这个部队至今早操还点黄继光的名，"我写《朝鲜战争》时，采访过黄继光的上级、下级、亲友，甚至还有把他已经破碎的遗体从山上背下来的女卫生员！"女主持人见状马上说："王老师，你别生气，我们只是娱乐一下。"王树增却反问："不是什么都可以娱乐的，祖宗可以娱乐吗？底线可以突破吗？！"

其二，有日本记者到一所大学采访，问大学生："你们知道邱少云吗？"有人却回答："那是个傻帽，活活烧死了。"这记者回去写了一篇文章，题目叫做《堕落的支那人》。王树增评说道，如果你精神贫困，外国人就看不起你。

关于这种"娱乐"和"堕落"，近年以来，并非只针对一个黄继光和一个邱少云。比如流言汹汹，说董存瑞举起炸药包那一刻，喊的不是"为了新中国，

冲啊！"，而是另一句调侃的话；又比如戏说笑言，说刘胡兰面对铡刀，说的不是"俺就是共产党"那样的铮铮宣言，而是另一句被戏谑了的话儿——中国的现代史上，是有着一面面旗帜、一个个英雄的，他们是民族精神的典范，也是一代代人信仰的人格化，如果逐个地去"戏说"，去"消解"，致使我们的荧屏，把黄继光误认为"假英雄"，致使我们的学子，把邱少云说成"傻帽"，我们民族的"脊梁"和精神的"财富"，就真的会成为一个让人"看不起"的真问题。至于万里长征一步也没有走过的"学者"，"考证"出"长征从来没有吃树皮草根"的事，结果激起两万五千里一步步走来的谢觉哉夫人王定国老人的拍案而起，就已经不是短信的段子和饭后的调侃那样的戏说了。

当然，这样的"考证"，远不止对于一个史诗般的长征，比如白求恩的死，说他断然没说过"生命也可以奉献"那样的话，恰恰相反，延安通过杜月笙搞到一批盘尼西林，因为败血症而陷入危险的白求恩，用"法语"说的是"我的生命也是重要的"，所以"有着强烈的求生欲"，并不像你们说的那样"勇敢"……其实白求恩之死，是在1939年，而盘尼西林作为药物，到1941年才研发成功，1943年才生产出第一批。白求恩病危时，延安到哪里去搞来"一批盘尼西林"，白求恩临危的那一句"法语"，考证者又是怎么听到，继而推断出他的"怕死"呢？如果说过去的"高大全"要打个问号，那么现在这种跳向另一个极端的颠覆，又有几分真实性呢？

还有一个"沈崇事件"，今天的青年人不知道，但半世纪前的人却多耳熟能详——1946年12月24日晚，美军士兵在北平强奸北大女生沈崇，从而引发了全国性的抗议美军暴行的大示威。然而事过一个甲子，却也有"学者"出来做报告，说"沈崇事件"纯属"莫须有"，更说沈崇是共产党派出的"倒钩"。其实这两条"考据"，并不是新的"学问"。一是"莫须有"，那本是1947年6月美军海军陆战队司令范特格里甫释放施暴士兵皮尔逊的借口，而在此前半年，美军事法庭已判决皮尔逊强奸罪成立，并处劳役15年；二是"倒钩说"，更是当年蒋特情报网的谣言，欲借此事，将脏水泼向延安，而连一般的特务机构，都认为"失之于离奇"。不知什么原因，今天又照搬来当做"新发现"啦。

从王树增的两个故事，说到林林总总，是不是扯远了呢？一点也没有。"历史是最好的教科书"，历史既是标杆，又是底线。建党业已92度春秋，出现这些"故事"，一是并不出意外，二是也不能过于掉以轻心吧。

(2013.7)

## 有必要搞那么些"梦办"吗?

"中国梦"成了主旋律,成了我们各行各业的"中心工作"。于是不少地方,便纷纷成立了"梦办"——比如某省的众多地级市,一概挂出了"实现伟大中国梦,建设美丽繁荣和谐城市"领导小组办公室的牌子,简称"梦办"。"梦办"的四起,引出舆论疑问,说是实现"中国梦"能靠"梦办"吗?——当然不能。"中国梦"其实是"奋斗梦",需要我们这个民族的每一个成员,脚踏实地,奋力拼搏,才能涓流汇海,聚沙成塔。这样的全民之力,当然不是靠几个"梦办"就可以举起来的。

更重要的是,"中国梦"那是"百姓梦"啊,要让每一个人"共享人生出彩的机会",就要创造人的自由而全面发展的社会条件,就要让公平和公正成为社会的常态,就要有"激励创新,鼓励创业,宽容失败,包容个性"的社会氛围,让每一个人可以凭借自身的努力脱颖而出,不受那种"阶层固化"等等的羁绊与阻碍。这可是一个巨大的系统工程,一个需要一代代人的接力才能达到的境界呢,当然也不是几个"梦办"就可以"办"到的。

然而也要为"梦办"说几句话——他也没有说靠一个"梦办"就可以梦尽成真啊,成立"梦办",只是突出重点,表示重视啊。其实这正是我们一贯的思想方法和工作套路——大凡"主旋律"一奏响,就要开大会,下文件,设机构,挂牌子,莫非如此,概莫能外,似乎没有这一套,就没有"唱响",就没有"突出"。其中一个最常见的路数,就是成立"领导小组",专设"办公室"。一个"中心工作"一来,就有一个"领导小组",一项重大任务一来,就不能没有一个"办公室",已成司空见惯的固定模式,好像不这样,就显示不出"高度重视",又似乎除了这招,就再无更好的创意,以致不少地方,究竟设了多少个

"领导小组办公室",连自己也数不清,至于某些"专设机构",究竟干了几件实事,就更无人知道了。现在要圆梦了,我们有些地方,有些同志,又是一仍旧章,驾轻就熟,搞一个最容易挂牌的"办公室"——"梦办"的纷纷成立,当然也不是什么坏事,但这"梦办"后面的习惯思维,甚至还有那么一点形式主义乃至官僚主义的影子,就不免令人叹息。

我们不少好事,始时蓬蓬勃勃,后来化为无形,其中一个原因,就在于每每陷入习惯的套路,结果百变不离其宗,总是走不出新路。人们疑虑越来越多的"梦办",不仅因为它靠不住,更是担心重演过去的老戏,结果让一曲多么振奋人心的主旋律,重又落入所谓的"××式"陷阱。这种担心,也不是没有道理。

"梦办"可以由它去搞,但我们的工作作风和方法却一定要改——尤其是我们的"追梦之旅",走老路恐怕不行。

(2013.7)

## 从"无根树"想到"波将金村"

这几天,河南南洋广洋镇把去岁种下的一千棵香樟树连"根"拔掉了。这千棵名贵香樟真是奇怪,种下近年,历经春夏,居然光秃秃连一颗芽也没发出来。不是说是棵树,总要"春来发几枝"?待到拔出来,人们才看到,原来这些树根本没有根,难怪不发芽!那是为了应付当时的"上级检查",镇政府急中生智,在"大道"两旁突击种了这千棵"无根树"。

"无根树"当然是个笑话,但这笑话并非今日而始,也非南洋一地——3年前,在云南的宜良,出县城的公路两侧,山上所有的坟墓都刷上一层绿色的油漆,一眼远望,"青山"一片葱绿,满山"植被",郁郁葱葱,原来都是油漆造的景。乡民说,"上面"有通知,山上坟墓要么刷漆,要么用绿布蒙住,"否则就炸掉"!千里荒山,用漆刷绿,为的是让"领导"凌空俯瞰,"满目青山"。

当然还不止"无根树"与"绿漆山",甘肃的永清,国家级贫困县,乡村贫困面高达70%,但在永清的公路两边,赫然竖起9处两公里长的整洁高墙,名曰"文化墙",一举遮盖了墙后大片土坯房和破杂院。大片棚户危房,今日一墙围起,是为了让"下来视察"的人们,看一看"奔小康"的美景。

"无根树"、"绿漆山",直到"文化墙",人们似乎惊诧于他们的"创意"。其实这不是什么首创,说起来,还是一种"舶来货"呢——早在1787年,沙俄女皇叶卡捷琳娜欲沿第聂伯河巡视。为了邀宠于上,为了让皇上龙心大悦,她的宠臣波将金将军,把沿途残破肮脏的村子用成片高墙打扮成鳞次栉比的房舍轮廓,那薄薄的一层"布景",看上去一片繁华乡村。于是女皇"非常满意",将军则"愈加受宠"——人们惊异于"波将金村"的生生不息,也叹息于这种造假之风的居然"引进",当然更有有识之士,并不承认"波将金村"属于"进口",且不说中国历史上早有权臣的作伪纷饰,便是55年前那些"亩产十万斤"的卫星是如何放上天的,足见了国人自有的"大胆"和"智慧",至于那个一夜之间将四县储粮装于一库,"连总理都敢骗"的倪发科倪书记,就更是无师自通的独到"孤胆"了。

话又说回来,"波将金村"的"复兴",板子恐怕也不能全打在"下边"的屁股上——比如那千棵香樟,一颗绿芽也不发,"领导"为什么看不出里头的猫腻?因为他根本没下车,一掠而过,当然"非常满意";又比如千里荒山的刷绿,只要走近一瞧,就什么都明白啦,但"上面"却没看出来,看来他真的是"凌空鸟瞰",连个身子都没俯下去呀,更何论"走基层,接地气"云云呢!"波将金村"是给"上面"看的,上之所好,下必甚焉,"上面"作风不行,"下边"就大胆"造景"。不是说官僚主义是形式主义的根子吗,不是说"形象工程"是"政绩工程"的基础吗?所以"无根树"并非"无根",根子就在"四风"上面,好比一个"波将金村",单单讨伐波将金将军不行,毛病还是出在"上"之"非常满意"呵。

(2013.7)

## 我们不要忘记

浙江"两张案"、"萧山五青年案",这两起冤案的酿成,有着严重的教训,在两案平反的今天,我们尤其不能忘记的,是最高人民法院周强院长直指"两案"的一句话——"万分之一的错案就是百分之百的不公正"。

而两案的平反又是艰辛的,迟到的正义,终究还有正义。回眸两案平反的艰辛历程,我们固然不要忘记力排众议、力主平反的浙江高院院长齐奇和他的审委会、审判长们,更不要忘记下面这些名字——正如《法制日报》所说,没有他们坚守事实、据理力争、奔走呼吁、伸张正义,这七名无辜被告,或许就无缘获得这迟到的正义。

我们不要忘记张飚。这位新疆石河子监狱年近花甲的驻监检察官,在长达数年的时间内,以"共和国检察官"的名义不断寄发张高平的申诉材料,终于引起浙江方面的重视,"两张案"才能峰回路转,才有了拨云见日的希望。

我们不要忘记夏涛。这位杭州市人民检察院的批捕处长,发现公安移送的"两张"案卷有诸多疑问,虽然张氏叔侄在看守所都承认"犯罪",但夏涛仍认为人命关天,仅凭嫌疑人一纸口供不能定案,勇敢地提出了"不批准逮捕"。但最终,市院还是作了批捕决定。

我们不要忘记冯菁。这位"两张案"的一审审判长,认为该案疑点诸多,证据不足,"疑罪从无",应宣判无罪释放。冯菁的意见未被采纳,"两张"仍被判了死刑和无期。冯菁抱憾远渡重洋,近日获知"两张"宣告无罪,这位在大洋彼岸的前主审法官无限唏嘘,"我为当年的独立判断而欣慰,我为无力改变裁判而歉疚。"

我们不要忘记两位不知名的刑事技术员。"3.20劫杀案"发生后,警方在出租车反光镜上取到一枚血指纹，经鉴定根本不属"五青年"中任何一人。虽然侦查人员没将这关键物证随案移送，但心存疑虑的公安技术人员却不动声色地将这一血指纹鉴定保留下来，正是这个"不动声色"，后来为冤案昭雪带来根本性转机——2012年，金华警方另一公安技术员，在数据库比对时，发现这一血指纹与前科人员项生源指纹一致，才引起复查，认定项才是真凶，而"五青年"属于无辜。

我们同样不要忘记这几位"无名"的法医。早在2003年6月，杭州市公安局就作出了法医学DNA检验报告，认为从"两张案"被害人王冬8个指甲末端提取的DNA谱带，是他与另一名男性的谱带混合形成，这实际上已否决了张氏叔侄作案的可能，可惜"不被采信"。到了2011年11月冤案复查启动，又是该局法医发现王冬指甲残留的男子DNA分型与勾海峰分型吻合。这一法医鉴定意味该案另有疑凶勾海峰，更意味着"两张案"是个错案，也意味着当年办案的诸多同事要被追责，但法医仍将资料封存送公安部鉴定。正是这个铁证，为张氏叔侄的彻底平反铺平了道路。

还有许多名字不能被忘记，包括自始至终为两案作无罪辩护的律师们，他们的声音照例"不被采信"，但他们多年的仗义执言，八方呼喊，却应铭记在我们心中——我们不要忘记这些正义的名字，当然也不要忘记那些至今不肯道歉反思的错案责任人，例如"女神探"等等；我们不要忘记这些象征着暗夜光明的名字，当然也不要忘记为什么他们的坚守和尽力大多"不被采信"的深刻原因。

(2013.7)

## "廉政寄语"也要两面观

"吃菜根淡中有味,守清廉梦里不惊。"这是父亲对儿子的寄语;"公家的钱不能动,平安就是最大的福。"这是妻子对丈夫的嘱托;"不求您发财,只求您平安。"这是女儿对父亲的期盼……走进某市机关,几乎在每个干部办公室最醒目的地方,都悬挂着一句句这样的亲情寄语。

"廉政寄语"到了网上,便成了这几天的热点,也激起了纷纭众说。大声叫好者有之,论其因为融入了亲情,效果一定好;驳斥"又一场秀"者也有之,断定其必然形同虚设。

"廉政寄语",我看是个好东西。老父亲出来戒贪,妻女们前来劝廉,有总比没有好。这样的亲情,总比高堂老父,望子大发,结果把儿子引上贪得无厌要好,总比家里的"董事长",给老公定下敛聚的"硬指标",结果天天在那里数钱记账,终于将丈夫送了"进去"也要好。所以对于这一番"亲情",这一下招数,不必求全苛责,不必质疑过度,更不必一棍子打死——毕竟除了制度而外,反腐确实还不能缺少包括"融入亲情"在内的各种教育规劝呀。这是事情的一方面。

另一方面,也许更为重要的是,也不要把这类"亲情规劝"捧得过高,以至于寄予一腔热望——老父母的规劝,早已有过,岂但是一点规劝,还有声声血泪呢。雷政富八旬老母,因为儿子受审,而夜夜不眠,而哭红双眼,整天念叨着"做什么官呢",当初儿子走出大山,还不如老老实实去打一份工呢。雷母的哭诉,并非只有一例,老母在电视上看到贪官儿子出庭,一下子就过去了;老父接到贪官儿子的判决,三天就哭瞎了眼睛,这样的事情,早已见诸报端。人们呼喊贪官们,听一听老母的哭泣,看一眼家人的凄惨,期望他们人性回归，良心发现。然而有几个贪儿听得进这样的"寄语"，感动于如此的"亲情"呢？

其实不但是老父母，便是那妻子老婆，不是咱们也早已"请出来"过吗？舆论动之以情，请夫人们来当"家庭纪委书记"，地方开个大会，给太太们办"廉内助学习班"。苦口婆心，一腔热望，都是期盼那股亲情化为"枕边清风"，来筑起反贪拒贿的"第一道防线"。结果如何呢？不要说这点柔风往往吹不开贪官的心扉，竟还有夫妻同贪的"混合双打"，以及太太干脆成了开门纳贿的独特通道呢。

"廉政寄语"也要两面看，既要看到它的好处，也不要估计过高。辩证法可是重点论哦，两面观也要讲基本点。这个基本点，就是反腐最终要靠制度，靠群众，靠民主的监督，与其靠亲情，不如靠铁腕，与其靠裙带，更不如靠关住权力的那个铁笼子——事情很明白，反腐倡廉是天下人公，不是父母膝下之欢，也不是夫人们一家之私，这件事，靠一点亲情和柔情，恐怕靠不住，还是要靠"手莫伸，伸手必被捉"的制度啊。

（2013.7）

## "副处级"的"用场"

李娜近又发飙,怒斥记者,责骂网民,于是主体媒体,教其"注意素质",于是舆论之间,要其"托牢下巴",还看到一篇这样的"规劝",提醒李娜不要忘记自己是个"副处级"干部,要有"身份感"云云。

这不是很奇怪吗?不是说李娜是个"个体户",是个特立独行于体制外的"自由人"么?她怎么是个"副处级"——说来还真是的,两年前李娜法网捧得金杯,省市给了钱不算,还经"研究",封李娜为"省网球管理中心"的副主任,是一个"副处级"。尽管当时的舆论,说李娜的训练比赛,日程早已排满,哪有什么时间和精力来"管理"这个"中心"?更说李娜早已"单飞",这顶乌纱帽难道足以把她拖回来?总之炮轰砖拍,说这又是"老一套"、官本位,但"副处级"的乌纱,终于还是发了出去——其实这个"副处级",又岂止一个李娜?黄穗因为跑到国外去打球,所以引出了轩然大波。国门打开以后,跑出去打球有什么可以沸反盈天的呢?因为黄穗也是一个"副处级",国际夺冠归来,就封了她"省羽毛球运动管理中心"的"副主任"。一个"副处级",而且还按级别拿着"官饷",居然代表外国打球,当然就要动众怒了。其实黄穗这个"副处级",一天也没有上过班,一日也没有视过事,但乌纱帽,是一直戴在她头上的。

这顶"副处级"的乌纱帽,近年以来,几成惯例,拿了金杯回来,即刻戴上"副处级"乌纱、成了"从七品"的"官员"的,岂止李娜黄穗?田亮还在备战北京奥运,就"给予"了"副主任"的头衔,可是"亮晶晶"也不能只"提拔"一个啊,于是郭晶晶也被封为"副处级",哪怕她还在跳台跳板上驰骋现场。拳击大王邹市明,还在准备征战伦敦奥运会,就成了"副大队长",一个相当于"副处级"的"领导岗位",而某省一下子把9名奥运冠军"一次性"全部提为

"副处级领导干部"，就更是顺理成章了。

据说"副处级"是一种"激励"，乌纱帽是一种"奖赏"，于是"副处级现象"，就不只是体坛才有。高校里头，讲课讲得精彩的，我们会"即刻"把他封为"副主任"甚至"副院长"，让他立马做一个"副处级"；研究所里头，学问做得好，我们也总要让他"上一个台阶"，做一个"副处级"的"官"。流风所至，最奇怪的，还是学术界里，象牙塔中，竟然讨论鲁迅的"级别"——说鲁迅固然是社会教育司一科的科长，看似只是个"正科级"，但他又兼教育部的佥事啊，经反复考据，这个"佥事"，相当于"副处级"，于是"鲁迅也是个副处级"，是个"从七品"，不像孙犁，一辈子都只是个正"科级"，于是抚掌相庆，引为"同级"，似乎与先生成了一个"阶级"的同道。

"副处级"据说是很有"激励作用"的，但不料它还有别样的用场——比如不久之前，湘潭县80后的副县长徐韬，被曝光系"火箭提拔"，网上义愤填膺，媒体大事讨伐，于是不由分说，赶紧撸掉他的"副处级"，"按科级安排"，至于徐韬为什么会"一飞冲天"，什么人将他"火箭提拔"，就再也没有了下文。例如徐韬这样的一夜提拔又一夜免职，其实还有数例，不但撸掉了"副处级"，还有打回原形、一贬到底的，似乎拿一顶"副处级"的乌纱"谢了天下"，就可以平民愤，也可以保护更多人的乌纱——一个"副处级"，原来戴上去容易，摘下来也不难呵。

真没想到，一顶"副处级"的乌纱，还能派这样的用场。

(2013.7)

## 刘部长办公室的那块"石头"

刘志军案件里处,有一笔六千万的巨款,还有一帮女人,更有一块著名的石头——风传刘部长的办公室里,多年来供着一块"靠山石",刘志军对它笃信不疑,视为依靠。这块石头有没有呢?原来真是有,而这是"好友"王林所赠,"保他一生不倒"——王林是个什么人?舆论之间,近日争得热火朝天,说他是隔山发功的"大师",也有说他只是一个"搞钱的主儿"的。依我的看法,一个自称"美国情报局给我 70 张绿卡"的江湖人物,是真是假,可以不必过于认真,但刘部长办公室那块"靠山石",却不应轻轻放过,尽管这块石头,并没有能保住刘部长"一生不倒"。

其实这样一块"靠山石",岂止是刘部长的办公室才有?某地法院,巍巍大门之上,赫然挂出偌大一把长剑,外加一副弓箭,一概面南而立。法院高悬"避邪剑"是什么"迷信"呢?原来为了"反腐败"。因为前几任的院长,不是双规,就是下狱,所以新院长一来,便觉得风水有问题,为了不重蹈覆辙,也是听了"高人"一言,于是祭出一把长剑,以祈从此可保"不倒"。

法院的"避邪剑"刚刚挂出,就传来某县的"风水楼"新闻——这个尚有近十万人没有脱贫的贫困县,县衙门的办公楼前,既有求财纳吉的"聚宝盆",也有用以"挡煞气"的三层牌坊,既有喷泉呈祥的"龙眼",也有环绕四周的无名怪兽,当然更有一排排高耸的石柱,要靠它来"镇河妖"。但十分奇怪的是,衙门前面,唯独没有一条大道——原来"风水楼"南面的广场,原先设有一条宽敞大道。然而"风水大师"跑来一看,便跟"一把手"咬了耳朵,说"这道路正对着你的办公室",叫做"穿心箭",于是立马拍板,将这条通行不到一月的道路砸掉,光砸下来的废料,就清理了两个月呢!

当然更为典型的，莫过于某地一个"机关"，三任主官"出事"，所以深感"不利"，便请来"高人"。结果"大师"说了三条，一是主楼正对某厂大烟囱，像个灵位，不吉，要画符驱邪；二是楼后阴气太重，威风不振，暗箭难防，要立石狮一对镇院避邪；三是门前台阶为八级，犯大忌，按命学须改为九级，暗合"九五之尊"，才能长久。"风水大师"三条"指示"，该机关条条整改，"全部落实"，尤其是台阶改建竣工验收之时，"大师"一看石板表面还是黑色杂质，连呼"不吉"，于是连夜返工，全部敲掉更新……

还是回到刘部长办公室的那块"靠山石"来——一块石头，刘志军天天膜拜，但"靠山"还是不硬，终于没有保住刘部长的"不倒"，然而贪官墨吏们，却几乎都将自己的命运寄托于一块"石头"之上。在刘部长之前，早有泰安市委书记胡建学，听"高人"说他是"直线高升"之命，只是命里还缺一桥，于是竟将国道改线，在水库上横架一桥，以便直通"副总理"之位。结果呢？"高升"到了监牢里，居然判了死缓。后又有河北省常务副省长丛福奎，最崇拜一位女"大师"，举事要问，出门要算，家中日日高香不断，办公室岂止一块"石头"，天天供着神灵呢！丛副省长也是"死缓"，也是白白"虔诚"了一场。

舆论之间，早有批斥，说是这些"公仆"，不信苍生信鬼神，说是刘志军之流，不把人民当成"靠山"而笃信一块可疑"石头"。这当然是义正辞严，十分有道理的。但是从"避邪剑"到"风水楼"，再到"跨水桥"，尤其是集中到刘部长办公室那一块"石头"，为什么生生不息，例例相随，这石头背后深层的原因，却值得我们想一想。

(2013.7)

## "涂鸦"背后说"不知"

"涂鸦"的新闻，读来已经不新鲜。从万里长城的古砖，到大内故宫的门楣，国人的"到此一游"，早已到了天涯海角，所以有了"常州赵根大"在台湾地质公园的信手一书，早已走出了国门，因此有了埃及神庙的中文大字。所以这几天珠江边竖立着的"沙基惨案纪念碑"，通身被涂上了"耍猴子咯，还会打滚呢"等等墨宝，似乎也不算什么惊人之举了。

关于国人的"涂鸦"，舆论之间，是早有批评的，说其"手痒"，欲罢不能，油然而出手，是为"下意识"，论其"技痒"，识了几个字，就要"挥毫"，就要写出来，叫做"发表欲"。更有长哭当歌，哀叹国人之"素质"的。

这当然很有道理。然而这次"沙基惨案纪念碑"的被涂鸦，原因却似乎不全在于"痒"，而在于"不知"——纪念碑为什么涂满黑字，碑四周为什么遍布口香糖的残骸？广州日报记者沿着纪念碑问了如织行人，竟有七成不知道这是个什么碑、为了什么人？更无人知道88年前，广州人民声援上海"五卅惨案"，游行队伍惨遭英法军队炮击，52名烈士惨死在沙基，所以才有了这座纪念碑！

"涂鸦"出于"不知"，而这种"不知"，又岂止一个"沙基惨案纪念碑"！近年的"七七"那天，有大红的影星，到荧屏做客。请问卢沟桥事变你知道吗？影星大呼，什么卢沟桥，那里今天出了什么事？某电视台请问另一位闻名的明星，西安事变有哪两位功臣？并且提示之，一位姓张，一位名中有个"城"字，不料明星张口便答："张学友、郭富城"！

由此看来，广州的行人不知道沙基惨案，更不知道有省港大罢工，不知道，又怎么会有崇敬，又怎么会有庄严感？所以信手涂鸦，所以戏言笑谑，也就不难理解了。而在我们的生活中，又有多少这样的"不知"呢？佛山的青年人，只知道拳飞脚踢的"大侠"黄飞鸿，而"无一知晓"也是当地人的维新派思想家康有为；某地对中学生"摸底"，满堂学子，对于康、雍、乾三帝如数家珍，却无一人知晓"我自横刀向天笑"的谭嗣同，这样的"不知"之下，历史就不只是被"涂鸦"那样的"不庄重"了。

其实这样一种"不知"，恐怕也不能全责备今天的"行人"，恐怕还有更深刻的成因呢！比如舆论之间，也有为"沙基惨案纪念碑"被涂鸦而辩护的，说近百年前的陈年老账，"不知"又何妨，涂它两笔又怎样？这就使人想起了"731"细菌部队遗址要建纪念馆，让后人铭记罪行时，不是就有一种声音，说不要再拿血腥的历史来"刺激后人"吗？也想起刘公岛上建纪念碑，本来要刻上"落后就要挨打"这几个大字，以警醒后代，但也是一种"不要太刺激"的声音，竟使这甲午海战的惨痛见证，变成了"扬我国威"的豪迈战史。当然除了"不刺激"而外，还有一种"不必要"的高见，比如说，沙基惨案有必要么？死了那么多人，值得么？这类论调，自然不止对一次流血事件而言，其实涉及到了对整个近现代史尤其是革命史和反侵略史的深层臧否——在这种决非戏说的"重新评价"下，我们的后代今人，就不只是那么一点"不知"啦，而事情的深处，恐怕也不只是纪念碑上几笔"涂鸦"而已。

"涂鸦"后面的"不知"，尤其是"不知"背后的原因，值得我们深思。

（2013.7）

## 另一种"买官"

卖官鬻爵，在于近年的某些官场，早已不算新鲜。远的不论，就说近日查实的一件事，在那个"叫春的城市"，原任袁州区委书记的龚某人想进常委，于是捧了60万大洋，送给了时任市委书记的宋晨光。龚某人进了市委常委，又领着他属下的两个乡镇书记再向宋买官，每人30万，终于也成了"副处级"。从此宋晨光卖官，便一发不可收。

买官一节，在某些地方，是有明码标价的。看似价格惊人，但还是"划得来"，比起他们买到乌纱后的"进账"来，那只是"小数"，成本还是低廉的，所谓"一本万利"，所以前赴后继。过去的买官，所用的贡款，还是官员的"肉里分"，大多是平时亲手敛聚而来，叫做自己给自己买乌纱帽。

但近年以来，就有了另一种"买官"，就是官员自己不出，由商人出钱给他"买官"——刘志军案中那6000万，有4500万是两位"企业家"给他出的，一是代他"捞人"，二更是代他"买官"。刘志军没出一文钱，商人出钱替他打点、疏通、办事，也就是买官。

其实这另一种"买官"，并非自刘志军始。近时披露的一起诈骗案，说是一个叫做王雨石的富商，先后出了600万给两个"朋友"买官。王雨石先出500万，给某地级市的市长，买一个"副省级"，结果自称高人的骗子，给了他一份"国务院"的公文和一份"中组部"的任命状。王雨石又以300万的"议价"，给另一位地级市的副市长，买某计划单列市公安局的政委，骗子又给了他"公安部"的表格。所幸余下的200万还未支付，骗子就一一落网，分别判了15年和12年不等。

这当然只是一起并不罕见的诈骗案，读来毫无新意。但此案的缘起，都应当引起我们的疑问——一个富商，为什么要给官员"买官"？本来一毛不拔的铁公鸡，为什么乐于一掷数百万金，为两个并不相熟的"朋友"的"进步"而**慷慨解囊**？是为了找"靠山"，还是指望他们一旦戴上乌纱，就可投桃报李？案件的报道，洋洋洒洒是骗子的骗术，而只有一句话，说到王雨石谈过一点胡雪岩，当年王有龄落魄，胡雪岩拿出500两银子支持他谋取官职、东山再起，王有龄此后当上杭州知府，于是"知恩图报"，使胡雪岩迅速暴富，"这一节对王雨石颇有启发"，所以他出手阔绰，给"朋友"买官，这真如丁羽心等"企业家"斥资给刘志军"买官"，而刘部长给她们的"回报"，又何止数亿呢？

中国的坐贾行商，向来喜欢做"红顶商人"。有自己给自己"买官"，捐个乌纱帽，一似沐猴而冠的，也有官商之间，"勾肩搭背"，你我不分，好比"一对亲兄弟"的，现在又有了另一种"买官"，商人出钱，替官员谋取乌纱，又做了"后台老板"。"在商言商"的生意人，这样关心"官场"的进取，如此"支持"官员的"事业"，铢锱必较的"企业家"，又何其"大手笔"地把钱用在官员身上，这究竟是为了什么？这一种新动向，这一点"利润最大化"，也许并不须"说破英雄"了吧！

(2013.7)

## "洗脚"问题

"洗脚"问题，本是一个"不上台面"的"问题"，但是近日之间，却成了舆论场中一大热议，网络之上，沸反盈天，报纸荧屏，众说纷纭。

"洗脚"问题，本来是一个"内政"问题，说是杭州今年的热，百年未遇，酷暑之下，火炉一般，一举被列为中国四大火炉之首。于是西湖边上，白堤两旁，一批批游人，便脱去了鞋袜把双脚浸入湖中，"尽享湖水带来的凉爽"，远远望去，美丽西湖竟成天然的"洗脚池"。

西湖的"万人洗脚"，当然引出了批评，说是"大煞风景"，说是"素质太低"，但这毕竟是个"国民性"问题呀，关起门来，洗自己的脚，与别人似也无干。但不料的是，"西湖洗脚"仅仅开始了几天，便从遥远的法兰西，也传来了"洗脚新闻"——一组照片传回国内，说是卢浮宫的水池旁，一大帮中国人围坐四周，也是脱了鞋袜，也是把双脚伸入水中，也是尽享池水的清凉！

这组"卢浮洗脚"的照片，照例引起了国人的拍案，同时也使不少国人失语——那一双脚，西湖洗洗也就算了，怎么走出国门、远赴欧陆，洗脚洗到了卢浮宫？于是有识之士，便从国人的"洗脚"，想到了国人的涂鸦，万里长城的古砖，故宫大内的门槛，九州域中，到处留下"到此一游"的墨宝，这也罢了，万不该在台岛的地质公园，也留下"中国常州赵根大"的"题字"呀，这不是把脸丢到了天涯海角吗？当然更不该的，是在埃及的神庙，也涂上了四方中文的大字黑墨，这真是坍台坍到了五洲四海呀！至于这几天跑到林肯纪念馆去泼油漆，那更是把一股暴虐之气，撒到了别人的家园哦。所以"洗脚"一直洗到卢浮宫，君子为之叹息，国人为之摇头。

但是舆论之间，间或也有为这"洗脚"辩护的，说这西湖的"洗脚"，应当称为"戏水"才对，不过是人之天性，不必"过度上纲上线"的，至于卢浮宫的那一幕，也有人说，法兰西怎么样呢？洗它一脚又何妨——黑白臧否，自可继续辩论的，然而正当国人还在口舌之际，却从卢浮宫又传来一条新闻，说是这几天法国人也开始在卢浮宫洗脚啦！是因为法兰西也有阿Q，觉得"中国人洗得，我洗不得"？还是看见黄皮肤洗脚，便以为就是"东方文明"，所以好奇之下、崇仰之余，也来效颦，也来学样，于是也伸出脚来？

其实洋人跟着咱们"洗脚"，并非只有卢浮宫一例。中国行人闯红灯，再看近悦远来的老外，现在又有几个不"乱穿马路"的呢？24名中国游人在故宫墙边集体"方便"，而上海的高架桥上，不也发生了六个老外鱼贯下车，光天化日之下，通衢大道之上，齐刷刷集体小便的事吗？德国人据说以守时著称于世，但是在咱们这儿工作的日耳曼人，自从入乡随俗之后，开会迟到40分钟，不也成了常事惯例么？至于阿姆斯特丹那些暧昧的"玻璃窗"前，到处悬挂"欢迎、便宜、有发票"七个方块字，这就更有一点"东风西渐"的势头啦！

所以我说，"西湖洗脚"似乎不算什么"问题"，这在于国人，早已司空见惯；而洗脚洗到了卢浮宫，似乎也不算多大"问题"，这类"台"，我们早已"坍"过多少回。而法国人现在也跟在中国人屁股后头到卢浮宫"洗脚"，这才是真正的"问题"——关于这个"问题"，你是大长了"志气"和"自信"呢，还是发出一声深深的叹息？

(2013.7)

## 赤日炎炎读"官闻"

沸扬的一周又要过去了。这赤日炎炎的一周热点，既有"炕"上那几顶"大盖帽"，也有高人大师，把墨汁掺进了清水，然后买了一万元的。但这沸反盈天之外，也有两条小小的"新闻"，因为也算是"官闻"，所以居然也引出众说纷纭。

一条是说东部地区，有厅官下去访贫问苦，进了那简陋民舍，一共只说了三句话，"几口人"、"家里好吗"、"有什么困难吗"，便再也说不出话来。张口结舌，面面相觑，与老百姓僵在那里，说是"拉家常"，却不会说一句"群众的话"。

于是舆论之间，就炸开了锅，说这个"说话问题"，已经成了官场的大问题，不少的官员，官当久了，连"人话"都不会说了，还有的官员，官当大了，除了划圈，连"说话"的"武功"都废啦！

但也有知情者说，事情并非这样简单，这个见了百姓"一句话也说不出来"的官员，也许恰恰是很会"说话"的——领导面前，他会娓娓道来，不但巧言善辩，而且深得"上"意，汇报会上，他会滔滔不绝，不但口若悬河，而且令人倾倒。奇怪的是，这样一只"能言鸟"，这样一个"会说话"的官员，为什么见了老百姓，就"张口结舌"了呢？

有人说，这是因为官僚习气浓了，而群众工作这个基本功就荒废了；也有人说，他天天围着领导、泡在会里，不见老百姓的面，所以只会说"官话"，而不会说群众的语言了，更不知道与老百姓"拉家常"，究竟怎么拉、拉些啥？这当然都有道理，但这个"说话"问题，根子到底在哪里呢？为什么我们不少官员，上天是只"能言鸟"，而下地则变成了"讷于言"，一句话也不会说了呢?这深层的原因,恐怕还要想一想——看来不仅仅是个"能力"问题吧!

还有一条"小新闻",说的是某市通衢大道之上,一辆"官车"撞倒了摩托车,然而坐在车上的那位副局长,怎么也不肯下来瞅一眼。他也不是要逃避事故,只是"怕热",离不开空调,结果酿成了风潮,引起了千百路人的沸反,硬是被"请"下了车。

副局长这么"怕热"?有人说,这官员也许本来就是个"苦孩子",曾经冒着大太阳,光脚走过百里山路,也曾经赤日炎炎之下,"面朝黄土背朝天",可是一当了"副处级",就变得格外"怕热",只能躲在空调官车里头,见不得一点太阳啦,连官车撞了人,也不下来看一眼,这究竟为了什么呢——这样"怕热"的官员,你还指望他到老百姓那里去"一枝一叶总关情",尤其是在赤日之下、酷暑之中,去体验去关心群众的冷热吗?

这则"怕热"新闻在网上沸腾两天后,当地终于出来"回应",说那副局长,也不完全是"怕热"。那他为什么就是不下车?因为"在车上向领导汇报"呢!相信也是"巧言善辩",也是一只"能言鸟"吧——至于撞倒的行人,可以不去"瞅一眼",至于满街的路人,可以不去"说一句","第一时间"、"第一要务",是要"向领导汇报"啊!原来如此,原来不光是"怕热",更是"怕"别的呀——现在这个"副局长",已被责令写检查,他要"检查"的究竟是什么也只能拭目以待了。

本周的这两条"官闻",虽说不大,却颇有一点深意。而这酷暑里的两条"官闻",不知怎么,依我看来,却似乎是同一条新闻。

(2013.8)

## "金盆洗手"只是个笑话?

这似乎是一个笑话——近几日之间,西南某县18名副科级新官,齐刷刷站在"布依铜鼓十二调"前,双手伸进金盆洗清,一时钟鼓齐鸣,新官高诵《勤廉十二调》。

这据说是一次"创新的廉政警示",为什么却被说成是一个"笑话"呢?因为"金盆洗手"是有典故的,说的是黑道人物退出江湖,改邪归正的一个仪式,更是例如土匪赌徒们改恶从善,"洗手不干"的一个了断。叫新官们也来"金盆洗手",当然不算数他们过去干尽坏事,现在当官了,要重新做人这样的意思,这只是搞错了,因为无知造成的一个笑话,所有网络之上,笑其荒诞讥其无稽。

但话又说回来,这样的"金盆洗手",出发点还是善良的,无非是要新官们清白做官,勤勉做事,如果典故没搞错,"金盆洗手",洗一下也是好的,总比一无劝诫强——问题在于,这样的"洗手",这类的"警示",有多大作用呢?别的不说,早已风传天下的某省四任交通局长"前腐后继"案中,这四名厅官,上任之时,无不去包公庙前发过誓,也是钟鼓齐鸣,也是宣誓清白,其中有的,竟还远赴南岛,去给海瑞上过香磕过响头呢。结果怎么样呢?"从已公开的贪官污吏的从政路来看,无不以勤政廉政的信誓旦旦闪亮登场,又以疯狂贪腐锒铛下狱而黯然下场",可见"金盆"可以"洗手",但关起门的"洗手",要靠那样一种"仪式",来洗涤人心,来警戒"伸手",毕竟是不可靠的,如果把希望寄托在一个"金盆"之上,就未免过于"技穷"啦。所以说,廉政的事儿,还是要靠把权力关进笼子的制度,靠群众的民主监督,如果过多地靠"洗手",还是会沦为笑话。

"金盆洗手",据说初衷是要靠"传统文化"来帮助倡廉,如果没有搞错"文化"的出处,这初衷本也不错。我们的传统文化包括为官之道中,确有好的东西,可以拿来借鉴。但有一点却要看清楚,想明白,那就是这类文化尤其是封建的政治哲学,有着它与生俱来的毛病。比如它也讲"民本",那和以人为本是两码事,讲的是维护专制王权所要当心的"载舟覆舟";它也讲"当官要为民做主",但这是从"父母官"的定位出发,和今天的"人民公仆"也不是一回事;至于它提倡的"修身""慎独",包括它政权内部上下左右的监察纠举那甚至很成熟的一套,和共产党人找到的"这条新路,就是民主",也有质的相异。所以"传统文化"可以取其精华,但要"分析好",才能"大有益"——毕竟在"我们的权力是谁给的"和靠什么走出"历史周期律"这两个大问题上,从两千年的老祖宗那里找不到答案,靠那种林林总总的"金盆洗手"更只是太不靠谱的笑话啊。

(2013.8)

## 又是"梁启超故居"?

又是"梁启超故居",是因为这几天的某报某网,做出赫然大标题——"梁启超故居成了大杂院"。这当然要令人扼腕,天下之大,难道容不下一个维新派领袖的"故居"?于是舆论再一次沸反,网上再一波拍案。

但是沿着这赫然标题读下去,却似乎并没有这样的跌宕起伏——位于京城北沟沿胡同23号的这座四合院,20多年确曾被指为"梁启超故居"。但是以梁子梁思礼为首的梁氏后人,联名上书说梁启超从未在这院住过,属于讹传误指,又经反复核实,证明确非"梁启超故居",一天也没落过脚,所以已经撤牌,文物委员会也"确认该处已不再属于名人故居"啦。

事情不是很清楚吗?行文不也是确凿无疑么?为什么明知"不是",还要做出赫然大标题?其实这就是时下流行的"标题党"——北京的大杂院多了去了,你不说那是"梁启超故居",说是一个普通的"四合院",谁来看你,谁来转发?没有这一个反差突兀而又"奇峰凸起"的"符号"、"概念",这一天的报纸就卖不出去啊!

其实关于"梁启超故居",说它"又是",是因为早已不是第一次啦——三年之前,就有夺目新闻,说"梁启超故居要拆掉"啦,甚至还有这样的标题,说是"饮冰室濒临危亡"的,也是舆论哗然,也是群情激愤,似乎一位历史名人的"重要活动遗迹",就要推倒了。其实"新闻"里头,说的京城那个会馆,梁启超只小住过几天,他的"故居",好好地在天津民族路44号保护着呢!至于那闻名遐迩的"饮冰室",更是从来不在北京,而是远在津门河北路46号,经过历代修复,至今还以完好的建筑风貌向后人述说那一段历史的风云呢——其实"标题党"人,并没有搞错,并不是连北京天津都搞不清楚,他也是无奈之下呵，不说"故居"，不提"饮冰室"，新闻靠什么刺激人心，标题又靠什么夺取眼球呢？

当然不止是"梁启超故居"，比如"张治中公馆正被擅自出售"，那是把张将军从未住过的一处后人房产，硬套上"从事重要活动"的"张公馆"的"概念"，以便激起"公愤"；又比如某文豪的"祖屋竟被推倒"，那是把大作家曾住过的那一大片地区，统统变成了他的"出生地"，以便众之咄咄。这里头固然有因为对"故居"爱之甚深，尤其是对时下不爱惜文物的"日新月异"恨之甚烈，以至于爱屋及乌、张冠李戴，失之于"过敏"的，也有缺少历史常识，弄不明白来龙去脉，以至于听风是雨，跟着发飙的，当然更有心知肚明，明知真相是非，仍然把眼睛一闭，来做"语不惊人誓不休"的"标题"的。这就不是"受蒙蔽"，而是有一点"欺骗性"啦。

历史必须尊重，建设更不能斩断文脉，所以"名人故居"一类，确要严加保护，但怎样才是"保护"，似也不能一刀切去。例如北京，就有名人故居1500多处，有的大家，一生颠沛，一人住过之地就有几十处，如果每一处都不能"变成大杂院"，都要出空"保护"，不能住人，也不能动一下，恐怕也不行吧，"保护"也不只有"腾笼驱鸟"这一种方式呵。

(2013.8)

## 不该成"新闻"的新闻

两周之前,《赤日炎炎读"官闻"》在"已晚谭"刊出的时候,江南还在百余年未遇的酷暑之中,但这一周,酷暑已渐消退。而在这个趋凉还热的周末,让我们仍然来读两条"官闻"——居然都是与"车"有关,又都被称为不该成为"新闻"的新闻。

一条其实是旧闻,只是这一周"曝"出而已——说朱镕基同志在上海当市长和书记那几年,夫人劳安同志天天骑自行车送外孙女上幼儿园。有一天狂风大雨,劳安同志仍推车出门准备送学,司机看到了,说那太不安全了,一老一小,一辆自行车怎么行?于是用公车送了一下。这事儿被朱镕基知道了,照例板了脸,说是不允许,当天就付清了油钱……

劳安同志天天骑自行车送外孙女,这是一条我们原来不知的"新闻"——但也有人说,这事很正常,不该成为"新闻",因为"官车"是给市长跑公务用的,夫人不能用,外孙女更不能坐呀!

但是舆论之间,更有一种声音,说这是一条"真新闻",而且是一则直指当下的"批评性报道"——公车私用,在于我们的某些官员,不是司空见惯、习以为常的么?你见过有几个市长夫人,"天天骑自行车送外孙女"的?所以劳安同志的自行车也好,朱镕基同志的板脸付清油钱也罢,都是"反潮流"的"好新闻"。

记得两年之前,上海某局有一位处长,天天用官车接送太太,这事被时任市委书记的俞正声同志知道了,在大会上点了出来。据我的耳闻,也有一些同僚官员,对此不以为然,说那不是"很正常"吗?还有认为市委书记"太不讲人情"的——是呵,因为"官车接送太太"这一类事,业已成为"正常"之态,批评一下，反而"不讲人情"啦！正是从这个意义上讲，劳安同志天天骑自行车送外孙女，才有它的"新闻价值"——但这样一件平常事，之所以成了众所注目的"新闻"，似乎还有了一点特立独行的"新闻价值"，你说是满心喜悦呢还是一点悲哀？

这周还有一条新闻，是说赤日炎炎之中，某市交通局长，应市民之邀，去坐了一次没有空调的公交车。局长挤了一回"蒸笼车"，才知道热得不行，立马拍板将全城公交空调化进程"提前一年"！

这当然是一条亲民的"好新闻"，但不知怎的，网民之间，又是质疑连连，说这个交通局长，从来没有坐过公交车？这次是第一次挤公交，还是在市民强烈呼声之下，这该表扬还是该打屁股？也有网民说，如果该局长不是偶尔挤了一回公交，不是"热得不行"，那该市的"公交空调化"，要等哪年哪月才能实现，老百姓在"蒸笼车"里还要挤上多少年？至于请问该市公共交通的决策机制究竟是什么样的，局长偶尔一"热"就可以拍板"提前一年"。这算什么"新闻"——总之人们认为，交通局长挤公交，本不该成为"新闻"。现在连这都成了稀缺的"新闻"，这该褒扬还是一种讽刺呢？

两条"官闻"，似乎都是"很正常"的事，本来都不该成为新闻，但它们的都成了众口相传、令人叹息不已的"新闻"，这件事儿，本身就值得叹息，值得深思。

(2013.8)

## 又是一个"△"?

一个不上台面的"△",照例又被炒成热点,一场并不风花雪月的"杯水风波",几乎又要变成热闹狂欢的"公共事件"——在依然大热的这几天,一条"内地女星疑被捉奸,痴情富翁强闯香闺"的"新闻",在报网之上"惊心动魄"。"前男友"如何PK"第三者",翻了几道窗,又动了什么粗,女星儿又如何"偷腥",怎么的"受伤",又怎样地"去了医院"。重磅大题夺目,"现场"照片高悬,一条本来发生在香港的"花边",传到了这边,似乎成了炎炎夏日里的一则"要闻"。

这其实并不奇怪,也不突兀。说是"照例",是因为明星的私密尤其是她的"△",早已成了"脍炙人口"的"招牌菜",味儿越来越浓,口味越来越重。明星的花前月下,已经不够刺激,于是追她的红杏出墙;名角的感情风波,已经不再新鲜,于是曝他的一夜滥情,从星儿的N段隐情,到她的床底之私,从一条"事业线"到一个肚皮,莫不成为"帕帕拉西"的"职业追求"和多报众网的"共同追逐"。至于她与谁拍拖跟谁缠绵,最后又嫁入了哪个"豪门",投入了谁的怀抱,更是决不会"漏掉"的"必报"啦!

就以这几天来说,58岁的女星,嫁了71岁的富翁,于是来炒她的"四段婚史",于是来渲染她的"情变历程";跳台上的名将,肚子里有了,于是怀的是龙是凤,生一下要花多少大洋,甚至于生了还是没生,都成了争吵不已的热门焦点呵。现在又来了一个"风波",不但是"△",而且是"捉奸",怎不引起我们的莫大兴趣,怎能放过这"好不容易"的"真新闻"?

炒作绯闻、追逐"△",一是千报(网)一面,莫不如此,叫做"共同爱好",二是模式固化,十年也没有创新,叫做"一成不变"。但是近期以来,据说也有了"理论"的翻新,所以忽然又变得振振有词起来——

一曰"人性论",说这东西大伙儿喜欢看,他是"满足"受众"需求"啊,似乎还有一点"以人为本"的味道呢!其实且不说究竟有多少人真的"喜欢"追星逐私,就说这个"人性"里头,它也有负面的东西,例如窥私,例如传谣,例如低俗化,本来就是"人性的弱点"。我们说媒体应有它的教育功能,就是说要激发人性中的正能量,绝不能去挖掘、助长甚至利用例如"国民性"那样本来就需要改造的"文化"与"爱好"。

还有一个"市场论"。他说现在不是"走市场"吗?必须迎合"市场",才有人买,才有人点击。这当然落了"实在"处了。一些媒体,如果不靠"△",居然没人看,一些同人,如果不当"狗仔队",居然别无他长,这究竟是一种"职业骄傲"还是深深的悲哀呢?且不说"市场反应"之上,还有一个"社会效益"的标准,便是天天追星逐私,拿一个"△"来做招牌的媒体,那种"千报一面"又"十年不变"的"新闻",果真不让人们厌倦,果真不会让公众"遗弃"?事实上这十年来的"市场",已经开始证明,靠一点绯闻、几个"△"吃饭,总有一天或许要喝西北风呢!

(2013.8)

## 制度不能变成稻草人

第一批群众路线教育实践活动处在第一环节，大量任务还在后头。我们不仅要以一鼓作气的劲头开好局，更要有连续作战的精神走好全程。下一步怎么抓？要在打牢学习教育和查摆问题两个基础之上，抓住整改落实和建章立制两个关键。从某种意义上来说，建章立制也是最大的整改，完善制度则是最好的落实。

我们强调"制度思维"，也是一个"问题导向"，是从反对"四风"的规律性出发的。作风问题具有顽固性、反复性，很容易抓一抓就好转，松一松就反弹。过去在这个问题上多次往复震荡、风来风往，多次故态复萌、卷土重来，甚至反弹更烈，说明要防止一阵风、走过场，必须靠制度。反对"四风"，要有具体针对性，但"头痛医头、脚痛医脚"恐怕不行；要处理突出问题，但仅仅整肃一两个人、一两件事恐怕也不够。制度才能真正针对"四风"的深层成因，才能有共同的红线、底线、高压线，大家都不想碰、不敢碰、不去碰，才能使任何人不能例外、没有特权、失去"空间"。

制度不能变为"稻草人"、"纸老虎"。制度要严，首先是讲标准要严格、规矩要具体。规则不能打折扣、做选择、搞变通，叫做高标准；制度要少一点"原则上"、"基本上"、"一般不允许"之类的"宽紧带"，叫做严要求；规章不能只讲"要怎么样"，而没有违反了怎么办的"不可追究性"，落脚到可监督、可检查、可追责、可处罚，叫做切忌一纸空文、纸上谈兵。制度之所以变成摆设，问题还不仅是出在制定制度本身的无法追责，更在于有了制度却不执行。

我们有很多规章制度都有问责条款、处理规定，为什么仍然缺少威慑力？因为不执行。要么大家都做"好人"，谁也不唱"红脸"，要么以"爱护干部"、"与人为善"，"放人家一条生路"为由，高抬贵手、姑息放纵。一批"刚性"的制度，结果成了摆着看的"稻草人"，成了"吓不死人"的"纸老虎"，其结果是形成"破窗效应"，打碎一块玻璃没人管，最后所有的玻璃统统被打碎，什么原因呢？因为打了不受惩罚嘛！所以制度之严，还在于执行要严，制度面前没有特权、没有例外，不搞"下不为例"，也不能"法不责众"。只有这样，才能打消一些干部仍然存在的侥幸心理、观望态度。总之，只有执行严格，才能正风肃纪、形成威慑。

制度执行力强还是弱，根本在于监督和问责是否坚决有力，又取决于领导干部特别是主要领导干部有没有担当、有没有党性。制度不会自行运转，要靠人来执行、来保护，第一责任人就是领导干部，尤其是"一把手"。领导干部如果讲人情，甚至徇私情，该问责的松口，该处理的松手，是对制度最大的破坏，对队伍最大的失责；领导干部如果顾忌重重，还有一分私心，既要考虑所谓"口碑"，又要留心所谓"选票"，从而好人主义盛行，搞成一团和气，是最大的失职，也是对干部最大的不负责。所以，我们讲要勇于担当，重要的一条，就是领导干部在执行制度问题上要敢担肩胛、敢于拍板，敢于与不正之风的人与事"反目成仇"。

还有一个重要问题，就是严格的规章制度从哪里来？核心是要把走群众路线贯穿于建章立制的全过程。"四风"的表现，群众看得最清楚，"四风"的成因，群众晓得最明白，而反对"四风"如何才有效，才有针对性，才合情合理，群众想得最周到。因此建章立制，一不能"闭门造车"，关起门来搞"图上兵推"，苦思冥想"锦囊妙计"，那就会脱离实际，成为空谈。应当到群众中去，听群众意见，和群众一起想办法、定规矩，才能保证"制度正确"，这叫做"从群众中来"。二不能"自娱自乐"，有时我们设计的东西，自以为很完满，好比卡拉OK，自我陶醉，自以为是，其实并不符合实情，也不适应群众的要求。所以制度的设计，章法的规定，还是要"到群众中去"，看看群众认可不认可、点头不点头。从认识论上说，这也就是"二次飞跃"，是形成正确思想和好制度好政策的实践途径。这样的制度，才有科学性，才有可执行性，也才能解决那些长久的、共性的和深层的问题，解决那些积重难返而又盘根错节的"老大难"。

(2013.8)

## 从"男儿膝下有黄金"说起

"男儿膝下有黄金",是中国人的一句格言,出自明代《初刻拍案惊奇》,说的是做人行事,不卑躬,不屈膝,那样一种铮铮铁骨和坚强风骨。近日一位领导同志,说起他在地方工作的亲身经历,就用了这句格言——有的人给他介绍某些地方的"先进经验",说他们不但要"跑部钱进",而且在权力部门所在的地方设招待所、别墅,不但给实权人物配车,有的还给对方家里请保姆,白给他干活。这位领导同志感慨,这样的事我就做不来,男儿膝下有黄金啊!

男儿膝下有黄金,其实是很不容易做到的。我们很多同志,也有风骨,也有个性,也有尊严,但为什么"膝下"就没有黄金,为什么变得卑躬屈膝呢?有些同志,开始也"做不来"这类事,为什么久而久之,就变得很圆通,很"会做"了呢?因为有的人权力太大,不求他不行,因为不求无路可走,而求一下一本万利。所以在权力面前,不少人膝下无黄金,不少"下面"的同志只能奴颜曲迎,毛病还是出在"权力过于集中",而权力又缺少监督和制约。用现在的话来说,就是没有"关进笼子里"。

前段时间,舆论曾嘲笑一位县委书记,一天喝了八回酒,一位县长,一天陪洗了八回澡,还有一位副县长,冒着大雨翻山越岭赶了百里夜路,为的都是"上面来人了,要去鞠个躬"。他们为什么要"喝",为什么要"陪"?因为"谁也怠慢不了",因为发展资金、民生项目,乃至计划、额度、立项、"切块"等等,都在"上面"手里啊。所以与其嘲笑"下面"的七品芝麻官,不如反思一下某些人权力为什么这样大、这样集中而又这样"随意"的深层原因。——权力过于集中,其实是产生和滋长官僚主义的体制性原因。前段时间,我们听说过一个市长,从早忙到晚,每天半夜2时才睡,一天要批的文件,重达15斤,于是叹息"勤政"背后的悲哀；人大会上，我们又听说了办一个企业，要盖216个公章，于是惊异于"把关"同时的低效——当然我们也已耳闻某地老百姓办一个准生证，竟惊动了11个部门，某地贫困生办一个贷款，竟盖了26个官章。而就在不久前讲机构改革的会议上，李克强总理说了他亲眼看到的一个调查，"企业新上一个项目，要经过27个部门、50多个环节"，家家都要点头，个个都要伸出手来，一点"权力"也不能"放空"。其实李总理那天，还说了一桩奇谈，小小一艘渔船的船名，也要经过权力部门层层"核定"直至"顶层"一级点头，才能"批"，才能"放行"。这样的"权力过大"，过于"集中"，"管了许多不该管、管不好、也管不了的事"，你不求他，真还"不行"！

事实上，权力过大，又往往没"关进笼子"，并不仅是效率低下的问题，也远不仅是市场经济被扭曲、企业发展被耽搁、商战机遇被延误的事——这哪里是一点官僚主义的作风和习气问题，这更成为权力寻租乃至腐败丛生的一个根本要因。这几天披露的某部一名处长受贿2400多万元的案件，就是一只肥硕的"麻雀"——这个"管的钱很多，权力很大"的处长，每批一笔"专项资金"都是有明码标价的，一般的资金收20%回扣，援藏资金则高达40%。他靠着手中"一支笔"，就敛聚了几千万元的黑金。别看他只是个小处长，现在不少地方一个厅一个处权力真不少，就那么几个人，但每个人都管着一个方面，审批权很大，管的钱很多，要"关住权力"，真是很不容易。就说这个处长案，求他的"下面"，办事的企业，要带着布袋装着现金，才能见他，才能"批"。这样的"利益固化"，难怪一个审批改革，一个职能转变，会因为"涉及到深刻的格局调整"，而成为"很大的挑战"。现在这些行贿的单位负责人，都被判了刑，这是"膝下无黄金"，不做好"男儿"的报应。而这只"麻雀"的"五脏俱全"、它深层的体制性原因，同样值得我们深思之。

男儿膝下有黄金，我们要有这样的骨气，这样的操守。大家都来抵制，歪风邪气才不会愈演愈烈、糜成风气。男儿膝下有黄金，同样要求我们具有改革的勇气和坚毅，敢于从机制体制着手，做政府权力的"减法"。尤其在"把权力关进制度的笼子"这个问题上，我们同样决不屈服，决不妥协，决不退让！

(2013.8)

## 不要过分爱惜自己的羽毛

爱惜自己的羽毛,这本是鸟儿的爱好,放到人类社会中、现实生活里,也算是个"人之常情"。但这个"常情",不能过分,也不能无度。尤其是我们的领导干部,如果过分爱惜自己的"羽毛",比如过于追求一时之"官声",过度在意一众之"口碑",过分钟爱一己之"名节",就会把国家和人民的利益放在次位,就会在关键时刻、节骨眼上不敢担当、不敢亮剑——鲲鹏展翅九万里,如果过分爱惜自己的羽毛,就不能"翻腾扶摇直上";海燕振翅穿越暴风雨,如果过分爱惜自己的羽毛,就不能迎难而飞直击九级浪。

比如我们要厉行改革。改革前无古人,也无模式可循,更不是海边的浪漫散步。改革前路坎坷,有障碍、有误区、有陷阱,敢闯敢试更有很大的风险。如果我们过于爱惜自己的羽毛,宁可守成也不冒险,以免丢掉"常胜将军"的"口碑",宁可旁观也不"火中取栗",保住"一世英名"不要"毁于一旦",就会"足将行而趑趄",甚至成为冷眼的旁观者和改革的"局外人"。我们固然要保护改革、宽容失败,但要完全做到这一条,是不可能的。因此,任何一个改革者,都要不畏人言汹汹,不怕同道杯葛,不惧"盖棺论定",勇于做改革的担当者甚至"牺牲者"。我们不但要讲海瑞,更要学一点张居正。同样地,如果不顾国情,脱离时代的限制和社会的条件,因为追求"一枝独秀",因为要取悦于"民",尤其是因为要树立自己的"形象",博得一时的"喝彩",结果不切实际地"作秀",把人们的胃口吊得很高,出发点也不外是一己之"羽毛"。总之,不要过分地爱惜自己的羽毛,一切出于一颗公心,我们的心理才不会变异,动作才不会变形,才能"天下为公",坦荡其心,以健康的心态、好的从政风格去投身和推动改革。

又比如我们要反对"四风"。有的地方"四风"猖獗，一条主要的原因是，领导干部尤其是"一把手"三缄其口、听之任之。有的同志据说也是十分爱惜自己的羽毛，十分"珍惜"自己的"人望"，生怕对不正之风"翻脸"、拍案、"做恶人"，会被同僚和下属说成是"不近人情"、"不食人间烟火"，生怕对歪风邪气下"狠手"、动真格、施"铁腕"，会被说成"暴君"。甚至还顾忌"处理一个人、得罪一大片"，四时八节、秋后算账，测评呀，推荐呀，选举呀，票数会丢掉。所以，时时慈眉善目，事事"感情投资"，"好人主义"盛行，大家一团和气，更何论对"四风"亮剑？这些同志，其实是以旧时官场的那一套来看待自己的"羽毛"，把庸俗的官风作为一己"官声"的评价坐标，把那些扭曲的声音作为"口碑"，唯独听不见基层和群众"满意不满意"的呼声，唯独不在意群众的、实践的和历史的检验。

更比如我们要坚持真理。我们说关键时刻要敢于"亮剑"，重要的是面对错误的东西要敢于"发声"。有的同志在多元、多样、多变的情况下过分爱惜自己的羽毛，甚至要做"开明绅士"，哪怕有理也不敢发声，生怕因言获咎，于是少说甚至不说。更为严重的是，对大是大非问题绕开走，态度暧昧，担心被说成"不开明"，害怕被说成"惹麻烦"，更顾忌一旦成为"焦点"而被围观、被起哄、被"拍砖"，甚至还有为了获取某些"掌声"，而故作媚语随逐。我们说，对于不正之风，要有不怕丢官、不怕打击报复、"舍得一身剐，敢把皇帝拉下马"的勇气，与歪风邪气进行坚决的斗争。同样地，我们对于错误的东西，也要有不怕"孤立"、不怕误解、不怕"淹没"的精神，进行有理、有节的论辩。在众声喧哗中，要敢于坚持科学、理性的定见；在浮躁失态中，要敢于坚守冷静、理智的立场；在"舆论一律"甚至"一边倒"中，要敢于做握有真理的少数，发真正有道理的"异质声音"。一方面，我们不允许围攻坚持真理的同志；另一方面，为了真理，为了人民根本的、整体的、长远的利益，我们也不要过分爱惜自己的"羽毛"，要敢于担当，敢于坚持，甚至要有一点敢于"反潮流"的品格。当然，对于真理的坚持和发展，是与时俱进、兼容并蓄和以理服人的，如果保守、封闭、武断甚至僵滞，则会落后于时代、脱离于群众，也会走到真理的反面。

(2013.9)

## 鲁迅究竟该不该退出

今天再来说鲁迅的"退出",似乎已经不新鲜了——一周之前,因为一篇《风筝》的"退出"教材,"鲁迅风波"再掀轩然。其言凿凿,说鲁迅从未"退出"教材,至今还独占鳌头首位;拍手相庆,论鲁迅"早该退出","早该下课",不能让他"贻害下一代"。到了今天呢?风波又已过去,争论也已平息,鲁迅"退出"与否的问题,又将如天上的白云,一飘就过去啦。

但是一个鲁迅,其实从未"退出"我们的生活,"鲁迅问题",每隔几年就要热门一次。十年之前,关于"老石头"、"老顽固"甚至"偏执狂"的骂声,我们还没有忘记;五年之前,关于内山完造、关于"卢布",上世纪30年代文化特工制造的流言又卷土重来,甚至关于八道湾羽太信子的蜚短流长,那些早已破产的老调,竟也一再地重弹。"鲁研"若出其里,"新发现"年年推陈,今天说鲁迅"那样冷淡那么谨慎",明天又来"鲁迅一生有多少个女人";一会儿考据鲁迅的"行政级别"属于"享副处",一会儿又把周家的菜谱,青菜豆腐、霉干百叶,几乎要做成博士的论文。至于孔乙己牌的茴香豆、百草园号的土特产等等,不是早已做成了驰名的商标,而且引出了周家后人的拍案吗——这就叫做一边骂鲁迅、一边又"吃"鲁迅,一边要鲁迅"退出"、一边又把鲁迅当成"永不退出"的时鲜。

鲁迅确实是个隽永的话题,这是因为一百个人的眼里,就有一百个鲁迅。比如总是说鲁迅是"匕首和投枪",其实鲁迅更是一把解剖刀。鲁迅从"解剖自己"入手,剖开了中国文化的深层,触及了我们每个人的"根性",一个阿Q,绵延几千年、复制千千万,一种"精神胜利法",那是翻出来我们族群的内囊和底牌哦。我们拿着鲁迅这面镜子,镜子里照见的是我们自己,几乎人人可以

"对号入座",我们再读鲁迅的文学,竟可以读出一身冷汗,才知道我们时至今日,仍然没有"走出未庄"啊。

所以,鲁迅还真不能"退出",这更因为,从文化这个深层来说,鲁迅并没有过时,鲁迅的时代并没有结束——鲁迅一生批判的"国民性",在我们身上,是大有好转呢,还是改造维艰甚至愈演愈烈?这是可以反思的。例如"看客"心理,例如"和尚摸得我摸不得",例如围观、窥私、猎奇、内斗、轻信、传谣、起哄、暴戾,乃至那一声同样"隽永"的国骂,从网络上下,到市井之间,甚至于到某些官场,你不觉得鲁迅先生恍然在世?《阿Q正传》正演绎《故事新编》,一切都那样具有"当下性"吗?所以,鲁迅非但不能"退出",而且时代仍在强烈地呼唤鲁迅。

很显然,本文说的,并不是一篇《风筝》要不要"退出"中小学教材——鲁迅的作品有点难读甚至有点晦涩,鲁迅的语言富有个性甚至偶或还有点"生造",小孩子是否读得进,那是一个教学规律问题,应由基础教育方面的专家来研究。但鲁迅能不能"退出"我们今天的生活,这把人性的"解剖刀"、这面现实的"镜子"应当不应当丢弃,却是另一个问题。

(2013.9)

## "土坯房"是门政治学

今天这个周末，再来说"土坯房"，似乎已经不"新鲜"了，上周曾经沸沸扬扬的"土坯房"新闻，根据"各领风骚三五天"的网络规律，恐怕也会迅速变为天上的白云，一飘就过去了——其实"土坯房"本来就不是"新闻"，卢氏县委县政府在几近危房且无厕所的土坯房里办公，业已56年！为什么到了今天，"土坯房"突然成了"新闻"？为什么现在要来个万口相传？因为"官衙"问题，成了当下一个大问题。君不闻同样一个县"衙门"，建一群办公楼，占农田竟达186亩，内有豪华办公室千间之多，规模早已超过白宫；君不见一个45人的县级管委会，竟要享用20377平方米的豪楼？君不知一幢办公楼内除了办公室里套着卧室、摆着雕花大床之外，竟还有麻将室、按摩房等等？"官衙搞得富丽堂皇"，总书记"看着很不舒服"，人民群众更是沸反盈天。所以56年的"土坯房"，拿到今天，竟然成了大新闻，那样具有当下针对性，那样具有现实批判力！

"土坯房"是个什么问题？舆论之间，赞其"艰苦朴素"，论其"克己后乐"，都对，都很有道理。但依我所见，"土坯房"倒真是一门"政治学"。卢氏县委书记说他坐在土坯房里办公，感到心里"很平衡"，这种"平衡感"，其实是一种执政伦理、政治道理、从政心理，这就是我们讲了千万遍的"公仆论"。政府是什么？是人民公仆，人民才是我们要供奉、要服务的主人。卢氏的"哲学"很简单，虽然新城区已经崛起，虽然三万农民已经进城住了楼房，"然而还有很多老百姓住在土坯房"，所以县委县政府不能"修衙"，还得呆在土坯房里，这样心里才"平衡"，才"舒服"。这种"平衡感"，就是认清了主仆关系，就是把自己"舒服"地放在了"公仆"应有的位置，一点也不错位，一点也不越位，所以他说我们住在土坯房里"既不高尚，也不窝囊"，不过是回到了人民公仆的本位，回到了共产党本应秉持的"政治学"而已——而这门"政治学"，正是我们很多名为"人民公仆"实际上已经成了"社会主人"的"县长"们早已忘记了的。

"土坯房"作为一门"政治学"，我看它还颇有一点反封建的批判色彩。"官衙"为什么"富丽堂皇"，有人说为了享乐，有人说大手大脚，其实它追求的是一种"官府"的"气派"，一种"做官"的"感觉"，为了要一分"威严"，为了要产生"震慑力"，为了要让人们对权力"望而生畏"，实质是多少年来把自己当成驾驭小民的"父母官"的那样一种深意识。于是高墙深院，老百姓不能进门，于是门前那条大道，要么"行人不得停留"，要么"社会车辆不得通行"，旧时官府门前"肃静"、"回避"那两块牌子，只不过没有再挂出来罢了。你说"看着不舒服"，他坐在里头，心里那十分"舒服"、十分"平衡"，不但"王气浩荡"，而且"官威深重"，这种"感觉"，就不只是一点"享乐主义"的肤浅啦，那是一种千百年来的"残余"呵——正是从这个意义上说来，卢氏县委县政府在土坯房里的那种"内心平衡"，真有了一点与"传统"、与"习惯势力"决裂的色彩。

还有一个不引人注意的细节，那便是卢氏"县衙"设在土坯房，有人担心影响招商引资，其实外商看了反而放心，说你知道轻重，所以我安心把钱投在卢氏。但卢氏县委也有一位负责干部说，县政府本来就是场边的裁判，不是场上的运动员，我们去招什么商引什么资呢？我看这句话，其实也颇有一点"现代政治学"的深义呵！

(2013.9)

## 真是"可惜了"?

丁书苗案的庭审,这周是开过了,但市井坊间,也有说"十分可惜"的。"可惜"什么呢?说她为刘志军当官,被骗了4900万,又说她靠刘志军赚钱,捞了20个亿,这些又有什么新鲜的呢?而关于风传了大半年,炒得一团火热的那个热点,所谓丁书苗给刘部长"安排"女星,尤其是把一个"新版《红楼梦》剧组"统统送给了刘志军去"临幸",起诉书竟一字不提,丁书苗也矢口否认,所以真是"可惜"了,可惜了一场好戏终于没有上演,可惜了庭审竟是这样"枯燥乏味"。

刘志军案事发东窗,舆论之间,最关注,最热心的,不是他贪贿的6500万,更不在于刘部长如何"墨墨黑",而恰恰集中在他的"临幸"之上,先是"整个剧组无一幸免",后来又来传杨幂,弄得这位女星,几乎要打官司以证清白,谁还知道刘志军的罪名究竟是什么,这个反角的典型意义和深刻教训又到底在哪里,说一场严肃的反腐斗争,竟化成了一个八卦、一条花边,似乎并不过分——其实刘案始发,因为有一个女人,所以一开头就引起过莫大的兴趣,但没过几天,丁书苗的照片出来了,大伙一看,知道没戏,才把焦点转移到她的"送女星"之上呵。

当然"可惜"了的,还不止一个丁书苗案。薄案的一审,大家是认可的,但仍然有呼"可惜"的——薄在公堂之上,不是"劲曝"谷王之间"如胶似漆"吗?连一双"皮鞋",都翻了出来呢,硬是把一顶"绿帽子"扯过来戴在自己头上,正如律师李庄所言,一场庄严的法律审判,几乎要被演成现代版的《金瓶梅》,却引出了人们同样的"莫大兴趣"。"可惜"判决书照例也是一字不提,法庭也不理这一茬,这是十分令人遗憾了——个"△",终于没有展开,一幕好剧，终于没有了"下文"，于是网络之上，观者之众，仍然不依不饶，"如胶似漆"究竟怎么回事？薄自称的"外遇"，又是什么人？而就在薄案一审落幕的当天，一位45岁的过时明星忽然"浓妆惊悚"地"复出"亮相，似乎她还有"轰轰烈烈的一段情"，于是关于女星，关于"那一段"的陈谷子烂芝麻，又在网上成了一大热点。

国人的喜"八卦"、好"花边"，兴趣所在，盎然浓烈，这是很有"特色"的。例如王李的婚变，历时一月，追踪咬紧，炒得天昏地暗，闹得一塌糊涂，成了炎炎夏日里"压倒一切"的新闻，连大V们乃至"大谣"们都相形失色、深感失落，"怎么没人来关心一下我们"？又如所谓章汪的"新恋"，以及前时"那段情"的"告别"，也是奇闻迭出、若出其里，弄得小章同学只好晒出"不在现场"的照片，证明绝无此事——对于明星的婚恋，甚至于他们的"出墙"，"兴趣盎然"也就罢了，否则饭后茶余怎么打发？然而对于反腐败的"打老虎"，对于"庄严的法律审判"，我们的"兴趣"仍在于"八卦"，这就不竟令人叹息了。

但是话也要说回来，现在腐败里头，确实更有"腐化"在，"凡贪多色"，甚至"十贪九色"，几乎成为一个定律，除了"情妇"、"二奶"和"变相纳妾"之外，贪官们还流行权色交易，于是一个"性贿赂"，就成了公众呼吁"入罪"的热点——从这个意义上说，单单批评国人的"兴趣"还是不够的，确实要研究"中国式腐败"的特点和规律才行，否则才是最大的"可惜"呢！

(2013.9)

## 解剖一只"麻雀"

这真是一只"麻雀",一只活蹦乱跳的"麻雀"——某省副检察长文某携以下官员共6人,因"违反规定参加由私企老板支付费用的奢靡娱乐活动",于上周末被撸掉了乌纱帽。这6名官员,先是群集私企"内部食堂"吃喝一把,又"分乘两辆公车"到"商务娱乐会所"放歌,纵情娱乐了半夜,更不要说还有"歌厅小姐"陪唱呢。于是最高检和省委拍案,"发现一起,查处一起"。

说这只"麻雀"活蹦乱跳,是说此事不是发生在其他时候,就在反对"四风"风紧云重的当下,就在群众路线教实活动的眼皮底下,所以叫做"顶风作案"。今年年初,整肃四风伊始,人们担心的是"一阵风",说"风头"之上,那些奢靡之举,会偃息一阵,暂避一时,到了风儿过去,再伸出脑袋来,甚至反弹愈烈。现在一看,恐怕不对了:有些官员,长此以往,奢靡成习,习惯了,改也难,要他管住自己的一张嘴两条腿,哪怕一时一事,也十分难受,迫不及待地要"撑顶风船"呢——君不见反对公款吃喝,于是移师"私人会所",拉上窗帘也要喝;君不闻小小一盒月饼,因为公款不好团购了,于是发票之上,变成了"办公用品"。总之一时也难暂避,一阵子也忍不住,于是就有了岂止一处的"顶风作案"。我们千万不要低估了"四风"的顽固性,也千万不要把希望全寄托在"风头"之上,还是要靠制度、靠改革、靠"笼子",才能防止过去有过的那种往复震荡。

这只"麻雀"的典型性还有一条,那便是6名官员,胡吃海喝也好,奢靡娱乐也罢,是谁付的钱,是谁埋的单?原来是一个"老板"。这在于某些官员,几乎已成一条通则、一个不变的模式。他们酒足之后,于茫茫夜色之中,公车简从,或歌厅舞池,或三温暖中,潇洒放纵,甚至声色犬马,身边往往带一只

"皮夹子",那就是一个"老板",为他们"安排",替他们付账。"由私企老板支付费用",是这起"奢靡娱乐活动"中最"奢靡"之处,是值得引起严肃警觉的一个老问题、新动向。

官商之间,不是不可以"交朋友",但必须是君子之交淡如水,决不可勾肩搭背,决不可小人言利,更不可权钱交易。像官员享乐、老板出钱那样的事,早已不是一点过从甚密,实质上就是一种变相的贿赂。有的"老板"说,不怕官员不好接近,就怕官员没有爱好,就是看中了某些官员"爱好广泛",俗如桑拿、K房,"雅"如古玩、名表等等,投其所好,一一拿下。这究竟是"老板"把官员"拉下了水",还是官员在敲老板的竹杠?总之是官商你中有我,权钱互通有无。

"麻雀"虽小,五脏俱全,具有典型性,所以不要轻轻放过;"麻雀"又非独此一家,还具有某种普遍性,所以要举一反三。文副检察长已经下野,但这只"麻雀",仍需好好解剖。

(2013.9)

## 有话放到桌面上讲

"有话要放到桌面上来讲",不是一般地说"君子坦荡荡,有话当面讲"的做人风格,甚至也不是单单讲"襟怀坦白、表里如一"的从政作风,而是突出地强调要重新拿起、大胆使用、坚持用好批评与自我批评这个有力武器。这是当前开展好群众路线教育实践活动的一个核心举措,也是促进党风政风好转,尤其是解决领导班子风气问题的不二法门。

对于批评与自我批评,本来我们并不陌生。这是我们党一个最深厚的优良传统,是党最具活力的"生命要素"。批评与自我批评,是共产党的独特作风,是我们党区别于其他政党的显著标志,是马克思主义政党党内政治生活的一个突出的基本原则。这个原则是由党的性质决定的,是与生俱来的。这是因为党代表最广大人民的根本利益,没有任何自己的私利,因此从不惧怕批评与自我批评,敢于公开承认、修正自己的缺点和错误。所以说,批评与自我批评是宗旨的体现,是党性的保证。

那么,为什么我们现在又要来强调批评与自我批评呢?因为这个"祖传法宝",这个防身治病的武器,被不少同志丢掉了。一方面,从总体上看,党内生活是正常的、健康的;另一方面,党内生活庸俗化、同志关系功利化的问题也大量存在。有的同志不愿批评、不敢批评,"好人主义"和自由主义盛行;有的同志奉行"明哲保身"、不得罪人的处世哲学,"只栽花,不栽刺";有的同志在重大是非面前不开口、遇到矛盾绕开走,"滑头"得很、"圆熟"得很,等等。在不少班子中,批评与自我批评十分"难",自我批评怕丢面子,批评上级怕穿小鞋,批评同志怕伤和气,批评下级怕丢选票。即便是在群众路线教育实践活动中的民主生活会上,有的地方、有的单位还在搞"变味走调",

用"擦把脸"代替"洗洗澡",用"哈哈镜"来"照镜子",批评如鸡毛掸子打屁股不痛不痒,自我批评成了自我表扬、自我摆功,相互批评成了互相吹捧、"增进感情",甚至对上级放"礼炮",对同级放"哑炮",对自己放"空炮",最后是"你好、我好、大家都好",把"一团和气"当成了"团结",把庸俗作风当成了班子之间的"黏合剂"。正是从党内政治生活的这个实际出发,强调"有话放到桌面上讲",重新拿起批评与自我批评的锐利武器,是多么具有现实针对性!

"有话放到桌面上讲",首先要有一颗公心。我们说,批评与自我批评是揭伤疤、戳痛处,要有一点勇气,但现在为什么普遍"不敢"?他也不是没有意见、没有看法,但是顾虑重重、不敢担当。什么顾虑呢?为人情所困、为关系所累,甚至为利益所惑,心有小算盘,时时"留后路"。这里固然有从消极方面汲取过去党内生活有过的"经验教训"的因素,但更是一己的私心杂念作怪。无私才能无畏,无欲才能刚强,心底无私才能天地宽。只要我们把党的原则、把人民的利益放在第一位,就自有公道、自有是非,就不要怕"得罪人",也不必担心"穿小鞋"。当然,讲公心还有一条,那就是批评也要"天下为公",切忌从个人恩怨、一己得失、利害关系和远近亲疏来看事待人,来决定臧否。

"有话放到桌面上讲",还要坚持实事求是,讲科学、据事实、有质量。批评要防止主观武断,说话要有证据。主观主义的批评,不要证据的乱放炮,往往酿成无原则纠纷,损害党内的正常生活。批评与自我批评,要用事实说话,既不夸大也不缩小,不纠缠细枝末节,也不放过原则问题,不能戴着"有色眼镜",不能颠倒黑白、混淆是非,更不能抓辫子、扣帽子、打棍子。批评不是拍桌子、吹胡子瞪眼,还是要与人为善、真心诚意,才能设身处地、推心置腹,才能精诚所至,使人脸上"火辣辣",心里却"热乎乎"。同时,对于听取批评的同志,尤其是被批评的领导同志来说,要懂得任何批评都不可能百分之百地完全正确,不能过分地苛求批评、苛责批评者,要宽容大度听得进别人的批评。哪怕只有一成正确也要从善如流、举一反三,不能挑剔批评的语气和态度,更不允许对敢于批评的同志"走着瞧"、秋后算账,给人家下"套子"、穿"小鞋"。现在批评与自我批评难,主要是不能正确对待批评。在这一点上,领导干部尤其是"一把手",要讲民主、讲党性,要有胸怀、有"雅量",闻过则喜以身作则,旗帜鲜明支持批评,使庸俗风气得以扫除,使党内政治生活得以健全、健康。

(2013.9)

## 怎样的"快感"

这条"奇闻",今天再来重弹,当然早已不再新鲜——一个北漂小伙子,为了办一张因私护照那样的"简易小事",竟在北京和河北武邑之间奔波六次,跑了三千多公里。武邑县公安局的"工作人员",令小伙子多办5张完全不须要的"证明",也使他饱尝了怒目横眉的傲慢蛮横。

因为央视的曝光,当地的市委书记们,24小时内赶到武邑,硬是处理了涉事的和分管的"有关官员",按说此事已经了结,为什么还要重提一下呢?

因为这类事件,远不止武邑一例。为了办一份助学贷款,一位贫困大学生四处求告,盖了26个公章,还没拿到一文钱;为了办一个准生证,一户老农跑了11个衙门,盖了34个官印,结果还是不行,这样的事,人们早已见怪不怪。就在武邑事曝的第二天,也是这个央视,不是就又披露了丰县一名百姓,为了办个执照,在行政服务中心和工商局之间往返11次的"新闻"么?所以也不算什么特立独行的"奇事"啦。

真正"奇"的是,武邑县公安局的那几个"工作人员",为什么要如此刁难办事的百姓——我们总是说,"踢皮球"也好,"推出门"也罢,多是一种"钓鱼执法",是一种"权力寻租"的手法,无非是要你"孝敬",无非是要你贿赂他。这种变相的索贿,当然常见,所以说腐败是官僚主义的"底牌"。但在武邑县的这个案例中,几个"小吏"并没有拿过当事人一文钱,也没有或明或暗地示意别人"进贡"啊——他为什么要这样的"刁难"?

已经有有识之士说穿,这是一种权力的"快感",一种"一朝权在手,便把令来行"的"感觉"——你看武邑公安局那几个"两袖清风"、一文也不拿的小吏,看到北漂小伙子在三千公里的远路上颠沛奔波、长途跋涉,心里怎么能不

"痛快",目睹他的愁眉苦脸和心急如焚,内心怎么能不"受用"?我一句"不行",你就得跑六趟,我一个板脸,你就得心惊肉跳,这是什么?这就是权力的"快感",这就是"男人的春药",内心多么舒畅,多么地"痛快"!这就是做官的"味道",这就是一顶大盖帽的威风呵!

官僚主义不完全是为了"钓鱼",官僚主义还是一种恶劣的"文化"。中国两千多年的官僚政治,形成了一种当官的"感觉"。推诿塞责,被称为"圆熟",关门摇头,被看作"持重",尤其是对老百姓的总是"不行",更被看成权力的象征,也被化为做官的感觉。刁难、戏弄甚至玩弄百姓,是从"父母官"的"定位"与生俱来,是从"主人"的"身份"派生出来的。小吏们在官僚体制内部,对上奉迎拍马、卑躬屈膝,见了小民百姓,便"门难进、脸难看、事难办",又来寻找"快感"、享受"感觉",这就是一顶乌纱的两面性。所以几个出入境的小官,顺理成章地在"窗口"里面,玩百姓于手掌之中,那是多么地"舒坦",多么"爽"呵!

这几天还曝出一条新闻,一位96岁的老人,常年卧床,不能行动,他要改个银行卡的密码,但"必须本人到场",银行不予通融。于是120出动,5个急救医生,抬着担架,举着吊瓶,硬是把他抬到了银行大厅——我不知在现场的银行"工作人员"目睹这一幕,内心是升腾起"这是我们的制度"的庄严感呢,还是再一次地油然而感觉到"'不行'这两个字,真爽"!

(2013.10)

## 又是一个"一号文件"

又是一个"一号文件",而这个庄严的"红头文件",无关发展宏旨,也不谈民生大计,竟是一道关于卖烟的"政令"——湖北省公安县下达《2013年烟草工作考核办法》,明确提出全县销售卷烟必须达到25100箱,共要卖掉6275万包,公安县只有105万人口啊,于是男女老少,包括怀抱里的婴儿,每人每年要抽掉60包香烟才行!"红头文件"切切此令,层层摊派卷烟销售,财政出钱设立"奖金",县镇村干部全变成了"推销员",为了是"落实文件",为的是"令行禁止"。

其实这样的"红头文件",并不只是公安一县才有,某市的"自产烟"卖不出去,地方烟厂陷入窘境,于是市政府下达"红头文件",各局各区各市企"公务用烟"一律不准买进外地烟,只准抽本地产烟;某县的白酒销路不畅,酒厂向县委告急,于是"婆婆"也是下达"红头文件",规定县属机关本县干部包括教师等等,每人要买多少瓶,以"保护民族工业"……就是这个公安县,卖烟的"一号文件",也不是第一次啦,早在四年之前,他就下达过"公务用烟"的"任务",还用"查烟头"的办法来检查落实,早经媒体曝光,但仍旧习不改,这次又下了"红头文件"。

此类的"红头文件",当然并不仅限于区区一支香烟。那年国庆之后,某县的群众,到政府机关办事,可是跑了几个局,均只有一人留守。公务员们到哪里去了呢?原来都到县内新建的"古城"游玩去了——这座"古城",建好后没人去,形影相吊,不见人气,于是为了"扶助旅游开发",县委县政府联署下达"红头文件",要求本县干部职工去古城游玩,每人费用150元,均由各单位报销,所以才有了这一出出"空城计"。至于某地番茄大丰收,可是市场滞销，卖不出去，于是也是县委县政府下发"红头文件"，指令下属干部职工每人须买100斤番茄，以"救急"，以"托市"，等等，就更是司空见惯了。

"红头文件"的再三"下错"，并没有多少"猫腻"在，那全是一片好心，一腔"拳拳之心"，为的是"发展经济"，为的是"繁荣市场"，为的是"保护企业"，所以来"托"去"救"。只是"婆婆"当惯了，"奶妈"也当久了，所以习惯了，顺手就下个"红头文件"。我们的书记、县长们，忘记了政府在"市场"里究竟是什么角色？是规则的制定者，是球场边的"黑衣人"，而绝不是来自下场踢球射门的前锋、后卫、守门员呵！政府既不能下手"封杀市场"，同样也不能"下水"去"托"一企一商，这是更不能"下海"去推销叫卖，这正是现代市场经济乃至政治的一条定则呢。近年以来，我们常听说这样的"佳话"，某地大白菜大丰收，于是县长带队，到处去推销，某地萝卜卖不掉，于是县长"当街摆摊"、叫卖萝卜，这样的新闻，值得高捧还是应当叹息，舆论之间，早已众说纷纭，至于一家公司上市、发股票，市长大人去站台，用公权力的信誉去"力挺"一家企业的信用，这屡见不鲜的事儿，本也值得辨析。到了用"红头文件"来卖烟，大概就是把事情推向了极致，也把政府定位这个大问题，再次地放在了公众面前。

再过一个礼拜，就要开三中全会。我们即将开始的新一轮全面深化改革，据说一个重要主题是厘清政府、市场与企业的关系，尤其是划清权力的边界。在这个时刻，再来读一遍公安县的那个"一号文件"，应当不是无的放矢吧！

(2013.10)

## "大文章"与"小算盘"

政府改革是篇"大文章",地方政府不能打"小算盘",不要搞"小九九",李克强总理近日的这个告诫,说的是简政放权,却道出了一个大道理——在改革的"大文章"面前,我们都不要"打小算盘"。

厘清政府、市场、企业的关系,尤其是划清权力的边界,恐怕是新一轮改革的一个主题吧!于是我们说,市场能决定的,要由市场去决定,企业应自主的,要由企业自己拍板,社会能承担的,要充分发挥社会的力量,"这是我们的一条原则"。这条原则,核心是一个"放"字,放的是什么?又正是一个"权"字,于是就引出了"小算盘"与"小九九"的问题。

"小算盘"就是对于某些既得利益的"不舍"。我们说,过于集中的权力,往往会成为寻租的根源,成为腐败的温床。这是不错的,你看那个刘铁男,借着手中的"一支笔"、一言九鼎的"审批权",敛聚了多少"黑金"?就是这几天揭露的廖少华案,为了一个电厂的立项,廖的下属洪州长,还向刘铁男刘局长送了百万贿金呢。至于某部委那位小小的处长陈住兵,搞一点"审批中介",还捞进了4200万!所以你要他"放权",要交出或分解那支"笔",岂止是动了一点"奶酪"而已,那真是要了他的命,动了他的"根本",所以说"触动利益比触及灵魂更难",难就难在这里。

"小九九"则是对于某些"衙门作派"的留恋。并不是所有的"权力"都用来寻租,不少的官员还是清白的,不收你一文钱,甚至不沾你一口酒,但是老路子走惯了,"朝南坐"习惯了,"管、卡、压"成了刚性的思维定势和行为定式,一句"不行"成了口头禅与"第一反应",甚至还有从中找到"做官"的"过瘾",尽享权力的"乐趣"的。你要他"放权",那多年来端着的"架子"怎么放下来,你要他把"生杀大权"还给市场、企业和社会,他还有什么"感觉",又怎么"习惯"呢?所以心里很不舒服,甚至一肚子的牢骚,情绪上还很"激愤"呢!

十八届三中全会就在眼前。我们说,新一轮即将启动的全面深化改革,是"啃硬骨头",是"涉险滩","硬"就硬在"不但要冲破思想观念的阻碍,更要打破利益固化的藩篱","险"就险在"这是一个很大的挑战"。改革必然要引起盘根错节的利益格局的深刻调整,一方面,我们要义无反顾,勇于过利益固化这个深水区,敢于闯某些既得利益的雷区;另一方面,我们每个人,尤其是"手中有权"的人们,面对新一轮改革,要以一颗公心,把"国家利益的最大化和人民利益的具体化"放在首位,甘于承受利益调整的"阵痛"甚至承受权力变动的"割腕"之痛,在"大文章"面前,不打"小算盘",丢掉"小九九",以改革的精神对待自己,以改革的气度对待手中权力和既得利益。总之,我们要做改革的投身者、促进派,尤其是在改革改到自己头上、自己的"地盘"里的时候,不要做好龙的叶公,更不要做改革的对立面!新一轮改革即将到来,我们要有主动的思想准备,要交出合格的答卷哦。

(2013.10)

## "埋单"问题

沸扬的网上报端，照例又有"官闻"曝光，这里头既有官员的"作风问题"，竟更有谁来为他的"不端"埋单的问题——这就不是区区"私德"的事儿了，恐怕有了更大的"问题"。

"埋单"问题，先是一只小"麻雀"——湛江市国资委副主任冯欣，老是带女下属去宾馆"开房"。冯副主任在金海宾馆开了几年的房，每月要二三次，总是先放一笔押金，扣完后再续。这钱是谁放的呢？一家企业，"所有开房费用全部由企业报销"，就是说，冯副主任的"风化"，他不掏一文钱，都由企业埋单。

冯欣当然只是一个"小巫"啦，而近日受审的铁道部运输局张曙光张局长，就算得是只"老虎"了——张局长看中了一位女高音，"喜欢得不得了"，但是"包二奶"、"养情人"，他也不掏一文钱。"女高音"要换车，张局长跟"老板""说了一下"，于是"老板"给了"女高音"30万；"女高音"逛街看中了一块名表，于是张局长"打了个电话"，"老板"又赶紧捧了50万大洋过来；至于"女高音"说一点清淡工资不够用，张局长又"安排"她当了"老板"的"形象大使"，拿三四十万，"无需做任何事"……这就是说，张曙光"喜欢女人"，却不掏自己的腰包，他养个"情人"，"全由企业埋单"。

其实这个"埋单问题"，并不是孤立罕见。在一些地方，官员胡吃海喝，甚至声色犬马，身边总要带个"皮夹子"，就是一位商人、一个"企业家"，不但给他安排"一条龙"，而且"全由企业埋单"，至于他的衣食住行，乃至人情往来，更是自有"市场"埋单，不必掏一文钱，所以才有了"工资基本不用"的常事。昆明铁路局长闻清民"包二奶"，与情妇钟华谈定了价格，而这1500万的包养费,则由"企业"出,分三次交付钟华;汕头市委原书记黄志光,儿子买房,由"企业"出钱,这算平淡无奇,最要命的是黄书记"信佛",他要烧"头香"、撞钟,钱由"企业"出,他要向寺庙捐100万,结果这100万,也是"企业"埋单,黄书记的大名,却刻在了佛石之上,算是他的积德。这样一来,从"养情人"到"捐功德",从"感情"到"信仰",统统由商人"埋单",自己不掏一文钱。

"埋单问题"是个什么问题?我们总是说,官商之间,不要"勾肩搭背",现在有的官员和商人,却成了"拜把兄弟",岂但是"过往甚密",而且成了"利益共同体",商人为官员"埋单",甚至"全包",在有些地方,已经见怪不怪。其实"企业家"不是"活雷锋",在商言商,他的每一次"埋单",每掏一文钱,都是有"道理"的,看中的无非是官员手里那一点权罢了——比如文首两例,冯副主任"开房",为什么"企业"甘于"全部报销"?因为他是国资委副主任,分管的又是"企业国有资产监管",你能不"埋单"?至于为张曙光张局长"埋单"的那位"企业家"杨建宇,坦言之所以给"女高音"埋那么多单,就是"希望在篮箭列车项目中获得张曙光的帮助,也想通过张获得铁路系统更多订单",所以愿"埋单"、肯"出血"……

可见"埋单问题",只是个表象,问题的实质,是那"一支笔"、一个"批文"甚至"一个电话",是过于集中而缺少制约的权力呢——而这,不正是我们的改革所要解决的大"问题"么?

(2013.10)

"戏说"背后的迷雾

# 从"民国铁路"说起

为什么要从"民国铁路"说起呢？因为 80 年前那一段"民国铁路"，忽然引出了今天网络之上的疯传——说那时的火车多快呀，那时的京沪铁路，全程"仅需"8 小时！这还了得，今天的京沪铁路，动车还需 12 小时，就连高铁仍要 5 小时呢！于是网上网下，一片质疑，"修高铁有何用"之外，当然要诛伐铁道部的不作为，更要惊叹共和国的"今不如昔"——尽管早有有识之士指出，那时的"京"指的并非今日之北京，而是彼时的首都南京，"京沪"相距不是今天的 1300 公里，而只有区区 300 公里，当然只要"8 小时"啦，但是有谁来理睬这明摆着的凿凿事实和浅显的常识呢？自甬温动车事故以来，这段关于"民国铁路"的神话，至今也没有偃息。

关于"民国"的神话，为什么如此吸引人——尽管"民国"的文盲率，时居世界前三，但一册"民国课本"，照样被捧上了天，同样的，尽管"民国"连一颗道钉都打不出来，但"民国铁路"却照样被传成了神话。有人说，这是因为人们在现实中有不满与困惑，所以容易投射到"想象的过去"；也有人说，因为过去历史教育的"刻板化"与"脸谱化"，所以催生逆反心理，人们容易接受一些"新鲜刺激"的说法，哪怕它多么荒诞不经。

然而有些"说法"，"刺激"是刺激矣，果其是那样"新鲜"么？比如也是"民国"，1946 年的 12 月 24 日晚，美军士兵皮尔逊强奸了北大女生沈崇，从而在全国爆发了抗议运动。"沈崇案"过去一个甲子了，今天却有人说沈崇本是共产党"派遣"，目的是激起风潮，于是又是流言滚滚、不胫而走。其实"倒钩说"并非"新鲜"的"发现"，只要翻一翻 1946 年底的国民党小报，就知道这本是当年一个叫做"情报网"的蒋特机关杜撰的谣言，欲借此事泼污延安而已，连一般的特务组织都觉得这说法"过于离奇，不容易被人相信"。可见关于"民国"的"说法"，并不都那么"新鲜"，有的甚至只是抄袭当年的谣言，叫做沉渣泛起吧！

当然也有"新鲜货"，由今人创作的——比如过去，我们有过片面偏颇，一概否定"正面战场"，现在呢？又走到另一个极端，似乎只是国民党一家在抗战，共产党在抗日民族统一战线中的作用和敌后武装抗战的业绩，又一字不提了，更有甚者，说毛泽东在延安提出过"九分发展、一分抗日"的"方针"，而且如临其境、栩栩如生，说毛泽东站在窑洞前，挥舞着双臂，亲口说下了这八个字。历史学家说，闻所未闻呀，于是寻根溯源，找到始作俑者，一问，才知道"那是一种创作性的想象"啊，可见也是"民国"之事，但只是空穴来风而已。

关于"民国"，还有移花接木、张冠李戴的呢！比如写一代巨逆陈公博之死，浓墨重彩他的潇洒，说他朗笑而赴刑场，缓步找了棵"铁骨铮铮"的菩提，从容整齐，盘腿而坐，高声而曰"此处甚好"，然后慷慨饮弹。如此地生死置外，这样的视死如归，几乎叫人怀疑那"卖身事敌"的帽子了。但真相如何呢？陈逆之死，哪有这般漂亮，这段临刑前的"悠然大度"，包括"此处甚好"的笑归之声，却完完全全是瞿秋白烈士在刑场上的表现，结果拿来硬安在汉奸头上，叫做指鹿为马。

"民国"也不是漆黑一团，每个时代应该都有他的亮点，但从总体上而言，"民国"真是个"令人神往"的"好东西"吗？恐怕值得怀疑哦——这个怀疑，当然不只限于对待一个"民国"、一段铁路。

(2013.10)

## 特别要强调一个"严"字

为什么我们今天要来强调一个"严"字？因为一个"严"字，是"党管干部"的基本要求。从严管干部，从严带队伍，这个"严"字，是我们党的性质所决定的。党不是一般的社会团体，更不是同路人的俱乐部，党是工人阶级的先锋队，是一支肩负特殊使命的战斗队。马克思主义政党是一个攥紧的拳头，不是一盘散沙，必须有铁的纪律、硬的约束、严的管理，才能实现自己的宗旨，才能战胜强敌，克服重重困难。

有的同志认为，在残酷的战争环境下，我们要"严"，因为不严，就会兵败山倒，就会要性命；现在和平年代了，没有了生死之虞，就不必那么严了吧！事实正好相反，在改革开放和市场经济条件下，我们面对的形势更为复杂严峻，面前的诱惑更加光怪陆离，尤其是执政久矣，一个"懒"字，一个"软"字，特别是一个"散"字，会成为风气，流为官习。从这个意义上说，"严"，不是个方法问题，而是关系到我们能否成功走出"其兴也勃、其亡也忽"的历史周期律，从根本上防止酿成"政怠宦成"历史悲剧的政治问题。

我们今天强调一个"严"字，还因为当前的现实急迫地呼唤这个"严"字。我们治党管党不是过严了，而是偏于"松"，"失之于宽、失之于软"的现象，已经有了普遍性，"好人主义"盛行，"一团和气"流行，确实到了必须下决心整治的时候。比如在制度问题上"失之于宽"，不少制度只讲应该如何，不讲不允许如何，看上去像篇纸上的社论；不少制度只讲"原则上"，只讲"一般"怎样，留下许多空间，可以时时变通、事事例外，执行起来就像一根有弹性的"橡皮筋"；不少制度只有"提倡"，没有问责，没有一点可追究性，成了吓不死人的"稻草人"和"纸老虎"。又比如在制度面前"失之于软"，有的规矩明明很清楚、很具体，但是对于违纪的人和事，往往要讲"人情"，讲"网开一面"，讲"教育为主"，结果违犯了也不处罚，叫做"放一条生路"。于是形成"破窗效应"，第一个打破窗的人可以不严加处罚，接下来人人都去丢石头，最终把一扇窗彻底打破砸碎。所以重新强调一个"严"字，下决心治"宽"治"软"治"松"，有着十分现实的针对性和当下意义。

强调一个"严"字，第一条是一把手要严于律己。铁的纪律、硬的约束、严的管理，就看领导干部尤其是一把手能不能严格遵守。一把手的第一责任是严管队伍、管好队伍，第一前提是严管自己、管好自己。习近平同志最近深刻指出，"凡事都是这样，上行下效，上率下行，上有所好、下必甚焉，上有所恶、下必不为，上面松一寸、下面松一尺"，己不正，焉能正人？在我们现在的体制现状下，一把手自己不严管自己，别人很难管一把手，而你自己都管不住自己，怎管别人，也不敢去严管别人。有的领导干部，为什么在执行制度、执行纪律上过宽过软？为什么不敢唱"红脸"，不敢与不正之风翻脸、反目、亮剑？因为自己的屁股也不干净嘛！有的同志，他在台上说人，人在台下说他；有的同志，自己也不守规矩，也管不好配偶、子女和"身边人"，说话就没有底气，批评就不敢"红脸"，就不敢严管干部，管了人家也不服！所以首先是要对自己"严"，才能对别人、对下属严，才能严得起来、严而有"格"、严而有效，一支队伍才能带出来、带得动、带得好。

也有这样一种情况，有的"一把手"对自己倒是很严，但是洁身自好而不管班子、不管队伍，两袖清风却缺少一身正气。领导干部自身像个"不粘锅"，队伍管理却很松散，还不能算是合格的领导。一个不敢严抓班子、严管队伍的"一把手"，是不敢碰硬、没有担当的。当前的上海，尤其需要敢严管的干部。对于那些"敢抓敢管"的干部，要更加关心、更加支持，要"力挺"。有些同志因为执行制度"半步不让"，因为与歪风邪气"反目成仇"，因为严格管理"缺少人情味"，所以可能推荐考评得票不高。我们不能简单地以票取人，这是一个正确的用人导向的问题，是转变目前存在于、流行于一些干部中的风气、习气的大问题。

对于我们的同志来说，也不应考虑太多，以至于顾虑重重。一是应担当的还是要敢于担肩胛，在民主集中制的基础上，领导干部就是要敢于拍板、敢于下决心，在看准了的基础上，我们就是要大胆闯、大胆干。二是该碰硬的还是要做"恶人"，"严"字当头，不可能不得罪人，甚至要动利益、敲"饭碗"，我们不要负担过重、后顾无穷，还是要讲"立党为公"，出于一颗公心，君子坦荡荡，无私就无畏，"口碑"也好，"选票"也罢，是非自有公论，群众自会满意。只有这样，一个"严"字才能在党内、在干部队伍中重塑起来，并真正蔚成风气！

（2013.10）

## 还是晒出来更好

中铁建的"招待费",一年巨达8个亿,这比上一年还降了三成呢!这件事在网上引出了沸反盈天,当然是有道理的——你一个国企,"全民所有制",请的是"公务",用的是公款,国人公众,自然要监督、要呛声。现在这件吃出来的事儿,已经受到了处理,通报批评,纪律处分,加上移送司法,昨天的"下文",中铁建还拿出了整改措施呢!

这个整改措施,有的却不那么靠谱,比如吃还可以吃,但每张发票单笔金额不能超过5000元,然而谁都知道,一顿豪宴,开成几张发票,每张也不"超过5000元",酒家早有惯例,自会"配合",而不少单位,也早已惯常,叫做"分而治之"。又如"桑拿洗浴发票不能再报销",这也不是什么新招,现在的"一条龙",不都是开的"餐费"甚至"会务费"么,谁会将声色场所的"项目"标在发票上呢?

但平心而论,中铁建的整改,有一条是有点新意的,那便是今后请吃,"请谁吃"要写清楚,谁端了酒杯,谁动了筷子,张三李四,有名有姓,要明明白白。这一条有点"击中要害"的意思了——请者再也不能以"业务招待"四个字一笔蔽之,吃者再也不能把嘴一抹就不见了首尾,而要留下尊姓大名了,叫做吃不改姓、喝不隐名,吃喝也要实名制。不管怎么说,这对于吃者的"心情",总有一点"影响",有一点"顾忌",而对于买单花公款的一方,总也是一种"限制"、一点"麻烦"吧!

但是舆论之间,也有些许疑问的,说是"请谁吃",虽是"实名制",但仅仅写在"每张发票的背后",锁在会计的铁柜里,藏在密封的箱子中,秘不宣人,又有多大用场呢?弄得不好,名是留了,但仍然胡吃海喝,胆子依然大得很呢!

　　这就令我想起了数年前西南山里的一件小事来——天府之国有个白庙乡,一年下来,乡政府的"招待费"竟然占了总支出的96%,各路神仙来吃,上级同行来喝,连一个"财务预算公开民主议事会观摩团"竟也要摆三桌。白庙乡吃不消了,结果搞一个"裸政",把一年的"酒肉账"包括"请谁吃",明明白白,有名有姓,全部晒到网上。白庙乡的"晒账本",起之无意,竟晒出了个大变化——第二个月的"招待费",就降到596元,是上一月的十分之一!因为要公开,所以上面的领导"不好意思"来吃了,左右的同僚也"不敢"上席了,一个"区委年终检查组"赶紧退出了酒肉钱,另一个"特困户慰问组"赶紧退回了带走的礼品。白庙小乡小小一个"晒"字,竟"无意"中化解了困扰多年的大难题!

　　虽然网友已经在追问,中铁建的8个亿究竟"招待"了谁?谁的一张大嘴,这样去吃上市公司的国有资产?但我并没有要老大国企屈尊来学一个山里小乡的意思,只是觉得"请谁吃"的尊姓大名,与其锁在铁柜里,不如晒到太阳下。公款吃喝,我们治理多年,"四菜一汤"的提倡甚至加上严刑峻法,似乎也没有遏制住汹汹公吃,那么能否从白庙小乡得到启发,试一试把酒肉账"公开"一下呢?效果可能要比仅仅写在"发票背后"好。这也算一条"新路"——"这条新路,就是民主,人人起来监督",不但"政府才不敢懈怠",而且恐怕也不敢胡吃海喝,才不至于"几十个红头文件管不住一张嘴"!

　　这条"新路",当然不仅限于一个公款吃喝的"实名制"。

(2013.10)

## 又是一只"麻雀"

近日官场之上,又飞出一只"麻雀",一条"一套房换一个副厅级"的奇闻,引出了网上报端沸反盈天——茂名市市长助理雷挺,在该市建设局长任上,为了要企及"一步之遥"的"副厅级",化了511577元,买了一套商品房,送给了市委书记罗荫国。雷挺果然当上了时任市长的罗荫国的"助理",果然戴上了"副厅级"的乌纱。

说这是一只"麻雀",是说它其实并非"奇闻",麻雀虽小,五脏俱全,而且天下鸟儿,大同小异,具有它的某些"普遍性"——雷局长为什么要送房子,因为要升官,升官为什么要送房子,因为罗荫国是"一把手",乌纱帽掌握在他的手里,升不升,全凭他"一张嘴",提不提,在于他"一支笔"。不是说干部要组织部门考察、推荐吗,不是说提任要"一班子"民主决策吗,可惜得很,在不少的地方,恐怕只是一种"摆设",真正拍板的,还在于"一把手",所以雷挺认准了这个道理,要给"一把手"送房。

也许孤证不明,一只"麻雀"还不能"俱全",那么再看一下三个月前判决的两起案子吧——甘肃华亭县委书记任增禄,收贿911万,另有411万巨额财产"来源不明",而长长的起诉书中,竟有华亭县129名官员向任书记行贿,几乎覆盖了县委、县政府和各乡镇机关;安徽省萧县县委书记毋保良,收贿109起,共2000余万,也是长长的起诉书,涉及66名萧县官员向他行贿,又覆盖了该县所有乡镇和县直机关,竟还包括县四套班子的成员。官员为什么集体行贿?因为"其中七成与调动升迁有关";为什么要向"县委书记"行贿?因为他是"一把手"呀,升职调迁在他手掌之中,所以,"把赌注下在一把手身上",胜算竟有九成,所以百官进贡,集体买官——这几只"麻雀",解剖一下，其意义远不在于那些买官者的心机不端，而恰恰在于我们某些地方、某些机制中，权力过于集中近乎无限又缺少制约没有监督，"一把手"变成了"一言堂"，更何论"把权力关进制度的笼子"呢？这就是"一套房"真的"换了一个副厅级"的原因，这就是上百官员集体行贿的根源。

　　"一套房换了一个副厅级"，其实还有一层"意义"。也有网友惊呼，说这买官，"成本"也够大的呵！但是雷挺们为什么仍然要送房？因为这可是"一本万利"的生意哦，比起一旦套上乌纱将会带来的"赢利"，这区区"一套房"的成本又算得什么？所以有的地方，买官有明码标价，县级多少万，厅级又值几何，听上去是"天价"，其实只是小本钱，而在不少买官者那里，这点"小本钱"都不是出自己的血，那或是有商人代付，或者根本就是敛聚的不义之财——你看这个雷挺，他的16年刑期中，既有向罗书记行贿的黑金，更有他自己利用局长的权力受贿的巨款，一出一进，还有巨额"盈利"呢？就说他送给罗书记的那套房，为什么只要区区51万，原来是"只有本局职工及直系亲属才能购买的低价房"，均价只有1900元，竟写上了与建设局没有一毛钱关系的罗荫国老母的名字，作为贡品献了上去。可见就连行贿，用的也是局长的"权力"，买的也是特权的"优惠房"，你说这一只"麻雀"，不是"五脏俱全"、典型得很么？你说我们的改革，还能犹豫观望、迟疑不前么？

(2013.10)

## "样子"是个什么"问题"

共产党人有没有"样子"？关于这个问题，一年之前，我是在解放日报写过的——那是因为想起了地下斗争时期谍海风云之中一位传奇共产党人的"样子"。

冀朝鼎一生战斗在党的隐蔽战线。这位在美国生活了20年的哥伦比亚大学博士，既当过孔祥熙的秘书，又做过"外汇管理委员会"的主任。重庆时期，冀朝鼎的秘密工作直接由周恩单线联系，绝对保密。据冀朝鼎后来回忆，那时重庆官场的风气已经相当腐败，以他的"高官"身份如果洁身自好、一尘不染，就会引起怀疑，"一看就是个共产党"。但他又不能真的腐化，为此特地请示了组织，组织决定还是不要贪污受贿——哪怕是假装的。冀朝鼎当然不能嫖妓、养外室、包二奶，只好想出一个办法，"捧女戏子"——当时重庆有一位当红的京戏坤伶，冀朝鼎每天包几排最好的位子，张扬地到处送票，圈里人都知道他在捧"×老板"，"有点像国民党官的样子"了——其实一点瓜葛也没有。

"样子"问题，并非只有一个冀朝鼎。1934年，范文澜任北平女子文理学院院长时，遭国民党宪兵第三团逮捕，押往南京，关了将近一年，后经蔡元培营救才得获释。在他被捕以后，国立北平大学校长徐诵明向南京国民政府说情，说范文澜生活俭朴，平时连人力车都不坐，常常步行到学校上班，并且把薪金捐给北平女子文理学院图书馆买书。陈立夫听了之后说，这不正好证明范文澜是共党分子吗？不是共产党，哪有这样的傻子啊！范文澜出来后，对千家驹说，原来生活俭朴可以是共产党的证据，我今后也要"腐化腐化"了。千家驹问他怎么个"腐化"法？他说："我要做件皮袍子穿穿，也要逛逛中山公园。"千家驹说："这怎么算'腐化'呢！这腐化得太不够了。"他笑笑说："别的我不会啊！"

　　谍海风云之中，还有一位传奇共产党人郭汝瑰。淮海战役的全胜，首先是几十万解放军的浴血奋战和 500 万山东父老乡亲的小车，但与时任国民党国防部作战厅长的郭汝瑰的卧底有很大关系。然而郭汝瑰的"样子"，有一个人却早有怀疑，这就是国军的主将杜聿明。据杜聿明回忆，他疑心郭汝瑰，起因于到郭家的一次探访，他惊奇地发现，这位堂堂的中将厅长，客厅里的沙发竟然打着好几个补丁。杜聿明自揣：我在国民党里已经算是够"清廉"了，郭小鬼的家竟然比我家还寒酸，他不是共产党谁是？

　　可见共产党人真的是有"样子"的，真的是有"像不像"的——不贪污受贿、不腐化堕落，在污浊的空气中"一看就是个共产党"；哪怕隐蔽战线多么复杂，"假装"也不能同流合污，否则就真的"像国民党的官"了——冀朝鼎们处在白色环境下，"样子"的反差还不能特别大。其实那时在延安，共产党人的"样子"就更鲜明了，毛泽东给抗大讲课，膝盖上两个大补丁，这是史所存照的。而瑞金时期，堂堂朱军长的"婚宴"，也就是一盆烤红薯。他们"一看就是个共产党"，这"样子"是不会模糊更不会有误解的。这"样子"，与南京重庆的排场形成鲜明的对比，也有历史学家断言，这就是"得天下"的奥秘所在。

　　"得天下"之后，共产党人的"样子"有没有变呢？许多共产党人还是保持着"赶考"的好"样子"，所以"没变"；但也有一些变得不"像"了，甚至"一看就不是共产党"。比如原沈阳市长慕绥新接见港商，不但一身行头，"少说也值百万"，便是出言狂妄，也已经是忘乎所以的"老板"派头。难怪港商说他"哪里还有共产党的样子"，这样的官，不出事才怪呢！其实"慕老板"的作派和排场，早有境外记者看在眼里，说他一点也"不像共产党"……可惜慕绥新并非独一无二的孤例，享乐主义和奢靡之风已经成为一些共产党人的"突出问题"，居然还有一些"人民公仆"把它当做做官的"腔调"呢。

　　环境不同了，时代变迁了，我们的"样子"，确实不再需要"两块大补丁"和"一盆烤红薯"了，但决不意味着共产党人可以"不像"了——比如与民同甘苦，仍然应是共产党人的"样子"，又比如"急难险重"冲在第一线，也应是共产党人的"背影"。即便是在开放的市场经济复杂环境下，共产党人仍然要有"样子"，仍然要让人们"一看就是个共产党"——我们所处的"环境"，难道还会比重庆当时的风气更污浊，我们面临的"挑战"，难道还会比冀朝鼎们面前的诱惑更难以抗拒？

说来说去，今天我们的同志尤其是领导干部，能不能让人们"一看就是个共产党"呢？"样子"问题确实值得我们想一想。

(2013.10)

## 要讲一点改革的哲学

下月就要召开的十八届三中全会，凝聚着中国人心中热切的期盼。"中国正在制定全面深化改革开放的总体方案"，习近平同志在 APEC 讲坛上的宣告，令我们振奋不已。新一轮的"全面改革开放"将要来到面前，我们不但要万众瞩目，而且要有足够的思想准备和越来越清晰的共识。

改革要讲矛盾论。"改革是一场深刻的革命"，这场"革命"，说到底就是生产力与生产关系、经济基础与上层建筑之间的矛盾运动。生产力是最革命、最活跃的力量，生产力解放和发展的要求是最天然合理、最不可阻挡的潮流。全面深化改革，不是人为的作秀，也不是"强扭的瓜"，而是生产力发展到、行进到一定的阶段，不能再前进了，需要挣脱羁绊、冲破阻碍的内在要求。我们说改革"水到渠成"，是讲生产力发展、突破的要求已经成熟，我们讲改革要"一鼓作气"，是讲人心、社会等条件已经具备，完全应当顺潮流而动、趁势而上。到了现在这个关口，"中国要前进，就要全面深化改革开放"。中国的发展，既有近忧，更有远虑，已经到了不深化改革就不能前进一步的特定阶段，尤其是某些僵化的机制和固化的格局已经成为社会发展的阻力，优柔寡断、坐失时机，就可能被困扰我们的诸多难题所淹没，瞻前顾后、畏葸不前，不仅不能前进，而且可能前功尽弃。这就是说，全面深化改革，是中国自身国情最大的阶段性特征，是中国社会内在矛盾的规定性，是人民群众迫切的一致意愿和要求，因此别无选择，因此是唯一出路，因此也不以人的意志为转移，从而不可阻挡，也绝不会成为一纸"空谈"和"一阵风"。

全面深化改革要抓主要矛盾。抓主要矛盾是改革的全面性和系统性的突出要求，全面改革涉及四面八方，抓住了主要矛盾，就是牵住了改革的"牛鼻子"，才能够牵一发动全身，促使多层面、多侧面的矛盾迎刃而解。主要矛盾一是体制改革，制度设计、体制完善搞好了，立场观点、精神状态、思想作风、工作方式才能随之转变；二是利益调整。说改革进入攻坚期和深水区，其"坚"其"深"，都在于深化改革必然要涉及重大利益的深刻调整。"触动利益"比"触及灵魂"更难，这是一个"很大的挑战"，一根"难啃的硬骨头"，但利益固化的盘根错节如果不敢碰、不敢动，改革就无法深化哪怕小小一步。

改革要讲实践论。这就是要将科学的顶层设计与尊重、支持、保护人民群众的改革首创精神天然地结合起来。新一轮深化改革涉及面广、触及层深，头痛医头、脚痛医脚显然不行，单兵突进、一枝独秀也不宜成为常态，必须讲系统性、整体性和协调性，必须把周密的顶层设计放到突出的位置。同时，"摸着石头过河"仍然是我们深化改革一个重要的方法论，一个"实践第一"的观点和一条带有根本性的群众路线。如果没有地方的突破和基层的试验，顶层设计是不可能关起门来苦思冥想的，如果没有来自群众的新鲜经验和局部的先行先试，再好的设计方案也难以推行和检验。顶层设计也是对实践的认识，也是来自于实践，也要经过实践检验，改革本身就具有最大的实践性嘛！

改革还要讲辩证法。改革前无古人，没有现成的模式可以照搬，没有既成的经验可以照抄。中国的改革作为一种原创，是具有风险的。面对风险，要讲两点论。一是要敢字当头，大胆试大胆闯。不怕冒险，不怕失败，更不怕调整的阵痛、成长的烦恼，不怕付出值得的代价甚至必要的牺牲。决不顾虑重重而遇难而退，决不迟疑不决而犯丧失机遇这个"最大的错误"。二是步子要稳，稳妥审慎。中国是一个大国，决不能在根本问题上出现颠覆性错误，一旦出现就无法挽回、无法弥补。尤其是战略问题，一旦失误，失之毫厘，谬之千里，连改正的机会都没有，我们决不能犯无法改正的错误。改革不仅要有勇气，而且要有智慧；不但要有胆略，而且要有定力；不但要敏捷如脱兔，而且要三思而后行。我们讲的"大胆试、大胆闯"，从来不是鼓励鲁莽冒进，而恰恰是顺应生产力发展的需求导向、突破时机和已趋成熟的基本条件，从而明察方向、心有底气，才能那样的"大胆"呵！

(2013.10)

## "接待"这个"生产力"

公务接待过于铺张，繁文缛节加上胡吃海喝，已成为卷拂官场的一股奢靡之风。"接待问题"，成了个大问题，中央三令五禁，人民为之侧目。所以为了这个"接待问题"，近日顶层专门下发了《党政机关国内公务接待管理规定》，11项"禁止"，27个"不得"，有一点雷霆万钧要扫阴霾的势头。

这"规定"一旦下达，官场里头当然也有不高兴的，说是"这个年也过不好了"，等等，但依我所闻，更有拍手叫好的，说这个年要好过一些了——一位基层官员告诉我，这真是把咱们给"解放"了！什么道理呢？因为这些年来，陪酒已经陪得苦不堪言，有了这套"禁止"和"不得"，再不要因为抹不开情面，所以只好"革命的小酒天天醉"啦。

"接待问题"，的确到了令人匪夷所思的地步，但"问题"究竟出在哪里呢？今年年初，曾经出来个一位县长"一天泡了7次澡"的新闻，舆论之间，莫不痛斥荒唐。但县长大人，为什么这么喜欢泡澡？因为此县有温泉，"上面"的人马蜂拥而至，调研考察，开会视察，都要脱光了泡澡，来的都是官，都是"领导"，县太爷不陪不行，不陪，就是"态度问题"，就是"不懂道理"，所以只好一天陪洗七次。这个"一天泡了7次澡"，如果把板子打在县长屁股上，我看就有失公道。这条奇闻，并不好笑，不但苦涩，而且有一点深刻性。

其实何止"一天泡7次澡"？也在年初，曝光过一位县委书记，一夜赶了5个饭局，喝了5回酒的奇事，也笑话过另一名县长，摸黑跑了百里山路，为的是"敬一杯酒"。但这位县委书记，为什么要如此豪饮，因为"上面来人了"，谁也不能怠慢，谁的酒也不能不喝，不喝，一县的项目审批、贷款额度、扶贫款项乃至一己的考核评比，可都在"上面"手里呵，所以一夜五场，都要陪。

至于那位夜奔百里，只为"敬一杯酒"的县太爷，更是不敢轻慢，更不敢不去啦——君不闻，"接待就是生产力、喝好才是硬道理"，在某些"下面"，不是已经成了颠扑不灭、百批不倒的"座右铭"吗？

刘铁男当能源局长时，每到一省，副省长陪他喝酒，那是不行的，要省委书记省长亲自出来"接待"，他才"给个面子"。刘局长这么大谱？是的，电、油、气、煤都在他手里，你要上项目吗？要计划指标吗？"接待"好了刘局长才有希望。至于"上面"一个处科长，"七品旗牌官"，到了"下面"，那也万万不可怠慢哦，别看他一个小辫子京官，说不定你的偌大项目、十亿的投资，就卡在他"一支笔"里呢！所以"接待"一事，切勿等闲看，有的时候，它竟取代了科技和人才，变成了"第一生产力"和"第一资源"呢！

经过了多少年的"报复性反弹"，经历了"几十个红头文件管不住一张嘴"的痛苦经历，人们终于明白了，解决"接待问题"，不能只靠"接待"本身的"严禁"，否则又会演变成"一阵风"，又会"上有政策、下有对策"——要从根本上刹住公务接待中的奢靡，还是要靠改革。只有改革权力过于集中都又缺少制约的体制问题，让"下面"的生死予夺不再掌握在"上面"几个人手里，把资源配置的"决定"权真正还给市场，"公务接待"才能不成"问题"——这次反对奢靡之风，最大的特点是与反对官僚主义的体制改革紧紧连在一起，而不是脚痛医脚、单兵突进，因此人们寄予希望，因此故态复萌也才难以重演。

（2013.11）

## 改革飞入百姓家

这几天，首都北京正在开会——举国瞩目的十八届三中全会；全会将于明天结束，新一轮的全面深化改革就这样开始了。改革不仅是高层的果敢决断，更是百姓的热望和期待。君不闻，从网络之上，到街谈巷议，"改革"早已成为一个"平民的话题"，君不见，从庙堂之高，到江湖之远，"改革"业已聚成人们关注的焦点和热议的主词——"旧时王谢堂前燕，飞入寻常百姓家"，我们的改革，从来没有像这一次这样从一开始就具备广泛的社会共识和深厚的民众基础。

潮流所向，大势所趋，尤其是人心所聚，并不是空穴来风。"改革是一场深刻的革命"，是生产力与生产关系、经济基础与上层建筑的矛盾运动。我们的社会生产力，经过35年的大发展，已经行进到了不改革不能前进一步的关口，我们的各种矛盾，经过多年的深累积，已经突出到了不改革就会倒退，就会付出"付不起的代价"的阶段。人是生产力中最革命、最活跃的第一要素，改革的紧迫性，人民群众感受最切、体会最深、要求最烈，正因为这样，新一轮的全面深化改革才有了今天这样的群众基础和社会呼声。

改革本来就是老百姓的"众人之事"。十一届三中全会至今35年，改革带有根本性地改变了我们每个人的生活方式、生产方式、行为方式和思想方式。从当年一个农妇，上街卖一篮鸡蛋也要东躲西藏，到今天她堂而皇之地去注册自己的公司；从当年一个"海外关系"就要备受歧视甚至被严加监管，到今天中国老百姓的足迹遍及全球每个角落，"北京镑"风靡世界，今天《解放周一》展示的这些细节的变化，当年想来匪夷所思，今天看去平常无奇，却生动地展现了改革的宏大叙事与百姓的衣食住行直到言谈举止的密切关系——说到底，

35年的改革，是对"人"的解放，是对人性、人格、人的自由与人的全面发展的真实关怀。

新一轮的全面深化改革就要启动，这一轮改革的主旨和目的，简而言之，就是三个"让"——让一切劳动、知识、技术、管理、资本的活力竞相迸发，让一切创造社会财富的源泉充分涌流，让发展成果更多更公平地惠及全体人民。作为"全体人民"的一员，我们期盼着新一轮改革，让百姓的生活更加宽裕和幸福，让我们的社会更加富足和公平，让我们每一个人活得更加自由和尊严。

说改革本是百姓之事，还是说，当久已期盼的改革一旦来临的时候，我们不要做好龙的叶公，也不要做袖手旁观的智叟，而应当成为亲身投入者和热情支持者。改革为了人民，改革依靠人民，改革的成果由人民群众共享，这是改革的根本路线。人民是国家的主人，老百姓是改革的主体，群众观点仍然是深化改革的基本观点。我们责无旁贷，我们义不容辞，去参与改革的实践，去推动改革的每一个进步，同时我们也胸襟开阔、理性平和地去鼓励创新、宽容失败、包容"试错"，甚至在共享改革"红利"的同时，勇于、甘于承受改革过程中必然会发生的一时"阵痛"。这才是真正的公民精神和国民素质，这就是我们每一个从上世纪90年代以来为上海的开放、中国的改革出过大力、当过前锋的上海人在新一波的历史大潮中应有的位置和角色！

(2013.11)

## 既要有真勇气还要有大智慧

再过几天，举国瞩目的十八届三中全会就要召开，中国新一轮的全面深化改革将要启动。面对改革大潮，我们每个人都要成为投入者、参与者、支持者，我们不要做"好龙"的叶公，也不要做旁观的智叟。投入新的改革，赢得新一轮胜绩，靠的是什么？就是习近平同志说的"更大的政治勇气和智慧"。

改革要有真勇气。中国的改革是一种原创，可谓前无古人。我们的改革是"一场深刻的革命"，面对着盘根错节，没有勇气不行，勇气小了也不行。在南方视察中，小平同志讲改革，重提当年挺进大别山时刘伯承同志的名言——"两军相逢勇者胜"，小平同志交给广东一个任务——"在改革开放上杀出一条血路"，说的都是勇气。今天的改革，要有"更大的勇气"，则在于我们面前横亘着某些僵化的体制机制和固化的利益藩篱，僵化的实质是固化，体制的背后是利益。所以我们讲要有真勇气，这个"真"，就是敢于碰板结坚硬的利益格局，敢于动"奶酪"，甚至敢于动权力结构。这样的改革，是要冒风险、付代价的。然而不改革，不碰，就会有根本性的风险，就会付出付不起的代价。

改革的勇气不是天上掉下来的，也不是个人性格使然。勇气之真，就在于唯物论的反映论，就在于它建立在社会生产力迫切的客观要求之上。改革不是拍脑袋，也不是人为的意志，改革作为生产力和生产关系、经济基础与上层建筑的矛盾运动，是生产力最活跃、最革命的内在要求，是现存的物质生产方式的天然要求。当前，改革为什么成为民心所向，成为全社会的共同热盼，就是因为我们的社会生产力，已经发展到了不改革不能再前进一步的关口，就是因为社会矛盾的日益突出，已经行进到了不改革就会停滞甚至倒退的特定阶段。我们说改革的条件已经成熟，从根本上说，就是生产力自身突破发展阻碍、要求冲破羁绊的内在要求已经十分紧迫，在这个基础上形成的社会要求和共识已经十分迫切。改革应运而生，深化改革是顺势而为，我们的勇气，正是来自于这种经济基础、社会基础和人心基础。因此，我们不能左顾右盼、犹豫观望。反过来，在改革机遇到来之时，如果我们畏葸不前、错失良机，就会"天予不取，反遭其殃，时至不迎，反受其累"。

深化改革光有勇气还不够，更要有大的智慧。改革的大智慧，就是既要有深沉的历史感、开阔的大视野、对世情国情的深思考，又要善于抓住主要矛盾，牵住"牛鼻子"，睿智选准突破口，打断"链条"中最坚硬同时也往往是最薄弱的环节。大智慧就是既勇于进取，又稳步前进；既积极果断，又审慎稳妥。

改革的智慧，说到底，仍然是洞悉规律、把握规律。积极稳妥也好，循序渐进也好，说的都是按改革的规律办事。改革允许"试错"、宽容失败，但不能犯"颠覆性"的错误。我们既不能"口将言而嗫嚅、足将行而趑趄"，延误时机，错失民心，又不能鲁莽行事，再作李逵，犯"不能改正的错误"。改革的规律，突出一条，就是改革、发展、稳定三者关系，自有它的规律性，既不能不讲阶段性重点，也不能顾此失彼，更不能脱离国情、社情，忘记"历史的经验值得注意"。

改革的智慧也不是天上掉下来，更不是人脑固有的。凡大智慧，都是来自于实践，来源于群众。全面改革的"清单"，反映的是人心所向、民心所盼，深化改革的"顶层设计"，也来自于人民群众的首创，来自于基层的、局部的试验。在推动"总体部署"和"总体方案"的落实过程中，更需要基层的创造性、创新性，需要一些地区的"先行先试"，更需要全社会的广泛参与和监督。"群众是真正的英雄"，是改革经验的创造者，是改革智慧的发明者，是改革的主体和改革成果的最终检验者，我们千万不要忘记改革的根本路线，改革成败的生命线，仍然是群众路线。

（2013.11）

## 还是要有"那么一股劲"

新一轮全面深化改革启动之始,有的同志提议重读一遍《邓选》第三卷。这是深有道理的。比如说,面对 35 年后的又一场改革,我们应当有什么样的精神状态?于是人们想起了小平同志说的"那么一股劲"——南巡路上,小平同志反复讲,"没有一点闯的精神,没有一点'冒'的精神,没有一股气呀、劲呀,就走不出一条好路,也走不出一条新路"。

改革既然是一场"深刻的革命",就必然要有"那么一股劲"。那么一股劲,就是闯劲、狠劲,那么一股气,就是勇气、锐气。当年的改革开放,"大胆闯、大胆试"也好,"杀出一条血路"也好,说的都是"那么一股劲"。现在有的同志淡忘了历史,以为上一轮改革是"浅层次"的,"难度并不大"。但是,每一位改革的亲历者应该都记忆犹新,那时的中国,"姓社姓资"的争论甚嚣尘上,"帽子"呀、"棍子"呀,还悬在我们头上,改革的政治风险其实很大,要突破的思想观念障碍可谓关山重重。如果没有勇往直前的"那么一股劲"、狭路勇胜的"那么一股气",没有巨大的政治勇气和理论勇气,就不可能取得 35 年改革的成就,也就不能设想中国的今天。

重提改革的"那么一股劲",不是对过往的美好回顾,而是具有现实的针对性。现在我们有些同志,"那么一股劲"衰减了、消退了,对改革的深化,既缺少激情,更缺少勇气,总之,"劲头"不足了。这里既有"发展自满症",以为国计民生很不错了,可以"守成"了,也有"改革疲劳症",以为辛辛苦苦三十多年,可以"歇歇"了,但更重要的,是所谓"深化恐惧症",怕,没有勇气,也不敢担当。怕什么呢?如果说,过去"改革开放迈不开步子,不敢闯,说来说去就是怕资本主义的东西多了",是怕政治上的风险,那么今天的新一轮深化改革，固然需要突破思想观念的障碍，但更需要打破利益固化的藩篱。从行政审批制度的改革到政府职能的转变，从确定市场的决定性作用到让改革发展成果更多更公平地惠及全体人民，都会触及既得利益，都会伴有深刻的利益调整，都是"一个很大的挑战"。我们说深化改革是"啃硬骨头"，是"涉险滩"，"硬"就硬在某些僵化的体制机制，"险"就险在要动固化的利益格局。于是有些同志就"怕"，不敢动"奶酪"，不敢"趟深水"，不敢"得罪人"，更不敢去碰错综复杂、盘根错节的既得利益、既定格局。尤其是深化改革还是一次"自我革命"，会越来越触及改革组织者、推动者自身的利益关系和权力格局，"壮士断腕"的过程也是我们主动"割腕"的过程，于是有的同志更"怕"，甚至手下打"小算盘"，心里有"小九九"，哪里来"那么一股劲"呢？所以我们说，深化改革要有"那么一股劲"，这种呼唤，并不是空穴来风，而是对干部队伍中一些同志身上不思进取、不担风险、不负责任的"另一种享乐主义"的现实针砭和警醒。

我们说的"那么一股劲"，就是勇往直前不退缩，就是一鼓作气不犹豫，就是破釜沉舟不徘徊。这不但是闯劲，而且是实劲、韧劲。改革不是一种"美学"，不是为了"好看"，而是因为有"问题"的倒逼。问题是什么？问题就是生产力发展到一定水平再要前进时遇到的障碍和必然要突破的瓶颈，就是社会矛盾累积到了一定程度时必须要直面化解的根源性、基本面的矛盾。改革必须坚持"问题导向"，解决现实问题，这就是实事求是，就是脚踏实地。改革也不可能一蹴而就，不能在一个早上统统完成，更不是一劳永逸。三中全会的总体部署，本身就是一张长途跋涉的路线图，一个绵延 7 年的时间表，是一个逐步完成的历史过程。我们既要有勇气，有"那么一股劲"，又要有智慧，有坚忍不拔的意志和毅力，有长期作战、连续作战的思想准备，才能确保"那么一股劲"不衰减、不消退、不磨灭。

(2013.11)

## 自己拿起手术刀

"自己拿起手术刀",这是国际舆论对于中国新一轮全面深化改革"路线图"的"读后感",是对于中国领导人改革决心的一个评论。

这样的评论是有道理的。我们党之所以有如此的胆识和智慧来推动这样的全面改革,正是因为有"自己拿起手术刀"割破藩篱、割除痼疾的自觉,也就是说,我们的改革是自觉的改革,是"我要改"而不是"要我改"——如果说有什么"推动"的话,那就是当代中国共产党人敏锐地洞察生产力与生产关系、经济基础和上层建筑的矛盾运动的实质和趋向,清醒地认识社会生产力已经发展到不深化"市场决定"的改革便不能前进一步的特定阶段,从而自觉地回答生产力升级飞跃的强烈冲动,主动回应社会矛盾运行的内在要求。这就是从"跟上时代步伐"到"引领时代潮流"的与时俱进,就是一种大的历史自觉性和主动性。历史和现实都告诉我们,只有"自己拿起手术刀",才能将主导权和主动权掌握在自己手中,也才能在决定前途和命运的征程中真正"跑赢"。

"自己拿起手术刀",也是对我们参与改革的人们的要求。这个要求,是由新一轮全面深化改革的目标和特征所决定的。如果说,上几轮改革,我们主要是冲破陈旧的观念和打破僵化的体制,那么这一轮改革,不但要打破思想观念的障碍,更要突破利益固化的藩篱。"触动利益比触及灵魂更难",我们说深化改革是"啃硬骨头"、涉险滩,"硬"就硬在利益固化的盘根错节、错综复杂,"险"就险在深化改革必然要引起现有利益格局的深刻调整,触动某些人群的既得利益,"这就是一个很大的挑战"。尤其突出的一点是,改革的"全面"与"深化",还会深深涉及改革的参与者和推动者自身的利益格局和权力关系,就会产生"主要不是体制外而是体制内"的各种障碍,能不能"自己拿起手术刀"，甚至能不能"拿自己开刀"，就是一个"很大的考验"。

比如说，要发挥市场配置资源的决定性作用，并不是一句空话，而直接涉及到政府与市场、与企业、与社会的关系。我们说，凡是应由市场决定的，就由市场决定；凡是企业能自主的，就由企业自己拍板；凡是社会可以解决的，就应充分发挥社会的作用。这样一个原则，这样一个方向，就要求政府要"放权"，就会触动一些政府部门及其官员的"利益格局"和"权力关系"。长期以来过分集中而又缺少制约的行政权力，成为某些人"权力寻租"的根源，进而成为腐败的一个温床，这是一类；长期以来权力分割与利益掣肘的某些体制，又形成部门利益的"一亩三分地"，碰也碰不得，动也动不了，这又是一类。除此之外，"放权"还涉及到我们不少官员长期形成的思维定势和行为模式，衙门式的"执政方式"以及高高在上、一百个"不行"的"当官感觉"，这同样是一种官僚主义。面对"市场决定论"的改革，面对政府职能的深刻转变，对深化改革这篇"大文章"，我们是主动自觉地"自我革命"，自己拿起手术刀给自己动手术，还是心有"小九九"、打起"小算盘"，对改革虚与委蛇或对"放权"暗渡陈仓，这何尝不是一种考验呢？

"自己拿起手术刀"，不仅是新一轮全面深化改革的重要特征，更是我们应有的基本态度。改革越是深入，必然会触动我们"自己"的利益和权力。不论是转变作风的严格新政，还是反对腐败的严厉措施，不论是市场化取向的体制改革，还是改革发展成果更多更公平地惠及全体人民，都会"动奶酪"，甚至改格局。从大局而言，这是"壮士断腕"，对我们不少人来说，会有"割腕之痛"。我们持什么态度？还是要讲"天下为公"，以一颗公心、平常心，以一点主动、一份自觉，来投入新一轮的改革，来面对"自己"的"革命"——我们不少同志，在上一轮改革中，是勇往直前的闯将，是敢为人先的弄潮儿，是叱咤风云的改革者，千万不要到了要"自己拿起手术刀"的新一轮改革，就变成了改革的阻力、深化的绊脚石，甚至走向了改革的对立面啊！

(2013.11)

"戏说"背后的迷雾

## 看家本领不能忘

当前,放在我们面前一个重大任务,就是学习好习近平同志的系列重要讲话。这是中国特色社会主义理论体系在新形势下与时俱进的创新成果,是我们在新的历史起点上"再出发"的基本遵循。

学习好"系列讲话",就要深刻理解和准确把握好它的精神实质,其中基本一条,就是闪耀于、贯穿于、渗透于"系列讲话"的马克思主义哲学思想。哲学是"本源说",是"本质论",是"明白学"。马克思主义哲学是我们的世界观和方法论,是共产党人的"看家本领"。我们党在一个有着13亿人口的大国执政,面对十分复杂的国内外环境,肩负繁重的执政使命,如果缺乏理论思维的有力支撑,就会摇摆不定,就会走进误区,就会误入陷阱。只有学好哲学,用好哲学,才能"看清楚、想明白、有作为",才能在"乱云飞渡"之中坚定理想信念,在干扰纠缠面前坚持正确方向,也才能具备"三个能力"——战略思维能力、综合决策能力和驾驭全局能力。

历史和现实都证明,只有坚持历史唯物主义,我们才能不断提高对于中国特色社会主义规律的认识。我们为什么要开创和坚持中国特色社会主义道路?因为这是历史的选择、人民的选择。一个国家、一个民族选择道路,如果是正确的话,那它一定不是外部"输入"的,也不是"英雄"创造的。正如马克思指明的,这是一个"自然历史过程",是由它的物质生活方式决定的,由它的历史文化积淀而成的。更重要的,我们的这条道路,不仅具有历史前提,更是由社会主义初级阶段的现实国情所抉择所规定的。社会存在决定社会意识,我们党现阶段提出和实践的理论、路线,都是以我国现时代的社会存在为基础的。这个"社会存在",就是我们现在的"社会物质条件的总和",也就是我们的基本国情和发展要求。因此，我们所坚持和发展的，是科学的社会主义，而不是任何一种"空想"；是中国特色的社会主义，改革开放是它最鲜明的特色；我们既不走老路，也不走邪路，走的是自己独特的、原创的新路。

矛盾学说是唯物辩证法的根本法则。只有掌握社会矛盾分析的方法，才能深入理解全面深化改革的必要性、重要性和时不我待的紧迫性。只有把生产力和生产关系的矛盾运动同经济基础和上层建筑的矛盾运动结合起来观察，把社会基本矛盾作为一个整体来观察，才能全面把握整个社会的基本面貌和发展主向。我们党提出全面深化改革，就是要适应我国社会基本矛盾运动的变化来推进社会发展。

一方面，生产力是最革命、最活跃的因素，从本质上说，生产力发展的要求总是天然合理的。我国社会生产力发展到今天，已经到了不深化市场化的改革就不能前进一步的特定阶段，全面深化改革就是回应生产力要突破、要转型、要升级的内在要求和强烈冲动。这是一个"应运而生"，一种"水到渠成"，一种不以人的意志为转移的规律使然，所以国人对于改革，要求才如此迫切、共识才这样强烈。

另一方面，物质生产固然是社会生活的基础，是社会历史发展的决定性因素，但上层建筑也可以反作用于经济基础，生产力和生产关系、经济基础与上层建筑之间的矛盾运动，是一种作用与反作用的现实过程，并不是单线式的简单决定与被决定逻辑。正因为要发挥市场在资源配置中的决定性作用，我们就要进行政府职能转变和体制改革；正因为仅仅依靠单个领域、单个层次的改革难以奏效，我们就要加强顶层设计、整体谋划，把自下而上与自上而下结合起来；正因为社会基本矛盾总是发展变化没有穷尽，我们就要不断地调整生产关系、完善上层建筑，也正因为如此，改革开放只有进行时，没有完成时。

掌握好"看家本领"，还有重要的一条，那就是把握好辩证法，尤其是把握好全面深化改革的方法论。比如说，我们既要加强顶层设计，增强各项改革的关联性、系统性和协调性，又要鼓励基层和群众"摸着石头过河"的积极性和首创性，不要忘记人民群众是历史创造者这个根本的观点；又比如说，我们搞改革，既要大胆，又要稳妥，不能犯颠覆性的错误，尤其不能在战略性问题上犯那种"无法改正"的失误；再比如说，面对风云变幻，我们既要敢于亮剑，勇于发声，不必过于爱惜自己的羽毛，又要防止保守、封闭、僵化和武断，坚持与时俱进、兼容并蓄，才能以理服人，才能不落后时代、不脱离群众。

总之，世界是物质的，物质世界是运动的，运动着的物质世界是普遍联系的，事物互相联系的重要方法是对立统一；矛盾是事物存在、发展和变化的根本依据和动力，矛盾无处不在，矛盾着的事物互相依存、相互转化，主要矛盾的主要方面决定事物的性质；事物的矛盾性决定它的两重性，我们既要讲两点论，又要讲重点论……只有把握好辩证法的内核，才会让科学的方法论渗透一切，也才能使哲学真正成为我们的"看家本领"和观察问题、解决矛盾的"真功夫"。

(2013.12)

## 要更加敬畏市场

"要更加敬畏市场",韩正同志在近日中共上海市委"解放思想深化改革"学习讨论会上的这句话,引起了人们的共鸣,也敲响了一记警钟。这是上海身处市场经济先行先试地区的一种自觉,也是上海靠"干出来、抢出来"赢得新一轮改革红利的不二法门。

从发挥市场配置资源的"基础性作用"到"决定性作用",这是三中全会的一大突破,更是中国特色社会主义的最新理论创新。我们对市场,一是"敬",这是因为从本质上说,市场配置资源最有效,可以在最大范围解决"错配"的弊病;这是因为从整体上说,市场反应最灵敏,可以防止信号"失灵"的问题;这是因为从根本上说,市场创新活力最强烈,可以避免因为衰退僵滞而引起的发展停顿与倒退。我们对市场,二是"畏",这就是说,违背了市场规律,背离了市场要求,背逆了市场潮流,甚至与市场"对着干",就要受到市场的惩罚,就要"挨打",就要犯"最大的错误"。总之,对市场的这种"敬畏",就是对生产力这个最革命、最活跃的"第一因素"的尊崇,就是对社会发展的客观规律的遵循和把握。

"敬畏"市场,就要敬畏市场的创造力。这里一个重要的问题,就是对待新产业、新技术、新业态、新模式,我们持什么态度?千万不要不以为然,不要看不上眼,更不能简单地否定。市场及其主体具有天然的创造力,新事物、新形态无时无刻不在诞生;上海更是地处改革开放的前沿,既是通往世界的"桥头堡",又是经济模型的"万花筒",新兴的产业样式、前卫的交易方式、"非驴非马"的企业组织形式等等,百花齐放、推陈出新的新东西、新创造,在市场中应运而生、脱颖而出。这些创造和创新,书本上没有,"本本"上更没有，我们有些部门、有些同志的知识储备中也没有，"听也没有听说过"，于是就会当"摇头派"，一概"不行"，不让"出生"，生了也不给"上户口"。其实，先有实践还是先有认识，是个唯物论反映论的基本范畴——"总是先有事实再有概念"，市场也好，企业也罢，它不把新东西先搞起来，哪里来你的多少"条"呢？所以不能削足适履，也不能先把门关死，还是那句话，要满腔热情地支持新生事物，要虚怀若谷地向市场向企业学习，这就是说，要真正"敬畏市场"，就要真正"敬畏"它的"创新者"。

"敬畏市场"，就要敬畏市场的活力。我们说，新一轮全面深化改革的一个目标，就是解放和发展社会的活力。在很大程度上，这个"活力"，首先是指市场主体或曰基本细胞的激情创造力、原始创新力和自主创业力。当前，制约上海转型发展的最大瓶颈是什么？就是活力不足。活力不足的实质是什么？就是市场配置资源的决定性作用没有充分发挥，就是市场竞争不充分。造成这两个"不充分"，最大原因是政府与市场、政府与企业的关系没有完全理顺，政府对微观经济的干预依然过多。我们上海的管理是有水平的，制度严密、考虑周到、办事精细、管理到位，这个"强"，本来是件好事，所以上海经济秩序好、诚信程度高，但"长处"往往同时也会带来某些"短板"，一是有些管理"纵向到底"，容易当"婆婆"、做"奶妈"，干些越俎代庖的事，二是"横向到边"，容易管得周不留隙、密不透风，干些大包大揽的事。所以，要突破活力不足这个"最大瓶颈"，核心不在别处，就在于要转变政府职能，减少政府干预。比如，今后凡是市场、企业和社会能够依法依规自主决定的，政府都要尽可能少审批、不审批吧！又比如市场要更开放，引入多元竞争主体，不但要善待500强和"国家队"，对于民营企业和草根企业更要"大肚容之"吧！

总之，我们既要以更大的勇气做到"两高、两少、两尊重"——高度透明、高效服务、少审批、少收费、尊重市场规律、尊重群众创造，又要以对市场的十分"敬畏"，来改变我们不合时宜、不符规律的陈旧观念以及习惯了的行为方式和管理模式，把创造力还给市场，把活力还给市场！

(2013.12)

## 骗局也有"背后"

北京的这周，又判了一个骗子——今日之域中，骗子一物，早不是什么罕见的东西，所以一个骗子，判了无期，又有什么了不起呢？但这个骗子王媞，却有一点"独到"，她拿租来的20多套房子，"卖"给了27位名人，骗得5800余万人民币，这些"买房"的名人中，既有奥运冠军罗雪娟、杨云、邹凯等等，又有文艺明星王丽坤云云。

于是舆论之间，便有责备明星们"头脑简单"的——他（她）们为什么对于王媞如此轻信，以至于纷纷解囊？因为王媞"卖"给他们的，都是"低价房"乃至"成本房"，几乎要比市价便宜一半，所以趋之若鹜，所以争先恐后，赶紧将几百万大洋捧给她，直到真正的房主、出租人来敲门，才知道上了大当。

但依我看来，明星们的脑子并没有"进水"。他们为什么对于王媞笃信不疑？因为王媞是同道的"女友"，更因为王媞自称"高官子弟"，说她的母亲是个"副省级"，所以她的手里，可以有"低价房"乃至"成本房"——这个"谎言"，在我们的生活中，或许并不离谱，一个这样的"子弟"，凭着"母亲"的权势，拿得到"成本房"，甚至拿得到"开发商专为建委留的内部房"，这样的事儿，恐怕也不少见吧！所以信以为真，所以一点疑问也没有。王媞其实只是个平头百姓的"子弟"，她"搞机电装配"的父母，也不能给她弄到什么"成本房"，所以只好把租来的房子再"卖"出去——但如果她是真的呢？

骗子固然可恨，上当的也固然可叹，但骗局的背后，往往会有更深的原因在。比如说某地一骗，冒充"大盖帽"，半年之间，竟吃遍了几十家酒店。善良的店主，为什么这么容易上当？因为我们的"大盖帽"，大多据说是好的，但特权横行、靠权吃权的，也不是个别，所以一个骗子，戴着大盖帽去吃白食，老板们也不觉得多么可疑，甚至于"宁可错吃一千，也不得罪一个"呢！又例如某地一骗，假冒"无冕"，诈了当事人几十万大洋，为什么如此轻易得手呢？也是因为我们的"无冕"，同样据说大多数是好的，但从"有偿新闻"到"有偿不闻"，再到利用"曝光"敲竹杠的，也不是没有。某报驻某地记者站长，不是专做这门的"局"吗？抓到人家一点小辫子，然后坐下来谈"价钱"。这些本来"不像"的骗子，反倒被有些人误以为"货真价实"、就是这个样子呢！所以与其仅仅指责上当者的轻信，还不如往骗子的背后再想一想——比如文首这个王媞案，比明星们的"头脑简单"更可叹息的，究竟是什么？

当然骗子的得逞，也并不只是骗了善良的人们，还有一类"上当"者，则是更有着深一层的原因。比如某市交通局长的办公室，突然来了个"省反贪局专员"，局长当场冒出冷汗，赶紧带着"专员"去豪宴"接风"，又给一笔不是小数的"活动经费"。后来东窗事发，才知这"反贪官员"乃省城一无业游民，而局长大人的黑白清浊，也就不言自明了。至于某地有男性骗子，冒充三陪小姐给当地要员一一写信，以"公开那一夜的事"相要挟，结果还真收到三笔汇款！这种类似荒诞的"骗案"，难道只是一点"轻信"那么"简单"吗——这当然是扯开去的话题了，但又似乎并未离题太远。

(2013.12)

## 危险的"关系"

湖北省高院的"开房门",据说已经真相大白——"开房"的法官,不是如"第一时间"所云的"查无此人",而是该院刑事审判第三庭的庭长张军。

又据宣告,所说"开房嫖娼"不实,张军是"与外单位一女子长期保持不正当关系",直至此次"开房"被曝光。这就是说,是"男女关系问题",属于"生活作风",在于今天,也没什么大不了的,似乎可以"真相大白"。

但是这个"外单位女子",来自于什么"单位"呢?原来是名律师!这更是说,一名法官与一名律师,睡到了一条炕上,盖着一床被子。这就不是一般的"男女关系"了——法官与律师睡在一起,这官司怎么打?她的"对方",谁还打得赢官司?所以说,这是司法权与代理权、辩护权的明铺暗盖,是公权力处于极大的危险之中。这个"关系"的实质,就在这里,所以"真相"远未"大白",公众万分疑虑。

其实使"公权力处于极大危险之中"的"关系",远不止这法官与律师的"关系",还有一个"官商关系"——刘志军受贿6500万,其中4500万他还"真没拿",那是商人丁书苗帮他"买官"的费用。刘部长想当省委书记,丁书苗花了4500万给他"疏通",只不过上了骗子的当,没有办成而已。铁道部长与坐商行贾这样如胶似漆的"关系",难怪高铁的投标场上,只要丁书苗一出场,其余的企业只好认输,"谁能赢她呢"?

铁道部还有一个运输局长张曙光,"包"了铁道文工团一位如花似玉的"女高音"。"女高音"要换车,张局长给商人杨建宇"说了一下",于是杨老板出了30万;"女高音"逛街,看中名表一块,于是张局长"打了个电话",杨老板又赶紧捧了50万大洋过来……局长与商人这样"一叫就到"的"关系",导致了杨老板在蓝箭列车项目中"一标就中",更何论"铁路系统更多的订单"呢?

"关系问题",不是个小问题,也不是一个"过从甚密"可以概括的——现代国家,对于法官,都有"隔离法则",说的是既然手握司法权,法官就要与社会、与各色人等保持很大的距离,以一己慎独保证裁判的公正性,保证手中的法律和法官的"心证"不受影响,尤其是与当事人及其作为代理人的律师,那是一口茶都不能去喝的呀,更何论吃人家的宴请收人家的"意思"乃至与她睡到一条炕上去呢?官商也是如此,说官商之间,"不要勾肩搭背",不要做"兄弟"、成"哥们",是为了防止官商形成"利益共同体",为了防止"公权力处于极其危险之中",更何况官员与商人"拜把子结金兰",甚至托商人出钱跑官、由"企业家""埋单全包"呢?

还是回到文首的那个"男女关系"来——如果说,与张庭长"长期保持不正当关系"的"外单位女子",只是个其他人,那"问题"恐怕也"不大",甚至可以认定为"私德"问题,但今天睡在张法官炕上的,却是一名律师,这就不是他的"隐私",也不是他们之间的"私交"啦——这种使"公权力处于危险之中"的"危险关系",水落应当石出,真相应当真正大白,才足以举一反三,才可能鞭辟入里。

"关系问题",既然如此"危险",就不能等闲视之、轻轻放下哦!

(2013.12)

## 改革之年更要讲改革精神

2014年已经来到了我们中间。对于这新的一年，人们寄托着希望，充满着期盼。对于这新的一年，我们可以以各种概念赋予它不同的定义，但依我所见，不如说它是"改革之年"来得更为准确——2014年，是十八届三中全会改革《决定》"60条"一项一项开始落实的一年，是中国新一轮全面深化改革启开大幕之后真正开始上演"威武雄壮的活剧"的一年——在这样的历史性一年，改革是牵引一切的主线，改革是我们最重要的路线图和最紧迫的时间表。在这样的历史性一年，我们最需要的是什么？那就是改革的精神、改革的思维和改革的自觉。

改革的精神，就是仍然要有"那么一股劲"，而这股劲的内涵和实质，也在与时俱进。这股劲，既是小平同志嘱咐的"大胆闯、大胆试"，更是习近平同志指出的"涉险滩、啃硬骨头"。新一轮深化改革的最大特点，就是不但要打破思想观念的障碍，更要突破利益固化的藩篱，而"触动利益比触及灵魂更难"。我们的深化改革，必然会引起利益格局乃至权力结构的深刻调整，会触动某些利益群体的"奶酪"，面对这个"很大的挑战"，面对这个"险滩"，我们必须有不畏艰险、义无反顾的改革精神，敢于碰硬、勇于"断腕"，尤其是把某些局部的"稳"和全面的"进"这个关系想清楚、弄明白，决不能在利益固化的深墙厚壁面前"足将行而趑趄"。这是事情的一方面。另一方面，深化改革所引起的利益调整，还必然会涉及改革的参与者、推动者甚至组织者自身的利益乃至权力的深刻变动，会涉及我们的"一亩三分地"甚至更深层利益，我们更要有"自己拿起手术刀"的改革精神，主动承受"割腕之痛"，决不能拨"小算盘"、存"小九九"，甚至从改革的促进派转变为改革的阻力。这更是一种改革精神，一种"改革就是自我革命"的精神，我们现在比过去任何时候都强烈地呼唤这种改革精神。

深化改革，重要的是要有改革的思维。改革的思维，就是不以孤立的角度而以联系的方式来看问题，就是不从表面的现象而从本质的根源上观察事物，就是不"头痛医头、脚痛医脚"，而是从整体上、根本上解决矛盾。十八大一年多来，我们党在转变作风、反对腐败方面出台的一些举措有力地振奋了人心。回想当初，人们也有疑虑，反对"四风"，过去也有过，多次震荡反复，"一阵风"后又强力反弹，这次会不会故态重演？"打老虎"，过去也不是没有，但是"杀一"往往并未能"儆百"，这次会不会依然如故？一年多来，人们的疑虑逐渐打消，信心也正在重塑。

这里重要的两条"改革思维"，一是依靠民主的力量，这就是毛泽东同志在著名的"窑洞对"里说清楚的那样，为了避免"其兴也勃其亡也忽焉"的"历史周期律"，"我们找到了一条新路"，"这条新路，就是民主。只有让人民来监督政府，政府才不敢松懈。只有人人起来负责，才不会人亡政息"。这一年多来的反"四风"和"打老虎"，社会的监督、群众的举报、舆论的曝光、互联网的传播，我们党自己"清理门户"与向体制内外"开门整风"形成紧密互动，使铺张奢靡者"日子很不好过"，也令不少贪腐之吏"战战兢兢"，正在形成民主监督的新局面。二是依靠制度的力量。这一轮反"四风"和反腐败，不是孤军奋战，也不是单兵突进，是与"把权力关进制度的笼子"密切配合，更是以全面深化体制改革为直接背景。例如，政府职能转变和审批权力改革，就会有效地铲除官僚主义滋生蔓延的温床，更会有力瓦解某些权力寻租的土壤，这就有助于从根本上、制度上解决"四风"和腐败的老问题。总之，依靠改革才能解决长期困扰我们的诸多难题，这就是我们要坚持的改革思维。

对于我们来说，改革的自觉性比什么都重要。改革要有自觉，与改革是由"问题倒逼"是统一的，一点也不矛盾。正确的认识都是从实践中来的，我们说的改革自觉，不是一种先知先觉，更不是任何一种先验论。改革的自觉，恰恰是对"问题"的敏锐感知和深刻认知，是对生产力发展到一定程度再不深化改革就不能突破与转型升级的深切体会，是对社会内部矛盾运动走向的深刻把握。正是面对"问题"，我们才需要"自觉"；正是因为"倒逼"，我们才如此迫切需要改革。当然也有一些同志,不是看不到"问题",恰恰相反,越是"看清楚",越觉得"问题"成堆,不敢去碰,越是"想明白",越是左顾右盼、畏首畏尾。其实,改革是有机遇的,越是矛盾突出的时候,越是到了"动手术"的时机,如果拖延耽误,只能积重难返,形成更为盘根错节的复杂局面;改革也是有规律的,越是瞻前顾后、畏葸不前,就越是被动,最后陷入"四面楚歌"而不能自拔。所以我们说,改革要有自觉,要走出认识误区,放下思想包袱;要主动出击、先行一步;要"我要改",而不是"要我改",以昂扬的精神状态,做改革的排头兵。总之,只有以高度的自觉性,才能在新一年改革中踏准时代节拍、交出合格答卷!

(2014.1)

## 洪城又闻"铲字"声

洪城，这座曾经"打响了第一枪"的"英雄城"，近日之间，却响起一片斧凿之声。为什么要凿呢？因为要"铲字"。铲什么字呢？刚刚落马的贪官陈安众的手书——位居省人大副主任的陈安众，贪贿之外，喜欢挥毫，更喜爱题字。于是繁华街头、通衢要道，陈安众泼墨的店招、楼名，举目皆是，企业的中堂之上、酒肆的大厅之墙，也随处可见。现在陈安众"进去"了，于是他的墨宝，就要赶快拿下来、铲掉，于是洪城四处，响起一片斧凿声。

说"洪城又闻铲字声"，是说它早已不是头一回。十多年之前，这里也响起过一片斧凿声，那一回，"铲"的是胡长清胡副省长的字——胡长清同样酷爱题字，于是副省长任上，"洪城到处古月胡，题招莫非胡长清"，饭店酒楼、公司宾馆，四处胡长清的手笔。到了胡副省长事发伏法，人们就忙不迭把他的题字凿掉，于是就有了那一片斧凿之声，沦为当年的笑谈。

洪城街上的字，十年要"铲"一回，先要问我们的"老板"们，为什么这么喜欢请官员题字？这也难怪，中国的坐贾行商，历来喜欢做"红顶商人"，历来喜欢结交官场。一张与官员的合影，要放大挂在中堂，与"领导"坐过一回圆台面，要吹上一百遍，如果他的楼，能铸上官的手书，如果他的饭店，能挂上"领导"写的招牌，那真是求之不得呀，把官员的墨宝，当作"镇店之宝"，甚至当作吓人的"避邪"，这可是不少"老板"所巴不得呵！所以胡长清、陈安众题字题到手酸，他们的手书，到处被放大镀金悬于当街。当然也有人说，官员不比书法大家，那可是一个高风险的职业呵，今天他在位，你可以借风光，明天他又被"拿下"了，你怎么办？官不是万古长青的，风云一变，你就只好赶快"凿掉"，所以洪城屡闻铲字声，正说明了一条规律，也奉劝"老板"们，千万不要让官员"题字"哦。

　　当然还有一个问题，那便是有些官员，为什么这么喜欢"题字"，甚至以此成瘾？有的是"手痒"，有的是附庸文雅，当然更有把它作为权力和威势的象征的。然而这"瘾"里头，也有更不上台面的，那就是把它当作"雅贿"的一条通道。胡长清受贿的500万，就有一大块是"老板"们借求墨宝为名向他支付的高额"润笔"，胡副省长字写得不赖，但哪里值这个价呢？他一收十万，写几个字打发，就算是"市场经济"、公平交易了，似乎可以洗白受贿的龌龊，似乎还"雅"得很呢！如果说，胡长清还算个写手，那么还有一位"一把手"，一笔字简直是画符，但拿到"市场"里去，当地的"老板"竞相举牌，捧场"收藏"，那价格，直飚到业内业外谁也看不懂，然而数年之后，那官儿"下来"了，人们再要将"藏品"出手，竟然已一钱不值，那过气之官，总算明白过来，"他们"看中的，是我手中的权，哪里是我的字呢？

　　洪城又闻"铲字"声，算是一则新闻，其实只是一条旧闻；说的是墨吏挥毫，但它的深意，又岂止是一个"官员题字"。

（2014.1）

## 从悟空的"猴毛"说到女娲的"遗骨"

天下之大,当然无奇不有——比如一个"孙悟空后人"的"身份"、"他"的族谱他的"血缘",早已有人出来自认,然而多是空口白话,没有什么"科学依据",所以不足为凭。但是近日之间,关于这个"身份"的争论,却认真地找上了"赛先生"的门——一位自命"@妈妈的妃妃"的小姐,在微博上自称"悟空后人",引起了网友围观和非议,于是就在1月6日,这位"妃妃"带着"家中祖传的猴毛和灵石",前往某大学人类学研究实验室,"希望通达DNA检测证明自己的身份"——孙悟空后人。

孙悟空是个"人"吗?有人说,这是吴承恩笔下一个"神话人物",人世间从未有过;也有人说,孙大圣是石头里蹦出来的,最多也是只猴!但近年以来,孙悟空也是"人",似乎成了确凿的定论。比如"他"的"故里",已经被发现,山西的娄烦县,说他当时已是皇家的"御马监",史书上还有"娄烦骏马甲天下"的句子呢,而孙悟空不是当过"弼马温"、养过"御马"吗,因此"互相吻合",再加上俺县不是姓孙的人居多吗,所以娄烦无疑就是孙大圣的"故里"!但真正要说起来,花果山和水帘洞却更像是在江苏的连云港,所以在"孙悟空故里"的烽烟中,连云港更胜一筹,而这位带着"猴毛"来做DNA的妃妃小姐,恰巧正是连云港人,说她是孙大圣后人,不是更有"正统血缘"更有"科学依据"么?

孙悟空当然是个"人",不但有"故里",连他"哥哥"的墓,也已经找到了呢!当然成"人"的,远不止孙大圣一"人",王母娘娘的真身,不是已经敲定了么,观世音菩萨的"出生"之地以及她的父母姐妹,不是已经落实了么?尽管牛郎织女的"发生地"尚有11个省在炮火连天,但嫦娥"奔月之地"却早已

"没有争议"，连《射雕英雄传》里那部《九阴真经》，不是也已经"出土"并且开始展览了么？

如果说，这些"发现"和"落实"还没有什么确凿的"实证依据"的话，那么女娲"遗骨"的现世，则充满着"科学精神"了——这回不是说俺们山上的坩埚，就是女娲冶炼五色土的盛器，也不只是说女娲补天时掉在河里的两块七彩石，你们可以去看一看了，不是了，而是 23 名"专家"，云集山西人祖山，断定在那娲皇宫女娲塑像下找到的那块"皇帝遗骨"，就是传说中史前"三皇时代"的"娲皇遗骨"。这个结论，怕你不信，料你众声喧哗，还祭出碳 14 同位素扫了一下呢，结果"取得共识"，说那是人首蛇身以黄土造人之女娲的"遗骨"！是孕育了中华民族的"始祖"的"真身"！

这样地说起来，那位"妃妃"小姐的"猴毛送检"，就算不得荒诞了——女娲可以有"遗骨"，孙悟空为什么不能有 DNA？可惜"人类学"的教授们，经过检查，表示这根"猴毛"，很可能不是真正的猴毛，它也不具备 DNA 鉴定是否是"孙几代"的价值，总之是认真地检测了一番。而依我所见，教授们却是太认真了——这一根"猴毛"，真的还需要"经过检查"么？如果它真是一根"猴毛"，难道会是那一根拿在大圣手里吹一口气就变出千军万马的"神毛"吗？

(2014.1)

## 38顶"乌纱"的背后

一个官员,头上戴着38顶"乌纱",这并不是天方夜谭——某省监察厅的副厅长岳崇,被称为"最忙厅官",因为在38个机构中任职。岳崇在3个机构任"副组长"或"副主任",但其他35家开会,他都要坐在那里。难怪网友说,岳厅长头再大,也戴不住38顶"乌纱",他纵有三头六臂,也分身不开啊,更何论"干好事"呢?

岳厅长的38顶"乌纱",并不是他争来的。那38家,都是什么"机构"呢?议事协调机构、临时机构,更多的是"领导小组"及其"办公室"。就拿这个"办公室"来说,固然有其一定的必要性,但是如果过于泛滥,以至成了一个惯常的套路,就令人叹息。一个"中心工作"一来,就有一个"领导小组",一项重大任务下达,就不能没有一个"办公室",已成司空见惯的固定模式,好像不"设",就显不出"高度重视",又似乎除了这一招,就再无更好的创意,以致不少地方,究竟设了多少个"领导小组"和"办公室",连自己也数不清,至于某些"协调机构"、"专设机构",究竟干了几件实事,就更无人知道了——岳厅长所在的那个省算是好的,公示了这类"机构"的数目,竟有266个之多!

一个厅官戴了38顶"乌纱",并非自今日起。20多年前,我曾写过《"电脑"为之叹息》一文,引述了当时一位副市长,得风气之先而早成了电脑高手,于是向记者演示电脑的优越性,"一次按键,他所兼任的56个职务一览无余",于是叹息道,56顶"乌纱",56个"机构",马不停蹄跑一圈也要数月,还能如何深入,怎样理政呢?兼职过多的弊痛,小平同志讲过30年了,至今似乎并没解决,岳厅长和他的同僚不是就抱怨,头上"乌纱"过多,一天要开三五个会,精力怎样集中,又拿什么去"走基层"呢?让他不犯官僚主义都难啊!

说到官僚主义,当然并不止一官头上38顶"乌纱"这样的怪状,还有类似的一个市政府设了16个副秘书长这样的奇事。其实网民是"少见多怪"啦,"16个副秘书长"并非孤例——某贫困县,不是有14个副县长么?又一个贫困县,除了那么多正副县长外,不是还设有15个"县长助理"么?就说这个"副秘书长",也已经有设了20个的,那个已经伏法的贪官王怀忠,在当市委书记时,不是设了23个"副秘书长"么?至于某名牌大学的一个处,共17人,其中正副处长16人,"领导"着一名"处员",就更不是奇谈而已了。

38顶"乌纱"也好,266个"协调机构"也罢,包括16个"副秘书长"的加冕,都不要当成只是某些官场的奇闻——官僚主义和形式主义,根子在体制的某些毛病上,我们既不能当作笑话来传说,更不能脚痛医脚,只作为个例来一一解决,媒体曝光了,才赶快来"清理"。要解决这些弊端,还是要有改革的思维,关键在于政府职能的转变和行政权力的改革,毕竟机构臃肿、兼职过多、冗员泛滥这些表象后面,还有着深一层次的原因呵!

(2014.1)

## 并非"故事"

三野打进上海的那个夜晚，十里洋场的广厦千幢，偌大都市的民舍万间，都没有去敲一下门，部队就这样露营在路边。传说荣毅仁早上起来，推门一看，南京路上睡着一地的解放军，这一眼，让他看懂了这支军队，也让他从此与共产党荣辱与共——我不知道这个传说对不对，推门一看的人，是不是荣老板，但有一点可以肯定，几万战士睡在马路上，不进老百姓家门，这一夜，让上海人看懂了人民的军队，这一睡，也可谓是真正地打下了大上海。

这个故事流传了几十年，然而这样的故事，却不是第一回——早在1938年夏秋之交一个漆黑的五更，山西省黎城县洪井乡孔家峧村民郭建仁打开家门，发现大门前的场上，或躺或卧，竟睡着200多名八路军，一位长者则睡在门外的碾盘上。原来这是一整个八路军总部机关！由朱总司令率领午夜进入孔家峧，为了不惊动百姓，没敲一下门，没进一个人，悄悄地在露天场院上睡了一宿，那睡在碾盘上的，就是年过半百的朱老总！

郭建仁家，还住过当年129师的刘伯承师长和邓小平政委，故事不多，只知道他儿子郭宜民的名字，还是邓政委起的呢——说到刘邓，却不免令人想起数年之后，那一张"大别山借条"的故事来——曾有一家电视台，要再现刘邓千里挺进中原的史诗，于是去大别山"扎根串连、寻根问底"。一位山民，拿出一个布条，"借给你们看一下"，不等看完，就急不可待讨了回去。什么稀世珍宝，如此金贵呢？原来不过是一个借条，上面写着"中原野战军第×纵队第×师第×团借到盛昌记老板黑棉布四匹"。那是70多年前中野进入大别山，寒冬料峭，战士尽裹单衣，于是刘邓决定借布，严格规定举借手续，并声明日后一定"随行还钱"。得天下后，不论是在重庆，还是后来到了京城，小平同志数次追问此事,总觉"于心不安",耿耿在怀,于是政府多次出布立示,要求人们"凭条兑现",按现价还钱。然而老百姓就是不肯交出借条,据说一些山民,把布条当成"传世之物"藏在地下,即便是"史无前例"之中,也没能抄去作为"第二号走资派"保护财主的罪证。又据说另一些老乡把布条带在身上,遇到有恃权欺民、鱼肉百姓的,就拿给他瞧!

"朱老总睡在大门外"也好,刘邓的"借条"也罢,看似风马牛不相及,然而,依我看来,其实是同一个故事,一个起似星火的共产党,为什么能得天下的故事——解放战争的临汾战役,晋西南的老百姓,为什么拆下自己的27万副门板送到攻城前线?就是因为朱老总不敲他的门,宁愿睡在院外碾盘上;淮海战役中,560万山东父老乡亲,为什么倾家支前,硬是用小车推出了一个大捷?重要的一条,就是因为刘邓"借布",每一寸都要"按市价归还"——别以为这只是细微末节,这可是共产党的政治,共产党的宪法、民法和物权法呵!

但认真地说起来,这两个故事,其实并不是早已过去了的"故事",它们都有着多么现实的针对性——当我们以为,老百姓的门,可以随意进去,甚至老百姓的房舍,可以随意推倒之时,当我们以为,老百姓的财产,可以随意吞噬,老百姓的利益,可以随意去侵犯之时,难道不应当想一想在门外碾盘上睡了一夜的朱老总,不应当想一想对老百姓的布匹,哪怕一寸也要还的刘邓吗?——正是从这个意义上说,这两个故事,近日重新在网上疯传,不但有着它今天的"当下性",更有着一点深刻的"批评性"呢!

不是说,"任何历史都是当代史",而所有的"故事",都是现实的镜鉴吗?

(2014.1)

## "办公"问题

又是一个乌龙？近日之间，一张"官员在餐桌上开会"的照片，在网上传得沸扬——圆台面上，书记端坐主席，十余官员围坐一桌，显然是在开会。于是网友诘质，说真是吃不够呀，连开会都在饭桌上！

但当地有关方面，立即在"第一时间"给予了"回应"，称那是"两会"的分组讨论，因为宾馆的会议室不够多，所以只好在餐厅开会，并没有吃喝，也没上酒菜呀——可见错怪了他。当然也有诘质，说你一个"两会"，为什么要跑到宾馆去开？结果闹出了在餐桌上参政议政的笑话。但不管怎么说，会议室不够，移师餐厅开会，总算无辜，总还可以谅解。

但从这个"乌龙"，却想起了数年前媒体披露的另一件事，这回不是乌龙，而是确有其事，这回也不是"开会"，而是"办公"了——某县一位县长，放着好端端的办公室不坐，喜欢在茶楼里"办公"。县长大人，整天坐在独辟的茶室里，批文理政，日理万机，你要送急件，那要去茶楼，你要请示汇报，也要跑茶楼。一时之间，一家茶楼成了该县的"政治中心"，成了一县权力运行的所在。

茶楼里"办公"，算是雅事，但还有比这更"雅"的，一名记者要找某地一位市长，办公室跑了近十回，总是"不在"，此地空余黄鹤楼。闭门羹吃多了，才有高人指点，说市长并不在政府办公，你要找他，要去一个会所，如果你进得去，他必定端坐在里头，一逮一个准！我不知道这位"无冕"，是否真"逮"到了市长，但躲在豪华会所甚至星级宾馆里头"办公"，白日施令，入夜笙歌的"×品官"，恐怕并非"乌龙"。

当然还有不那么"雅"的。比如有的官员，喜欢"泡一泡"。即使是"泡"，他也没有"放松",而是忙着"办公"。三温池边,"朋友"给他引见"朋友",轻松之后,"有什么要求你尽管说",袒露相见,无遮无盖,"都是自己人",甚至还有在"那种地方"写下"条子"、批掉"报告"的。办公室里不好说的话,往往在那里可以畅言,政府楼里难以启齿的事,竟然可以在这种"场所"搞定——不是说有过几个"一起"的人,大多要成为"朋友"甚至"哥们"么?

近日又见一个报道,也是关于"办公问题"的——因为受贿 4000 万而落马的原内蒙古政法委副书记杨汉忠,在兴安盟当过三年盟委书记。那时在兴安的城郊,有一处警官培训中心,风光秀丽之极,杨书记看见了,对办公厅说,此处风光不错,可用作我办公,以后大家来这里开会吧!于是这个"中心",便成了杨书记的"办公"处,杨书记不但"办公",还让老婆、孩子、弟弟、弟媳、妹妹、妹夫,乃至老婆的远房表舅等等,总共 10 多口人,热热闹闹都住了进去。仅在这"办公处"好吃好喝,两年半时间,就花销了 200 多万,全由财政在"办公经费"中一笔支出。在这个"办公处"也即"杨公馆"里,有管理员一名、服务员 2 名、厨师 3 名、司机 2 名、保安 4 名,为了要"办公",当然还有副秘书长 1 名、办公厅副主任 1 名,外加男女秘书 5 名……

"办公"问题,当然不是乌龙,但也并不是奇闻。现在公众之间,对于超标的"办公楼"诟病甚多,说那些坐在"白宫"里理政的,一人占有数百平方"办公室"并且里面套着卧室、摆着双人大床的,都是奢靡之风。但其实还更有根本不在"办公室"里"办公"的——当然他们所"办"的,究竟是不是"公",那更是值得打个问号了。

(2014.1)

## 转观念再也等不得

我们说，新一轮深化改革的难度，在于打破利益固化的藩篱，因为"触动利益比触及灵魂更难"，于是有些同志便以为，这一轮改革不再需要突出解放思想，不再需要强调转变观念，只要"动奶酪"就足以"啃硬骨头、涉险滩"了。

这种看法是片面的。解放思想无止境，转变观念仍然是新一轮改革的先导，从某种意义上说来，现在的转变观念更为重要、更为突出、更为紧迫。这是因为，在新一轮深化改革开启之时，我们面临的"转变"，与前几轮的重点不同，不再是"唯一标准"的理论讨论，也不再是"姓社姓资"的全民争论，而重在政府与市场的关系——我们说，凡是市场能发挥作用的领域，都要放给市场，政府的作用则体现在弥补市场失灵、维护市场有效发挥作用的制度环境上。因此，必须遵循市场经济规律，更多地运用市场机制和市场手段，而不是命令机制、行政方法。对这种观念转变和方式转变，我们许多干部恰恰缺乏足够的准备，有着诸多不适应。现在，新一轮深化改革已经开始，"转"的问题已经迫在眉睫，我们"等不得"，必须加快转观念，加快改变不合时宜的方式和方法。

转变观念，就是要真正突出市场的决定性作用。从市场配置资源的基础性作用到"决定性作用"，是十八届三中全会一个最重要的理论突破，也是新一轮全面深化改革的鲜明旗帜。对于这个"决定论"，是否所有的同志都接受了和理解了呢？也有的同志，或感到"突兀"、"没有思想准备"，或疑虑市场经济的"性质问题"、"方向问题"，当然还有在"发挥市场配置资源的决定性作用和更好发挥政府作用"这一个问题的两个方面中，仍然一味地突出后者，进而片面地强调改革的重心是"解决政府缺位"问题，是"强化管理"和"大有作为"。

除此之外，我们一些同志的思想深处，仍然存在过于强调市场双刃剑的"负面效应"，以及"私营经济原罪论"和对社会组织一概"不放心"等陈旧的、固化的观念。尤其是在上海，有过很不错的"有形之手"，也有着"强政府"的誉称，这些在一定的历史阶段存在着合理性的行政管理思路，在新的条件和路径面前，很可能成为我们认识的误区，成为我们坚持市场化改革的包袱，成为新一轮深化改革的制掣和约束。因此，面对在市场和政府关系问题上"许多干部缺乏足够准备"的现状，我们必须时不我待地来一场观念的转变，才能树立强烈的市场意识和政府改革的自觉。

转，既要转观念，转变领导经济工作的思维方式，也要转方式，加快改变传统的管理手段和方法。我们现在的行政管理，较多的还是命令机制、行政办法，还不善于运用市场机制、市场手段。这里的原因有两条，一是"习惯"，多少年形成的思维方式、管理模式和行为定式，使我们不少部门习惯于用"管制"、"命令"、"禁律"这样的方式来"行权"，习惯了，改也难，"放"更难，老路子走熟的，一下子转不过来；二是"感觉"，有些同志热衷于代市场"拍板"，陶醉于对企业说"不行"，这种"权力感"，其实很有一点官僚主义、"衙门作派"的"自我"呢！上海的管理水平是较高的，但是"纵向到底、横向到边"的精密，也会带来管得过宽、管得过死的另一面，以至于我们现在最大的瓶颈在于缺少活力；上海的干部是很有责任心的，但是当久了"婆婆"甚至当惯了"保姆"，也会带来越俎代庖甚至"包办婚姻"的毛病；我们有些部门、有些同志，挥动"有形之手"长袖善舞，到了要突出"无形之手"的决定性作用了，就捉襟见肘，怎么也不习惯，怎么也不舒服，怎么也不放心、不放手。因此，加快改变不合时宜的工作方式、管理方法和行政习惯，同样也是一个"等不得"——不改，就会如刻舟求剑那样，跟不上潮流，被变化了的形势所淘汰。

转观念，转方式，和打破利益固化的藩篱，其实是密切相连的。我们所说的打破利益固化，主要并不是动老百姓的"奶酪"，而是说深化改革会触动改革参与者自身的利益格局和权力结构。而"放权"，深化政府职能转变和包括审批权力在内的行政权力改革，就会触动我们自身的利益，不但会瓦解权力寻租的土壤，而且会碰一些部门的"一亩三分地"和一些官员的"手中权、囊中利"。我们如何面对这样一种"给自己动手术"的改革，是打"小算盘"，存"小九九",以至拖延不改,还是出于"天下为公",为计"天下利",而不惜主动"割腕"、承受改革的"阵痛",摆脱对于一己得失、进退、荣辱的过多计较和留恋,轻装上阵成为新一轮深化改革的领头羊、排头兵和促进派,这可是一个最大的观念问题,最重要的"解放思想"呵!

(2014.1)

## 储藏室为什么空荡荡

这个年到昨天算是过去了。因为过了个"冷清年",于是便有西北的公务员在网上吐槽,说是过了个"裸年",真是妈妈的,引出了网友的热议。其实春节前,已有一对公务员夫妇要"辞官",什么道理呢?因为"福利"没有了,"隐性收入"没有了,靠这点干干的工资,还有什么意思?"官不聊生",老子不干了。

对于不少官员来说,这个年真可以用一个"裸"字来形容。

比如说,储藏室里空荡荡了。据新华社报道,江苏一位市民说起春节最难忘的事,居然是他当官的姐夫家,这个春节没了羊肉,堆年货的储藏室也空了。平时"送"来的年货堆积如山,吃也吃不完,今年没有了,以至于"姐姐只好自己去买菜了"。

又比如,后备厢里也空荡荡了。又是据新华社报道,南京某机关一位给领导开车的驾驶员说,往年,年前那段时间很忙,"来送土特产什么的特别多,送的东西一般都先放车里,要我去接收,领导拿得多了,也不免分我一些。今年没人来送"。你看,官车的"后备厢问题",这个因为常年塞满贡品而饱受诟病的顽症,今年一朝解决,后备厢空空如也啦!

空荡荡的,当然不止一间储藏室,一个后备厢,大概还有口袋吧——比如购物卡、储值卡等等,往年一过年,数也数不清,用也用不完,今年也"空荡荡"了,还是据新华社说,在超市商场,使用购物卡的公务员大大减少啦。至于有些"官三代"抱怨,今年的红包"大大缩水",就更非个例了。

因为"空荡荡",所以出来了不少"破天荒",上述那位做了官太太的"姐姐",当然是第一次自己上街买菜啰,还有第一次自己买水果的。苏北某市一副局长诉苦:"往年过年,家里什么时候动过现金?购物卡用不完,吃的喝的用的,储藏室都摆不下,给亲戚分分都吃不完。今年不说别的,连水果都是自己买的",至于商场里头,公务员第一次掏现金、刷银行卡,兰州的某干部,"竟然"第一次"自己花钱"买几本挂历,那都是已经见了报的。

因为"空荡荡"了,所以都得自己掏腰包,"工资基本不用"的铁打江山,终于要移易了,于是便有不少公务员抱怨"正常福利都没有了",于是有人夸大其词,说"军心"要"稳不住"啦。

其实那些堆满储藏室,塞满后备厢,尤其是"数也数不清"的"卡"等等,那是"正常福利"吗?十分明显,那是权力的畸形衍生品,是一种"寻租"而已,本来就是十分不"正常"的,只是多年以来,见惯不怪而已,一些官员年年收"孝敬",收得心安理得,还收出个"收礼依赖症",不收,便心里"空荡荡",还把它当成"正常"的"福利",离也离不开呢!官场风气如此,多数商家也只好"随礼",年年要"打点了官府上下",向官吏们"输送利益",不愿送也要送,更岂敢"一毛不拔"。官商勾肩搭背,内外权钱往来,早已不是什么眉来眼去的暧昧。

今年这个"冷清年",是过了一个好年,正如习大大笑言,某些"官员不舒服",而"百姓很满意"。当然也有人担心,这种"裸年",会不会"一阵风",到了明年,储藏室又堆不下,后备厢又塞满了"孝敬"?事实证明,要避免这个"往复震荡",单靠官员自律不够,更要靠社会的监督不松动、不麻木——比如这个年之所以风清气正,说到底,难道不是靠民主的"高压"么?

(2014.2)

## "文坛"犹闻武打声

前天,元宵过后仅仅两天,六龄童的追悼会就在绍兴举行——没有想到的是,本该庄严肃穆的告别,竟演成了一场武打。哀乐尚未响起,"猴王西游,风范长存"的横幅还悬在墙上,便有数人大打出手,结果一男面部受伤,一排花圈打翻……

其实这类的武打,又岂止是在六龄童的灵堂?稍早几日,就在春节期间,也是在绍兴,"三味书屋"的门前,不是就大打出手了么——在等候参观的数百人长龙中,就发生了拳脚相加,耳光乱扇的全武行,引来了网上一片叹息。

为什么要"打"?据网上最初的报道,说六龄童遗像前的"群殴",是因为家庭纠纷,出手的都是亲戚,无非是遗产遗物的争斗。但后来章家又出来说,动手的不是家人,只是"朋友"而已,总之一个"为什么",至今也说不清——但"三味书屋"鲁迅读书处外面的"打",却是"动机"很明白的,六个须眉汉子打一个弱女人,打得她倒地哀叫,这六个男人,一派胜利者的腔调,一脸"强者"的傲迈。这种动机或曰心态,看似没有来由,却是我们早已见惯的——这不是鲁迅笔下小小未庄那个阿Q的"胜利法"吗?中国人再熟悉不过啦!

春节里头绍兴城里的这两场武打,其实都是发生在文化雅事之间,六龄童本是艺术大家,来参加他的丧仪,又本是极文至雅之事,但是却演成了"全武行";"三味书屋"是鲁迅发蒙处,排队前来瞻仰,更是有文化的表示,结果也大打出手,变成了拳脚的"演武场"——"文坛"又闻武打声,不知鲁迅先生跑到门外,目睹这一切,竟作何感叹?

当然也有人说,这两场打戏,上演在"文坛",却不一定是文化人所为,比如来悼念六龄童的,"亲戚"也好,"朋友"也罢,都可能是目不识丁的主儿,

# "戏说"背后的迷雾

至于在"三味书屋"门外排队的,更不必是知书达礼者,他们也许本来就愚昧,愚昧到将先生的故居当作一座庙来参拜——这话自然会有一点道理,那也许是凡夫俗子,"闯入"文坛之后发生的怪事呢!但"文坛"响起的武打声中,却确实有着"文化人"的"武行",比如前些年,便有丹青大家,画坛大师,到了西南边陲的某州,因为接待不甚周密,有了一点小小"不敬",便操起偌大瓷瓶,朝当地的副秘书长头上砸去,直砸得满脑袋直冒鲜血,"砸烂狗头"之后,竟还不解其气,还要接待方"深刻检查"呢!至于这一年北京街头,"意见领袖"与文科的女研究生下帖"约架"之后,又在通衢大街上大打出手,至于文学作品研讨会上,因为一言不合,又因为人家斗胆批评了几句,于是跑上去就是两个耳光,结果变成了"华山论拳"等等,文人之间的武打,文坛上面的全武行,就早已不是什么这个春节才响起的拳脚相加啦!

还是那句老话,鲁迅先生如果在世,跑到"门里"再跑出"门外"一看,文坛不绝武打声,国民性仍然那样"隽永",又能作何感想呢?

(2014.2)

## "处长问题"?

"再大的老板,一个处长就能把你搞死,"这是近日之间,一位颇有争议的企业家的吐槽,在网上引起了沸反盈天,于是一个"处长问题",就被一些网友作为"概念"提了出来。

"处长问题"究竟有木有?有人说,这是一个大问题,也有人说,这本身就是个伪命题——我们的"处长"们,多数是好的和比较好的,县处级嘛,那是我们政权的基石,如果他们都是"问题",如何解释这些年来的大发展?再说那企业家说的,也是"在落后地区",究竟是市场发展的"落后地区",还是民主政治的滞后地带,他也语焉不详。所以不能"一棍子打死"。

但要说"处长"完全不是个"问题",似乎也不像——数年前,我到过一个地级市,那一天,市委书记、市长倾巢而出,去"迎驾"、去陪酒。什么人"奉旨出朝"以至于"地动山摇"呢?原来"上面"来了个"处长",厅官们一点也不敢怠慢,因为项目的审批、资金的切块、扶贫的款子等等,"都在他手里",就说他身后那个"小辫子",别看她只是个科长,弄得不好,也"可以把你搞死"。

当然也有这样的"处长",可以把你"搞活"。比如某部委一名叫做陈柱兵的"处长",倒是帮了企业不少忙,一是他手中那支笔,帮你快批、特批,二是由他做"中介",把公文放到其他"处长"的案头,让他"第一时间"落笔,真的做了不少"好事"。只是陈处长的这两条,都不是白干的,要有真金白银捧给他,作为他的回扣。结果这一个"处长",单靠审批一节,就拿了2400万,现在当然早已"进去"了,其实陈柱兵式的"处长",决非只有一个,他只是一只"麻雀"而已呵。

"陈柱兵现象",不是孤例,也不是今天才有,发生在某些"处长"身上的类似"问题",由来已久,史有先例——比如大清朝末年,曾国藩的湘军和李鸿章的淮军镇压下了太平天国,这样的"大功",军费的报销应是不成"问题"了吧!但被卡住了,不让报,"卡"他们的不是皇帝老儿,也不是朝廷重臣,而是官场的一批"县处级",级别大多是七品的户部书吏也即办事员。于是李鸿章只好找湖北道台王文韶"疏通",书吏们胃口不小,要求一厘三毫的回扣。当时湘淮两军军费共三千多万两银子,就是说"好处费"要40万两,相当于今天人民币八千万。曾国藩则不得已请江宁布政使李宗羲做"中",与户部书吏讨价还价,定下了8万两的回扣。于是曾国藩又上折皇上,希望军费免于户部审批,想省下这八万两。皇上点头了,但为了不得罪这批七品官,曾国藩仍表示之前说好的8万两照给,只是书吏们"不能再漫天要价"——你看,两个大清国的肱股重臣,几百万军队打胜了的军费,居然差一点被几个七品处长"搞死",更何论其他呢?

"处长问题",究竟有木有?可以七嘴八舌众声喧哗。但是有两条供网友参考,一是再说一遍,我们的"处长",多数是好人,纵然有这样那样的"问题",大多还是尽心劳力、要"搞活"而不是"搞死"的;二是即便有些层次、有的地方,确实存在"处长问题",也要从体制上找"问题",而不仅仅是从"处长"们的个人品质、道德操守上看"问题"。总之,还是要靠改革,靠政府职能的转变和行政权力的改革,才能从根本上解决"问题"——至于三天之前,有处长夫妇挥拳打残了医院的护士,那当然又是另当别论啦。

(2014.2)

## 一点叹息

习主席轻车简从,到北京最大众化的庆丰连锁店,与老百姓挤在一起,吃了二两包子和一份炒肝,于是"庆丰包子"立马风靡天下。且不说京城那家包子铺,已经人满为患、长龙排队,便是千里之外的某省"两会",也以"庆丰包子"代替了先前的八菜一汤,只是包子的个儿,谦恭地比京城的"庆丰"小了一圈。"庆丰包子"的风靡竟还惹出了官司,遍地英雄的"庆丰包子"使北京的"庆丰公司"再也不能坐视,于是诉诸法律启动打假,声明说除了北京及内蒙的183家连锁,那是他的"正宗"之外,"庆丰"再也没有在外地开过分店,你们均为李鬼。维权之举,第一刀砍的是长沙的"世界之窗",说他不仅侵犯"庆丰包子"的商标,而且连那炒肝都是冒充的云云。风靡一时演成了烽火四起,包子风波不知下文如何,但有一点可以肯定,那便是习主席与民同吃大众包子,表率了哪种风格,以及批评了什么风气,国人恐怕早已淡忘啦,风起云涌间,似乎只剩下了一只"庆丰包子"!

"庆丰包子"尚在风靡。2月18日,习总书记又在钓鱼台的养源斋设家宴款待连战伉俪,因为同是陕西乡亲,所以桌子上面,放的是羊肉泡馍、肉夹馍以及"biang biang 面",总书记还写了纸条,告诉连战那面的读法,融融两岸情,亲亲一家人。始料未及的是,不到24小时,陕西那边,便有数家餐馆,推出了"习连套餐",依样葫芦,主菜也是这三样,售价均为58元!舆论之间,惊叹"商家反应够快的",而老板却断定这"习连套餐",会像"庆丰包子"一样火遍南北!至于"习连会"谈些什么,骨肉同胞间还会怎样走近,又有多少人深悟了呢?似乎那"热点",仅在于一张菜单,一份"套餐"呢!

商家的"反应",自然不必多加指摘,借个"题材",炒一把,让生意"火"

起来，这不过是在商言商罢了——前几年美国副总统钻进北京的一个小胡同里，点了几个菜，不是立马有了"拜登套餐"么？也是那几个菜，也是那一听可乐，也是78元人民币，似乎还风行了一阵呢！多少令人叹息的只是，我们的国人，为什么总是"老一套"，总也"创"不了什么"新"出不了什么奇呢？弄来弄去蜂拥而上一个"包子"，抄来抄去邯郸学步一份"套餐"，这样的事儿，接二连三，无出其右，还有什么新鲜呢？我们的"商家"，有一点"创意"好不好呢？

当然更为"老一套"的，是世上的事情，到了咱们这里，怎么就只剩下一个"吃"字呢——鲁迅研究的"出新"，竟然是反复考据周家那一份"菜谱"，而世界名画《最后的晚餐》，人家研究的是宗教是历史是油画，而到了咱们这里，关注的却是那十三个人当晚餐桌上究竟吃了什么？这也罢了，而到了元首的活动，居然也是淡忘了他的亲民，淡化了他的新情，只归结于一个"包子"一份"泡馍"一个"吃"字，那就更不免令人叹息了。

(2014.2)

## "都教授"也是咱的人？

一部《来自星星的你》，风靡了中国，也让主人公都敏俊"都叫兽"成了青年一代心中的"男神"。一部韩剧的风靡华夏，舆论之间，是沸反盈天的，有痛心疾首，呼吁反思咱们的"文化建设"的，也有捶胸顿足，说这么多中国人追捧别人的东西，"有损于民族的文化尊严"的，当然更有国学大家，说他从不看这类"乱七八糟的东西"，似乎有了一点酸葡萄的味道。

国人的众声喧哗，正在七嘴八舌的时候，忽然传出了惊人的"喜讯"，原来那都教授，舶来异邦也好，风靡一时也罢，都原来是"咱们的人"！中原那边，有"姓氏文化研究会"的副会长星夜兼程，一举考出"都"姓源于东周初年俺们的郑国——郑王室不是有个公子椓吗？字号就叫"子都"，子孙均以"都"为姓，京戏里还有一出《伐子都》呢！而公子椓乃东周王室的一支，姓"姬"，说起来那"都"姓，还是咱周王的后代呢！不管这事儿如何扑朔迷离，"都教授祖籍或在河南新郑"的大标题，已经在网上疯传，"中原某地就有 9470 名都姓人"的"好消息"，也已刊登在不下 10 家中文报纸之上——总之"星星"再亮，也是中华文化的阳光普照，总之"都教授"再风靡再夺目，也是"俺们的后裔"，一场争论，几乎要平息下来，一起风波，几乎要消于无形，于是咱们的国人，又似乎可以不必"反思"，也不必"深悟"，可以稳稳地困觉，美美地做一个"祖先梦"啦！

其实类似的事儿，近年以来，并不只"星星"一剧。奥地利的乒乓男儿，横扫了咱们的国手，一举捧得了圣·勃莱德杯，我们的人，失落之余，不是立马发现了这老外，原来是中国人的"始爷"吗？所以"足以庆幸"，原来杯子还是在"俺们"手中。美国的科学家，又一次拿了诺贝尔奖，我们的人，虽然

"诺贝尔情结"浓烈不散,但不是也迅即发现,这老美,正是中国人的"堂侄",咱们的"小辈",他的问鼎,不也是俺们作为"长辈"的荣光吗?至于奥巴马的上台,当然说不上什么干系,但他的兄弟,在肯尼亚的那个"同父异母",讨了个老婆,不是咱们河南人吗?所以说奥巴马是咱们的"至亲",一点也不勉强哦,论起辈分来,咱还是他大爷呢!

潘基文上任联合国秘书长,咱们的媒体,就说他的多少代祖宗,其实就在中国泉州的潘山。多少国人,为潘基文的血缘而欣喜,为联合国秘书长终于是"俺们的后人"而欣慰。却不料过了几天,又有中原的另一个市县,出来声称潘基文的祖籍,不是泉州而是他那个地方。于是泉州方面,拿出当年潘基文收到"乡亲"祝贺信后那封"礼貌"的回函,而中原之地,当然不会示弱,钩沉索隐,确凿考据,说非他的"后人"莫属,于是硝烟乍起,又争得十分热闹,当然自有和事佬出来打圆场,说自己人争什么呢?反正他是咱的人,那就行了嘛。

当然"咱的人",还不止今世的潘基文们,便是西人奉为圣明的耶稣,你说是哪里人?有中国的《山海经》权威,早已经过"多年认真研究和考证,一举考出耶稣不但确有其人",而且也不是什么高鼻子的洋人,恰恰是中国上古"五帝"之一的颛顼!这样一来,当然大大提振了俺们的"民族自豪感",你看洋人顶礼膜拜的偶像,居然也是一个中国人,更何论其他呢——至于前些年流传过的关于中国人是从非洲迁移而来的说法,当然很不利于"民族自尊",于是就有学者高论、皇皇巨著,宣布咱们的祖先,既非非洲人,也非中国人,而是"外星人"——因为"黄帝就是个外星人",所以"炎黄子孙"的根,不是在地上而是在天上,那是一种何等高贵的血统呵!

还是回到"都教授是个中国人"来——这样的"考证",如此的"欣喜",除了使俺们把心放宽,把觉睡稳,把咱们的"国民性",又一次麻醉了沉浸在"精神胜利法"中而外,又有什么意义呢?

(2014.2)

## 反弹回潮更须防止

"防止纠治问题反弹回潮",是习近平同志近日的"振聋发聩"之言。在第一批群众路线教育实践活动取得阶段性成果的转折关头,"防止反弹回潮"不但指明了这一活动深入的方向,更挑明了反对"四风"的重要规律。

"反弹回潮",其实是不少人的担心。"八项规定"铁律既出,反对"四风"急风骤雨,党风政风为之一清。然而人们也普遍担心,"风头"过去,会不会故态复萌?"抓一抓紧一紧,一放松就反弹",会不会重演?这种担心,不是一种杞忧。作风问题,过去不是没有抓过,结果如何呢?往往"一记重拳"过后,便有"报复性反弹",变本加厉,变得更为肆无忌惮;往往"一阵风"过去,便有"流行性回潮",依然故我,而且更为汹涌澎湃。所以人们有担心,不是没有来由没有道理的,这是一种值得注意的历史经验。

"防止反弹回潮",更有其规律性。"四风"成因复杂、由来久远,其背后既有封建文化的历史沉淀,又有体制机制的弊端依托,既有官场流行的明规则潜规则,又有官员个人的价值素质。这既是一场攻坚战,更是一场持久战,绝不要指望一蹴而就,不要以为"一举"就可以"定局"。你看,就是在"风头"之上,不是还有浪费行为穿上"马甲",奢靡场所潜伏地下,胡吃海喝转战暗处,甚至不正之风已在"试探回流"么?不等"风头"过去,他们就要"反弹"了,可见多么"顽强地要表现自己",连暂伏一时,都忍耐不住啊!你再听,反对"四风"仅仅一年,不是就有人惊呼"官不聊生",危言"队伍要稳不住了",甚至大叫"内需"要拉不动啦、"经济"要滑坡啦等等?什么"网开一面"呀,"调整力度"呀,"适时收手"呀,已经在我们耳边响起。可见"反弹回潮",有着它所谓的规律性,绝不是危言耸听。

反对"四风",如同逆水行舟,一篙不可放缓,如同滴水穿石,一滴不可懈怠。此战绝非一朝一夕,必须持之以恒,久久为功,思想不能疲、劲头不能松、措施不能软,重拳决不能减力,更不能轻言收兵。而从"防止反弹回潮"计,更重要的是靠制度。我们过去也不是没有制度,问题在于,一是制度不够"紧",制定制度时,或"留有余地",或"大而化之",或只讲"原则上"、"基本上",或"弹性十足",所以出现"牛栏关猫"的现象,不足以将权力关进制度的笼子;二是制度不够"铁",对于违反制度的人和事,往往"放一马",所谓"人性化",纪律不能成为"带电的高压线",制度成了吓不死人的"纸老虎"。毛病出在哪里?就出在某些领导干部、"一把手"身上,既有"好人主义"盛行,"一团和气"为上,谁也不担当,谁也不唱红脸,结果拿制度当"人情",甚至博取"开明绅士"的"美誉"和"官声"的问题,当然也有带头搞特权、搞"例外",率先破坏制度的,结果形成"破窗效应",大家不把制度当回事的风气。无数事实证明,只有着眼于制度,才是真正的"久久为功",才能从根本上"防止反弹回潮"。

我们讲的制度建设,不只是讲制度的修复和整合,更是讲制度要创新——制度建设的实质是改革,只有坚持改革的思维,才能使制度与时俱进,只有坚持以改革为动力,才能对"四风"釜底抽薪,才能使任何一种"反弹回潮"失去依托和基础。这一年反对"四风"之所以卓有成效,一个最显著的特点,就是以改革为背景,与改革同步并行。比如对于官僚主义和形式主义,如果没有行政制度改革和政府职能转变为实质,那么"衙门作风"也好,"公章游戏"也罢,尤其是"权力寻租"的腐败,就仍有土壤,仍有基础,其"反弹回潮"就很难防止。很明显,制度建设的本质,是"将权力关进笼子",头痛医头不行,单兵突进不行,仅仅治表更不行,还是要厉行改革,突破利益固化的藩篱,铲除"四风"的成因,尤其是瓦解它"生生不息"的土壤,这才是真正的"制度建设"。

"防止反弹回潮",还有一条,就是监督不能弱化,不能放松。这一年的反对"四风",固然有"自律性收敛"因素,但主要是靠内外监督,其中最主要、最出新的是社会的民主监督。"四风"最怕什么?无非是怕曝光,公众的全民监督、群众的实名举报、网络迅速广泛的传播、媒体的如实报道,形成了空前的高压，使得"四风"心惊肉跳、无处遁身，日子很不好过，所以"顶不住"了，不能"顶风而上"啦。从总体上说，这种"让人民来监督政府"、"人人起来负责"的民主监督，作为我们找到的"一条新路"，同我们党主动"清理门户"是上下契合、方向一致的，也是我们整治"四风"，并且防止它"反弹回潮"的正能量。因此，在反对"四风"一年后，民主的监督仍然不能停歇、不能麻木、不能倦怠。只有上下一心、内外联手，才能真正防止"反弹回潮"，风清气正才能持久下去！

（2014.2）

## "不拿"与"不干"

"官员吃拿卡要确实少了,但不办事的多了。过去'公关公关'就能办成的事,现在就是拖。官员没了好处,也没了动力。"——这是近日一位企业家在报上的"吐槽"。这"吐槽",应是他的亲身经历,不能说不真实,当然这局部的"真实",确也难以概括全豹。然而"月晕而风、础润而雨",这似乎"起于萍末"、可能出现的倾向,值得我们注意。

"不拿"就"不干",这个问题需要好好分析。从总体上说,反"四风"以来,多数干部、公务员是有一种"解脱"感的——无穷无尽的"接待",可以免除了;昏天黑地的"陪酒",可以幸免了。例如一名县委书记一夜五次"被喝酒",一名县长一天陪洗了8次浴这样的苦恼事,现在是没有了。所以多数官员说"解放"了,他们对于官场的繁文缛节,对于"逃也逃不掉"的迎来送往、"舍命相陪"早已痛苦不已,现在时间回来了,精力集中了,瓜田李下也少多了,正好可以脱出身来,一门心思干事呢。

当然也有一些官员,觉得"不舒服"、不习惯的。例如公款吃喝不行了,没人请,请了也不敢去,偶尔喝一次,还要转战暗处,躲到乡间。又如"隐性福利"没有了,过个年,储藏室变得空荡荡,吃一个苹果都要"自己掏钱"了。有些官员据说因此"情绪低落",再也不那么"滋润"、那么有"干劲"了,于是精神疲软、敷衍塞责,该干的事也不干了,一拖二推,出现了"不拿"也"不干"的怪状——我们常常讲的干部"精神状态",在某些地方某些官员中,尤其是在新的形势下,确实有可能出现新的动向,形成新的倾向。

对于这种新情况,我们恐怕仍然要抓教育。这种教育,不是泛泛而谈,而是富有现实针对性。我们要在公务员队伍中,讲清楚"清水衙门"是现代政府的本色,"清汤寡水"是做官的本来选择,"不粘锅"是全社会对于官员要求的基本底线。"不拿",是共产党宗旨的本来规定——战争年代,我们"不拿群众一针一线",而执政时期,更是不能碰"非分之财"呵。现在的"不拿",其实是一种对于官员定位、公仆性质的回归,一种正本清源而已,为什么有些人会"不舒服"呢?因为"拿"惯了,以为那是正常,有了"隐性福利"的依赖症,不"拿",心里就空荡荡,就"官不聊生"啦,于是"精神状态"就不好了,"干"就"没味道"了。至于有的人深感"官不好做",请个吃喝都有眼睛盯着等等,那就更要讲清楚。民主监督是现代治理的常态,我们必须习惯在众目睽睽下行事,习惯在七嘴八舌众声喧哗甚至偏激误解下执政,因为这本来就是民主政治的天经地义,更是共产党为了防止"政怠宦成"而艰辛找到的"一条新路"呵。总之,只有进一步讲清楚一部共产党的政治学、《政府论》的本来面目,才能从根本上防止既"不拿"又"不干"的倾向出现。

至于还有极少数"没了好处",就"没了动力"的官员,恐怕就不是教育一下的问题了。确实有少数人,他们把"干事"、"办事"当作权钱交易的筹码,把权力当作"钓饵",办个事、批个文件、盖个章等等,都要有"利益输送"。"没有好处不办事,有了好处乱办事",是他们形象的写照。给你的"盘子"要回扣,批个项目要"干股",甚至连乌纱帽都有明码标价,早已不是"公关公关"就可以高抬贵手那样的事了。对于这种权力寻租,就不能指望他幡然觉醒、立地成佛,从此变得既"干净"又"办事"。对于权力的腐败,只有严肃查处,直至"干掉"才行。

其实,"不拿"更应干事,也更好干事。我们说干部要想干事、会干事、干大事,前提就是"干净干事"。只有"不拿",两袖清风,才能一身正气,只有出于公心,决策才能科学,事才能干得好。过去也有这样的情况,有的干部也干了事,还是不小的事,但因为"拿"了,结果走向了反面,甚至"进去了",好事一笔勾销,反而成了罪人。事实证明,"不拿",才能轻装上阵,心无旁骛地干好事;"不拿",干成的好事才不至于"白干"!

(2014.2)

## 不要忘记了"窑洞对"

《中国年度法制新闻视角》自去年出版了2012版后，现在又编集了2013年度本。回眸风起云涌的过去一年，《视角》所收入的数十起法制事件或曰法律风波，是按照这些事件对于中国法制进程的意义和广大公民的关注度与反响度来选择的，它凝结了华东政法大学法制新闻研究中心众多教授、研究员的智慧和视野，更反映着我们社会的脉动和呼声。

"法制"是什么？与其仅仅望文生义地把它理解为"法律制度"，似乎还不如从它的原意出发概括为"法的制约"。法制不是"上"所"以法治下"，法制恰恰是指法律制约所有的人，所有的人都必须遵守法律，法律面前人人平等，谁也没有特权，谁也没有例外。正是从这个意义上说，法制实质上是一种民主的"状态"，只有现代历史类型的国家，才能被称为"法治国家"。法制的口号和行动，历史上首先是针对王权的，君主也讲"法律制度"，有时还是"严刑峻法"呢，但那是"驭民之术"，他"口含天宪"，自己却高居于法律之上，其权力完全不受制约。只有在近现代民主的社会之中，法制的本意和深层含意才能实现。

这其实也告诉我们，法制的核心不是别的，就是宪法，因为宪法规定了公民与国家这个最基本的关系，所以才称为"母法"、"根本大法"。宪法的精髓又在哪里？就在于民主，只有民主才是法制。共产党本应有自己的"宪法论"，集中体现在延安时期毛泽东那著名的"窑洞对"中——要摆脱"久而久之，政怠宦成"的历史怪圈，要走出"其兴也勃，其亡也忽"的"历史周期律"，就必须"让人民来监督政府"，"只有人人起来负责，政府才不敢懈怠"，才不会人亡政息。共产党找到一条新路，"这条新路，就是民主"。其实监督和制约，历朝历代都有，封建国家发展到炉火纯青的阶段，对官员的纠稽监察还很"有力"呢，甚至也搞了"分权制衡"那一套，为什么仍然走不出怪圈呢？其中重要一条，就是平行权力的牵制也好，上下权力的分解也罢，它只能封闭地从政权的内部找"杠杆"，除了出几个清官之外，并不能避免整个王朝的腐化。无数事实证明，人民的监督权直至罢免权才是从根本上防止腐败的"第一支点"。今天我们讲法制、谈宪法，仍然不要忘记"艰难困苦"时已经"想明白"的"窑洞对"的那"一条新路"，尽管几十年来，这条"路"几经反复，历经曲折，到今天还在艰辛探索。2013年的《法制新闻视角》，在选择和编写时，将注重这类事件的宪法价值作为最大的"权重"，可以说是一大特点，一种独立的"视角"。

关于"新闻"。多年之前，在筹划《新闻法》的开初，我曾提出过"新闻"及其法制，不是个民法问题，而是个宪法问题，从本质上说，它属于宪法规定的"公民权利和义务"，尤其是"言论自由"的范围。近年以来，所有有影响的"法制新闻"事件都不是一个封闭的圆，社会公众从全过程全方位发表自己的言论，形成了"七嘴八舌"、众声喧哗，谁也不能一言九鼎，谁也做不到一锤定音的态势。法制从来没有这样被全社会关注，也从来没有像今天这般得到普及。我们已经处在一个利益多元、诉求多样、选择多角度、变化多端的开放社会，法律也要在众目睽睽之下运行，法制也要倾听纷纭复杂的各种声音，这正是一种现代化的方式。正是从这一点出发，《法制新闻视角》并不只是法制事件的始末的和司法判决的再版，它着重展示在法制新闻起始、展开和收官的全过程中，社会各方的反响、评说和"庶人相议"，这不但有助于我们多视角、多层面、多因果地观察事件，而且是我们"普法"的最佳方式，是民主和法制最好的课堂——这也许是这本《视角》最大的特点，最与众不同之处呢！

《中国年度法制新闻视角》还将一年一年地编下去，希望我们能从中听到时代前进的每一个脚步声，也看清我们每个人都亲身经历、参与其中的法制建设的"路线图"！

(2014.2)

## "教授"问题

刚刚结束的"两会"之上,也是官员的孟学农委员一言"好几个贪官都是博士",激起了网上的波澜,我看诸多的门户网站,都是黑标题上首页,评论跟帖也早已不是寥寥。

其实贪官岂但是"博士",还有不少是"教授"呢!季建业是"教授",张二江是"教授",而贪官王益,除了"教授"而外,还是个"博导"呢!

当"教授"的官员,不都是贪官,但这么多官员到高校学府去当教授,多少令人叹息,也引人诟病。

官员当"教授",当然要两面讲。也有一种官员,学有专攻,腹有经论,去讲坛上"教授"一番,也不是不可以。但是更多的官员,他的"学",是在政界官场,肚子里多的恐怕也是为官之道,做报告发指示可以,你叫他到三尺讲台,面对莘莘学子,似乎就不知所云,更何论学术性、专业性云云呢?

既然如此,为什么那么多高校大学,喜欢请官员做教授,不但乐此不疲,还有抢夺失态的呢!据说道理有三,一曰"撑门面"。官员可以提高大学的"地位"吗?可以的,君不见有的名校,宣传他的"质量",是将桃李之中,有多少高官,作为"门生榜"的吗?所以"教授阵容"中,官员如果济济,那就很有面子,也很有知名度啦!二是"软环境",说教授中有了那么多官员,门好进事好办,会"有力"地支持办学啊!当然二则以外,还有第三,那便是"顶不住"。有些官员,不但要做能吏,而且喜欢"学者型"的名声,他或明或暗,要到大学当"教授",金口既开,不论于权势,还是于面子,一所大学难以拂违,只好从命,让他做"教授"的呀!

其实要想当"教授"的官员,不只中国有。当过总统国家安全事务助理,又官居了国务卿的基辛格,就老想回哈佛当教授。但哈佛不欢迎,不给他"面子"。什么原因呢?认为这个在闪光灯下显赫惯了的明星,每天想的是在哪里演讲,接受什么样的采访以及与哪些名流共进晚餐,"亨利能给我们带好博士讲好课吗"?于是哈佛一口回绝,不接纳他——国务卿的来头够大了吗?可是哈佛就是不买账。

不要以为美国才有这样的"愣头青",在咱们这儿,其实早有过"不买账"的大学——早在1927年,钱锺书的父亲钱基博任南京东南大学的国文系主任。文学院长梅光迪带来一位支先生,说是"蒋总司令介绍来的",且有蒋中正的亲笔信,要荐支当"教授"!钱基博看也不看,"总司令可以委任军长师长,而没资格聘用哪怕是一个小学教员,因为不在他职权之内。教授需要哪种人哪种知识,做总司令的人不会了解"。这位支先生,又取出段祺瑞、孙传芳两位大佬看了他的书后的称赞之信,钱基博又曰,大著读过,本来极佩宏通,不过因着段孙两位的话,价值却减低了。"从前孔子作《春秋》,没有听说要送给季孙、陈恒看,得到权贵的恭维呀"!钱基博一语"如果不符合条件,有总司令的信也难以从命",终于没让这位亦官亦学的支伟成支先生当上教授!

有人称赞钱基博的"操守"、"气节",也有人说,钱先生因为这"操守",终于拎皮箱走人,叫做"胳膊拧不过大腿"——但我觉得,这"操守"二字,终归应当是大学的气节,如果这也"顶不住",还谈什么"自由之思想、独立之精神"呢?

(2014.3)

## 轧一下"闹猛"又何妨

春来江南，正是赏花时节，于是说起了"花节"——上海的"花节"知多少？据说先后共有18个之"多"，上海樱花节、上海桃花节、奉贤菜花节、金山百花节、青浦草莓节、松江兰笋节……"简直让人挑花了眼"。于是有识之士就惊呼"18个花节'轧闹猛'"了，于是就提出要"整合"，统一于一个"白玉兰花节"来解决"多而散"的问题。

花节确是散的，18个花节，有市郊各区的主导，也有全市层面各个方面的操办，"遍地英雄"，才有了"百花齐放"。这符合"花"的规律，不同的时节，花开别样，不同的地区，更是花色各异，大自然的多彩多姿，不同地域的七彩纷呈，能"整合"成一个"花节"么？至于一个"多"字，君不见花节时分，人满为患，拥挤不堪，恐怕"多乎哉，不多也"，还是市场说了话。

"整合"本来是个好字眼，但在我们有些人的嘴里，例如"统一"、"统制"这样的爱好，几乎成了口头禅。比如新兴业态刚刚露头，就要急忙"纳入正规"；又比如社会各方一有积极主动，就要"统一"起来；再比如刚刚轧了一点"闹猛"，就要"治理整顿"，总之凡事都要"整合"，要"统一"，要靠人为的"统筹"。多少年来的计划思维，使我们有些人不明白多样化是事物的常态，多元化是市场的本相，让各色人群的主动性、独立性和创造性充分涌流，才是最好的"双百方针"和"三宽政策"，才是最大的生产力啊！

"花节"属于文化旅游产业，由此便想到了文化创意领域。创意也好，创新也罢，都是一种"头脑风暴"，更多的需要个体的思维和个性的张扬，需要"独立之精神、自由之思想"，所以千万不能干预过多、"整合"过度，文化创新往往是不能"统一"的，也是不宜"统制"的。如果说，管得过多、统得过死，对于经济已是一种阻碍，那么对于文化，就更是一种禁锢了。文化创意，就要一点"多而散"，就要轧一点"闹猛"，甚至还要容忍一点"无序"。动辄要"整合"，时时要"统制"，就违反了文化的规律，也违背了人的独立思维和自由发展的规律，这正是文化繁荣的大忌。这个道理，就不止于18个花节的利弊是非了，而是说，我们的某些习惯定势要改，那些根深蒂固又不合时宜的观念更要移易。

18个花节，会不会"统一"成一个节？这要看市场。也许有的花节会联袂而出，会牵手而行，甚至会融为一体，但这绝不是人为"整合"的结果，这是市场在更大范围内配置资源的"决定性"作用，这是优胜劣汰、择善而从的市场取向和市场力量。市场有其最大的优化作用、最好的选择机制，强扭的瓜不甜，我们完全不必因为"摸"惯了，什么都要去摸一下，还是收住"闲不住的手"吧，更不要去当"千手观音"！

这篇小文所说，当然不只是区区一个花节之争。

(2014.3)

"戏说"背后的迷雾

## 想一想这番"兰考之问"

习近平同志来到兰考,激起舆论一片热议。我们热情吟诵那一首《念奴娇·追思焦裕禄》,我们由衷点赞那一份以烩面为主的简餐菜谱,但我们更不要忘记,在焦裕禄生活和战斗过的地方,总书记提出的一个问题——革命战争年代我们党同敌人作斗争,一刻也离不开老百姓的保护和支持,党执政了是不是能做到一刻也离不开老百姓?

新华社说,这是一个"发人深省的发问"。是的,这个"兰考之问",不仅概括了焦裕禄精神的精髓,而且提出了一个执政党摆脱"历史周期律"的规律性问题。

战争年代,我们与老百姓血肉相连,那是因为"一刻也离不开"。炮火连天之中,没有老百姓的支持,没有根据地的依托,就没有人民军队的"胜利之本";白色恐怖之下,没有老百姓的保护,没有"堡垒户"的掩护,就没有地下党的栖身之地。因为生死存亡,所以党一刻也没有"离开"这些百姓。问题在于执政之后,尤其是在对外开放和市场经济条件下,不但生命之虞早已没有,日子也"好过"起来,于是我们的队伍中,脱离群众的风气开始滋生,"政怠宦成"的奢靡开始蔓延,盛行于某些地方的"四风",其实质是"离开"了人民群众,其要害是某些同志以为可以"离得开"老百姓了。

"一刻也离不开老百姓",是因为我们手中的权力来自于人民。"我们的权力是谁给的"?这是一部共产党的政治学根本性的起点,这个问题不搞清楚,就要走向反面。对于我们来说,江山"打下来"也好,国家"搞上去"也好,都是执政的合法性,这种合法性说到底,是顺应人民的意愿,接受人民的授权。我们每一个"官位",都是人民给予的权力,都是老百姓给你的舞台,令人叹息的是，也有这样一些官员，以为自己头上的"乌纱"，是他"熬出来"的、"攒起来"的，甚至是上面某个人恩赐提携的，唯独忘记了老百姓才是"权力的渊源"，他可以给你权力，也可以让你"离开"走人。

"一刻也离不开老百姓"，还因为对我们的监督来自人民。人民授予我们权力之后，他手里就空空如也，任你随心所欲去当"父母官"了？不是的，人民手里还有监督权，这是从来没有"转让"的。老百姓的民主监督，是防止权力腐化的最终杠杆。我们固然需要自律，也需要权力内部的制约监察，但从根本的意义上说，"只有让人民来监督政府，政府才不敢松懈"，"只有人人起来负责，才不会人之政息"。民主监督是我们不蜕变、不腐化最好的清醒剂和防腐剂，是新形势下对每一个官员最大的"保护和支持"。我们要习惯于在众目睽睽下行事，在七嘴八舌中执政，这不是一个方法问题，而是说我们要掌好权力、管好自己，就"一刻也离不开老百姓"。

总书记的"发问"，值得深思，更需要回答。只有懂得"一刻也离不开"，才能做到"须臾也不离开"，只有把群众观点的来龙去脉搞清楚，才能把对群众的感情这个立场问题坚持好。

(2014.3)

## 低级趣味必须远离

两会虽已降下帷幕,但人大会场习近平同志关于干部要"三严三实"的告诫,仍然振聋发聩。"三严三实"首先是"严于律己",律己的重要一条是"自觉远离低级趣味"。"趣味"是人的价值观的集中体现,是人的素质、"官"的品位的集中反映。做"一个脱离了低级趣味的人",是共产党人的道德追求,更是当前某些干部的突出软肋。

事实证明,"低级趣味"是腐败的伴生物,贪官往往品格低下。马向东爱赌,可以倒背《赌术精选》;张二江好色,喜欢看A版的《玉蒲团》;而胡建学的一本《麻衣相法》,几乎要翻烂啦!某贪官的"趣味",在于"藏钱",从床下抄出百余万港币,还理直气壮地说,"这是个人爱好";某贪官的"趣味",则在于"数钱",贪贿的300万,每晚把存折拿出来看一遍才能舒坦入睡。至于某些官员,不但喜爱豪饮酗酒,"革命的小酒天天醉",而且还爱好"一条龙",吃饱喝醉了要到那种地方去,甚至养成在歌厅浴池接见"朋友"、"搞定OK"的习惯。难怪有的"商人"说,不怕领导不好见,就怕当官的没"爱好"。可见,"趣味"问题成了一个"突破口",成了千里长堤一朝溃败的"蚁穴"呢!

"趣味"问题并非只有贪官才有,也不只是"八小时之外"的事儿。有的官员不贪不贿,他们有着更大的"志趣"——花足心思"研究"官场仕途的"为官之道",似乎那"趣味"还很"高深"呢。比如说,对"上"的依附关系,用心揣摩"上面"的心思,着意摸清"上"之所好,甚至连上级的来龙去脉、三亲六戚、习惯爱好都搞得一清二楚,目的是做好领导的"牛马走",以便"深得上心"。又比如,对同僚的"一团和气",同志之间即便心有不和,面上也要吹吹拍拍、拉拉扯扯,明知不对,也不指出,明知己错,也要互相遮掩,美其名曰

"和睦相处"。当然还有搞小圈子，甚至结成朋党、派别的，或哥们抱团，或以邻为壑，一损俱损、一荣俱荣，你中有我，我中有你，互相"提携"、共同"进步"的。再比如对"下"的讨好迁就，原则面前不唱"红脸"，制度面前不当"恶人"，有了问题不批评、不处理，网开一面、放人一马，目的只是博取所谓的"官声"、美誉，更为了获取到时候的"好评"和"高票"。浸淫于某些官场这套炉火纯青的"为官术"，看似莫测高深，很有"学问"，实则是一种更深刻的"低级趣味"，是一种庸俗的官场风气和腐化的官僚文化。

说到"低级趣味"，似乎并不完全是那种"下三滥"，还有一类"高雅"包装下的"趣味"。比如某些干部的"读书问题"，他们不但"读书"，而且研究"政治"。从《官经》到《厚黑学》，从《历代君臣权谋大观》到《帝王驭人术》，再到《官场文化与潜规则》，摆满了有些官员的书橱。其中有些人，尤其喜读帝王将相稗官野史，热衷封建官场黑幕权术。半部《论语》是不去读的，一部《资本论》更是素未谋面，然而一册《官场权谋》却天天摆在枕边，一套宫闱秘史则天天带在车上。从帝王驭吏，到权臣谋变，再到后宫争宠，潜心研读，反复研究，把专制政治下的治人之术和官场争斗，当成"领导艺术"来"学以致用"，奉作"做官经典"而烂熟于心，兴趣盎然，乐此不疲。在某些地方，几乎成为一种风气、一种时髦——其实这叫做"学一点历史"吗？封建专制的威权政治之下，治人之术、黑幕官场，充满着对法制的不屑、对诚信的亵渎、对他人的戒备、对同僚的倾轧，满目争斗篡夺，一味笼络收买，到处投其所好，像指鹿为马、笑里藏刀、阳奉阴违、瞒天过海那样的"权谋"，难道可以拿来"古为今用"吗？可是有些官员，却当成了今天的"为官之道"，而且还有满腹"学问"、如数家珍的呢！这种"读书"，这种"高深"，这样的"修炼"、"造诣"和"兴趣"，难道不是一种更加深层的"低级趣味"、更加浓厚的封建色彩么？

"趣味"问题，是官员的人格和官品问题，我们要高度重视之，也不宜狭隘解读之。远离各种类型、多种层次的"低级趣味"，应当成为每个共产党人的自律，也应当成为党风政风建设的一个要素。

(2014.3)

## 要有一点辣味

"要有一点辣味",这是习近平同志兰考之行对党内开展批评与自我批评的要求。如果说,在第一批群众路线教育实践活动开启之初,总书记提出"有话放到桌面上讲",是对重新拿起"批评武器"的号召,那么在第二批教实活动开展之时,总书记提出"要有一点辣味",则点出了开展批评与自我批评时一个带有倾向性的问题。

批评与自我批评,这个党的"祖传法宝",这个我们党区别于其他政党的"显著标志",现在重新拿起来,是对党的先锋队性质的一种回归,是对曾经流行多年的"一团和气"的官场风气和明哲保身的"做官哲学"的一种拨乱反正,是一个可喜的进步。同时我们也要看到,即使是在教实活动中,对于这个"武器",不少地方、不少同志仍然很不习惯、很不适应,甚至仍然不敢真的"拿起"——其中一个值得注意的倾向,就是"批评"是有了,但是缺少"辣味"。

有的地方也搞"批评与自我批评",但那是一种什么样的"批评"呢?或避重就轻,或虚与委蛇,或轻风掸灰,或明批暗捧。例如对于领导"不珍惜革命的本钱"那样的"批评",并不只是一种幽默。这样的"批评",让人十分容易"接受",甚至还很"受用"呢!哪里说得上"红红脸、出出汗",哪里像"猛击一掌"的样子?至于自我批评,有的同志也搞一点,但是既不"洗澡",更不"脱裤子",有的对照检查,通篇充斥着"不够"、"不足"、"尚欠火候"、"还需要进一步提高"等"谦虚"字眼,洋洋洒洒数千字,对于自己实际存在的真问题以及问题背后的深根源,却一字不提,一点也不触及。所以有群众说,他们在对上放"礼炮"、对同级放"哑炮"的同时,在对自己放"空炮"。总之,批评与自我批评没有"辣味",成为当前某些地方、某些单位教实活动中出现的一个新问题。

说轻一点，是一种"应付"，一种"过场"，一种"程式化"的"不得已"；说重一点，是党内生活中不健康甚至庸俗的风气在新形势下"顽强"的表现。

批评要有"辣味"，首先不能只要求批评者要有勇气，要"大无畏"，关键是领导干部、"一把手"要有"吃辣"的品位与肚量。面对批评的"辣味"，一是要有"雅量"，对辛辣的批评，要听得下去，更要听得进去，要有这样的胸襟，这样的作风，让人讲话，让人讲尖锐的话。二是要讲"规矩"，批评本来就是党员的基本权利，所以"不打棍子，不抓辫子"，尤其是"不穿小鞋"，是党法党规的天条，不是什么人的恩赐。要让批评有"辣味"，党内就要有健康的空气，你要人家"知无不言，言无不尽"，首先要有"言者无罪、闻者足戒"的环境和氛围。批评者固然要有"五不怕"的勇气，但如果要有"舍得一身剐"的思想准备，才能提出批评，那还有几个人敢于做"出头椽子"呢？所以说，要改变虽然有了"批评"但是缺少"辣味"这样一种情形，首先还是对领导干部的要求，要从自身做起，开一个地方、一个单位的民主好风气。

批评要有"辣味"，还指的是批评要有质量。凡真正有"辣味"的批评，都是击中要害的批评，因此批评也要有根据、有分析、有一点建设性。口无遮拦固然可以，口说无凭则不宜；"放大炮"固然也无问题，但乱放炮则于事无补。事实证明，"辣味"不是指声高言重，更不是要动辄拍桌子。真的"辣味"，是讲道理、讲规律、讲在点子上，这样的批评，才能使人红脸、出汗、坐不住，才能让人幡然惊醒。如果只是吹胡子瞪眼，或者只是想当然的"批评"，或空穴来风，或无的放矢，这样根本谈不上什么"辣味"！

(2014.3)

## 敢担当是一种鲜明品格

当前,全党正在学习习近平同志系列重要讲话精神。讲话的一个突出点,就是通篇贯穿着强烈的担当意识,就是反复强调领导干部要敢于担当。

敢于担当,是共产党人的鲜明品格,党不是一群松散的同路人,更不是坐而论道的俱乐部。党是工人阶级的先锋队,有着明确的奋斗目标,尤其是作为执政党,我们肩负着人民给予的权力和托付,在"赶考"中是要交出合格答卷的。敢于担当,又是领导干部的时代责任,尤其是在深化改革的今天,党承担着在错综复杂的矛盾中驱动和引领新一轮全面改革的重任,承载着人民的期望和群众的利益诉求,必须有为党尽责、为国奉献、为民分忧的担当精神。

强调"担当"二字,不是空穴来风、无的放矢,而是有着十分鲜明的针对性和十分尖锐的批评性。在我们的干部队伍中,不敢担当已经成为某些同志身上的突出"软肋"。比如说,不讲是非,只讲世故。信奉多栽花、少栽刺的庸俗哲学,不讲原则、只讲关系的"潜规则",只看领导怎么说,"大家"怎么看,就是不看事情是非曲直。又比如不讲有为,只求无过。在其位不谋其政,遇到矛盾绕着走,遇到群众躲着行,推诿扯皮、敷衍塞责,假深悟"真道"之名,行庸政懒政之实。再比如说不讲批评,只讲和气。习惯于当老好人,搞一团和气,对问题不敢讲不敢管,或当面不说背后说,平时不说节骨眼上乱说,甚至还有推波助澜的。更有甚者,不敢担责、只图诿过。做事怕担责任,患得患失,没有吃苦迎难的意识。揽功诿过,事情做好了,是自己考虑周、想得全,做得不好都是他人的问题。当然还有在重大原则问题上做"骑墙派",不但不敢发声,而且过分爱护一己的羽毛,不但要做"太平绅士",更要争做"开明绅士"那样一种圆滑,更遑论守土尽责、旗帜鲜明。总之,在某些地方、某些层面上,"不敢担当"成了官场的一种坏风气、一种通病,说它是另一种官僚主义和奢靡之风,一点也不过分。

突出"担当"二字,就要在原则问题上敢于"唱红脸"。有些同志面对歪风邪气不敢"翻脸",不敢"拍桌子",生怕得罪人,"脱离群众"被说成"作风粗暴",把"宽容"、"宽松"、"宽厚"当成自己的"官声"和"人望"。尤其是在制度问题上,要么设计制订时"留生路",以至于"牛栏关猫";要么制度被破坏时"放一马",搞下不为例,结果形成"破窗效应",制度成了"稻草人"。不敢"唱红脸",固然有"好人主义"作祟,但说到底,还是出于私心。一是在不正常、不健全的官场风气中博取所谓"好领导"名声,获取选举测评时的"好评价"、高票数;二是自己也不干净,因此不敢批评别人,你在台上说人,人在台下说你,己不正,焉能正人,所以眼开眼闭,绝不敢"动真格"。

突出"担当"二字,就要在改革中敢于"当闯将"。我们面前的新一轮改革,既无既成模式,也无现成经验,既要"涉险滩",又要"啃硬骨头",敢不敢先行先试,能不能"大胆闯、大胆试",就是一个敢不敢担当的问题。改革的试验是会有风险的,我们决不能因为怕失误、怕动荡、怕负试验失败的责任,而按兵不动,而左顾右盼,而观望不前,甚至指望别人"赴汤蹈火",先搞出样板来再"跟进",自己却步步为营、后发制人。现在全社会正在形成"宽容失败"的改革氛围,只要你出于公心,就不会再对"败军之将"搞"一票否决",甚至不再对探索的失误作负面评价。其实,"第一个吃螃蟹"的人,即便败于一时,群众和历史也会作出公正的评价,也是虽败犹荣的。我们要有"敢于担当"的勇气和公心,在改革面前,做披荆斩棘的先行者和探路人。

突出"担当"二字,就要在矛盾面前敢于"担肩胛"。我们不是一般性地讲要直面矛盾,不能绕道走,更是说我们正处于社会矛盾的凸显期,多元、多样、多变的各类矛盾交叉叠加、盘根错节。面对错综复杂的矛盾,有的同志不敢面对,更不敢去化解,生怕成为矛盾的"焦点",于是一躲、二拖、三推托,让"上面"来"承担责任",或让别人去"火中取栗",自己则躲进"避风港"。矛盾躲得开吗?那是一种客观存在,你躲避它也会找上门来;矛盾拖得起吗?拖之既久,累积越深,到了积重难返,就木已成舟,想解也解不开了!当前,在互联网众声喧哗的情况下,更有一些同志不敢去"现场",不敢"拍板",不敢当"出头鸟",生怕成为舆论热点,生怕被"拍砖拍到死"。一方面,我们要更新做群众工作的能力,习惯那种在七嘴八舌甚至误解偏激下执政的"常态",另一方面,恐怕还是不能过多计较一己一时的"名声",只要君子坦荡荡,就不要怕误读和误解。

总之,总书记为什么"通篇贯穿"、"反复强调"担当二字,我们要深悟"懂得"才行,要从我"担当"起才行。我们的党,旗帜鲜明地支持担当者,为担当者撑腰鼓劲、排忧解愁,让"担当可贵,担当光荣"在干部队伍中蔚成风气、正气、硬气!

(2014.3)

## 先从"小儿科"治起

本周并无大事,于是小小一条"做饭新闻"便激起波涛汹涌——河南高级人民法院院长张立勇一言"庭长必须会做饭炒菜"照例引出了雷厉风行,下属南阳中院召开专题会议,提出具体方案,把"法庭庭长会做饭"与"支部建在法庭"并列,作为创建评比的条件;内乡县法院则召开党组会议,把"每位庭长学会做饭并且带头做饭",作为"当前法庭工作的一个重要内容来抓,并将此纳入年终法庭目标考核内容,不符合要求的一票否决,取消年终评奖评先资格";至于南召法院院长更是提出"不会做饭的调离"……

"做饭新闻"一经见了报网,舆论全是拍砖的,说它"小儿科",当前反对四风,高调热烈,你却去抓一个"做饭问题",岂不是"庸俗化";也有人说,法官就是要公正断案的,会不会做饭干你屁事!更有人担心,一个法院,大家都扎起围裙来做饭,还有辟了小菜地,配了消毒柜的,搞得烟熏火燎,岂不倒胃口?

"做饭新闻",是从微博上了纸媒又到了门户网站的,究竟怎么回事,我看河南高院还会有解释甚至辩正,但依我所见,如果此事属实,不但不全是"小儿科",而且还有一点"现实针对性"呢!这针对性,倒不仅是河南法院系统说的"做好中饭,为了健康",而在于张立勇院长提到的"如果当事人请客,可能就出去吃人家的了事,这事关法院形象,还有腐败之嫌",所以要提倡吃自己做的饭!其实不光是一些法官,某些地方,不少官员,早上睁开眼睛就出去喝酒,吃请的"应酬"早已排满了一日三餐,连"中午饭"都喝得醉醺醺,并不罕见。所以河南高院从"自己做饭不吃请"抓起,还是有道理的,虽然有一点"小儿科",但也是出于无奈吧,算得用心良苦——其实我们现在的反腐正风,大量的正本归清,不正是要从最基础的 ABC 抓起,从最"小儿科"的毛病治起吗?

当然被称作"小儿科"的事,并不止"做饭新闻"一则,前几天有机构调查,说反四风之后,官员在家时间"平均增加了 30 分钟",是个可喜的进步!"30 分钟"出来,也有网民吐槽,说反腐整风,竟然是"落实"到多在家陪老婆?真是"庸俗化"!其实这"30 分钟"真是一个"进步"呢!君不见有些官员,下班后要去吃请,吃请后还要"一条龙",夜夜笙歌,乐不思归,更有通宵达旦的,连睡觉都不在自己床上呢!君不闻有的"大院",成了"寡妇村",当老婆的,三月也见不到"公仆"一面,他自有"温柔之乡"呢!所以省下的这"30 分钟",能够为老百姓操劳更好,如一时不能,还是先回家待着吧,总比整天混在"外面",泡在酒里要好!你说这是"小儿科",那咱们除病祛邪,还是先从"小儿科"看起吧,谁叫他的毛病,本来就不是个健康的成人该犯的病呢!

当然网民的拍砖也不是全无道理,比如法院的正风气,要求是该高一点,规定庭长"自系围裙",虽出无奈,毕竟有点滑稽;又比如官员的从酒醉中解放出来,当然也不仅是为了顾家陪老婆,而是要更多地为民操劳——这就好比前几天一则调查,说这一年之中央本级部委三公经费就减少了 71.54 亿元,降了 10.2%,于是网民就问,省下来的钱应当用到哪里去?这个问题是提得对的,我们反四风,"降下来"的公款,"省下来"的时间和精力等等,应当用在哪里,这可不能"小儿科"哦!

(2014.3)

## "为官不易"又岂能"为官不为"

"遵守规矩不是无所作为,'为官不易'不能'为官不为'",这是刘云山同志近日在推进群众路线教育实践活动时说的一句话。这句话为什么引出网上热评和公众热议?因为它不仅讲了一个政治学上经典恒定的道理,更指出了当前某些官员中存在的一个倾向性问题。

为官真的"不易"。当一名"公仆",一是要甘于"清淡",当官与发财不能两全,官员主要靠俸禄过日子,还会有一点"清贫"甚至"清苦"。你不甘清苦,可以挂印下海另请高就。有一句话说是"当官不为民做主,不如回家卖红薯",其实还有一句,叫做"当官若要发大财,请君辞官下大海",也不是没有先例。二是要自守"清白",当官就要两袖清风,要当"不粘锅",非分之财不能去碰,见人发财不能眼红。这两条,是天经地义,鱼与熊掌不能相兼,决不能又有权力又有"油水",这是当官历来的"不易"。

但近年以来,为官更为"不易"。什么道理呢?一是反腐纠风,从顶层而始,对于官员的制约、纠举和监查,规矩越来越严,限制越来越大,严格而外,甚至有一点"严苛"的味儿。官员的行止要更加自律,稍一出格,就会受到处分甚至查办。二是民主监督,整个社会尤其是网民的眼睛,都紧紧盯着官员的一举一动,我们必须在众目睽睽下行事,在七嘴八舌中执政,甚至连一部分"隐私权",也已经实际上被"让渡"出去。也有一种说法,说现在的"为官不易",其实是一种正本清源,是回归于正常,是对过去为官过于"容易",甚至可以随心所欲的一种反正——当官这个行当,本来就应当"不易",本来就应当在严规戒律之下、万众瞩目之中,"夹起尾巴做官"嘛!总之,"为官不易"才对,才符合现代政治学和民主社会的规则。

因为"不易",所以有些官员就"不为"了——所谓"不拿也不干",就是一种。不吃请了,不收礼了,但是绕行躲事、推托躲避,"无所作为"总可以吧?"不易"就"不为",一是什么"好处"也没了,连喝个小酒、用个公车都要小心翼翼了,于是有些官员"精神状态"就不好了,"没什么意思",情绪低迷,心态黯淡,甚至"满腹怨言",那种"热情"与"积极性"都低落了,更何论"干劲"与"激情"?另一类则不同,他倒不是"小儿科",而是因为今日之下,"曹营之事难办",什么事都要饱受众议,什么时候都是众声喧哗,正当的批评当然不少,但舆论的挖苦、起哄、误解甚至漫骂更是家常便饭。"为官"真是"不易"呀,在这种压力下执政、办事,倒还不如"不为"呢!不干,不当出头椽子,就不会成为"热点"、"焦点",还不行吗?

"不易"也不能"不为"。我们的官员,要搞清楚、想明白,"为官"本来就是"不易"的,既然选择了这个职业,那就是自己的价值追求,更是人民群众的信任重托,就不要因为"不易"而三心二意;"为官"本来就是要受到监督的,既然当了"公仆",就要习惯于在公开透明的态势下执政,就要习惯于自己的言行举止都要受到公众的检视,也要习惯于受到误解甚至蒙受某些"不白",一切交给实践、历史和群众去检验。更重要的是,"为官"就要"有为",要有"担当",要有"肩胛",要"想干事、能干事、干成事"甚至"干大事"。当官如果不作为,那就是尸位素餐,就不如回家卖红薯。"干净"是要"干事",守规矩是要好作为,"干净"不只是洁身自好,"修齐"终究是为了"治平",为了"有为"。"不为"的问题,过去有,现在成为某些官员中的一个新倾向,是因为反对"四风",他们倍感"不舒服",是因为社会监督,他们倍感"不习惯",这两个"不"是"不为"的原因,是当前有些官员中普遍存在的"不担当"的新缘由——我们对于某些官员队伍中的这一股"风",要有足够的警惕和深刻的剖析,因为这并不是泛泛而谈地教育他们要有一颗"公心"就可以化解的,既要有对症下药,更要有干部管理体制和官员任职制度的进一步改革才行。

(2014.4)

## 拿出"削手中权"的勇气

"拿出'削手中权'的勇气",是李克强总理近日对中央国家机关说的一句话。这句话点明了全面深化改革的一个核心问题,也对改革的众多参与者提出了紧迫的要求。

现在越来越明白了,我们不是一般地讲改革要有"勇气",要"碰硬动真",要敢于"得罪人",而是说,新一轮改革不但要突破观念束缚的障碍,更要打破利益固化的藩篱。我们说要趟深水区,要涉险滩,深就深在体制的某些僵化,险就险在利益的那些固化。打破利益固化,不只是增量利益调整,更多的是要触动已经被固化的不合理的存量利益格局,向被心安理得拥有的既得利益开刀。十分明显,改革主要不是要"动"老百姓的奶酪,其中一个重要的"打破",就是要改变过于集中而又缺少制约的权力分配格局,就是要改革"管得太多、统得过死"的管理体制,就是要把权力"放回"给市场和社会。这就必然要涉及"手中权"的问题,必然会引起与权力相关的利益调整,必然会引出主要来自于体制内的某些阻碍甚至反弹,甚至必然会影响到改革的组织者、参与者自身的既得利益。"这是一个很大的挑战",面对这个"挑战",我们要有无上的"勇气"和睿智的政治智慧,决不能望而生畏,决不能知难却步,决不能因为要照顾既得利益而顾虑重重举步维艰。我们不是讲"勇于担当"吗?就是要敢于冒这个风险,敢于拍这个板,敢于开这个刀,一句话,敢于"削手中权"。

拿出"削手中权"的勇气,同时也是对一些掌握着"手中权"的人们的要求。我们说,过于集中而又缺少制约的权力,会成为寻租的钓饵,会成为腐败的温床,这是对的,但恐怕并不是多数现象。比较普遍的是两条,一是因为"手中权",在自己管理的领域,形成小团体和部门利益,所谓"一亩三分地",

碰也碰不得，动也动不了，这种"固化"，屁股决定脑袋，使有些部门、有些官员行政、决策，不是市场"决定"，而是利益掣肘，甚至他的"改革举措"，也往往受这个"出发点"的影响，反而进一步固化着不合理的既得利益。二也是因为"手中权"，有些部门、不少官员，形成了官僚主义的衙门作风和习惯定势，高高在上的"朝南坐"，一推二拖的敷衍推诿，时时摇头、事事"不行"的管、卡、压等等，有的官员以此为惯，形成一套难以移易的固定"官式"，甚至从中尽享"当官"的感觉，要他放一下，还真难。这两条"固化"的打破，对某些同志来说都是一个"痛苦"的过程，你要他"削权"甚至"放权"，就要有"割腕"的承受力，更要有"断腕"的勇敢和忍耐，总之，要"拿出'削手中权'的勇气"，才能适应改革、跟上潮流。

"削权"需要勇气，勇气是一种自觉。我们很多同志，在前几轮改革中，都曾经是"闯将"，是"弄潮儿"，是坚定的"改革派"。千万不能到了新一轮改革之中，到了要打破既得利益固化的关口，就落到潮流的后面，甚至转化为改革的阻力呵！改革就是革命，而新一轮改革，由于它的特点和取向，更是一场"自我革命"，要有"给自己动手术"的主动和勇气才行！我们要有一颗公心，以国家利益和人民利益的最大化为重，敢于舍弃一己小我的得失、进退、荣辱和毁誉，尤其是舍得削弃某些"手中权"；也要有一点历史感，在新一轮改革中，以"削手中权"的勇气和自觉，再立潮头，再领风骚，再一次成为改革的"排头兵"和"领头羊"，千万不能"走向反面"——事实上，"削手中权"不是你情愿不情愿的事，这是大势所趋，是人民群众的无限创造力和市场的自主竞争力以及社会的强大活力的必然要求，我们还是看清方向、顺应潮流、掌握主动为好，与其成为"革命的对象"，还不如争当改革的动力呢！

(2014.4)

## "163次协调会"的另一面

一件事儿,"协调"了163次,这不是奇闻,而是全国政协委员许明金的"吐槽"——"建一保障房,供水供电没人管,协调会开了163次。会有人开,饭有人吃,开完会后拍拍屁股走人,问题还是没有解决。"这件事,许明金在两会上讲过,也给有关领导写过三次信,但"均无回复"。什么道理呢?也许司空见惯,习以为常,大家都已"麻木"了;也许按照惯例,要解决这"163次协调会"的问题,本身就要再开"163次协调会"才行呢!

这"163次协调会",网友说是尸位素餐,占着茅坑不拉屎,说是"懒政"典型,天天在那里"踢皮球"。其实来开这"163次协调会"的"有关方面",也有自己的道理,比如没有"好处",所以退避三舍,谁也不沾"湿面粉";比如"事不关己",所以高高挂起,谁也不肯跨前一步;又比如"一个巴掌不响",大家都作壁上观,咱也不要做出头橼子,总之是"不管",说它是官僚作风,一点也没错。

"163次协调会",是"不管"的官僚作风,但其实更有"管"的官僚主义呢——这回不是政协委员的怨言了,而是李克强总理的"拍案","我看到一个调查,企业新上一个项目,要经过27个部门、50多个审批环节,时间长达10个月。"你看,上一个项目,就要27个衙门点头,谁都要"批",谁的手也闲不住,这就不是"不管"的"懒政"了,而是样样要"管"的"勤政"啦。其实那天,李总理还说了一桩"奇闻",小小一条渔船的命名,也要政府部门层层"核定"直至"顶层"一级才能放行。听一听李总理讲的"故事",再想一想那张一个项目上马,要跑20个厅局53个处室、盖108个图章、耗时799个审批工作日的"长征图",以及小小老百姓办个准生证,竟惊动了11个部门敲了34个章这样的"并非故事",对于这种"千手观音"的"管",难道不是同"163次协调会"的"不管"一样值得叹息吗?

不管是"163次协调会"的劳顿,还是盖108个章的"负责",围绕一个"管"字,已经有了不少的新闻——某市市长天天工作到深夜二时才躺下,因为一天平均要批15斤文件,桌上还堆积如山;一个并不"强力"的厅局,年底一结账,竟开了1086个会,哪有时间再来走基层?有的地级市光政府一家,就设了16个副秘书长!网友误会了,以为他是"安排冗员",这真是错怪他啦!市长一天要批15斤公文,机关一年要开千会,政府要"管"的事,要开的"协调会",数也数不清,没有三头六臂真不行,没有16个副秘书长真是应付不过来呵!当然还有这样的"奇闻",某省一个厅官,兼任了38个领导小组、协调机构的职务,不知道他参加过那"163次协调会"没有?据这个省公布,这样的"协调机构",在该省层面上现有266个之多!相信这266个协调机构大多是"勤政"的,是天天在那里忙得很的,像开了"163次协调会"仍然不了了之的只是少数,但这一官头上的38顶乌纱,以及一省的数百个"领导小组"及其"办公室",毕竟折射出我们"管"得过多甚至过死的体制弊病呵!

官僚主义是一种坏作风,它的背后必然是体制问题。这个体制问题,小平同志早就说过,一条叫做"权力过于集中,责任又不分明","163次协调会"的推诿塞责,似乎算这一种;另一条是"管了许多不该管、管不好,也管不了的事","27个衙门管一个企业",又似乎属于这一类。我们反四风,还是要着眼于体制因素,着力于制度改革,这个根源不除,"163次协调会"就会开了又开,再好的官员也会发生蜕变。"用政府权力的减法换取市场活力的加法"这道大题目,并不只是"审批"的"并联加快",也不只是权力的上下分解,而是要把应该"放"的那些权力"还给"市场、企业和社会,这也才是对官僚主义的成因动的"真格"。只有这样,才能让林林总总的"协调会"真正解决问题,也才能把"市长"们从"每天15斤公文"和一年"1068个会议"中解脱出来!

(2014.4)

## "总理套餐"为什么风靡

这一周的起始,便有一条"振奋人心"的消息——海口的"总理套餐",仅仅一个月,就卖出了整整一百万套。什么叫"总理套餐"呢?原来是4月11日,李克强总理走进海口市坡博路的"宜之佳"便利店,从腰包里掏出钱来,买了春光牌的一盒椰子脆片和一盒椰奶酥卷,花了19元。于是"总理套餐"风靡一时,最初两个礼拜,每天热卖两万套,商家又于4月底推出系列"套餐",每天竟可卖掉6万套。现在19元的"总理套餐"已经推向全国,"今年有望销售一亿元",厂里日夜加倍,产量翻了三倍,"还只能满足订单的七成"……

这当然令人不免要想起更早些时候的"庆丰包子"来了——习主席到北京最大众化的庆丰连锁店,与老百姓挤在一起,吃了二两包子和一份炒肝,于是"庆丰包子"立马风靡天下,且不说京城那家包子铺,早已人满为患、长龙排队,便是千里之外的某省"两会",也以"庆丰包子"代替了先前的十菜一汤,只是包子的个儿,谦恭地比北京城的"庆丰"小了一圈——"庆丰包子"风靡到后来,竟还惹出官司,遍地英雄的"庆丰包子",教北京的"正宗"再也不能坐视,连发声明说你们都是"李鬼",连炒肝都是冒牌!总之烽火四起,总之差一点要动手,无非是为了一只包子。

其实这样的事儿并不只是一只"庆丰包子"和一份"总理套餐"——春节过后,习总书记不是在钓鱼台的养源斋设家宴款待连战伉俪么?因为同是陕西乡亲,所以桌面上放的是羊肉泡馍、肉夹馍以及"biangbiang面"。谁料第二天,陕西那边,便有数家餐馆,推出了"习连套餐",依样葫芦,也是这三样,售价均为58元,据说也是热销了一阵呢!至于美国副总统钻进北京的小胡同,点了几个小菜,不是立马就有了"拜登套餐"吗?也是那几个菜,也是那一听可乐，也是78元人民币，真还风行了半年呢！

关于这个"套餐"问题，舆论之间是有叹息的，无非是两条，一是我们的国人，太缺乏创意，弄来弄去一份"套餐"，为什么总是东施效颦老一套，总么一个固定的模式，就是创不了新出不了奇呢？二是国人的注意力，为什么总是集中在一个"吃"字上面，比如说，习大大与民同吃包子，表率了哪种风格，批评了什么风气，恐怕早已淡忘，风起云涌之间，似乎只剩下一只"包子"；又比如说，"习连会"谈些什么，两岸骨肉还会怎样走近，又有多少人关心了呢？似乎那焦点，仅在于一张菜单、一份"套餐"！

这当然令人叹息。但更令人叹息的是，我们的国人，为什么对一份"套餐"一个"吃"的问题那么热心如此地专注？这里头，除了我们多少年来总是吃不饱肚皮因此面对一个"吃"字尤其敏感而外，更在于一个"吃"字，凝聚了国民对于官风对于某些官场的深恶痛心啊！因为"胡吃海喝"，"革命的小酒天天醉"，他们的"套餐"，又岂止十菜一汤，所以人们对于一个"庆丰包子"一份"习连套餐"，对于习大大的节俭和简朴，是那么地"如沐新风"；又因为"公款吃喝"，从不掏腰包，"工资从来不用"，所以人们对于李总理的"自己掏钱"买吃的，又是那样的"喜出望外"！这样看起来，国人对于一份"套餐"的热追热捧甚至"反常"的热销，竟有了一点深刻的"现实批判性"，多少表达了人们对于官场"四风"的愤怒和不容——关于这一点，我们的商家已有敏锐的"政治嗅觉"，而我们的官员，是否更应当有痛切的感知，不要再麻木不仁呢？

(2014.4)

## "山寨纪委"为什么"频仍多发"

昨前一条新闻,读来不免唏嘘——近期广东省内陆续发现多起不法分子以省纪委名义,冒充纪委工作人员,制印假公章、假公文,向领导干部寄发信件,称其涉嫌贪腐案件,要求缴纳罚款到指定账户。广东省纪委希望干部群众提高警惕,及时报案,避免上当受骗,不让不法之徒有可乘之机。

骗子设局,当然不齿,而行骗冒充到了纪委的头上,更是胆大包天,所以要打击,这是罪无可逭,没有异议的。但为什么多少令人唏嘘呢?因为骗子骗财,过去是骗平头百姓,现在竟然来骗官员,这是为什么?而骗子骗官,过去是假冒"小妹"、冒充"将军",现在却是打着反腐的旗号,假冒起纪委来了,这又是怎么回事呢?这样的骗局,仅广东一省,"近期"就发现了"多起",骗子们又为什么前赴后继、纷纷仿效呢?

其实此类骗局,并不只发生在广东一地,就在上个月,便有三名男子假冒纪委干部,跑到陕西省铜川市的食药监局,声称要"双规"局长。铜川的骗案,是幸被识破了,所以局长没有乖乖地跟他走,但更早些时候的重庆,却也是三名"纪委干部",大摇大摆地走进某局办公室,于众目睽睽之下"押"走了局长。那局长,后来是放了回来,但是被"敲"走了14万元人民币。人们不禁狐疑,这14万大洋,算是"退"的"赃",还是花钱消的"灾"呢?总之局长是真正地被吓着了,而骗子们却满载而归扬长而去呢!

再其实,这类的骗局既然是"多起",那就早已不单是"近期"啦——比如十年之前的"奇闻",说是某市交通局长的办公室,忽然来了个"省反贪局工作人员",局长当场冒出冷汗,赶紧带着"大盖帽"美食接风,又塞了一个厚厚的大红包,才算把事儿"搞定"。后来东窗事发,才知道"大盖帽"乃省城一无业混混而已，已经如法炮制过多个衙门。而这位局长的黑白清浊，恐怕也就不言自明，所以令人唏嘘。至于某地的三陪小姐，给当地的要员一一写信打电话，说不要忘记了"小妹"呀，更不要忘记了"那晚"，结果还真的收到了好几笔"消灾"的银子，就更是叫人无限唏嘘了——平心而论，这些官员，并未与这"小妹"有染，但谁知道她是哪个"小妹"说的哪个"那晚"呢？还是宁可错付一千，不要"引爆"一个吧！

再说一遍，骗子当然可恨，打击不可手软，"纪委"形象可贵，大家都要维护，这是没有问题的。问题仅仅在于这些骗案的背后，有没有发人深省甚至令人吃惊的原因？"山寨纪委"为什么会兴风作浪，骗子们又看中了什么，嗅到了什么"商机"？恐怕值得深察。就拿这个遇到骗子就要报案来说，不少领导干部，因为自己过得硬，能洁身自好，所以相信能够立马拍案，但恐怕也有这样的官员，因为自己不干净，所以吓得要命，更何论奋起报案呢，只好"花钱消灾"，这恐怕也是"多起"诈骗能够得逞之一因吧！

冒充纪委敲诈干部，当然是一种犯罪，但生活当中某些犯罪的根本防范，并不是抓几个骗子就可以奏效的，"山寨纪委"的频仍多发，不是一个明证吗？

(2014.5)

## "老板"与"圈子"

一条并不新鲜的新闻，近日引出公众热议——广东省纪委发出通知，规定党政机关工作人员之间一律不准使用"老板"、"老大"等庸俗称呼。说这条新闻"并不新鲜"，是说"党内称同志"这一条，多年来不知重申过多少遍；而说它仍然是一条"新闻"，则是指这个规定，竟点出了"称呼问题"的一个新"发展"。

一个"称呼问题"，先令人想起了整整30年前的往事——1984年4月，武汉一位工人，因为亲身遭遇的冤屈给小平同志写了一封信，不称"军委邓主席"，也不呼"中顾委邓主任"，而是恳切地写道："小平同志，我这样的称呼，似乎不太礼貌，若有不妥之处，请给予责备。"小平同志看了这封"称同志"的信，当即写下了一段话——"头一次看到这样的称呼，我很喜欢，酌重处理……"

小平同志的"喜欢"，不仅因为"同志"二字，本来就是共产党内最亲切、最贴切也是最崇高的称呼，更是因为"同志"二字，已经"久违"，乃至小平同志竟然"第一次"听到，所以小平同志的"喜欢"，其实是对当时党内"称呼问题"的批评。30年过去了，情况怎么样呢？如果说，小平同志当时的"久违"，还是指那时开始流行的称"长"道"总"、以职务相称、以官衔互道那样一种风气的话，那么在30年后的今天，"称呼问题"早已不是"官阶化"那样简单，而已经在某些地方，充斥一种浓厚的江湖气息——上下级之间，称"老板"、道"老大"，同僚之间，称"兄弟"、呼"大哥"。有的"领导"，原来对于"称官衔"十分舒服，一称"同志"，反而感到不受用，现在呢？甚至对一句"老板"感到"分外亲切"，"十分有感觉"，你称他"同志"，他还真的"不喜欢"，甚至认为你

"不懂道理"呢!

其实称"老板"也好,呼"老大"也罢,都不只是个"称呼问题"。不是说它"江湖气",说它"庸俗风"吗?重要的是在"老板"和"老大"背后,往往有一个"小圈子"——"老板"只是"圈子"内众所依附的一个对象,而"老大"则更只是封建色彩浓厚的"朋党"的"老头子"呢!

"小圈子"本是宦海之中,利用各种渊源编织和扩张关系网的纽带。中国的封建官场,讲人以群分、物以类聚,发展到后来,就是"朋党",同出一师,叫做同门,必须互相庇护;同届及第,叫做同科,做了官要沆瀣一气;便是同年进学的秀才,也叫同案,相互要多加提携;至于旧军界中,一起吃过兵粮的,叫做同袍,到哪也抱成团……拉帮结派,本是封建官场的积弊,奇怪的是现在有的"公仆"也沉湎于"哥们"之谊,热衷于党同伐异,互相勾连,同进共退,结盟成帮,享利分赃,相互之间称"大哥"呼"兄弟",只是这种"小圈子"内部关系的真实写照罢了。

别认为"小圈子"中只是"群龙无首"的"江湖散人"呵,"兄弟"们的上面,会有一个"老板"、一个"老大",其余只是"师出一门"的"门生"、"袍泽"呢!"小圈子"的核心,往往有一个"领导",他不但调整"圈内"的关系,摆平"下面人"的纷争,更以封官许愿的方式,把一顶顶"乌纱"戴在"子弟兵"的头上。刘志军案发,竟涉及15名司局级官员,大多是他"提拔"的"自己人",像张曙光那样无德无能之辈,如果不进刘的"圈子",何论加官晋爵,"连提拔的视野都进不了"。难怪江苏省建设厅原厅长徐其耀在家书中写道:"把自己作为一个点编织到上下左右的网中,成为这个网的一部分";告诫儿子"要多学习封建的那一套,比如拜个把兄弟什么的!"在一些地方,你不入"圈子"不"站队"不"跟对人",纵有德才勤绩,也轮不到你,而反过来,提携者和被提拔者之间,就形成了"知恩图报"的人身依附甚至"效忠献身"的黑道规则,把这样的"领导"称为"老板"、呼为"老大",就是十分自然的事儿了——我们不要忘记,习近平同志在教实活动中再斥"小圈子",是直指"组织上"的歪风邪气,而一个"称呼问题"只是"圈子文化"的表象和浮面而已!

"称呼"并非小事,更不是一个口头的形式问题。称呼的庸俗化背后,是某些官风的腐化,如果不解决被小平同志斥为"害死人"的"小圈子"问题,光是改一下口,又有多大意义呢?

(2014.5)

## 向旧习惯说"不"

"向旧习惯说不,向潜规则叫板",是中央领导同志近期对群众路线教育实践活动整改工作的要求。这两个"向",不仅点明了当前反对"四风"的实质,也指明了防止"四风"反弹回潮的一个规律性要旨。

"千百万人的习惯势力是最可怕的。""习惯"具有普遍性,风靡时久,"习惯"又具有顽固性,积重难返。教实活动范围内的"向旧习惯说不",显然不是一般意义上全民性的移风易俗,而是针对着久已固化的某些官场痼疾和那种官宦文化。这类"旧习惯"既是"四风"的成因,又是整风纠风的难点所在。比如官僚主义,高高在上、管卡压的"衙门作风"习惯了,要他换一个朝向尤其是削一点权,就像动了他的命根子;又比如形式主义,文山会海、繁文缛节习惯了,要他精简一点,就十分难受;再比如享乐主义与奢靡之风,胡吃海喝习惯了,胃口也吃大了,要他"四菜一汤",还真是"受不了"呀!"四风"是某些官场的一种"习惯",不少官员习以为常,成为一种"生活方式",有的人甚至病入膏肓,融入血液,成了一种须臾不能离身的"瘾癖"和难以移易的"定势"。习惯了,改也难,你要他改掉"旧习惯"、摆脱旧轨道,那真是难上加难。

现在有一个倾向,就是"顶风作案",反对"四风",风急雨骤,还在"风头"之上,有的地方就已经在"变相反弹"。比如公款吃喝,五星级宾馆是不去的,移师乡间,驻扎会所,拉上窗帘照样吃;又比如聚众宴请,发票开不出了,便开成"会务费",购物卡不能报销了,便一概开成"办公用品";实物现金不能赠送了,于是"电子礼品"便开始风行,等等。总之是变换方式还要吃,变个法儿还要送。你说他有意"对着干",似乎心怀叵测意欲何为,倒也不是,他实在是"习惯"了呀,要他不端酒杯不"礼尚往来",真是太难太难啦!他的

"习惯",要"顽强地表现出来",他"习惯"了的轨道,要一下子转过来,还真是不行!所以一时也不能蛰伏,所以等"风头过去"也等不及,可见"习惯势力"真的是那样"可怕"!

"旧习惯"的背后,就是"潜规则"。什么叫"潜规则"?就是上不了台面而又人皆奉行的"惯例",就是虽不明言但人人"心知肚明"的那一套"通则",就是看不见摸不着却一点也不能碰的"天条"。比如说,过节的送礼打点,消费的竞相攀比,婚丧的大收礼金;又比如说,"接待也是生产力",谁也不能怠慢,谁也不能冷落;再比如说,项目审批中的"意思",公务采购中的"返回",土地交易中的"暗箱",等等。这种种的"惯例",其实是一套谁也不能违反的"潜规则"。至于有的地方买官鬻爵,乌纱帽自有"市价",有的还有"明码标价",那就几乎是公开的"明规矩"了。所以说,要"向旧习惯说不",就必须"向潜规则叫板",不动"潜规则","旧习惯"就仍然故我,坏风气就碰也碰不得。

早在反"四风"一年之际,习近平同志就提醒要"防止反弹回潮"。这不仅是回应全社会的担心,而且针对着反腐纠风中一个反复出现的规律性现象。"四风"作为一种"习惯势力",成因十分复杂,既有几千年封建主义的历史积淀,又有体制机制弊端的现实依托,甚至还有被鲁迅先生称之为"国民劣根性"的文化深因,盘根错节,很难一朝倾覆,不是一个早上可以瓦解铲除的。要从根本上防止那种风头过去,一仍旧章,报复性反弹反而变本加厉地往复震荡,关键是要从制度上"向旧习惯说不"。现在反对"四风",从顶层至基层,出台了不少新规矩、"明规则",十分严厉,几近"严苛",有的官员就"满腹牢骚"了,有的舆论也担心"过头了",要"人性化"、网开一面,这本身就是"旧习惯"的反弹。我们的"新规矩",其实还没有完全到位,还需要坚持下去,更严一点。至于那种对于新制度的"不习惯",也要靠制度的持恒来扭转,"新生活"过上几年就会"习惯"起来,就会逐步形成新的"习惯"、流行新的"规则"、培育起新的"文化",我们的官场风气也才能有一个大的改变。

(2014.5)

## 也要向"好人主义"说不

在最近的群众路线教育实践活动中,中央领导同志屡次向不正之风"说不",继"向旧习惯说不"之后,又提出"敢于向好人主义说不"。这不仅是对教育实践活动批评与自我批评环节的要求,更是直指一些地方长期以来党内生活不健康的一种突出风气。

"好人主义"就是明哲保身的处世哲学,就是讲私情不讲党性、讲关系不讲原则的庸俗官风。比如说,班子内部维持"一团和气",出了问题回避掩盖,开会决策你好、我好、大家好,宁可得罪工作,也不得罪"朋友",宁失原则,不伤感情;又比如说,同志间关系"低头不见抬头见",面子至上、友情第一,明知不对、少说为佳,事不关己、高高挂起,大家都做"顺水人情",人人争当"好好先生";再比如说,上下级关系讲究"和谐",下级有问题,"上面"包着、护着,大事化小,小事化了,而下级则对"老板"随声附和、奉承捧场,等等。直到这次教育实践活动,要进行批评与自我批评了,要开民主生活会了,有的同志仍然是对上放"礼炮",对同事放"空炮",对自己放"哑炮"。

批评与自我批评,本来是我们党区别于其他政党的一个显著标志。党不是"一团和气"的俱乐部,也不是"你好我好"的同路人,作为工人阶级的先锋队,党内必须有健康、健全的政治空气和严肃、严格的批评风气。"好人主义"不讲原则、没有党性,"老好人"也并不是什么真"好人"——"多栽花",无非是要"少栽刺","与人方便"终究是为了自己方便,这种八面玲珑、四面讨好的"好人",往往是精于算计、满心思个人得失的人,是功利私心最重的人。这种从不与人红脸的人,往往也是对同志最不负责的人。"好人主义"说到底,就是一种官僚主义——在封建官僚体制下,"同朝为官"的同僚,在对专制王权的同一依附中结成利益共同体，同进退共荣辱，"一团和气"成为做官的座右铭，明哲保身和务求中庸成为仕途的不二法门。多少年来，"好人主义"作为一种官场"麻醉剂"和"腐化剂"流传风行，于今又烈，我们必须抱有高度警惕。

"好人主义"并不是什么"好东西"。"好人主义"再走一步，就是"圈子文化"。早在70多年前，毛泽东同志就在《反对自由主义》中，历数了"好人主义"的"对象"——"熟人、同乡、同学、知心朋友、亲者、老同事、老部下"，其实就是被小平同志斥为"害死人"的"小圈子"的雏形，就是沆瀣一气、利益攸关的"朋党"的基础。另一方面，"好人主义"真是"好好先生"吗？有的"好人"是双面人，"台面上"不说，背后乱说，会上举手，会下乱放炮，当面"和睦相处"，背地里拉帮结派，当面唯唯诺诺，转过身却以邻为壑，当面拍马奉迎，私底下却搞阴阳两面，甚至还有暗中设陷阱、捅刀子、织罪名、造谣言的呢！

"好人主义"盛行，关键在领导干部身上。一是党内生活不健康，缺少批评的环境氛围，缺乏民主空气。有的"一把手"，脾气大得很，"个人尊严"碰也碰不得，一听批评，就火冒三丈，甚至拍案而起，抓辫子、打棍子、穿小鞋，结果谁也不敢说个"不"字，一片鸦雀无声之下，"你好我好"便成风气。二是有的领导，明知制度被破坏，竟网开一面，造成"破窗效应"，目睹下级犯纪律，也不吭声，叫作"放人一马"。他无非是要做人情、博"官声"、拉关系、争"选票"，既爱惜一己的羽毛，博取不正常评价下的"开明"形象，又追求为官的"民意支持"，获取选举呀、测评呀的"高票"。说到底，还是"为人际关系所累"，过于为自己的荣辱进退算计。

向"好人主义"说不，要有"敢于"的勇气。有些地方，"好人主义"已经形成风气，成为"规则"，要打破这种局面，就要敢于唱"红脸"，敢于当"出头鸟"，敢于一时"不见容于众"，敢于被视为"异端"、划向"异类"，甚至敢于被"孤立"、被"边缘化"，总之要有动真格的勇气。另一方面，要从舆论上、体制上支持那些敢于批评不做"好好先生"的同志，要科学分析某些"选票"中的真实成分，既要坚持群众公认，又不能简单地"以票取人"，尤其是再也不能让那些奉行"好人主义"的人得实惠占便宜获利益——"好好先生"在生活中尝到的"甜头"，不是已经成为"好人主义"风行的"示范"和"榜样"了吗？

(2014.5)

## 不要走向另一个极端

历史虽然复杂,却不是没有规律可循;历史固然"多元",但并不是杂乱一团。历史当然要"两面讲",却也要讲"基本面",同样的,我们面对一个半世纪的近现代史尤其是百年党史,要避免片面性,尤其要防止走极端。

"七一"将至。在中国共产党诞生93周年之际,对于党所走过的28年革命历程和65年执政之路,人们再一次倾注热情和关注。

记得建党90周年前夕,有两种声音引起过一点波澜——是讲爆发"五四"的年代,也即上世纪第一个十年的"民国","那是一个什么时代"?说那是一个"魅力无限"、繁华祥和的年代,是一个政治宽松、思想活跃、经济繁荣、社会多元的"好时代"……

"声音"那样华丽,文采那么飞扬,然而人们却有了不解的狐疑——1919年是个什么样的"时间窗口"?正是中国共产党诞生的"准备时期"。那时的"民国",究竟是"魅力无限"呢,还是一个对外丧权辱国、内部军阀混战,以至于国弱民贫、一片衰微破败的社会?也有评论说,这不是一个普通的年代回顾,而是涉及中国共产党诞生的历史前提,涉及党成立的历史必要性和时代必然性。不是说"五四"为党的成立做好了思想和干部的准备么?如果"五四"前的中国,那么"美好",那么令人神往,为什么还要有"五四"运动和中国共产党的诞生?

与此同时,还有一部历史放在我们面前,似乎与"魅力论"正好相左。这篇名为《海原大地震》的长文,回顾了1920年发生在地广人稀的西部荒原的海原大地震。那次地震造成27万人的死亡,超过人口稠密的唐山大地震,是汶川大地震死亡人数的3倍。造成如此惨剧,除了当地人民普遍蜗居"土穴"、大批灾民被"捂死"外，北洋政府无力救灾是基本原因。震后一月，甘肃省长才发"十万火急"电致中央政府，国务总理吴佩孚无动于衷，大总统徐世昌勉强捐了一万大洋。县衙门自身不保，省政府不知所措，震区官府全部瘫痪。北洋政府置若罔闻，震中人民叫天不应呼地不灵，赈灾组织仅仅收到 3.1 万大洋，瘟疫恶疾接踵而来……

读了洋洋数万言的《海原大地震》，人们又看不到"民初"的那一点"魅力"了，反而证明那是一个政局动荡、军阀混战、国力匮乏、奇灾浩劫的年代呵。也许由于军阀政府的无力管治，社会的某些方面出现局部短暂的宽松、多元，但总体上说，中国人民承受着天灾人祸交替的"世纪苦难"。这似乎才是历史的真相和本质，是"五四"之所以爆发、共产党之所以应运而生的历史根据和社会前提，更是中国之所以"选择了共产党"的那种历史必然性呢！

历史虽然复杂，却不是没有规律可循；历史固然"多元"，但并不是杂乱一团。历史当然要"两面讲"，却也要讲"基本面"。同样的，我们面对一个半世纪的近现代史尤其是百年党史，要避免片面性，尤其要防止走极端。

比如说不要走向"另一个极端"。近年以来，关于历史，有不少新发现、新"说法"，过去的历史研究，有过一些不够真实甚至"左"的东西，这是必须纠正的，所以要全面、持中，但也要防止在极端上跳来跳去。例如过去只讲"摘桃子"，无视国民党军队的抗战，近年来又只讲"正面战场"，全然不讲中国共产党在全面抗战中的核心作用，全面否定共产党领导的敌后武装斗争的战略作用，甚至编造毛泽东在延安提出过所谓"一分抗战、九分发展"的"战略方针"，这就走向了另一个"极端"。此外，党的路线、政策和策略，在新情况下发生一些重大变化甚至改变，我们不能脱离具体的历史条件，用今天的政策去否定昨天的历史。

又比如"细节"与"本质"。细节是重要的，但细节不能任其"孤证"，细节更必须真实。我们不能为了将一个张灵甫捧到天上，就只讲他的"柔情似水"，不讲他的枪杀其妻，不讲他将抗日的共产党将领砸棺鞭尸，更不能为了证明他的"忠义"，而硬说孟良崮上不是被"击毙"而是"自杀成仁"。同样的，不能为了给张国焘这样的叛徒"正名"，而编造借祭黄陵仓皇叛逃是什么人"所逼"的"细节"，甚至将王明、张国焘落寞后讲的"故事"，当成是信史来笃信不疑。

再比如"局部"与"全面"。历史人物往往具有"两重性",有的还是"两面人"呢,我们既要讲"两点论",又要讲"重点论",尤其不能忽视人物的"基本面"判断。例如一个马步芳,只说他有过一点"善举",如兴办教育,禁止毒品,绿化过环境,"简直成了圣人",而对于他罕见的荒淫无度,"除生我、我生者外无不奸",尤其是活埋弹尽粮绝的西路军六千人,还用军毯包裹红军尸体飞运南京领赏,却一字不提了,这还有公论么?又比如一个"收租院",确有"艺术创作"痕迹,可以揭秘返真,但只讲刘文彩济过几次困,办过一所学校的"善",而不讲他的盘剥之"恶",更矢口不谈这位"中将清乡司令"手中包括共产党员萧汝霖等9条人命的史实,这样的"一边倒",就令人怀疑。至于只讲一个民初的窨井盖用到了今天,不讲那时中国连一颗道钉都造不出来,只讲一本民国的教材多么精彩,而不讲那时中国的文盲率高达85%,就更是一叶障目了吧!

对于这种"极端化",我们也不要"走极端",轻易地朝"醉翁之意"、"项庄舞剑"上想问题。我宁可认为,这是一个思想方式的误区。我们读历史、看问题,一是要两点论、两面观,非黑即白总不行,二是既要讲重点,又要有"度"——过犹不及,"真理走过一步",就会步入旁门。尤其不能用今天的走极端来作为对于过去走极端的"惩罚",这只能使我们在两端上跳来跳去。哲学是门"明白学",辩证法更是"公道论",这一点我们不能忘记,更不能轻妄。

(2014.6)

## 改革要破"中梗阻"

李克强总理"拍了桌子",为的是"政策落实不到位"——李总理担心,"好的政策在执行中走样,不能真正落实下去";李总理警告,"别让政策只是听着好听,落实起来却处处受限";李总理强调,"文件既然发出来了,就要一路追到基层,让它落地生根"……时值改革攻坚阶段,完成全年目标又已时间近半,李克强总理为什么几次三番讲"落实"?因为在改革发展的某些层面和环节中,不但出现了"最先一公里"和"最后一公里"的落实问题,而且出现了"中梗阻"的"落空"问题。这是当前十分值得注意和警惕的倾向性问题,也是改革行进至深水区遇到的最大"软钉子"。

"中梗阻",首先是一些干部中的"为官不为"形成了当前形势下新的庸政与懒政。李总理在调研中发现,一些政府官员抱着"只要不出事、宁愿不做事",甚至"不求过得硬、只求过得去"的态度,敷衍了事。这种被李总理斥为"尸位素餐"的慵懒,过去也有,但今天的"为官不为",却具有新的特点。一是"不拿也不干"。不能吃请了、不敢收礼了,什么"好处"也没有了,于是有些官员"精神状态"就不好了,"没什么意思",情绪低迷,心态黯淡,甚至满腹牢骚,什么"为官不易"呀,"官不聊生"呀,更遑论"热情"与"干劲"。二是反腐纠风,自顶层而始,与"众目睽睽"的社会监督形成合力,规矩越来越严,限制越来越大,不但"严厉",几近"严苛",一点"活络"也没有了,于是坐混其日,甚至"躺倒不干"。一些官员中出现的这种"中梗阻",正在某些地方蔓延,与其说是官僚主义的沉渣泛起,不如说是反"四风"斗争中显现的新动向、新反弹。

还有一种"中梗阻",就是某些地方、某些"中间层面"对于改革的"截留走样"。就拿政府权力的"减法"而言，一是"上放下不放"，"上面"放掉的甚至取消的审批权等等，被某些地方"拦"下来，变成了自己的权力；二是"明放暗不放"，有的地方"取消审批"的清单，看上去一长串，全是鸡毛蒜皮，至于那些具有"含金量"的事项，则死死地捂在口袋里，一项也不拿出来；三是"放'权'不放'限'"，有的权看似放出来了，但反而设定了更多更难的"门槛"，你要去办，"内设限制"反倒更大更难以捉摸了。这也就是李总理所说的"听着好听"、落实起来处处受限的"放权"。

在改革问题上，我们的顶层决心极大，基层的期盼尤为强烈，但是"中梗阻"的一再出现，深刻地说明改革就是自我革命，必然要触及利益固化的藩篱，会引起"很大的挑战"，绝不是一句空言。有的评论认为，改革涉及垄断利益和某些地方政府利益的部分最难推行，这是很有道理的。"中梗阻"的实质是对于既得利益的顽强保护，这个曾经是历次改革都出现过的阻碍，恐怕更是这一轮深化改革所必然要面临的一个重大挑战。

国务院近日在提出"力破'中梗阻'"时，强调要"消除影响政策落地的体制机制障碍"，这就是说，解决"中梗阻"难题，不是靠几句规劝号召就可以奏效的，而要动体制机制。比如对于新形势下的"为官不为"，李总理已经怒斥，"这样的庸政、懒政同样是腐败"。这就给我们的干部管理、考察、惩治制度提出了也要改革的紧迫要求。你"宁愿不做事"，就不要"做官"；你"只求过得去"，就要让你"无功便是过"，让你"过不去"。再也不能让"只要不出事"的官员平安为官、平稳升官、"平静"地混迹于官场仕途。总之，"中梗阻"本身就反映出制度的某些弊病，只有从"消除体制机制障碍"着眼入手，才能从根本上消除老的和新的"中梗阻"，使我们的改革得以令行禁止、政令畅通。

(2014.6)

## "西瓜办"也须"两面观"

刚刚过去的端午节,本应众口一词说粽子,却险些被一只西瓜抢了风头——西瓜大丰收了,四邻八县的西瓜,就要源源不断涌进郑州,于是郑州市成立了"西瓜销售服务工作领导小组办公室"。谁料"西瓜办"乍一亮相,立即引起了一片哗然,网友围观,吐槽不断,时评蜂起,斥其"麻烦办"外,更有诛心之论。总之是一边倒,莫不拍砖,没有听到一句"不同意见"。

"西瓜办"风波,不是偶然的事件,也不是孤立的命题,它实际涉及政府的"有形之手"究竟要与不要,以及这只手如何"转"、怎样"减"这两个问题。在这样的重大命题面前,如果"一边倒",如果没有"不同意见",恐怕就不正常,更不能听到几句吐槽,就断言"民意的走向"。这是一个复杂的问题,需要辩证看,需要两点论、两面观,才能比较接近于理性与科学。

西瓜是郑州的传统大宗农产品,面积之大,产量之巨,闻名遐迩。西瓜大丰收了,大市场一下子出来了,政府要不要加以管理?按照郑州市的说法,一是要协调西瓜进城,规范西瓜销售秩序,加强运瓜车管理,二是构建产销顺畅的西瓜销售网络体系,为瓜农提供产后服务,既促进瓜农增收,又满足市民需求,当然必定还包括价格秩序与城市市容卫生的管理。这些不能说不是政府在市场经济中的角色定位与公共职责,所以不能一听说要"管",就断定是"闲不住的手"——我们的确要充分发挥"无形之手"的市场活力,要把权力"放够放到位",同时也要更好发挥政府"有形之手"的调控、引导、监管、服务作用,也要"管好管到位"。这两只手的关系,其实是我们这轮改革的两面,不能只讲一只手而斩掉另一只手,不能只讲一个"放"字而要"放管并重",才符合全面深化改革的初衷和实质。现在的问题是,我们一方面存在政府管得过多统得过死的弊病，一方面又存在政府监管缺位甚至无所作为的失职。习近平总书记和李克强总理讲两只"手"，都是两面讲，"两手硬"，讲它的不可偏废，这就不但避免了片面性，防止一个倾向掩盖另一个倾向，而且有其现实针对性，也准确地表达了真正的"民意走向"。

讲"有形之手"要"管好管到位"，这是事情的一方面，另一方面，政府管理也要改革，也要转型，尤其不能再按市场条件下已经不合时宜的"老一套"一仍旧章、因循守旧走老路。在这个问题上，"西瓜办"的初衷也许不坏，但管理方式却仍然有失老套，显得陈旧。有的网民说，郑州"西瓜"要成立"办"，那么福建的荔枝和龙眼呢？南京会有"盐水鸭办"和"鸭血粉丝办"吗？金华要不要成立"火腿办"呢？这话当然是"归谬法"，但也不无道理。一项中心工作，就要成立一个"领导小组"，一点市场动向，就赶快搞一个"××办"，似乎不这样就显不出"高度重视"也无法"重点突破"，"办公室"多如牛毛，连一些书记市长自己也弄不清，而一个省的层面，便有"领导小组办公室"266个，这还是经过清理的呢！这种"管理方式"或曰"执政方式"，再不厉行改革，必然造成更严重的机构重叠和臃肿，使"有形之手"变得那么僵化、笨拙甚至无能，这大概也是"西瓜办"饱受诟病的一个原因吧！

还有一个问题，"有形之手"要摆脱利益固化的羁绊，千万不能把一个"管"字再变为寻租的钓饵。"有形之手"为什么会变成"闲不住的手"，变成"乱伸的手"？一是习惯的思维定势、衙门作风，二是利益。在这方面，郑州市似乎有过教训，难怪"西瓜办"出来，就有瓜田李下之嫌。10多年前，它就成立过市区"馒头办"，对全市馒头生产实行审批制，你要做馒头，必须办理"馒头生产许可证"。后来呢？决定将这审批权收回市"馒头办"所有，结果引发了两级"馒头办"之间的冲突，最后只好撤销"馒头办"！就说这个"西瓜办"，也不是今年才有，2007年就有媒体曝光，瓜农进城卖瓜，要盖四个章，"西瓜办"被人称为"收费办"。重提这些往事，是说"有形之手"应当"管好管到位"，但千万不能再成为"攫利之手"呵，郑州的"西瓜办"，要先"管好"自己，不要坏了"有形之手"的名声和形象！

世界上的事情，都要两面观，走极端不行，一边倒往往不正常，一言以蔽之甚至一棍子打死更嫌简单化。"分析好、大有益"，才能防止片面和偏激，也才能深入到事情的本质——这一条，又岂止是说区区一个"西瓜办"呢？

(2014.6)

## 从岳飞扯到秦桧

从岳飞扯起,并不是又要啃故纸堆,而是因为不久前作为"新闻"而爆出来的一则旧闻,说仅合肥一地,便有岳飞后人近万,但是一直有岳秦不通婚的规矩,后来虽有放宽,但查据族谱,仍鲜有岳氏男子迎娶秦姓之女的——其实这个规矩,并非合肥一处,在宝岛台湾,还有岳氏后人,至今不交秦姓朋友的呢!

于是舆论之间,便有啃故纸堆的了,说公元前249年秦庄襄王灭了东周之后,过了7年,秦昭王又灭西周公国,那么姬氏与嬴姓的后人,从此便不能"通婚"?又说明末李自成起义,攻陷北京城,逼得崇祯皇帝自缢万岁山,那么朱李两姓,也不能嫁娶了?宋杨业被潘仁美所害,当然只是出自杨家将的传说,但明郑成功之子郑经,杀大将施琅全家,施琅又引清兵攻台,杀光了郑家,却是一部清史稿详有记载的正史呵,那么郑施后人,因为家仇,到今天也不能牵手?总之,冤冤相报何时了,世世代代结仇禁通,有人说,这是岳氏的"好家风"、"严家规",但我看多数的舆论,似乎是扼腕叹息着的呢。

岳家自有"好家风",然而秦氏却没有好下场,西湖边上的岳墓之前,至今长跪着秦桧与他的老婆。这当然是咎由自取,但堪称"奇观",那便是秦桧身上的满目痰迹——南来北往的游客,大凡到了这里,便万痰齐射,吐到秦桧的身上。杭州本是文明之城,"七不"做得最好,但唯有到了此处,一口老痰可以尽情地吐,那叫做"正义"之痰,也称为"天堂义痰",可以一吐为快。对于这口痰,有识之士曾论其毕其"不文明",但依然痰迹斑斑,满目痰击,因为它"大方向正确"呀,表达的是"爱国情怀"呀,秦桧乃一国贼,怎么吐他也不为过,什么方式也可以"运用"呀!我已几年不去岳墓,不知秦桧身上,是否依然"痰击",但有一点可以肯定,那就是秦桧老婆王氏,500年来就是这样赤身裸乳地跪着,"两只乳房已被抚摸得光滑无比",为什么呢,因为也是南来北往的游客,到了这里,都要摸她一下,谁叫她助纣为虐,谁叫她伙同秦桧害人呢?对于王氏,固然也有书生之见,说遮胸避乳原是"一个女人最起码的人格",怎么可以让她光着身子呢?但更多的声音,却因为这是个坏女人,所以不但要剥掉她的衣衫,就是摸它一下,又有何妨?"大方向也没有错"呀!

我这样说秦王跪像的"两大奇观",并没有为奸相"翻案"的意图——其实也轮不到我,其实跪着的秦桧,三年前早已"站了起来"。长江边上,"秦桧博物馆"里的这对夫妇,因为跪了492年,所以要"站起来"啦——与此同时,关于岳飞的死,才是"咎由自取",关于秦桧所为,是"为了江山社稷而不惜牺牲个人令名"的种种"新论",不是早已破门而出?"胸怀全局的大政治家"、"民族大融合的身体力行者"这两顶桂冠,不是也已经戴到了秦桧的头上?岳氏后人,还真要"重新审视历史",重新考虑不与秦姓通婚交友的"家训"呢!

一边是秦桧身上的痰迹斑斑,一边是把秦桧复又捧到了天上,加上岳秦两姓九百年不相往来等等,似乎东拉西扯不是一件事,但却隐藏着一个道理,那便是我们究竟如何对待历史,如何检视我们在历史面前的"国民性"——数月前的3.15,开封县委书记领衔,举行了盛大的岳飞911年诞辰"法事",便有网民叹息,说这位县委书记,与其去给900年前的岳将军烧香,还不如就近学一下隔壁兰考县的焦书记呢!这话或许真有一点道理。

(2014.6)

## 从"家臣"说到"教父"

"家臣"这个死了两千年的名词,近日竟又引出热议——中纪委常委姚增科严厉批评某些领导干部,"把分管领域当成'私人领地',把下属变成自己的'家臣'",点出了"当下一大忧患"。

其实"家臣"这个东西,并不是地主家看家护院的"家丁",也不是豪绅府上前呼后拥的"家奴",没有那样简单。家臣制是奴隶制时代西周分封制下一种基本人事组织制度呢!周天子将距京城稍远的地区分封给诸侯,称作"国",诸侯又将封国内的地区分封给卿大夫,这就是"家",所以卿大夫的臣属,自宰以下的司徒、司马、工正等官职,都成为"家臣"。家臣与卿大夫形成雇佣和臣仆关系,必须效忠卿大夫一人,而且还不得越级"效忠"。

"家臣制"最大的特点,就是与卿大夫的人身依附关系。"家臣"的食邑也好,供养也罢,全都来自于卿大夫,他当然只能"效忠"这个主子啰——奇怪的是,我们有些"公仆",拿着国家的俸禄,靠着人民的供养,却因为头上的乌纱是某领导"给的",所以公然地称呼其为"主公"、"老板",公开地自称"俺是他的人",心甘情愿当起了"家臣",只"效忠"于一人,而"不知有国"!"家臣制"的基础是分封制,卿大夫的"家",是宗族与政权的合一,在他的封地范围即"家"内,可以任意肆虐无所不为,甚至连家宰、邑宰这样的"家臣"都可以得到他赐予的封邑和武装力量。这种分封制,直到秦统一中国、实行郡县制和官僚制才结束。这其实说明,"家臣"及作为其基础的"个人领地"现象,比封建制还要倒退几百年,这可是奴隶社会才有的政治怪相啊!这种"领地"或是"私邑"现象在今天某些地方的回潮,某些"公仆"在"分管领域"的横征暴敛、横行不法,难道不应当引起中纪委的强烈谴责,激起我们的严重警惕吗？

这些天，还有一个热词流传，那便是"教父"——刚刚落马的贪官，萍乡市的政协主席贺维林在当地官场某些人中间被尊为"教父"。其实"教父"一词，原意是指婴幼儿受洗时赐以教名并承担其宗教教育的人，是个宗教的好词。那么贺维林是"教父"么？不是的，他充其量是一个江湖上的"老大"而已，贺维林利用职权和影响，给数百名亲朋戴上了乌纱帽，"势力"遍布萍乡官场；贺氏家族豪取巧夺，萍乡的房地产二分有其一，被称为"贺城"。贺维林广发官帽，广结党羽，竟使有些官员不知道手中的权力是谁给的，只知道头上的乌纱是贺维林这个"老头子"给他戴上去的，所以把他当成"教父"，当成权力的来源，不但没有一点圣洁的宗教色彩，倒时有了不少黑道的意味呢！

从"家臣"说到"教父"，并非风马牛不相及。我们整饬吏治的严峻性，恐怕已不是一点"远虑"而已。对于这一点，我们不要熟视无睹，更不要听不到中纪委的拍案！

(2014.6)

# 药

今日写下《药》，并非是要抄袭鲁迅先生95年前的那篇名著，而是因为小小一粒药片，竟又引出了舆论的热议和人们的无限遐想。

尼古拉斯·尼葛洛庞帝这个名字，大家不陌生吧！这个早在30年前就预言人类将用手指而不是鼠标来操控电脑的著名未来学家，近日竟又抛出一个预言，说是再过30年，人们要学英语，或想读懂莎士比亚，只要吃一粒药就行——让药物通过血液进入大脑中不同区域，存储于相应位置，就可发挥作用。

吃一粒药就能"读懂莎士比亚"？当然引出了咱们这儿的反弹。有识之士掰着手指，就一部莎翁全集，共5卷，38部剧本，另加诗集一卷，含十四行诗154首及长叙事诗2首。如此浩瀚的莎士比亚，吃一粒药就可以"读懂"他的人文色彩和艺术魅力？一颗灵丹妙药竟有如此奇效，那么未来的药典中，就要增设学习药一类啦！除莎士比亚速效丸之外，还可以有古文观上速效剂、鲁迅速效片、红楼梦速效药以及西厢记速效药等等？文学和语言的研究家、教育家，都可以改行为药剂师了？这当然是一种幽默，一种"归谬法"，但毕竟表达了俺们的不相信吧！

这粒药儿，当然是老外的奇想，吃不吃也无伤大雅，不过只是一个莎士比亚而已，但近日另一粒"药"，却引起了国中域内一大哗然，因为它居然涉及到了反腐败的"生死攸关"——一家研究所的"行为决策研究组"发表《有钱能使鬼推磨，公平准则受金钱调节的神经基础》之论文，发现受贿金额越多，受贿行为对大脑的刺激就越大！这篇论文，本来与反贪并无直接联系，它的实验对象也没有一个是贪官，然而人们从中却读出了一大"亮点"，产生了"振奋人心"的联想——既然面对金钱贿赂，大脑某个结构承担着公平原则的守卫功能，从这个部位的活跃程度，可以看出什么样的人经不起金钱诱惑，那么扫描贪官大脑，不就有助于反腐吗？而吃几粒"药"，用药物抑制这个"活跃部位"，不是一种十分"对症下药"的"预防"吗？于是"吃药反腐"四字，一时之间竟成了正反辩论的热词。

其实"吃药反腐"，并不是我们的新想象，20年之前，就有"专业人士"，提出过"清白CT"的发明，你是贪官吗？只要扫一扫、CT一下，就可以昭然若揭。"清白CT"加上同时提出来的"廉洁测谎机"，似乎还成为那时两大"反腐利器"呢！未料的是，"清白CT"被嘲笑了20年，现在又来热议"反贪药片"啦！

关于反腐，由于它的严峻性和持久性，我们是动了不少脑筋的。比如办"廉内助学习班"，要夫人们当好"家庭纪委书记"，扯住老公伸出去的"手"；比如设立"廉政账户"，要官员拿了不义之财之后，悄悄地汇入那个"账户"；又比如给官员印发"廉政扑克"，要他"小来来"之时，也不要忘记"廉洁"二字，等等，有用吗？似乎收效甚微。于是早有请出医生，来给官员算"健康长寿账"的，说是一旦收了黑金，就会夜夜睡不着，楼下警车开过，都会心惊肉跳，心脏病、高血压、神经疾，什么毛病都会缠身，不但贵体欠安，而且寿命必不会长，还是收手的好呵——"寿命账"当然同样用处不大，现在干脆要他们"吃药下肚"，可见公众的无奈，可见反腐的艰难和复杂。

吃一粒药能不能"读懂莎士比亚"，且不去论它，而反腐却真是要下"猛药"的，这个"药"，就是有腐必反、反腐必狠，狠到"翻遍二十四史也找不到"，才能期望有一天"药到病除"、无腐可反——这一点我们可不要搞错呵！

(2014.7)

## 市长为什么"挂印封金"

建党93周年之际，习近平总书记一言"必须营造一个良好从政环境"，不仅点破了执政条件下政治生态的核心要求，更提出了当前从严治党的一个紧迫任务。

为官从政，必须有一个好环境。一个好的制度，可以使坏人不敢造次，而没有一个好的从政环境，则会让好人寸步难行，甚至遭遇"逆淘汰"。这使我想起十年前的一个真实事例——一位好友到某地级市当了市长，谁料上任一月，送礼"孝敬"者几乎要挤破门槛。有几个晚上，拜访的"客人"走后，市长夫人才发现连沙发缝中都塞着"红包"。市长大惊失色，更是面对两难——收吧，"数额巨大"，要"杀头"；不收吧，将被视为异类，以后寸步难行。至于交到纪委去，那更是破了潜在的"规矩"，今后怎么工作？结果这位好友，只好"惹不起还躲得起"，辞去市长去省城一个清水衙门任职，进而再退一步，做了一个经济学者，终于平安着陆，避免了前两任书记、市长因为受贿而身陷囹圄的下场。关于这位市长，也有评说他不该"逃避"，应当起来斗争。这当然有道理，但一个市长的"挂印封金"，毕竟说明了在某些地方，"潜规则"多么可怕，也更说明了"从政环境"对于官员是多么重要！

此事过去了十年，那个地级市的"从政环境"，今天也许有了很大改观。但并不"良好"甚至恶劣的"从政环境"，在一些地方、某些层面，仍然是一个客观存在。比如说，"圈子文化"在某些地方的盛行。大大小小的"圈子"林立，或拉帮结派，或党同伐异，"哥们"之间互相勾连，同进共退，结盟抱团，享利分赃。"圈子"的"组织化"色彩，成为某些人仕途的"快车道"，进了这个"圈子"，不行也行，否则纵有德才勤绩，也轮不到你。"圈子"又与买官卖官互相勾连，在一些地方，"小弟"也要向"大哥"孝敬，而金钱与乌纱的交易确立了"朋党"的身份。被小平同志痛斥为"害死人"的"小圈子"，一方面使小人佞臣如鱼得水，另一方面，则使正直君子无路可走。

又比如"好人主义"的盛行。明哲保身的处世哲学，讲私情不讲党性、讲关系不讲原则的庸俗官风，在某些地方形成"规则"、蔚成风气，变成一种可怕的"习惯势力"。你敢于对"上面"的错误决策说个"不"字吗？你勇于对周围的不正之风发一点声音吗？那就会"枪打出头鸟"，就会"出头椽子先烂"，就会"不见容于众"，被视为"异端"，甚至被"孤立"、穿小鞋、挨棍子。"好人主义"一方面使"好好先生"占尽便宜获得"实惠"，另一方面又使勇于批评、敢于担当的同志形只影单，甚至遭受打击。

当然，对于"从政环境"，我们也要正确看待，尤其不应有误读。比如说，"八项规定"之下从政规则的"紧约束"，党内政治生活的严肃性，本来就是"从政环境"的一大进步，有些同志却认为为官不易了，"日子难过"。其实，廉洁从政只是回归了"人民公仆"的本来性质，"两袖清风"才能保证我们"一身正气"，这将使我们的执政更得民心、更富道德形象，更有说服力和凝聚力。群众路线教实活动中广泛开展的批评与自我批评，不少班子动了真、红了脸、出了汗，有的同志就受不了了，甚至觉得"难熬"、难以过关。其实批评武器正是保障党的肌体健康的法宝，只能使党内空气、风气和环境更加健全。有的同志对此觉得"压力山大"，说是做官真难，对正常的党内生活不习惯——不要紧，成为常态，就会习惯的，也会从中感受到这正是"从政环境"在变好的一种题中应有之义呢！

还有一个问题，就是如何看待民主监督下的"从政环境"。现在整个社会的眼睛，都紧盯着官员的一举一动、一言一行，行事都有众目睽睽，执政面临众声喧哗，稍有不慎，就会"动辄得咎"。有的同志认为，这种"从政环境"太"严苛"啦！其实当官这个行当，本来就是"公众性"和"公开化"的，现代化的执政本来就应在万众瞩目之下、七嘴八舌之中运行。一条是官员管住自己，"夹着尾巴做官"，一条是置于社会监督之下，"打开大门执政"，这两条，是现代社会的天经地义，这种环境，是现代治理的必然条件，我们只能适应它，不应当抱怨之。当然，我们的社会尤其是我们的网民，也要理性实施监督，说话要重证据，批评要富于建设性，尤其是对广大的基层干部，要充分肯定他们的"基石作用"，体谅他们的"不容易"，不要求全苛责，更不要乱棍满天飞，为他们留一个良好、宽松的"环境"。

（2014.7）

## "不习惯"说明了什么

近日两条"官闻",都是关于"乌纱帽"的,为什么引发网络上下这么汹涌的热议?因为我们"不习惯"——平阳县副县长周慧发表"感言",声明"辞官",不要这顶"乌纱帽"了,于是不少公众"难以理解";云南省委常委张田欣被开除党籍降为副处级,江西省委常委赵智勇更是被"连降7级",降为普通科员,却都没有"进去",于是不少网民也"看不懂"。总之颇觉"新鲜",不习惯。

其实官员"挂冠而去",周慧并非首例,只是凤毛麟角,所以我们"不习惯"。比如说,"官本位"的风行,是个毋庸讳言的"社会存在"吧。且不说每年高达千万人的"公考","乌纱帽"也好,"铁饭碗"也罢,成了一种"公共追求",便是为了一个"红顶子",不惜"跑官"、"要官"甚至"买官"的,在某些地方,也早已形成奇观。你周慧好好一个"三把手",不但权重位尊,而且前程似锦,却不要这顶"乌纱帽"而辞官,当然要被"不习惯"、"不理解"!

又比如官员队伍的"能进不能出"、仕途上的"能上不能下",一旦当了官员,就要终生为吏,哪怕如周慧所说,当官不是他的"擅长",哪怕在位置上"度日如年",也要"在火上烤",事实上哪有什么"退出机制"呢?当然按我们的制度,官员是可以"辞职"的,但观念不允许,大家都不"习惯"——你要挂冠而去么?你要全身而退么?不行,几乎所有的人都会认为你有了"问题",都会想到"引咎辞职"和"责令辞职"这两条,"拔脱毛的凤凰不如鸡",人们的眼光、公众的指点,都会十分异样呵!所以你想"主动辞职"也不行,舆论"不允许",大家"不习惯"!

让不愿当官的人"退出",我们应当"习惯"于这种常态。这不只是一般意义上的"人各有志，不可强勉"，而是说从政治学的定律看，当官与发财不能两全，不能用手中的权力来捞好处，这是现代社会的一条铁的规则。当官和"发财"，作为两种职业选择，本应是平等的，不能认为"官"高于商，"贵"重于"富"。你有经商头脑，在商场上惯于纵横捭阖，那你就"辞官"、摘掉头上的"乌纱"，去商海中大显身手，这本来就是一种十分正当、十分正常的职业选择和人生追求。千万不要因为"心理不平衡"，看着别人发财而眼红，结果既当官又"行商"，做那种把权力当成发财工具的"金顶官员"——周慧的亲属都在国外发财，他和妻子也有意到那边去经商，他既不愿当"裸官"，又懂得官商不能两兼，所以挂冠辞官，这是很对的，我们不但不要"不理解"，还要祝他在商海中"一身轻"干得好呢！

尤其是在当前反腐纠风的大背景下，"当官"一业，不但"不易"，而且也越来越"不肥"，连一部"公车"都要被改革了。这本来是向"公仆"本色的回归，有的官员却十分"不习惯"，甚至还有满腹怨言、牢骚冲天的，说是"日子难过"呀，抱怨"曹营之事难办"呀，于是"不拿"也"不干"，于是情绪低落、"心态不好"，敷衍塞责、推托更甚，你要他"敢于担当、勇于负责"，他却一点也"不在状态"。对于这类官员，既然他们已视"为官"为"鸡肋"，再也打不起精神，那么完全可以请便，可以另去高就。如果这也能够成为常态，对于干部队伍就是一种自我净化，一种大浪淘沙，人们也会渐渐"习惯"起来的，我们的吏治和官员管理体制也会有一个大的进步。

至于那一个"连降7级"，却只是"单开"，仍然留在公务员队伍中的处分，我们也不必"看不懂"。过去曾有一种说法，说官员要么是"座上宾"，要么是"阶下囚"，不到犯了大罪，要身陷囹圄，要"进去"，你就不能碰他。现在张田欣和赵智勇，虽未犯罪，但已"严重违纪"，按党纪和政纪给予"开除党籍"与"降职"的处分，是十分恰当的处理。我们不但要讲"罪刑相当"，没犯法就不让他"进去"，也要讲"错罚相当"，违反了党规政纪，就要"连降7级"。这种"处分"的多样化、阶梯化，其实是降低了反腐的"门槛"，对于从严治党治政，是一种更为严肃也更为科学的规则。

在执政方式现代化这个大题目下，我们的政治领域会出现许多新现象，这里既有创新，更多的是回归现代政治的通则。这种现象一旦成为常态，我们就会"习惯"的,公众也不会因为"看不懂"而"难以理解",这本身就是我们的一种政治进步呢!

(2014.7)

## 解剖一只"另类麻雀"

反腐风暴之中,按说"落马"的多是贪官,但童名谦却不是——这个位居湖南省政协副主席的高官,据媒体的"起底",既不贪财也不好色,似乎挺"干净",唯一的娱乐是"下班后在市委大院里面散步"!这样一个"清官",为什么会被"双开"呢?因为不论是主政湘西、邵阳还是衡阳,童名谦所任之地,接二连三发生轰动全国的"大乱子",湘西集资案也好,衡阳贿选案也好,都有他的"严重不负责任",所以童名谦成为十八大后首个因"玩忽职守"被"双开"的高官。童名谦案,是反腐中一只"另类麻雀",同时拓开了我们全面认识反腐败斗争的视野。

"童名谦现象"并非仅此一例。我们说,领导干部一要"干净"二要"干事","清官"同时又是"能吏",是对官员不可偏废的要求。在干部队伍中,确有一些童名谦式的人物,他们倒是据说"干净",不贪也不拿,守住了洁身自好,然而"为官不为",什么也不干,对于治下的违法乱纪也好,对于所辖的歪风邪气也罢,睁眼闭眼,不闻不问,任其泛滥,由其胡来,对于重大的决策,既不发声,也不拍板,遇到矛盾绕开走,碰到问题推、拖、躲,何论急难险重站在第一线,更不要说"敢闯敢试"、勇于创新了。

现在有一种"朴素的标准",公众对于贪贿深恶痛绝,所以容易认为官员只要不贪就行,"不干"算不了什么大事——其实"为官不为"也是一种腐败,玩忽职守更是一种犯罪。童名谦式的官员里头,有些人表面上有着"道德形象",实际上打着个人的"小九九":除了猎得某些"清誉"之外,对违纪歪风放纵宽容,是要博取好"官声";不愿卷入矛盾的漩涡,是为了躲避风险保住自己的"安全";不拍板也不说"不",是为了逃避责任守住一己的"英名";他们从不开拓、远离创新,是为了显示自己的"稳重",更是为了"不趟浑水不入雷区"。总之,是将自己的成败、毁誉、得失看得比什么都重,这是一种政治上的不道德,是另一种腐败。在那些云集着"童名谦"的地方,官场一定腐败,官风必然腐化,严重的官僚主义必定盛行。这种几千年封建官场留下来的痼疾,对于干部队伍的腐蚀,恐怕并不比"不干净"的贪官来得更小。

重视童名谦这个案例,是因为"童名谦现象"不仅源远流长,更是一种新的动向。反腐纠风,风紧云骤,"拿"是不能拿不敢拿了,于是有的官员就"干"也不干了。过去叫做"没有好处不办事,有了好处乱办事",现在好处没有了,于是推托敷衍,躲避绕行,让你处处碰"软钉子",至于因为"为官不易",所以"心情不好"、"状态不佳",心不在焉,打不起精神来,甚至满腹牢骚、怨气冲天,所以"为官不为",坐混其日,躺倒"不干",这种新的"严重不负责任"甚至"玩忽职守",形成新的"中梗阻",值得我们警觉。

"童名谦现象"的出现,与我们历来的干部评价标准乃至公众对于官员的评判准则有很大关系,"不错即对",实际上成为不少官员得到肯定、获得升迁的公认尺度,而"不贪就好"更是有些人对于官员唯一的评价和要求。这里既有人们对于贪腐的不容忍和大愤恨,也存在着很大的片面性,以致更多的"童名谦"可以安于其位,稳步高升,也使不少官员在这种"示范"下宁可"不干",也不愿冒风险,宁可洁身自好,也不建功立业,甚至将"严重不负责任"乃至"玩忽职守"也不当件事儿——就如童名谦此次在法庭上再三要求从轻处置一样,他或许到今天也不认为摊上了什么大事吧。尸位素餐也是一种腐败,解剖童名谦案,真是另一声警钟。

(2014.8)

## 透过"送水秀"的背后

这当然是一条令人揪心的新闻——河南遭遇63年来最严重夏旱,几千万亩绝收,几百万人缺水,但这新闻里头,却又有一条令人叹息的新闻,似乎更加刺痛人心——一部分县乡领导下乡送水,"坐着高级轿车,问了问情况,现场拍照录像,场面热闹一阵,然后就回到空调车里",当然扬长而去了。

这条"拍照走人"的新闻,同样激起了网友的愤慨:正值罕见天灾,灾区一桶饮用水涨价十倍,你仍然坐在空调车里"救灾",于心何忍?尤其是正当反对"四风"风头之上,你仍然玩"拍照走人"那一套,不是对着干吗?

其实依我所见,他并不是"意欲何为",有意要"顶风而行",只是官僚主义、形式主义那一套,实在是"习惯"了,化在血液里,"天经地义、顺理成章",成了一种难以改变的定势。

就拿这个"拍照"来说,数年前就有这样的事儿,某县洪水滔滔,县长欲乘冲锋舟去险乡。冲锋舟只能乘三人,县长喝退了岸边众人,只身带着电视台的摄像记者上了小船。你看,这位县太爷算的是急难险重冲在第一线的吧,但再险再难冲锋舟再小,他也没忘记要"拍照"、摄影、录像啊。一年前,又曾有某市领导"微服私访"夜排档,体察民情也没有前呼后拥,然而同样没忘记带个摄影记者,结果"私访"的照片同步发到官网,造成人们对其"微服"的深深怀疑。这两位官员,都属好作风,但即便他们,尚且不能改掉"拍照"的"习惯",更何论那些着意作秀者呢——难怪不久前某地领导挤了一回地铁,被"巧遇"的乘客拍到了,放到网上,但是网友一致断定,这是"随行记者"拍的,否则哪有这么"巧"啊,这当然有一点冤枉,但至少说明官场的"习惯",已经使社会形成了"莫不如此"的公认。

官僚主义、形式主义根深蒂固，深就深在已形成一套"旧习惯"，一是"习惯"病入膏肓，不由自主，二是习惯了，改也难。比如官僚主义、高高在上，管卡压的衙门作风"习惯"了，要他换一个朝向削一点权，就像动了命根子；又比如形式主义，文山会海、繁文缛节"习惯"了，要他精简一二，就说不出的难受；再比如享乐主义奢靡之风，胡吃海喝"习惯"了，胃口也吃大了，你要他四菜一汤，还真是受不了，所以要喊"官不聊生"呢！这类"旧习惯"，有的官员习以为常，成为一种"工作方式"甚至"生活方式"，成了不知不觉的"常规"和难以移易的"定式"，比如酷旱面前，纠风风口的"拍照走人"，他真是"习惯"了，改也改不了啊！

中央强调，反对四风，要"向旧习惯和潜规则说不"，这是说纠风难在改造久已同化为习惯势力的那种官宦文化。近日盱眙县委规定，领导干部不许让工作人员拎包、拿茶杯、开车门，有网友诧异这等小事也要明文规定？其实正是这等"小事"，背后是上之展示威仪，下之谄媚附势的那一套习以为惯的"规矩"，而这习惯背后，恰恰是"根深蒂固"的官僚主义和官场痼疾呢！

（2014.8）

## 从一个"铲"字说开去

这当然是这几天沸沸扬扬的一条热闻——中国石油大学继"不得不"用火箭模型遮挡那位已经落马的"著名校友"的偌大题词后,又于8月14日将此"厚积薄发,开物成务"8个大字悄悄拆除,墙壁也重新粉刷看不出曾经悬挂的痕迹。而比起中国石油大学的"悄悄"来,各地的做法"给力"得多,对于落马官员的"墨宝",不论是高悬于楼宇,还是嵌刻于宾馆,哪怕是深刻于坚硬的石头之上,也只有一个字——"铲"!

到处又闻"铲字"声,其实一个"铲"字,并非今日才有,就拿南昌一地而言,十多年来至少就有过两次"铲字"风潮——第一次"铲"的是胡长清的字。胡副省长酷爱题字,"东也胡、西也胡,洪城上下古月胡;北长清、南长清,大街小巷胡长清",饭店酒楼、公司宾馆、莫非胡长清的题字。到了胡长清伏法,南昌人赶紧把他的手书凿掉,于是有了一片斧凿刀铲之声,一时传为笑谈。

第二次就是去年,南昌又来铲落马的贪官陈安众的题字。位居省人大副主任的陈安众,贪贿之外,更爱挥笔,尤喜题字。于是洪城街头、繁华要道,陈安众手书的店招、楼名、厂匾,举目皆是,企业之中堂,酒肆之大厅,甚至桑拿之南墙,到处悬挂,随处可见。陈安众一旦"进去"了,于是他的墨宝,就忙不迭铲掉,留下一处处凿痕。

当然不只南昌一城。重庆市公安局内王立军泼墨的"剑"与"盾"二字,刻于硕大圆石,列于大门口,王"出事"后,只好"赶紧磨平"。至于广东省政协原主席陈绍基,素好题字,落马之后,给人们带来了无穷烦恼。"广东省古村落"评选,因为陈绍基题了匾,而揭匾仪式之时,恰好陈主席东窗事发,于是不但要"铲",整个活动还不得不因之改期——官员的墨迹,他们高高在上时风光无限、奉为至宝,而一旦"落马",便成为各地难以处置的"牛皮癣",所以才有了那一片片"铲字"之声,令人叹息。

按说中央早就规定"不题字、不题词",为什么一些官员还是乐此不疲,到处去泼墨呢?这当然有"不上台面"的动机,那便是所谓"雅贿",当成权力生财的另一条路子。胡长清的手笔,是公开"拍卖"的,6000元一幅,其中一条,"企业家"竟给了9万元,他受贿的巨款中,很大一部分竟是"老板"们为求墨宝送上的"润笔",被自辩为"合法收入"、"劳动所得"。就连南充市营山县委市记杨毓培,一个字写得画符似的官员,居然也常常给企业题字写招。入狱之后,他"大概算一下,题字得来40万元"。杨毓培也强调这是"合法收入",似乎收几十万元,写几个字打发,就算是"市场经济",公平交易,不但洗白了受贿的"黑金",还雅得很呢!

但平心而论,更多的官员爱好"题字"似乎还是不收钱的呢!那为什么还要"手痒"?除了附庸文雅,收"儒官"之名誉,甚至笑纳"柳骨颜筋","飘逸灵秀直追二王"的谄媚之外,更是作为显示权力和威势的象征。他们或将它作为自己"地盘"的标志,显赫父母官的权势范围,或把它当成对下属之"忠诚度"的"考验",总之成为一种官场的文化和"规则"。有的官员,津津乐道于封建时代皇上和权相每到一处的"赐墨",比如乾隆皇帝的到处御笔,又比如蔡京、严嵩的日日题招,连一间酱菜店也不放过。这种与专制王权下官僚制度附身共生的奇特现象,竟然成了他们这些名为"公仆"的大官小吏的爱好,所以区区"题词癖",不只是舞文弄墨的"爱好",而更是一种"官场病"了。

官员不比书法家,那可是一个高风险的职业呵,今天他在位,可以无限风光,明天又被"拿下"了,怎么办?官不是万古长青的,风云变幻,只好赶快"铲"掉。所以我们的企业家,最好不要叫官员来"题字",而我们的官员,与其到时候抱怨人情淡薄、世态炎凉,还不如管住自己的"笔杆子",恪守"不题字"的好——某地有位"一把手",一幅字拿"市场"里,"老板"们竞相举牌,抢着"收藏",价格飙至业内外谁也看不懂,然而数年之后,那官儿"下来"了,还是"平安落地"呢,人们再将"藏品"出手,竟已一钱不值。那过气之官,终于明白过来,"他们"看中的,是我手中的权,哪是我的字啊?而近日狱中,5名前厅官几十幅字,一共才卖了6400元,一幅仅仅百元。难怪有网友说,他们如果还在位上,一个字恐怕就值"6400元"呢?这里的深意,我们的官员要看得懂,不要等到人家来"铲"。

(2014.8)

## 从鱼翅的"末路"说起

为什么要从鱼翅的"末路"说起呢？因为近两年来中国的反腐纠风，竟"沉重地打击了鱼翅生意"，当然也"给了鲨鱼一条生路"。

近日美国野生救援协会发表《中国鱼翅消费趋势最新报告》，称过去两年间，中国鱼翅销量和价格双双大幅下跌，以中国鱼翅贸易中心广州为例，鱼翅销量下降 82%，零售价下跌 47%，批发价更下降 57%，而"鱼翅之都"香港的鱼翅进口量跌掉了 48%，鱼翅岂是走上了"末路"，更已成为"垂死的生意"——然而就在三年前，中国还是鱼翅消费大国。据联合国粮农组织的数据，亚洲作为全球最大鱼翅市场，每年约有 50% 至 80% 的鱼翅经香港中转，大部分进入中国大陆，又"大部分被端上了公务宴请和商务宴请的餐桌"。

很显然，鱼翅生意的"垂死"，主要不是因为"没有买卖，就没有杀害"的口号宣传，而是因为反腐纠风，公款吃喝受到严厉禁止，没人再敢于在公务招待中食用鱼翅。鱼翅、鲍鱼已经不再端上"公吃"的餐桌，而这原本就是支撑"鱼翅生意"的"第一支点"——由于中国鱼翅需求量的下降，直接导致了鲨鱼捕捞量的大幅下降，在全球鲨鱼捕捞量最高国家印尼，由于鱼翅收购价大跌，渔民的捕捞所得已不够支付出海作业成本，使得捕鲨船出海次数大大降低。这叫做"无心插柳柳成荫"，然而在"中国的反腐纠风给了鲨鱼一条生路"的同时，我们这儿，会不会有人又要惊呼"救救鱼翅生意"，以振兴"餐饮业"以至"保护经济发展"呢？

这并不是空穴来风。记得"八项规定"刚颁布的第一个季度，国家统计局公布，社会消费品零售总额增速大幅下降，尤其是"限额以上"也即高档餐饮收入同比下降 3.3%，而市场之上，原本 2000 元的刀鱼只卖 700 元了，天价的新茶打了三折。那三个月,高档酒店的营业额,北京降掉35%,宁波跌掉30%,上海也降两成,连"公款支撑"的花店业也受到冷落,广州那边原先踏破门槛的花店,竟只剩下三分之一的生意,至于高档白酒的"惨状",更是一直延续到今天。于是就有惊呼"消费低迷"的,似乎天要塌下来了,忧"市场"受到"冲击",忧"内需"拉不动了,似乎要赶快"刹车",赶快"放开"才好。

其实,反腐纠风给某些行业、某些"市场"带来的"冲击",与其论"忧",不如道"喜"——且不说靠"集团消费"也即公款消费营造起来的那种"市场繁荣",这样一种所谓的"国情",这样一种奇特的"刚需",本来就是畸形的,不可靠的,是一种地道的泡沫,一触就破;更是说一个"市场"的火热,一种"内需"的形成,如果在很大程度上是依靠公款消费这样一种国有资产的"最大流失",那么这种"繁荣"的成本就太高了,高到了要用我们的民心向背乃至执政基础去做代价。我们固然要千方百计拉动内需,但决不以浪费、奢靡尤其是腐败来"托市",来"刺激"。无论是论经济还是讲政治,我们都不能把"繁荣"建筑在民心的丧失、公款的吞食以及鲨鱼们的成群杀戮之上呵!

当然不仅是区区一笔鱼翅生意、一张餐桌,有一家美林银行发布测算,说反腐至少导致今年中国经济增长减少0.6至1.5个百分点,"粗略估算"带来损失"可能"会有1350亿美元,"接近孟加拉国的经济规模"!

我不知道这样的"粗略估算",有几分科学性和真实性?但有一点应当成为共识,那就是绝不能靠腐败来作为经济发展的"润滑剂"。恰恰相反,反腐作为一种主动改革的方式,有助于完善市场机制和改善经济结构,为生产力的大解放铺平更广阔更平坦的道路——且不说反腐纠风保护了巨额公有财富不流失、不浪费,尤其是不被侵吞、转移,就说反腐纠风对于官僚主义的深刻触动,能够在很大程度上转变政府的行政方式。一是减少以权力设租寻租的行为,二是改变了事事说"不"的衙门作风,三是简政放权带来的活力,不但使市场环境变得更加公平,而且能极大地刺激企业和社会自发的经济增长动力,更不要说它在很大程度上可以改变现有的粗放甚至粗暴的"发展方式",从而使我们的政治更加清明、市场更加健全、经济更具活力、发展更为科学。上层建筑和生产关系的变革,必然使生产力得到新的解放、突破、提升和转型,那远不是一个所谓"孟加拉国的经济规模"可以比拟的!

正像"中国的反腐纠风给了鲨鱼一条生路"一样，我们面对所谓的"低迷论"、"冲击说"甚至"过头论"，不必惊惶，不必担忧，更不要惊呼。反腐纠风没有穷期，我们不能一叶障目！

（2014.8）

## "30万美金买一个区长"?

这不是一则坊间的"传说",也不仅是一个戏剧性的"细节",而是一个确凿无疑的案例——广东省纪委立案调查原茂名市委书记罗荫国卖官案的当天,即进入罗家取证。办案人员惊讶地发现一个还未拆封的大信封,赫然装着30万美金,还附着茂港区常委副区长谭某的简历和名片。原来谭副区长在"副"的位置上已经待了8年,急切地要"扶正",去掉这个"副"字,于是仅仅几天之前,向罗书记送上了30万美金,作为"买官"的贿赂。谭某成为最后一个给罗荫国送钱买官的人,不料竟也成为罗案第一个证据确凿的涉案人。

30万美金买一个区长?舆论之间,是惊诧于"买官"成本之高的。一顶处级的乌纱帽这么贵?谭副区长划得来吗?依我所见,也根据已经揭露出来的众多事实,他是"划得来"的。君不闻那些落马的贪官,凭着一顶乌纱,有几个不是"进账"数千万?而且官阶越高,"手笔"越大。就说"处级区长"这样的小官,官小腐败大,一旦查实,也往往受贿加上"巨额财产来源不明",动辄就是千万。在不少地方,"买官"有价,价儿还真不便宜,但凡"买"者,多是经过精明计算的,知道一旦戴上乌纱,就不是"30万美金"的含金量,就不是区区200万人民币的"赚头",所以心甘情愿地去"买",不叫一本万利,也是一笔"划得来"的买卖。总之,谁会去做"蚀本生意"呢?

还有一个问题,那便是网友请问,一个副处级的官儿,一掷30万美金,他哪来这么多的"本钱"?我不知道谭副区长的30万美金从何而来,但有一点可以肯定,但凡重金买官者,他的"成本",也不是省吃俭用从嘴里抠出来的,一是平日受贿,积累甚丰,用"黑金"来买官,以便赢得更大更丰厚的贿赂,二是根本不用他"出血",自有包括"老板"们在内的"朋友"帮他付贿。"企业家"为官员"买官"的事例,早已不属罕见,刘志军欲行"买官",那4000万他没出一文钱,全是丁书苗丁老板代为支付代为"打点"的,尽管刘志军在庭审中不承认"拿到过这4000万",但公正的判决,仍然认定这是"代为买官"的另一种贿赂,这当然很有道理,也有利于打开人们的眼界。

茂名卖官案涉案人数之多,据说"罕见",市辖6个县(区)主要负责人无一幸免,涉及党政部门105个,其中159人涉嫌行贿买官——买官者的"成本",大多是为官时捞取的"十万雪花银",但确实也有十分可怜的。比如信宜县有个镇长,是中国农业大学的毕业生,"努力工作卓有成效,每次开干部大会都受表扬",但就是这样一个小吏,因为不懂"行情",也拿不出买官的那一笔"成本",所以一待多年,得不到提拔,没人搭理他。大学生镇官终于醒悟过来,为了升迁镇党委书记,当"一把手",他抵押贷款5万元,又东拼西借,勉强凑了20万元来"买官",果然"一手交钱,一手给官",很快就被提拔——这个小吏的"抵押买官",令人无限唏嘘,一个官如此之"穷",当然属于个例,但毕竟教人叹息。

有些地方,买官卖官成了市场,哪一级"缺"都有明码标价,"公平交易、老少无欺",关于这个"传说",我是相信的,但至少在茂名,似乎这个"价"还可以"浮动",而且幅度还很大,比如市委常委,公安局长倪俊雄,在公安系统"卖官",小到两三万,多到上百万,他"大小通吃",都收,都卖,当然有一条也是"市场"的,那便是"相同条件下价高者得",几乎成了一个拍卖场,这样看起来,"30万美金买一个区长",如果不是罗荫国恰巧"进去"了,应当是稳操胜券的啦!

(2014.8)

"戏说"背后的迷雾

## "老板修衙"要往深处看

咄咄怪事,说的是上周末爆出的一条"新闻"——广西合浦县石康镇改建"政府大院",财政拨款 80 万,却花了 800 万,于是卖地之外百余万的"缺口"由企业"捐资",从深圳老板到矿业公司,都出了几十万,连一家小小爆竹厂也没有放过,24 家"老板"出钱,帮政府修完了"衙门"。

"老板修衙",决非自愿,而是出于无奈,出于对政府权力的畏惧,叫做不得已而为之,镇政府为了"逼捐",召集了几次"老板会",其言汹汹"不捐款的企业,今后不要找政府帮忙办事"!

例如这样的"强行募捐",并不只合浦一地,恐怕只是一个常见的"通例"而已。政府本来是为企业服务的,但是有的"衙门",却把"老板"当成了"唐僧肉",甚至当成自己的"皮夹子",他们不但"钓鱼执政",企业盖个章、办个批文,就要奉上"孝敬",而且还有公然摊派,明敲竹杠,要"老板"出血的。你不出吗?岂但是"今后就不要找政府帮忙办事",还有着更为严重的"走着瞧"——读一读合浦的这个"案例",再听一听不少"老板"私底下的哀怨、他们"不敢言"的愤怒,就会明白当下的行政改革是多么紧迫却又多么艰难!

问题还不仅于此,"老板修衙",其实犯了政治规则的大忌——我们说,官商之间不要勾肩搭背,更不能有"利益输送",更何况要"老板"出钱来"修衙"、建"政府大院"?政府是公权力,为全社会服务,每一文开销都应当在权力机构审议批准的公帑中支出,决不能用"老板"们额外"捐"的钞票;政府在市场经济中,是不偏不倚的公平裁判,你去用某些厂商的钱,不如同收受场上球队的"意思",不会有"黑哨"之嫌?"老板"们"不出钱",别找政府帮忙,那么他出了血、给了你"捐款",是否就可以"乱办事"了呢——一个"政府大院"靠"老板"才修起来,今后这个"衙门"的公信力和公平性以及这颗"大印"的成色,当然就要打一个大大的问号。

例如"老板修衙",也决非石康一个"政府大院"——前几年早有曝光,说某县政府的大楼,根本就是向一家企业整体"借来"的,住在"老板"修的"衙"里,一坐就是十年,面对这个"企业",这份"公权力"还能有什么"监管"?更有甚者,某些地方人大开几天大会,也要企业赞助、"老板"出钱。曾经有一段时期,有的人大会场内外,插满了企业出钱的"祝贺"条幅和广告旗幌,红颜绿色,迎风招展,人们不禁要问,地方国家权力机关的公信力和公共性,会不会因为"老板出血"而有些蜕变呢?至于有些政府的公务车队,八成是向"老板""借"来的豪车,连一二把手的座驾都是"老板"给的,这种公权力的"商化"就更不鲜见了。

"老板修衙"给我们提出了一个政治学上的大命题,我们不能浅尝辄止,更不要轻轻放过,而要由表及里,洞察案中的深意,更要举一反三,看看它有多大普遍性。

(2014.8)

## 新《官场现形记》？

上回的"已晚谭",写的是《30万美元买一个区长?》,说的是在广东茂名,买官成风,卖官酿成"窝案",一顶处级乌纱竟要30万美金,而一个大学生镇官,被官场"逆淘汰"逼得只好拿家产抵押,借贷买官。今天,让我们将目光北移,投向中原的三门峡市,为什么呢?因为同广东茂名一样,河南被中央巡视组称为"买官卖官问题突出",而三门峡市则是其中重灾之区,原市委书记连子恒已经因此被"双规"进去了——三门峡市的买官卖官,更有诸多并非咄咄怪事,看似官场滑稽戏,实更是一部新的《官场现形记》,不妨随手择其二三,以飨读者,以解剖这只肥肥的"麻雀"。

——三门峡下面有个义马市,义马市有个副市长叫做聂卫东。聂某人没读过多少书,"从小就喜欢捣蛋,经常打架惹事",后来当了司机,又收旧啤酒瓶买卖。这样一个人,先是想在家乡陕县官场"混",结果被该县四套班子"集体驳回",后来向市委书记连子恒"输送利益",由连书记拍板,竟当上了义马的副市长,而且"分管教育",当然引起了官场内外的"大哗"——但更为"大哗"的是,聂卫东亲口在饭局上宣称,"没想到一个副市长还是挺便宜的。我准备了200万,结果只花了100万就办成啦"!

可见三门峡的官场,成了一个"自由市场",有些地方说,买官卖官已有明码标价,可是三门峡没有,尺寸之宽,浮动之大,它可是连子恒连书记的"随口价"呀,难怪聂卫东准备了200万,只花了一半,就买到了一个副市长,所以直呼"便宜"——其实三门峡真是一个"市场",市委组织部长李卫民与连子恒不睦,怎么较劲呢?比赛卖官,"连子恒卖一个,李卫民也要卖一个",还互相压价"抢生意",你说他不是"市场"是什么呢?

——原渑池县委书记仝孟蛟，47项受贿事实中，41起是"卖官"。仝书记"卖官"，收受人民币770万，美元9.2万，至于价值数万的手表、消费卡乃至字画，就不要说啦！于是也有人叹息，渑池的官员真苦，买一顶小小的乌纱就要"倾家荡产"！其实我们并不必为之着急叫苦，在仝孟蛟案发之后已经查实，绝大多数下属向其买官行贿时所使用的资金，"均来自于虚开假发票在本部门的冲账报销"——这就是说，在三门峡市，连买官都是"公款"的，不像茂名的"买家"，要么从过往贪贿积累中"出血"，要么由"老板"代买支付，他可是自己一分钱也不要出呀，全部在公费中"冲账报销"，所以手面这么阔绰，所以"准备了200万"眼睛也不眨一眨。

——当然还有一个"笑话"，连子恒履新省人大后，三门峡市卖官窝案开始案发，纪检部门启动查办，仝孟蛟等人已急忙还赃款，连子恒也颇惊慌，专程回到了三门峡，住在明珠宾馆给人退钱，其中一名官员给他送过10万元，"但可能记糊涂了吧，他退回给对方20万元"！是呀，连书记卖官无数，收贿无数，到底"出去"多少顶乌纱，"进来"了多少万黑金，他哪里记得清呀，可见"生意"之兴隆，可见买卖之发达！当然连子恒自己也"买官"，不论是当市委书记，还是后来欲到省人大、政协当"省部级"，除了"频繁宴请"外，"跑关系"都没少"出血"，这就不在话下了。难怪他"惊闻"跑官"未成"，"手一哆嗦筷子都掉到了地上"。

像这类的事儿，在三门峡随手可拈。你说它是"怪状"吧，在那里的官场却很"正常"，你说它只是"二三事"吧，却是数不胜数。不是有句话说，"特别奇怪的事"和"反复出现的事"，就要从制度上找原因了，所以对于三门峡市买官卖官的奇事，我们决不能仅仅当成饭后的谈资和茶余的笑料呵！

(2014.9)

## "政治生态"是个大问题

九月之初,刘云山同志坐镇太原,一言"山西省的政治生态存在不少问题",指出了这个资源大省出现"系统性塌方式腐败"的实质。其实这并非中央领导同志第一次使用"政治生态"的概念——两个月前,习近平总书记在政治局会议上就首先提出,"必须营造一个良好从政环境,也就是要有一个好的政治生态"。

近时以来,"政治生态"成为公众议论的热词,而九月以来曝出的两条"官闻",则更成为人们由小及大、由表及里谈论"政治生态"的"标本"。

一是安徽省高院近日认定原萧县县委书记毋保良收受他人财物1900万元,以受贿罪处以无期徒刑。毋保良的贿金,几乎全部来自于逢年过节、婚丧嫁娶中的"人情来往"。有多少人给毋书记送过礼呢?我们只知道毋保良获刑的同时,萧县被免职的"送礼官员"便达80人之多,包括了四套班子成员和10多名局长,而全县23个乡镇中,因此被摘掉乌纱帽的党政一把手就有20个!

二是广东茂名有个年轻的大学生镇长,"努力工作卓有成效",但因不懂"行情",所以得不到提拔。大学生镇官终于醒悟,为了升迁镇党委书记,他抵押家产贷款5万元,又东拼西凑了20万元来"买官",果然很快被提拔……

这两条"官闻","麻雀"虽小,但颇寓深意。一个好的从政环境,可以使坏人不敢造次,而一个"病态"的政治生态,却可以使好人寸步难行,更可以将不少人"逼良为娼",走上同流合污的"快车道"。比如这个大学生镇官,本来是个好人,但是工作再"卓有成效",你不捧上真金白银,又有谁来搭理你呢?在茂名官场,买官卖官早已成风,市辖6个县(区)一二把手无一幸免,窝案涉及党政部门150个,至少159名官员行贿买官,在这样的"政治生态"下,洁身自好的大学生镇官无路可走，只好湿鞋"下水"。至于毋保良，原来也是有为之官，却因为"不合群"、不懂得"来事"，不参与"那一套"而备受官场冷落。毋保良调任萧县后，"吸取教训"，在吃喝送请和"一团和气"中"努力与各级干部搞好关系"，在萧县官场盛行的"送礼风"中笑纳礼贿——被抓后的毋保良抱怨，萧县送礼真厉害，每逢年节，各级官员就以汇报工作名义排队送礼，似乎"挡也挡不住"啊！难怪毋案出来后，有的媒体问，一个贪官与80名"送礼"的属下，究竟是谁带坏了谁？这其实提出了一个"政治生态"的莫大问题。

"政治生态"真是个"大问题"！"病态"的"政治生态"，一是具有所谓"普遍性"。在某些官场，"圈子"和"山头"林立，"老板"与"家臣"抱团，买官卖官成风，谁也不能例外，受贿送礼成为"常态"，大家莫不如此，形成一种席卷的"官场文化"，结成一种可怕的"习惯势力"，几乎无人可以幸免。二是更具有某种"强制性"。歪风邪气变为"规则"，形成"风气"，你不成为"同道"，就被视为"异类"，以至寸步难行；你若要"抗拒"，那更是不见容于众，以至遭遇"逆淘汰"，"枪打出头鸟"，遭受排挤和打击。大学生镇官贷款买官是"不得不"，而萧县的"送礼官员"，其中不少是"随大流"，别人送，我不送，"那是混不下去的呀"！当然还有它的"顽固性"，既有几千年封建官僚文化留下的"官场痼疾"，又有长期以来累积的体制弊端，决不可轻视小看之。

治愈某些官场"政治生态"的"病态"，要从当下治起——我们不能因为积重难返，就"慢慢来，不着急"，也不能因为它属于一种顽固的"官场文化"，就不知从何下手。治疗"生态病"，要从刮骨剔毒始，这就是要保持反腐败的"高压"新常态。只有出狠手，才能使"盘根错节，一朝倾覆"，也只有严厉打击，才能使官员"不敢贪"，而这正是被王岐山同志称为"不能贪、不想贪"必经的第一步。反腐纠风"见好就收"论、"适可而止"说以及"鸣金收兵"的预期，都是不符合反腐败斗争的规律，也是对"从治标转向治本"的片面误读。

当然，治疗"病态"，根本还在于改革。"政治生态问题不少"的山西，突出的问题是官商勾结、上下串联，才使买官卖官、权钱交易呈现"网状牵连"，这背后本身就有一个体制问题。正如新任山西省委书记王儒林到任那天所言，"特别要处理好政府和市场关系"，才能"根除权钱交易、官商勾结的土壤和条件"，从根子上治愈"问题不少"的"政治生态"。

## 也听刘铁男一言

曾位居国家发改委副主任的刘铁男受贿案,这几天开庭审理。公堂之上,刘铁男"主动交代",刘铁男"痛哭流涕",都没有什么稀奇——而同其他贪官在落马后轻言"放松了思想改造"的"检讨"不同,刘铁男为了戴罪立功,写了如何反腐的建议,"结合我的亲身体会,提出在市场经济中,审批权应当大量下放到市场,从源头上解决政府不该管的一些事"……

刘铁男的"放权"说,并不新鲜,也不是他的独创,但因为是从一个权大无边的"审批官"口中说出来,都值得听一听——刘铁男为什么能够贪贿巨大,光退赃就退出了3420万?因为他身居发改委工业司长、能源局长这些"要职",你要办企业,要开矿山,都在他一支笔下,都要拜他的门,向他"输送利益",就在已被举报的最后50天里,刘局长一边挂着点滴,"一支笔"还赶紧批了50多个"批文"呢!而发改委又为什么成为这两年落马官员最多的"衙门"?也是因为"权大无边"啊!刘铁男们的贪贿,来自于"审批权",他"亲身经历",再次刻画出腐败的源头是什么?刘铁男连自己也惊叹"为什么会堕落成这样",深刻的原因就在这里!

27年前,小平同志就严厉批评我们的政府部门,管了很多不该管、管不好也管不了的事,把它作为体制改革的主要问题。当时我们不明深意,只知道行政权力过大,管死了经济,管没了活力,是一种计划经济的弊病。现在我们才看清,权力过大又缺少制约,其实是腐败的温床和根源。过多过滥的"审批权",可以变为含金量很高的"肥缺",依靠"一支笔"来"寻租",成为不少官员"不给好处不办事,有了好处乱办事"的实质,成为"钓鱼盖章"、"批文生财"的捷径。有的事情并不需"审批",但是他可以"设租",搞得什么也要盖章，什么也要他点头，于是一个项目上马要盖216个章，小小一条渔船的名字也要高层来"钦定"这样的怪事就屡见不鲜——刘铁男现象并非个别，他的"亲身经历"至少说明了改革才是反腐的"治本"之策。

现在从顶层起，三令五申要"放权"，为什么还出现了顽强的"中梗阻"？有些地方，把上面取消的"审批权"拦路揽下，又列入自己的"权力范围"，有的地方"放权"，是明放实不放，"内设门槛"比过去还多还高，至于有的地方长长一纸"放权"清单，仔细一看，都是些鸡毛蒜皮，真有"含金量"的一个也没放——这是为什么？一是实在"舍不得"，不想"割肉"，二是"留一手"，风头过后，好故态复萌，仍然"吃公家"。

再说一遍，刘铁男一言，不是什么新发现，李克强总理早就说过，简放政权才是对腐败的釜底抽薪。这是改革与反腐最重要的"因果链"，我们只有从根源上铲除腐败的条件和土壤，才能不让刘铁男们的"亲身经历"一再重申，尤其不让他们指望"风头过后"卷土重来！

（2014.10）

## "不作为"与"乱作为"

反腐高压之下,纠风步步为营之中,出来一个"不作为"的担忧,并不是完全没有道理的——"八项规定"全线进逼,有的官员抱怨"什么也没有了",甚至还有说"官不聊生"的,"好处"不见了,"灰收"取消了,于是"心情"就灰暗、就"没劲","精神状态"就"一落千丈",于是就"躺倒",就"不拿也不干",这是一种"不作为"。更由于反腐败老虎苍蝇一齐打,于是除了"老虎联手反扑"的杞忧和"官员造反"的危言耸听之外,更有关于"相当数量的干部会以消极怠工来应对"的担忧,也就是说,担心他们"不作为"。

反腐纠风,会引起大面积的"不作为"吗?这样的疑问本身就缺乏根据,甚至几近伪命题。但是确有一部分官员可能或已经出现了"不作为"的新倾向,却也值得注意——关于"不作为",我们要讲两句话,一句是要教育,要讲清楚反腐使干部成为"不粘锅",纠风令官员变得"清白"甚至有点"清贫",这只是向"人民公仆"的本义、本相、本质的回归,"为官"本来就应"不易","当官"原本就不能"发财",你不甘"清贫",就请挂冠而去,你既然当了"官",就要"干事"、有"担当",而"不作为"的尸位素餐,本身就是一种腐败。第二句是不要怕,在我们这个市场经济日趋成熟的社会,在我们这个"超稳性结构"的国家,有那么一些官员"不作为"、撂挑子,天塌不下来,完全不必过度担忧,更不能因此影响反腐纠风的坚强决心和高压力度。

我们总是讲,要把事情看清楚,要把问题想明白,就要讲辩证法,就要抓住主要矛盾,才能防止牵不住"牛鼻子",才能防止一个倾向掩盖另一个倾向——在当前的反腐纠风中,主要矛盾是"乱作为"。

"不作为"和"乱作为"看似一个矛盾,但我们面对的矛盾的主要方面,不是一部分人的"不作为",而是长期累积的某些官员的"乱作为"。"乱作为"至少有两个层面,一是粗放的甚至是粗暴的"乱发展",一些官员拍脑袋的"上马",拍桌子的拆迁,最后是拍屁股的升官走人;二是以腐败为实质的"干劲"。在有些地方,国企转制,明明有市场规律,为什么"书记"要去拍板;矿山买卖,明明是市场行为,为什么"市长"要去坐庄;工程建设,明明应是公开、公平的市场招标,为什么"一把手"要"拽在手里",其中是有"油水"、有"好处"、有"回报",要么是自己的妻儿亲属得益,要么是官商一体的"兄弟"获利,所以他才有这么大的"激情"、这么浓厚的"兴趣",以至于扑在"项目"上乐此不疲甚至废寝忘食。这类的"大有作为",这样的"干大事",其实就是"乱作为"。比起目前一些官员的"不作为"来,这种"乱作为"的危害更大,所以成为我们面前的"主要矛盾"——这种"乱作为",如果"不作为"了,真的"不敢"了,那才是一件好事呢!

　　再说一遍,部分官员中目前出现的"不作为"倾向,是值得注意,应当纠正的;但这不是反腐纠风和改革发展中面临的主要问题,我们的主要注意力要放在整治"乱作为"之上,更不能被某些"不作为"扰乱了视线、干扰了方向,削弱了决心。就在前不久,王岐山同志与全国政协常委对话,说了一段"看清楚,想透彻"的话,现录于此,以帮助我们抓住反腐纠风的主要矛盾——有委员提到,反腐以后,有的干部不作为了,不干活了。我问你们,不作为和乱作为,哪个对我们党的影响更大?哪个的现实影响危害性更大?换句话说,我们现在整治的是乱作为,不作为要不要整治?要整治,但是首先要把乱作为整治了。在整治乱作为的问题上要有紧迫性。我们才开始两年,不作为的问题大家不要太急,还要靠制度解决,还要靠思想教育。但是乱作为就不行!

(2014.10)

## 在"山头"与"圈子"的背后

正值跨年之际,中央政治局去年的最后一次会议,就是再次强调党内决不容忍搞团团伙伙、结党营私、拉帮结派,这绝不是无的放矢,更不是空穴来风,而是反腐败斗争的现实给我们敲响的最大警钟。

不论是高层的"打老虎",还是一些地方的"查窝案",反腐斗争的大量事实证明,一个贪官的背后,往往有一个"圈子"——这个 30 年前被小平同志怒斥的"小圈子",已经在某些层面、某些地方发展演变为"山头"和"帮派","山头"上的"会员",抱团结伙,沆瀣一气,同进共退,俱损俱荣,"帮派"里的"兄弟",同腐共贪、利益同享,一方面把自己"地盘"里的权力作为加盟的筹码,一方面又与"老板"们结成利益纽带,形成"利益集团"。"山头"也好,"帮派"也罢,上有"老头子"与"教父",类似黑道江湖,下有"哥们"与"兄弟",一如封建朋党。这类团伙和宗派,严重恶化了一些层面的"政治生态",而且成为一些地方"塌方式腐败"和"系统性腐烂"的最大要因。

对于党内的帮派现象,反腐斗争不断打出原形,中央更是给予了越来越严重的注意——在跨年的政治局会议前两个月,就在群众路线教实活动总结大会上,习近平同志就严肃指出,党内不允许搞团团伙伙、帮帮派派,不允许搞利益集团。而一年前的 1 月 14 日,习近平同志在中纪委三次全会上,更已经指出,党内决不能搞封建依附那一套,决不能搞小山头、小圈子、小团伙那一套,决不能搞门客、门宦、门附那一套,搞这种东西总有一天会出事!习近平同志指出,有的案件一查处就是一串人,拔出萝卜带出泥,其中一个重要原因就是形成了事实上的人身依附关系!

"人身依附关系",正是"小山头、小圈子、小团伙"的纽带,正是党内"帮派"的本质。别的且不说，就以习近平同志指出的"门客"现象而言，就是奴隶制度下分封制特有的怪胎，由诸侯国的公族豢养的大批门客，通过依附、归属主子，将自身"工具化"，形成豢养和走卒的关系，他们寄食于公子王孙门下，多以鸡鸣狗盗一技之长为主子效劳，而养门客本身则成为贵族地位与财富的象征。而"门宦"制度，核心就是高度集中的教主神权，掌权者拥有至高无上的宗教神权和政治经济特权，成为门宦教民"世袭罔替"不可移易的领袖，形成政教合一的教会封建集团。至于"门附"，那则是两晋南北朝时依附于豪门世族的人口，其实是门阀的社会基础。类似这些封建制度甚至奴隶主社会的怪物，在今天的一些"帮派"中都可以看到死灰的复燃，沉渣的泛起，其实质不是"人身依附"又是什么呢？

这些"帮派"，并不是松散的"同路人"，也不是吃喝而已的"俱乐部"，在有些层面有些地方，已经形成严密的组织化态势，关键在于这个"人身依附"，是依附了什么人？比如"主公"，他的部属，他的手下，甚至他的"身边人"，均将其奉作"老板"、"教父"，自己则甘为"伙计"、"家臣"，终身依附，色彩鲜明，说到底，就是"××的人"。又比如"恩师"，并不是教了你什么人生的道理，而是将"乌纱"加在你的头上，获得提拔、提携的"门生"，从来不知道"我们的权力是谁给的"，只知道是"恩公"所赐，于是感恩戴德、感激涕零，而一旦攀附了"恩师"，仕途就进入了"快车道"，你当"独立大队"、不入"门派"不拜"老头子"，任你德才勤绩，也没人搭理你，这种情况在一些地方已经形成"规则"演成"生态"。又比如"帮主"，一个地方出来的官儿，一个系统干过的同僚，一个首长身边服伺过的侍臣，甚至仕途上有过"交集"的旧部，便形成"帮派"，组成什么"会"，其中位高权重的那一个，往往成为"头儿"，圈子内围着他转，灵犀相通，号令一统，真可谓令行禁止、步调一致。

党内的"小山头、小圈子、小团伙"问题，并非一日之寒，也绝不是个别罕见，对于这类"帮派"，当下的反腐斗争已经给予重创，但有的还在互保自固、流变转移，甚至还有"抱团过冬"的，"盘根错节"，并未"一朝倾覆"，这就需要从根本上刮骨剔毒，尤其是把反腐的严打与改革的厉行结合起来，才能真正改造政治生态，重塑党内规矩——"帮派"实际上是"人身依附"，其实质是"封建依附"，更是一种"权力依附"，因为人身依附本来就是封建王权之下官僚政治的最大特征！只有把权力的来源紧紧掌握在人民手中广大党员手里，而不再是由那些"老板"和"教父"一言乾坤；只有依靠民主与法治的权力授受，而不再是听任个别"主公"与"恩师"的给官加爵，这种具有浓厚封建色彩的"人身依附"才能从根子上消除。从这个意义上，我们可以说，反腐是改革的清道，而改革才是反腐的根本。

(2015.1)

## 党内决不允许搞"团团伙伙"

"党内决不允许搞团团伙伙、拉帮结派、利益输送",数日之前,王岐山同志在中纪委四次全会上的讲话振聋发聩,直斥某些层面政治生态中的一大痼疾,也指出了当下高压态势下"仍不收敛"的一大腐败——"五湖四海"本是工人阶级先锋队的性质规定,而"团团伙伙"则是封建官场甚至黑道江湖的天生产儿,所以"党内决不允许搞团团伙伙"!

"团团伙伙"是由小平同志30年前怒斥的"小圈子"发展而来的。如果说当年的"小圈子"还只是气味相投的"无形联盟",那么今天某些地方的团伙则是拉帮结派的"组织化"和显性化了。在一些地方、某些层面,大大小小的"山头"林立,或拉帮结派,或党同伐异,或"哥们"抱团,或以邻为壑。"兄弟"之间互相勾连、同进共退,结盟换帖、享利分赃。上下级之间,称"老板"、道"老大",同伙之间,呼"大哥"、称"小弟"。团伙的"组织化",成为某些官场的一大风气,你入了"伙",就进入了"快车道",你置身其外,不成为"同道",怎么也轮不到你,甚至还要被打入"异类",致使佞臣小人如鱼得水,因为有了"靠山",而正直君子无路可走,因为是个"独立大队",没有人来搭理你、关照你。

既然要"组织化",团伙就不是松散的投合,而已经成了结构严密的帮派。团伙为首,往往有一个"领导",他既是利益共同体的"老板",又是江湖上的"老大",同时还往往被奉为形如黑道的"教父",团伙的中下层,则被视为一己的"家臣",或自称效力的"马仔",只对"老头子"保持无限的"忠诚"和依附,同伙之间则一损俱损、一荣俱荣,互相包庇、攻守同盟。这样的"团伙"在某些地方,盘根错节、枝蔓相缠,成了针也插不进、水也泼不进的"独立王国"，他们只与"老大""保持一致"，只在团伙内"同心同德"，成为政令畅通的最大障碍。

"拉帮结派"的粘合剂，是"利益输送"。利益输送，主要是两条，一是团伙内部的封官许愿。某些"领导"手中的乌纱帽，只给"圈子"的成员，只给自己的"门生"，因此团伙的"组织化"色彩，就成为某些人仕途的捷径，进了这个团伙，不行也行，否则纵有德才勤绩，也轮不到你。团伙又是买官卖官的平台，在一些地方，"小弟"也要孝敬"大哥"，也要打点"主公"。官帽的私相授受，成为团伙忠于一人的渊源，而金钱与乌纱的交易，又进一步确立了"朋党"的身份和"自己人"的角色。团伙的组织化，一大祸害是危害着党的组织规则，这就是习近平同志在教实活动中痛斥"圈子"的一个突出点。"利益输送"的又一个特点，是团伙往往成为共同贪贿的一种组织。一些地方揭露出来的"窝案"，十分清楚地显现出案中人不但是一同作案、共同分赃的共犯，而且早已经是官场上的"团伙"、"帮派"和"同党"，他们在国企转制、工程发包、项目资金、矿山转卖等"肥肉"面前，互相倚托、相互输利，把各自占有的公权力变为团伙的"势力范围"，形成腐败的"合力"，这是贪腐大案的一个共同特征。

"圈子"、"团伙"也好，"拉帮结派"也罢，都是封建官宦政治和官场文化遗留下来的糟粕。几千年的封建官僚制度下，"百官"一方面以对专制王权的人身依附形成对于君主的"忠诚"，另一方面则结成林林总总错综复杂的"圈子"和互相妥协又相互"党争"的"帮派"，形成官场的各种明潜"规则"和深层"文化"。团伙本来就是宦海之中，利用各种渊源编织和扩张关系网的紧密纽带。封建官场历来讲人以群分、物以类聚，发展到"成熟"，就是"朋党"。同出一门，叫做同门，必须互相庇护；同届及第，叫做同科，做了官要沆瀣一气；同年进学，叫做同案，相互要加提携；一个地方出来的"同乡"、"五百年前一家"的"同姓"，甚至于旧军界中，一起吃过兵粮的"同袍"，到哪也抱成团……至于互相勾结的政治同盟，操弄政权的派别山头，苦心经营的同党派系，一部封建史，就更不罕见了。拉帮结派本是封建官场的积弊，更是一种政治上的腐败，奇怪的是现在有些"公仆"也沉湎于"教父"与"家臣"的关系，热衷于党同伐异、抱团结伙，难怪小平同志34年前在讲述政治体制改革的时候，主要是强调反对封建残余，难怪中央和中纪委在宣示反腐败要持之以恒时，要强调"党内不允许搞团团伙伙"啊！

(2014.10)

## "见菩萨就烧香"也要两面看

企业"见庙就进"、"见菩萨就烧香",这样的情况必须改变了——李克强总理本月初在国务院常务会议上的这一言,激起了舆论热议,也引发了我们的深思。这一言,不仅是说给企业家听的,更着重指出了行政权力改革的一个大问题。

企业家"见菩萨就烧香",当然不只是在审批过程中的"求爷爷拜奶奶",而已是官商关系中一种普遍的现象。企业家本来应当有其"精神",那就是在市场中独立搏击风云,在商战中自主合纵连横,完全不应把心思放在官场上,也不必拜庙烧香。但是这些年以来,不少"企业家"却热衷于结交官员、依附"领导"、打点官府,以成为一个"红顶商人"为成功的追求。官商的勾肩搭背早已不是什么杯觥相交、酒肉朋友那样的"清淡",而已经形成了利益输送的紧密纽带。商人的"趋官化",也早已不是把与"领导"的合影放到极大悬挂在"老板"的办公室、公司的大门口那样的"小儿科",汕头市委书记黄志光到庙里捐功德花的一百万,不是由"企业家"埋了单吗?广州市副市长曹鉴燎与情人"了断",那一千万"分手费",不是也由"老板"来掏腰包吗?山西吕梁市"选官",为什么富县"出了不少人",而穷乡一个也没有,因为那都是"首富"出钱"堆"出来的"父母官"呀!至于有的企业家,以在官场"兜得转"为荣,有的"老板",更以插手人事当"地下组织部长"为乐,就更可见"见庙就进",把心思和力气用在官场"拜菩萨"上,成为企业家异化、"企业家精神"荡然无存的一大弊端。

但这个"见菩萨就烧香"的现象,不但需要两面观,而且还需"重点论"——在今天不少地方的政治生态和"市场经济"中,要商界恪守"企业家精神",似乎很难,甚至做不到。从浅层次看,审批过程中那么多关卡、那么多"衙门",你不"拜",能行吗?还是李克强总理讲的那个"故事","企业新上一个大项目,要经过27个部门,50多个审批环节,时间长达10个月",连小小一条渔船的命名,都要政府部门层层"核定"直至"顶层"一级才能放行,这27个"庙",你能不"进"?这50多个"菩萨",你敢不"烧香"?人们总还记得去年那张审批长征图吧,企业一个项目上马,要跑20个厅局53个处室,盖108个图章,耗时799个工作日,结果还是没有"搞定",为什么呢?就是少进了几个"庙",有一路"菩萨"没烧到香,于是要么把头一摇说是"不行",要么推诿敷衍不给你办!可见你不"进庙烧香",还真是不行呵——他也是事出无奈呢!

从深层讲,我们有些"衙门",权力过于集中,却又缺少制约,企业的立项、贷款、土地、税负等等,由他一言乾坤,于是一个小辫子"书办",可以把你的项目冷藏十年,一个小小处长,可以扬言"分分钟搞死一个企业"。刘铁男为什么这么贪贿,因为你的矿山、油田、电厂云云,都在他"一支笔"下,所以刘局长光临省里,副省长要见他,那是"不见"的,书记省长才勉强卖个面子,所以他事发的最后50天里,一手挂点滴,一手还"加快"批了52个项目呢。至于他所在的那个"衙门",为什么成为腐败高发区,就更是不言自明,因为权力实在太大,设租与寻租过于容易呗!这种变态的"市场经济"不改变,要我们的企业家不俯首"进庙"、不低头"烧香"'恐怕是一种不现实的苛求吧。

中国的"企业家精神"缺失,常常为人们所诟病。近日有一位著名的女企业家对李总理说,企业不需要特别的扶持和培植,只要公平的环境就行了!其实,发扬"企业家精神"也好,改变企业"见菩萨就烧香"的怪状也罢,都需要环境和社会条件。这里至少有两条,一是法治,企业并不要求政府部门给予额外关爱,只要一视同仁的国民待遇即可,严格依法办事、依法行政,就上上大吉;二是改革,"衙门"要"削权",把更多的权力还给企业和社会,企业才不至于被"管死",社会也才会有"活力",同时腐败也才会失去土壤和根源。有了这起码的两条,企业"见菩萨就烧香"的现状才能从根本上得以改变,企业家"把心思放在官场上"的怪状也才能改观。

(2014.11)

"戏说"背后的迷雾

## 这是什么"作派"

这两天两条新闻,读起来如出一辙,同样引出了网上哗然。

一是说贵州多家医院,产妇生下婴儿之后,拿不到出生证明。什么道理呢?因为"没纸了",出生证用完了,要层层上报后才加印,等到明年年初吧!因为没有出生证,所以不少产妇不能办独生子女证等一应手续,平添了几分心焦。

这大概还算不够离奇的,更为奇怪的是另一件事——念斌这个名字,大家不陌生吧!早在8月22日,福建省高级法院就作出了念斌无罪的终审判决,还了这个蒙冤8年的公民的自由。然而就在前几日,念斌前往福州市出入境服务大厅办理护照,拍照、填表、采集指纹之后,念斌却被告知,他的身份信息在出入境管理系统中仍显示为"犯罪嫌疑人",因此不能办护照!

出生证明"没纸了",宣判无罪后仍是"犯罪嫌疑人",没有"改过来",这是什么问题?网友已经指出,这是典型的"官僚作派"——同一个"推"字一样,"拖"是正宗的"衙门作风"、典型的官僚主义。你在火里,他在水里,什么"民生无小事",什么"人权大如天",他那里慢慢地打太极拳,稳稳地朝南坐着,一个"拖"了,居然还被某些人称为"慎重"、"稳妥"的同义词,还觉得"合理合法"、天经地义呢——你看出生证的"没纸了","有关方面"还振振有词,似乎那玩意儿就是要用完最后一张再一层层上报一级级批的呀,别着急慢慢来嘛!至于念斌事件,出入境部门则认为是司法机关没向其出具书面材料,责任不在我们啊。念斌之罪,判决已3月,举国之间,尽人皆知,司法机关却"忘记"了将解除出境限制的通知送达"有关部门",办证机关也不是不知道念斌已获自由,但你不送来,我就"不问"!其实在念斌宣判无罪回家的两个月后，当地公安网上，他还是"犯罪嫌疑人"，还在"侦查"中。由此看来，说他只有一点点"官僚作派"，恐怕是不够的。

当然这种"作派"，远不止近日两大热闻。一家企业，早在上世纪80年代就起诉，并由法院收了受理费，然而历时20多年，换了七任院长，居然到今天还没有审理；另一家企业，为了一个项目，跑断了脚磨破了嘴唇烧了无数的高香，历时三年零三个月，居然"还在研究中"，至今没有下文。你看一个"拖"字，难道不是尸位素餐的官僚主义"作派"么？

值得一说的是，出生证的"没纸"，"犯罪嫌疑人"身份的"不改"这两件事儿，都发生在反对"四风"业已两年的今天，"官僚作派"竟仍然没有绝迹，还在那里一"推"二"拖"。这也告诉我们，某些"部门"某些官员，江山好改、"作派"难移，他们"习惯了"，改也难，叫做雷打不动！所以我们千万不要以为"一纠就灵"，一阵风就可以把病入膏肓的"官僚作派"统统刮掉呵！

(2014.11)

## 警惕"甲板上的老鼠"

"在党言党",是习近平同志在群众路线教育实践活动进入总结阶段时向全党提出的要求——"全党同志要在党言党、在党忧党、在党为党,把爱党、忧党、兴党、护党落实到工作生活各个环节"。这不仅是先锋队对于自己成员的第一要求,而且有着十分现实的针对性。

在党不言党,不讲党的话,不讲党的性质、宗旨和规矩,成为一些"在党"的人们包括不少领导干部的通病。比如说,党是工人阶级先锋队,这是党的根本性质,但是近年以来,有些党员、干部却将党混同于同路人的"俱乐部",甚至当成朋党的"圈子"和"老板"的"山头",某些地方政治生态的恶化,已经改变了那里党组织的性质。又比如说,党必须全心全意为人民服务,这是党的根本宗旨,但是有些"在党"的人们,都当成了升官加爵的"跳板"、谋取私财的"近水楼台",一批贪官污吏的贪腐,早已将党的宗旨抛到了九霄云外。再比如说,党有严明的纪律,党内政治生活有严肃的原则和严格的制度,这是党的根本规矩,但是在有的党组织里头,何止是"好人主义"的"一团和气"盛行、明哲保身的自由主义流行,甚至发展到了人身依附的庸俗官风和同流合污的"兄弟哥们",更何论"党内政治生活的政治性、原则性、战斗性"。一些共产党员在党不言党,讲的是封建官场的语言,操的是江湖上的"切口",从思想到行动,都早已不"在党",成为当前党的生活中急需改变的状况、党的肢体上急需手术的病灶。

"在党言党",并不是口头上的要求,而是指每一个党员尤其是党的干部,在意识深处必须牢固树立党的观念。从这个意义上说,我们"言党",当前一个重要的问题就是必须"忧党"。执政一个甲子的党,面对着严峻的考验,脱离群众成为党最大的危险，每一个共产党员，都必须在这个问题上具有深层的危机意识。"在党不忧党"，有两种倾向，一是盲目乐观，麻木不仁，居安不思危，临危不自知，以为天下太平，一片莺歌燕舞，一点忧患意识也没有；二是他也"忧"，但忧的不是党，而是他自己的出路前途。有那么些"在党"的人，甚至觉得"不行了"，有如行船一旦遇上大的风浪，甲板上的老鼠已经开始逃逸，这些"老鼠"，有的与党貌合神离，有的为自己找好了"退路"，还有的把老婆子女都送走了，财产也早已转移出去，甚至连"派司"都换好啦，要他与党同进退共荣辱，他是不干的。对于这类"身在曹营心在汉"的"党员"，我们应当给予警惕。

"言党"不是唱高调，"忧党"更不是坐地长叹，每一个共产党员，都必须以身"护党"，保护党的生命和机体。这里重要的一条，是"护党"绝不是掩盖和庇护我们的错误和缺点，恰恰相反，是要与危害党的生命线的贪污腐败和歪风邪气作决不妥协的斗争。腐败吞噬党的生命，"四风"恶化党群关系，这是党最大的危险，我们说反腐纠风是"一场输不起的战争"，就是说它是对党最大的爱护和保护，是最大的"护党"，对于这一点，我们千万不能动摇和退却。我们的党员干部，一要"自身干净"，为官两袖清风，"在党"一尘不染，做党的健康细胞，以自己的实际行动"护党"；二要"敢于担当"，面对贪腐和歪风，敢于"翻脸"，勇于"亮剑"，决不过度爱惜自己的羽毛，决不过分顾虑一己的得失毁誉，以双肩的担当来"护党"。此外，对于那些损害党和党的执政基础的奇谈怪论，不管是已经甚嚣尘上，还是起于青萍之末，共产党人尤其是领导干部，不能听而不闻，听之任之，也不能高高挂起，做只看热闹的"壁上观"，更不能惧其险峻，于是就三缄其口"不出头"、退避三舍"躲风头"，而应当旗帜鲜明而又充分说理地辨明是非，以正视听，履行保护最大多数人民群众根本利益的责任。

（2014.12）

## 也从"公函求情"说开去

一份"求情"的公函，近日竟然引出了轩然大波——历时4年的凤阳县国税局贪贿系列腐败案，前几天终于落下了帷幕，两个分局长分别被判了10年和5年徒刑，这本是稀疏平常之事。而在判决之时，人们才知道，在这两名局长交法院审理之初，凤阳县国税局专门开具证明送至法庭，表扬被告们"平时工作突出"，显然是请求法院"手下留情"。

关于这份"求情"的公函，舆论之间是各有其说的，多数的人们，斥其干预司法、有悖法治，但也有人说，公函求情，毕竟有助于辩护，你看检方关于这两名贪官"渎职"的指控，不是最终未被法院认定么？因为他们"平时工作突出"呀！当然更有一种评论，说就是这一条，更证明了"公函求情"恰恰干预了审判呢！

不管是不是"干预"，国税局的公函只不过是低声下气的"求情"吧，据凤阳县国税局熊局长称："开证明是不想让家属觉得单位没有人情味，让他们心寒"。如此而已，不过一点"人情"罢了——然而我们的生活中，更多的"干预"却不是那样"温情脉脉"，而是"令如山倒"的。某省一家企业的起诉，一审胜诉，二审还是胜诉，但是生效的终审判决，一个字也不能执行，一文钱也拿不到，什么道理呢？因为法院判下来，当地一位"一把手"，竟然在判决书上手书一令，"此判不应执行"，于是法院的执行局，只能望判生叹，两年过去了，判决书还在那里睡觉呢！

这样的"手令"，并非只是一例。这些年来，法院收到的"批示"也好，"条子"也罢，包括那些"电话"和口谕，来自"书记"、"市长"们的各种形式的"招呼"，你如果看得到，就会知道凤阳县国税局的区区一纸"求情"的公函,那一点"人情味",真算不上什么哦——在他们那里,法官不能断案,法院不能作主,"皇军要当你的家"!

不是说法院应当"独立审判"吗?有的时候,司法是可以"独立"的。比如某地一位"主政高官",便对媒体坦言,"司法独立的问题,我是这么想的,打击黑恶犯罪涉及到那么多案件。几百个案件,每一个案件都非常复杂,不让他们(司法机关)独立(办案)也不行,我也没有那么多能力去干预司法审判"……原来如此,法院的独立审判权,原来是他"让"出来让你行使的,他不"让",你就只有听他的,这是一;第二呢?他"让"你独立审判,不干预,是因为他"没有那么多精力",无暇来拍你的板,所以给你一点"自由裁量"的空间,一旦他有了"精力","让"给你的审判权,就可以动辄收回去的呀——这位"高官"的"法治观",其实是颇有普遍性,一个"让"字,如同"让人说话"乃至"让人民行使民主权利"的句式一样,都说明在他的"法治意识"深处,像法院独立审判权这样的宪法权力,原本是他手中的东西,不过"让"一点给你罢了,他不"让",你也没有办法,只好"此判不应执行"啦!

四中全会明确指出,对干预司法机关办案的给予党纪政纪处分,造成冤假错案或其他严重后果的,依法追究刑事责任。其中重要一条,就是建立领导干部干预司法活动、插手具体案件处理的记录、通报和责任追究制度!你批"条子"也好,"打电话"也罢,都一一记录在案,并且公开通报,到审结判决时全部公开,这是一条好办法,比如广东、河南、辽宁三省试点建立"案件过问登记备案制度"后,干预案件的人便不是大幅度减少了吗?为什么呢?因为项项要登记,字字要公开,雁过要留名,每一个"招呼"都要"通报",这恐怕才是让"主官"们"不敢"造次的第一个"笼子"吧。

(2014.12)

## 党内决不允许自行其是阳奉阴违

在不久前举行的中央纪委四次全会上，王岐山同志说了两句话，一句是"党内决不允许搞团团伙伙、拉帮结派、利益输送，"，另一句是"党内决不允许自行其是、阳奉阴违"。如果说，"党内决不允许搞团团伙伙"讲的是党的根本性质，那么"党内决不允许自行其是、阳奉阴违"则是党的最大规矩，具有十分鲜明的现实针对性。

搞"自行其是"和"阳奉阴违"，并不是遥远的事，在反腐纠风的当下，"在如此高压态势下，仍有一些党员干部不收手甚至变本加厉"，就是"触目惊心"的"自行其是"！落马的贪官，东窗事发前一个月，还天天泡在奢靡的会所里，查处的墨吏，"进去"的前一天还在收受商家的"孝敬"，都是发生在"风头"之上、"如此高压态势"之下，中央纪委上周通报的六起官员赌博案，更无一不是发生在反腐纠风的"严打"中。公款吃喝一反，高调酒醉是不行了，于是从豪华酒楼转移到乡间别墅，从"吃公"变为"吃私"，变为"吃老板"；官僚主义挨打，但是"衙门作风"不改，设租寻租一点不减，不过是简政放权，明放实不放，没油水的放而"含金量"高的一项不放，甚至还有将上面放下的权项拦路截下，又扩充为自己的"权力"，等等。"高压态势"下的"不收手"和"变本加厉"，是一种顶风作案的"自行其是"，是一种"对着干"的"阳奉阴违"。

还有一种"阳奉阴违"，似乎不是"硬扛"，而是"软磨"。高压态势之下，有的官员到处散布"官不聊生"的论调，说是"不拿也不干"，以消极怠工应付反腐纠风，以"躺倒"、"趴下"的"不作为"来对抗大政方针，他们不是一般意义上的"庸官懒政"，而是企图"逼迫"中央收手软化。这是"自行其是"尤其是"阳奉阴违"在当前的一种新变种，是阻碍政令统一、令行禁止在当下一种值得注意的新趋向——他们以为,只要"老子不干了",天就要塌下来,时势就会发生变化,政策就会"宽松"下来,就会还有"反弹"的一天。

"自行其是"和"团团伙伙"其实是紧密相连的。长期以来,有些地方、某些层面的官员,上有政策、下有对策、有令不行、有禁不止,已经成为政治生态中的一大痼疾。其实他们"自行其是",却不是什么"独立大队",更不是"单干户",他们不听中央的,不听国务院的,不听中央纪委的,却要听一两个人的,这就是他们"团伙"、"帮派"的"老大"。中央的政令是贯彻还是抵制,要听"老板"的"口径",国务院的政策是执行还是冷藏,要看"头儿"的眼色,总之,"自行其是"说到底,不是那么一点点自由主义,而是"兄弟抱团"的"步调一致",更是"团团伙伙"的"令行禁止",所以大政方针到了他那里,就异变成利益集团的"各取所需",就演变为任其裁剪的"创造性"。

"党内决不允许自行其是、阳奉阴违",是党的最大规矩,这个"天条",是党的性质决定的。党作为工人阶级先锋队,代表最大多数人民根本的、整体的、长远的利益,因此才把统一性作为政党的根本规则。"下级服从上级,全党服从中央",是不可"自行其是"的党规,对于每一个党员来说,入党宣誓,就意味着在政治上讲忠诚,在组织上讲服从,在行动上讲纪律,这本来是一种天经地义,但是在执政以后,有的党员干部却把自己主政的领域,当成了"私人领地",把自己主管的战线,当成了一己的"采邑",他们在党和人民所赋予的权力面前,随心所欲、自行其是,甚至分封割据,变为己有,进而又"拉帮结派",互相输送利益,结成利益集团,这在实质上是一种对于统一的党的分裂,我们应当从这样的严重性和严肃性来看待"党内不允许自行其是、阳奉阴违"的警钟,绝不要以为王岐山同志的拍案只是一张婆婆嘴一点老生常谈而已!

(2014.12)

## 听一听季建业的忏悔

贪官的忏悔，这几日忽然成了舆论的热点。有媒体梳理 55 名贪官的悔过书，无非是"我是农民的儿子"，无非是"放松了世界观改造"，如出一辙，并无什么新鲜。

但是近日刚刚被起诉的原南京市长季建业的一言"忏悔"，却多少可以发人深思。季建业说了什么呢？"看到周边的一些企业家住豪宅、坐豪车、乘私人飞机，生活奢华，财富积累享用不尽，产生了羡慕心理"，于是"私念像脱缰的野马拉着我奔向深渊"，于是不论在吴县、昆山，还是在扬州、南京，季建业主政之时，因为这一点"羡慕"这一个"不平衡心理"，一步步奔向了"深渊"。

其实这种在"私人飞机"面前的"羡慕"，这种在"企业家"面前的"不平衡"，并非只是一个季建业。某地一名厅官，落马之后也忏悔，说是吃"企业家"的宴请，一看自己一个月工资还不如桌上一盘菜钱，于是心里"万分不平衡"，于是就去收别人的钱财拿人家的"干股"；某市一名市长，"进去"之时追悔，说看到"老板"们一个个"大"起来，其中不少赚钱的"平台"发财的项目还是我帮他的呢！可是自己却拿几千元"干工资"，越想越"不平衡"，于是也来"下水"，于是一发不可收……

季建业们的"忏悔"，又一次牵出了官商关系这个老问题——这个问题，近年来愈演愈烈，多少人百思不解。官员如何与"企业家"打交道？这里应当说两句话。第一句是"朋友要交"，而且敢于与企业家交朋友。市场经济条件下，企业是基本细胞，官员不可能拒商于千里之外，不与企业家打交道。企业家也没有什么"原罪"，他们是中国特色社会主义的建设者，我们完全不必怕与企业家交朋友，不能因为瓜田李下，于是就躲得老远，相反，在不忘"穷亲戚"的同时，要敢于交"富朋友"，关心企业的疾苦，关心企业家的忧难，为他们排忧解难，支持他们"大"起来。

但还有第二句话，这就是"界限要有"，就是要"善于"同企业家交朋友。什么叫"善交"呢？就是习近平同志说的，官商之间要君子之交淡如水，不要勾肩搭背，就是"虽在河边走，就是不湿鞋"，就是不要去吃老板的豪宴，不要去打他们的高尔夫，不要去赴他买单的列国游，当然更不要收受他的有形之财无形之益，总之千万不要有"利益输送"，千万不要与钱财沾边。俞正声同志在上海当书记时，力主官员要敢于善于与企业家交朋友，但他甚至说，老板的酒你不要去吃，必须请的话你买单还不行吗？这里说的是一个大道理，不是吃顿饭的事儿，而是说不要交成"酒肉朋友"，不要有任何利益往来，这是一条"界限"。

季建业们的忏悔，说的还不是一般的政商关系，而是某些官员心中颇为普遍的"不平衡"——季建业看到老板的私人飞机在天上跑，他不是十分"羡慕"吗？这个"心魔"并非季市长独有，不少官员就是从这一点"不平衡"而"奔向深渊"的，因此，重建官员在财富面前的"心理平衡"十分重要——我们说，当官与发财不能两全，鱼与熊掌岂能兼得？官场应当是"清水衙门"，人民公仆就应当是"不粘锅"、清廉、清白甚至还会有些清苦。你要想发财，眼红、"不平衡"，就可以挂印而去、辞官下海，去赚钱、去坐"私人飞机"。你以为"私人飞机"这么好坐吗？多年之前，我曾采访过默多克，问这位传媒大王，企业家为什么能赚这么多钱？默多克回答我，这是巨大的风险带来的巨大利润！可见"老板"赚钱不那么好赚，从总体上说，是因为他冒了"巨大风险"，并不是天上掉下来的，所以他赚钱是天经地义。季建业们冒了什么"风险"呢？他是用人民赋予的权力在"寻租"呵，没有什么商海惊涛须要搏击，叫做"乘着豪华邮轮下海"，这就是不义之财啦。对于我们的官员来说，你头上的乌纱，就是人民的重托、公众的信赖，虽然没给你多少银子，但社会给了你崇高的地位和尊信，这是千金也难买的价值啊！所以我们的公仆，看着老板桌上堪比"一月工资"的那一个好菜，看着天上飞的"私人飞机"，甚至你"帮"了他才赚到的金山银山，千万不要眼红，不要"不平衡"，要想透彻看明白你究竟要什么，守住"人民公仆"的本分,当好一个令人尊敬的"清官能吏",千万不要在"私人飞机"前因为"羡慕"而垮掉!

(2014.12)

## 鲁迅也是"彩民"？

年关脚下，闲来无事，便来瞧一眼被称为"铁饭碗"的"鲁研"，这些天来，又有什么"新发现"——不料果然是有，这回不是"周家的菜谱"也不是"先生的药方"啦，而是从浩如烟海的《鲁迅日记》中，竟找到一条"从来没人注意过"的手书，那便是1924年的4月25日，先生"上午往师大讲，午后在月中桂买上海竟马彩票一张，11元"。

鲁迅时居北平，这张"上海"的"彩票"有没有中奖？还是如"进一步的研究"是"次日寄给了三弟周建人？"先生随记，寥寥一语，再也没有了下文。但这不要紧，鲁迅也买彩票，这就值得欢呼，这就是一大"证据"，足以"证明"彩票业的十分正当应当大大发展了，更重要的是，先生买的不是"竟马彩票"吗？那我们呼吁已久的"马彩"，难道不应当赶快开放？还羞羞答答干什么了？

其实类似的"证明"，绝不止一张鲁迅买下的彩票——7年前的1.28那天，沪市股指大泻7个百分点，金融危机的全球影响日益显现，连索罗斯都危言"二战以来最大股灾"。正当中国股民惶惶之日，网上赫然出来一篇文章，说马克思"当年炒股"，也碰上过熊市，也碰到过7个百分点的"大泻"，然而导师卡尔，多么淡定，多么沉得住气，坚信彩虹总在风雨后，所以坚不"割肉"，也不下跌，真值得严冬里的我们学习……

这种"托古"之训，即便是在股市里，也不是第一次啦。关于马克思那一点股票的"经典"，在20多年前中国股市初开之时就已经用过了——那时关于股市姓社姓资，还争得面红耳赤，连小平同志都说"允许看"，于是为了证明股市的并不离经叛道，就有智者出来宣布，"马克思当年也炒股"，史料确确，说本金500多英镑，其言凿凿，说还赚了翻番呢，不由你不相信，于是就"证明"了"方向"的正确,于是才有了一点"底气"。是啊,连老祖宗都是股民,我们搞两个证交所,发几十个股票,还有什么后顾之忧呢?背上就不必"凉飕飕"啦!

但也有人"拎不清",硬要反问如果马克思不炒股,如果经典作家没讲过股份制经济,那我们还炒不炒股,还能不能"大胆试,大胆闯"?当然好在马克思也"炒股",这真是中国股市之大幸,幸就幸在150年前伦敦城里一个犹太青年"正好"买过一点股票,所以阴差阳错救了一个半世纪之后万里之外的一次"试验"。这就令人叹息,叹息今天的开创性试验,居然还要靠老祖宗来"证明",叹息我们既要"改制"又似乎不得不"托古"才行……

当然这类"既要改制又要托古"不但是借重了马克思,还把一个恩格斯也拖了进来——中国民营经济初创之时,对于私人企业有没有"原罪"还迷雾重重,于是也有智者,抄了一条小路,说"恩格斯本身就是一个私营企业主",他在曼彻斯特的纺织厂里头,还承继了他爸的不少股份呢。这样的考据,要"一举"证明什么呢?我们不知道,但关于私营经济的纷争,似乎真的平息了那么一点……至于恩格斯是不是"私人老板",如果他不幸拥有股份,尤其是如果他和马克思的观点一样,也认为"资本来到世间"每一个毛孔都沾满鲜血云云,那我们怎么办呢?

为了打鬼,借助钟馗,是中国人的老办法,我们可以叹息,但也不必去笑话他。当然也还有"托古"并非为了"改制"的,比如毛主席闲来也打几圈麻将,不是成了"麻赛"的"根据"吗?至于小平同志饭间好喝一小杯茅台,陈云同志一天必吃7颗杏仁,不也成了白酒坚果的促销广告吗?这样说来,鲁迅先生买过一张马彩,就更不能轻易放过啦!

(2015.1)

## 听一下张新明的这一个"电话"

张新明是什么人?这个因为"验证了山西系统性、塌方式腐败"从而"让许多山西人对社会的前途丢失了信心"的三晋最大"煤老板",这个号称政商通吃、长袖善舞的"晋商首富",已经"进去"了半年,张新明的累累劣迹,终会"拔出萝卜带出泥",这是可以拭目以待的。然而近日披露的张新明的一个"电话",都已足令我们"振聋发聩"——2000年,张新明所在的古交市委书记毋青松到任第一天,行李还没有放下来。就接到张新明的一个电话,"你来了古交,也不来我这里拜山头?"毋青松乖乖就范没有,我们不知道,但毋书记没有干多久,就被"挂印",却是令人叹息的下文……

张老板的"电话",说的又是"山头",别小看这一个"电话"哦,这足以使我们对"山头问题"的认识,又有了新的深入——某些官场之上,"山头"林立,"帮派"错综,我们总是说,这些"圈子"也好"团伙"也罢,总有一个位高权重的"高官",在那里当"老大"当"帮主",中下层呢?则是清一色的官员,他们沆瀣一气、同进共退,以自己的权力、势力,相互结盟,互通共济,结成一种"权力依附"。现在看来,这种"纯粹性"恐怕并不全面,张新明的"电话"以及一些地方"团伙"、帮派的揭露,明白告诉我们,"山头"之上,并非只有官儿,不少"山头"的后面。后来还站着一个腰缠亿贯的"老板",不少"团伙"里头,还有一掷万金的"金主"呢!你看那个什么"会",说是只有山西籍的高官才能加入,但就是在那里面,不是还有一个大手笔买单的丁书苗丁老板吗?你看茂名"窝案"端出来,百名贪官的团伙里头,不是也有脑袋上一顶乌纱也没有的"老板"们"加盟"其中,天天混在一起吗?可见在某些层面某些地方,"帮派"并不只是官员的同盟,而早已发展成为官商一体的"权贵集团"。这是一条规律，这里头的"规律性"，其实习近平同志早已说穿——早在三个月之前的四中全会二次会议上，总书记就一言揭穿，"腐败问题与政治问题往往是相伴而生的。搞拉帮结派这些事、搞收买人心这些事，没有物质手段能做到吗？做不到，那就要去搞歪门邪道找钱"，于是官场的"山头"里，就有了所谓"企业家"成为"加盟店"甚至跻身"发起人"，于是这些帮派的"后台"竟然是张新明这样的"老板"，你不"拜"他还真不行！

中国的商人，总体上说没有什么"原罪"，不应抹黑这个群体。但其中有些"老板"，却不安于老实经商低调赚钱，他们历来热衷于学胡雪岩做红顶商人，以游走官场、结交官员、打点官府为乐事，为"面子"，当然更为"实惠"。发展到近年，有些商人与官员，就不只是"勾肩搭背"、酒肉朋友那样庸俗、那样的"小心眼"了，一是结交权力、构筑权势。就拿这个张新明来说，因为"上面有人"，所以为了他的一个煤矿要开张，晋城市市委市政府不就"接到上级要求，阳城县和晋城市两级政府机构联合办事，一天内要为张新明办好所有审批手续"吗？这小小的冰山一角，就足见了"官商通吃"的"实力"啦！二是有那么一些"老板"，竟然以介入官场、插手人事，染指公权力为"更高追求"与"更大兴趣"，不但要富可敌国，而且要"权弄朝野"。还是这个张新明，不是早就被称为"太原第二组织部长"吗？他不但有权"提名"而且还有权"摇头"，所以毋青松这个"父母官"不到他那里"拜山头"就几乎干不下去。至于同样在山西，吕梁市的"推官"，结果拿不出钱的贫困县一个也没有，上来的都是富县煤矿县的人选，这里头的奥秘更早已是明摆的道理啦，所以有人评说，所谓"系统性、塌方式腐败"，看似"官场的大面积崩塌"，其实这背后就有着官商关系的异化造成的公权力的沦陷。

张新明的一个"电话"，当然只是一件"小事"一个"特写"，但就是这一个"细节"，可以使我们推此及彼、举一反三，至少令我们对"山头"的本相、实质和规律性，有一个更清晰的认识。

(2015.1)

## 三月未来说"雷锋"

严冬尚在,春风未来,一个本该在三月里才"回来"一次的名字,便早早地掀起了又一场轩然大波,这当然又是关于雷锋。

风波似乎再起于一个"迟到20年的道歉"——新华社一位退休的老记者,忽然旧事重提,说他多年之前报道过的那条"新闻","西点军校悬挂雷锋像",是一则以讹传讹的"假头条"。这当然引出了网络之上,时评之间,一片哗然——你看"雷锋同志",到底没有"走出国门"吧!你看洋人友邦,终于没有"也学雷锋"吧!于是"举一反三"有之,"由此及彼"也有之,总之是众口那么一词,舆论基本一律。当然也有独家媒体,说这样的"道歉"并不"突然",在时下的网络舆论环境之下,它是这样的"安全"更是那样的"讨巧",似乎是一种人之皆曰的"流行"哦!

其实另一种"流行"也曾有过,这就是我们向来以为西点军校果真挂着雷锋的照片呢!似乎西点推崇的这个"军人楷模"里头,就赫然有着"中国士兵雷锋"!于是因为连洋人都学雷锋,我们岂能不学?因为美军都"推崇"雷锋,才证明了雷锋精神的伟大!多少年来,这个"佳话"一直流行于我们中间,所以这次"证伪"才使得我们如此失望。

关于西点挂不挂雷锋照片,当然仍是有争议的,既有老记者的"道歉"也有我们军报的"证实",坚称那里确实挂有雷锋,但依我看来,西点挂不挂雷锋像,似乎并没有那么重要,洋人学不学雷锋,也不"证明"雷锋精神伟大与否——作为尤具"中国特色"的雷锋精神,其核心价值观,其产生的社会制度,其孕育的文化土壤,恐怕都是独特的。西点如果不挂雷锋像,应是自有他的道理,西点如果真有雷锋像,那么他的出发点恐怕和我们也不一样,自有他的取舍。总之我们在流行"古已有之"之后，不必再流行"挟夷自重"，不必总以别人的喜厌，作为我们的是非，也不必拿洋大人怎么看，来作为我们的"流行"。

说到这个"流行"，一个雷锋，早已在我们这里有过"时尚"的"打扮"……半个世纪之前，因为要"共渡时艰"，所以雷锋是一个艰苦奋斗的楷模，弄到极致，几乎要成为一个苦行僧。似乎一个雷锋哪怕有过半点"享乐"，就不足以成为榜样。后来呢？提倡"过好日子"，允许"富起来"了，于是一个戴手表、穿毛料，甚至还要飙摩托车的雷锋就被"拨乱反正"出来，"走下神坛"的雷锋，竟成了一个"时髦"的青年，那样的"会生活"，那样的"入时"——这当然是另一种"流行"啰。

更为"流行"过的，竟然还有雷锋的"早恋"和他"私情"呢！雷锋去世三十多年后，就有年近花甲的老妇，出来公布"深藏40年"的一段"隐情"，说雷锋当年倾心独恋的那位，不是别人就是她，于是"书信"、"日记"纷纷出土，似乎一个22岁的雷锋，如果没有了这一段罗曼蒂克，这英雄形象就不完美，这士兵的楷模，就不够"有血有肉"，于是一个"英雄美人"的"黄金搭配"，又一次附身在雷锋身上，似乎没有这一点"流行"，雷锋形象就"缺乏人性"雷锋精神就有失"时尚"呵！

"历史不是一个小姑娘"，雷锋也不是，不应任由"流行"任意打扮——但近日之间，却又出来一条新闻，这回不是"打扮"雷锋了，而是要"改装"自己。某地一位90后的草根公益明星，一是要在三月到来之前，把自己的脸盘整容成雷锋的面孔，二是要到派出所把自己的名字改成"雷锋"，三是要到雷锋墓前叩三个头，并拜雷锋为"干爹"！关于这张"雷锋脸"，我们不妨拭目以待，但国人心中的这个"雷锋问题"以及关于雷锋的种种"流行"，却真值得深深反思一下俺们的文化俺们的国民性呵！

(2015.1)

## 不要放过了"官僚主义"

在反对"四风"的过程中,媒体的曝光、舆论的热议乃至公众的关注,似乎较多地集中在某些官员的享乐主义与奢靡之风上,对于官僚主义包括形式主义,也许聚焦不多。这也难怪,前两个歪风比较表面化,舌尖上、车轮上的腐败也好,会所里、高尔夫球场上的奢侈也罢,人们看得见摸得着也拍得下来,一下就抓住了,所以易于激起公愤,而官僚主义则是隐蔽的、无形的,就像"软钉子"、"迷踪拳",看不见的绳索,所以往往会被忽视,被轻轻放过——比如发生在去年最后一刻的那场惨祸,人们的公愤更多的是集中在那一碗没有付钱的乌冬面上,却多少淡化了塞责失职这个真正的成因。

其实"四风之中,官僚主义危害最大。要想刹住四风,杜绝官僚主义是关键",习近平同志的这两句话,点明了官僚主义是"四风"的重点,是其他三风的根子,形式主义是官僚主义固有的思维定式和行事方式,而享乐主义与奢靡之风的基础,就是官僚主义的权力和体制。

官僚主义当然是一种作风,所谓"浮、假、贪、满、骄、空、懒"是一种刻画,而"一声不响,二目无光,三餐不食,四肢无力,五官不正,六亲不认,七窍不通,八面威风,久坐不动,十分无用","除了三餐不食这一点不像外,官僚主义者很像一座神像",毛泽东同志当年画的这幅像,今天不仍然栩栩如生吗?然而官僚主义又不仅是一种作风,它既是两千年封建官僚政治遗留下来的文化积淀,又是一种多年体制弊端的累积,正如小平同志指出的那样,产生官僚主义的体制原因,就是权力过于集中而又缺少制约,就是机构过于臃肿而责任又不分明——在新的形势下,我们尤其需要突出反对官僚主义,这不仅是因为官僚主义是"四风"之最,更因为在当前"新常态"下,我们要"稳增长"，要力保"中高速"，就必须更多地向市场要活力，如果政府部门仍当"千手观音"，"多动症"仍然高发，"有形的手"仍然到处去伸，那么就只能"管死"，更何况"放治"；同时，在要素驱动转向创新驱动过程中，"大众创业、万众创新"亟须形成常态，而创新恰恰不是"管"出来而是"放"出来的。总之，"权力过于集中"的官僚主义应当成为当前改革的一个主要对象，这是反对"四风"的本来意义，也是"新常态"下凸显的紧迫新要求。

如果说，反对享乐主义和奢靡之风，已经取得了明显的战绩，那么反对官僚主义则还需要更加突出、更加有力。反"四风"已经两年，但在一些地方，企业办一件事要盖216个图章的"审批长征图"还在展开长卷；"一个窗口"后面，仍然站着几十个衙门需要"慢慢来，不着急"；一个"不"字，仍然挂在某些官员嘴上那么习惯那样"有感觉"，而一个市长一天仍然要批15斤公文，所以"16个副市长"和"21个副秘书长"还在那边忙得不亦乐乎，这样的怪状并未得到大的改变。有的部门也"放权"，但是明放暗不放，长长一张清单几百项，有含金量的全部捏在手里，还有将上面放下的权截留下来，反而扩充了自己的"权力范围"的。当然新形势下，另有一种官僚主义出来，那便是"不拿也不干"、"不喝也不办"，不享乐不奢靡也不收好处费了，于是天天坐在办公室里喝茶，躺倒在那里混日子，这就不只是"懒政"、"庸官"了，而是把过去的"管、卡、压"变成了现在的"推、踢、拖"，仍然是把官僚主义发挥到了极致。

官僚主义的根源既然在于某些体制的弊端，那么突出反对官僚主义，就要突出依靠改革。厉行行政权力改革，就要改革"权力过于集中"这个要害，就是以政府权力的"减法"换取企业、市场、社会活力的"加法"，这就要求政府部门要"削手中权"，这一条，不仅要改变我们多年形成的定势、方式和习惯，还一定会涉及被称为"一亩三分地"的"权力范围"和既得利益。一方面，行政改革要敢于碰格局，敢于啃硬骨头，敢于动"奶酪"，另一方面，我们的权力部门和官员，也要有自我革命的公心和"割腕"的勇气，不要恋权，不要打小九九，更不要成为改革的阻力。总之，不动机制体制弊端这个根源，不依靠改革，反对官僚主义如果仅仅停留于作风层面，那么官僚作风也会难以改变，就会重复"涛声依旧"的卷土重来。

(2015.1)

## 张爱玲的"三围"?

又是年关脚下,又是闲来无事,于是又来瞧一眼文坛之上那几门"显学",近时又有什么新的"重大发现"呢?上回是关于"鲁研",终于"发现"了大先生原来是个"彩民",这一回却是关于"张学"——一个张爱玲,早已捧到了天上,一门"张学",也已经盆满钵满,按说很难再有什么"新突破"了吧!

不料竟有——一册据说颇有几分"严肃性"的杂志,赫然发表头条论文,论述什么呢?原来他终于"发现"了张爱玲的"三围"!说是1956年的11月,定居彼岸的张爱玲,因为要做一身旗袍,于是致信好友邝文美,"透露"了自己的"三围",乃是32、27、36.1!因为是英寸,生怕你看不懂,论文还不厌其烦地换算成厘米,为"81、67.5、92.7"!这样的"重大发现",当然要写成万言论文,当然要做成重磅标题了,因为如发现者和推出者预测,张爱玲的这一身"窈窕","相信张迷们会很感兴趣"!

不知是不是这类"严肃"的刊物,其实数年之前,也发表过"张学"的另一个"新突破",那回不是关于"窈窕",却似乎与"三围"略有关联,那便是终于有学者"发现"了张爱玲的"最爱"。"最爱"什么呢?原来是一碗"叉烧炒饭",于是这一碗"叉烧炒饭"如何天天摆在张爱玲的餐桌之上,这份"炒饭"又是怎样的火候、如何的配方等等,几乎要奠定"博导"的地位,只未知是否如今之"三围"那样,引起过"张迷们很感兴趣"?更未知远隔重洋定居"友邦"的75岁张老太太,如果健在,看到这样的"重大研究",是不是也会"莫名惊诧"?

当然类似的"重大发现",并不只是一门"张学",比如周家的一张菜单,不是早已充当过"鲁研"的"新成果"吗?而那一碗红烧肉,更使得季羡林研究差点走火入魔——鲁迅饭桌上一份菜谱,从青菜豆腐到绍兴霉干菜,据说不但可见先生的节俭和生活的清淡，更足以"分析鲁迅从生理到心理的变化"，也算是一篇博士论文的题目啦。至于季羡林季老，不谈他的学富五车，也不论他的学识纵横，因为听说他的百岁高寿，是因为一不运动、二不吃素，尤其是每天要吃"一碗红烧肉"！于是这"碗"，究竟是什么碗，是大盘还是小盅？这"红烧肉"如何"秘制"，是如苏锡帮甜而不腻，还是像"毛家红烧肉"那样的微辣，几乎要成为焦点，有一点要争个面红耳赤的势头啦！

说到鲁迅和季羡林，似乎扯远了，还是回到张爱玲来吧——张爱玲的小说，我是素来喜欢的，尤其是她的语言是那样地好，然而拜读若出其里的某些"张学"，却多少有点叹息。比如不知是"爱屋及乌"还是"围魏救赵"，似乎为了炒热一个张才女，不免要"洗白"胡兰成。然而这位"胡副部长"的"正史"和"大节"，毕竟不那么容易"翻过来"，于是只好来说他的"才子"与"情种"以及几个毛笔字一点小文采，有人说这大概算是"张学"之外的"溢出效应"吧，当然也有人曰，这正是"题中应有之义"哦。又比如张爱玲这个"祖师奶奶"，每一张纸片都已被"重大发现"，每一句话儿，都已经成为经典，除了《秧歌》与《赤地之恋》因为"奉命而作"所以"不大好说"而外，连张爱玲本人"很不喜欢"的旧作，都已经被无数次挖出，掘地三尺地"研究"啦。也许因为已经走到极致，再也没有什么"新发现"了，所以只好来说她的一杯咖啡、一件旗袍、一间常德公寓5楼的房间以及那个"午后的阳台"等等，现在又发现了张爱玲的"三围"，不但"张迷们"会"很感兴趣"，就是"张学"里外，也该弹冠共庆了吧——这到底是一门"张学"，别开了新生面呢，还是颇有一点别样的悲哀？

(2015.1)

## 贿赂也有"奇葩"?

大年初十,就判了倪发科。一审判下来,倪副省长竟当庭表示不上诉,大概是自己也觉得罪不可恕吧,那么再过几天,这17年的徒刑就应当生效啦!

为什么要从倪发科说起呢?因为他实在是一个贪官中的"奇葩"——倪副省长49次收受的价值1300万的贿赂,竟有1200万不是"真金白银",而是老板送的玉石!倪副省长管着国土资源,又痴迷玉石,于是矿业老板要项目、要政策,就飞去新疆买一批350万的和田籽玉来给他笑纳;房地产老板要优惠、要用地指标,就去市场买一块16万的好玉送给他。所以倪发科并未收多少钱款,也没拿一寸豪宅一部豪车,开庭那天,法庭上的证物全是琳琅满目的"玉照"——据说也有要"保"倪发科的,无非是说他"没收钱",但连倪发科自己也说,这奇特的"雅贿"实际上是"掩人耳目的权钱交易",而且"更安全、更有价值"……

从倪发科的这朵"奇葩"更从他的"掩人耳目",不免想起了另外一些"倪发科"和另一类"奇贿",可以使我们一开眼界。

比如说,某知名地产企业,为了要付区委书记"回扣",怎么付呢?于是找书记的侄女来"拍广告",当然这一条"备选",早就定好"不用"的,百分之百不会播,所以只草草拍了5分钟,却付了30万,叫做"广告拍摄费"!这样一来,就"洗白"了吧,"安全"了吧,贿赂变成了"合法"的"劳务费"啦!

又如某企业也要给领导"孝敬",但不好拎着蛇皮袋就这样上门呀!于是送了一张齐白石的画,说明是赝品,标价只要7000元,还有某知名字画行的发票呢!领导也够廉洁的,当场付清了7000元,叫做银货两讫,公平买卖。过了三个月,圈内便传出领导法眼检漏,淘到一精品,一时传为美谈,领导又将这张画委托拍卖行，以 20 万元卖出。

再如一房地产商，将楼盘的空中花园"卖"给房地局某官员的"亲戚"，还收了 10 万定金呢！过几天该"亲戚"来收房，发现花园早已被该开发商售予他人。于是拍案而起，到法院起诉开发商违约，于是再庭外和解，于是开发商再"自愿"以空中花园定价的双倍"赔偿客户损失"，这样几百万就合法转到了"亲戚"的账上，你看很"安全"吧！

自然还有某咨询公司，四次采访电力企业的某高官，每次支付 4000 美金的"采访费"，说要刊登在谁也没看到过的"内刊"上。据说采访要给"专家费"，那是"行规"，纪委也就"不好说什么"啦。当然还有某国际知名企业，也是要给这边的领导"回扣"，数额巨大，不好支付，于是安排他儿子负责其公司在美国的私人飞机的管理，说好"兼职"，不必在那边，更不要上飞机，但因为"职务要求素质极高"，所以每年付 150 万美金的"年薪"。这样的"打工皇帝"自然也不只有这样一个"官二代"呵！

话又说回来，这样的"奇贿"，只是网上的流传，说是"公关机构"与"顾问行业"的自白，都是他亲历之事——当然对于网络，不可不信，也未可全信，但我拿这些抄来的"奇事"，请教纪委检察院的朋友，他们竟说"平淡无奇"，还有更"奇"的贿赂呢，叫做"道高一尺，魔高一丈"！

"道"、"魔"之间，究竟谁更"高一丈"？据说教义里的原话，确是"魔高一丈"，但我是宁肯相信"道高一丈"说的。反腐纠风，重拳严打之下，会出现种种"变相"的"奇事"，但正义终将占据上风，总会"高一丈"的——比如春节前最高检宣布，将贿赂犯罪范围由"财物"扩大为"财物和其他财产性利益"，就是要把"奇贿"一网打尽，不容他"掩人耳目"，这不就是"道高一丈"么？

(2015.2)

## 宗老板的"一瓶水"和陈市长的"80个章"

娃哈哈做了几十年的"水",但是"今年"他的"一瓶水"却仍然命运坎坷——在全国两会上,宗庆后代表吐槽,"今年我深圳公司审批一个饮料包装水,审批了半年到后来找了关系才把它批下来,这个审批制度影响了企业创新",宗庆后进而一言,企业并未感受到审批制度松绑了!

其实不只是娃哈哈的"一瓶水",同样在全国两会上,温州市长陈金彪代表说,也是在 shiz"目前","80个章才能获得一个章"仍是"常态"。陈市长说,"就目前来看,审批制度改革的关键问题仍没改变,拿住建部门的项目施工许可证来说,就需安检手续15个、消防审核意见5个,等等。一个施工许可证或一个项目的审批最多需81个前置审批。一个项目审批时间需要几个月甚至半年,实在太难"……

这就奇怪了,行政权力改革尤其是审批制度改革,不是已经叫得震天响吗?不是已经"厉行"了两年吗?为什么到了"今年",即使是在改革开放前沿的深圳和温州,"一瓶水"还要批半年,到了"目前",一个项目还要"80个章",为什么改到现在,创业的企业也好,创新的创客也罢,仍然"很少有感觉",似乎江山依旧,一仍规章?

这其实提出了一个大问题,暴露了一个大倾向,就是改革出现了"中梗阻",所以我们才明白,为什么习近平总书记近日在深改组会议上要疾声"突破中梗阻,防止不作为"——就拿审批改革来说,李克强总理再三宣告,要以政府权力的减法,换取企业、市场和社会活力的乘法;再三规劝,要以"割腕"的自我革命勇气来"削手中权";再三怒斥例如一个项目"要经过27个部门、50多个审批环节"那样的官僚主义。行政权力改革可谓雷霆万钧、势在必行，然而到了某些地方、某些部门、某些层面，就被阻挡、被搁置、被变相、被偷换。总之一句话，上面改革决心很大，下面改革积极性和期望值很高，但是一个"中梗阻"，就把你全"消解"了，甚至可以归于"无形"！——这一条，当然不仅仅止于一个审批改革！

"中梗阻"据说也讲"改革"，比如他也搞"一个窗口"，但后面仍然站着几十个"推、拖、踢"的衙门；又比如说，他也搞"简政放权"，长长一张清单几百项，有含金量的一个也不放，全捏在手里，有的"松绑"项目，"暗道机关"、"内部门槛"反而更高；再比如说，他也拥护"审批改革"，把上面放下的权拦路阻截，变成了自己新的"势力范围"，至于如陈市长说的，他们那里现在还在"扩权"，就更不是独此一家了。总之，一个说惯了的"不"字，一句很有"感觉"的"不行"，仍然习惯地挂在某些官员的口头，那张一个项目上马，要跑 20 个厅局、53 个处室，盖 108 个图章、耗时 799 个工作日的"长征图"，在某些地方并没有很大改变，至少像宗庆后那样的企业家"没有感受到"。娃哈哈的"一瓶水"和温州市长的"80 个章"，只是其中形象的特写罢了。

现在的"中梗阻"，还有一个新玩意，那就是"不作为"。这次两会，从庙堂之高到江湖之远，都痛斥"庸官懒政"，然而今天的"不作为"，当然不只是历来的尸位素餐，而是在反腐的严打和纠风的高压之下，有的官员"不拿也不干"了，就像两会上代表委员所描述的那样，"不吃不喝也不办事"。他们抱怨"为官不易"，于是躺倒不干，他们腹诽"官不聊生"，于是混日子，于是愈加拖延推诿，他们甚至借口"放权"，搞"自由落体"，该管的一概不管。这是"四风"之根的官僚主义的新变种，企业深受其害，又使下行趋势雪上加霜。所以我们说，宗老板的"一瓶水"与陈市长的"80 个图章"发生在"目前"，不仅有官僚作风的传统恶习，不仅有对于手中"一亩三分地"的权力的顽强固守，必然还会有新形势下新的"不作为"和新的"懒政"，这是我们认清当前的"中梗阻"、突破改革的"中梗阻"的重要视角呢！

(2015.3)

## 牢记这个座右铭

"座右铭",那是古人写给自己作为行为指南的格言,即是激励,更是警戒,所谓"作此铭以自戒,尝置座右,故曰座右铭也。"那么到了现在,尤其是在当前,领导干部的座右铭,他的自励尤其是自戒,应当是什么呢?不久前,一位省委书记上任,习近平总书记送了三句话12个字——"对党忠诚、个人干净、敢于担当"。这12个大字,就是每一个领导干部的"座右铭"——这12个大字,一是讲正确政治方向、政治立场,二是讲高尚精神境界、道德操守,三是讲强烈责任意识、进取精神,忠诚是政之魂,干净是立身之本,担当是成事之要,三者缺一不可,讲清了领导干部的人格、风格、品格,铸就着共产党人的政治本色、精神风范。"12个大字"之所以应当成为我们的座右铭,既因为它是人民公仆的本来要求,更因为12个字,字字都具有鲜明强烈的现实针对性。

对党忠诚,就是在党言党、心中有党,保持了忠诚,关键时刻才"靠得住"。党是工人阶级先锋队,忠诚就是党的生命;党全心全意为人民服务,对党忠诚就是忠于人民、忠于国家的集中体现。并不是入了党党员就自然忠诚于党,且不说革命战争和地下斗争时期,党内就出现过一些叛徒,就是在今天,还有一些党员干部,对党从忧虑重重发展到离心离德——他们不是"忧党"而是忧一己的出路前途。有那么些"在党"的人,甚至觉得党"不行了",犹如行船一旦遇上大风大浪,甲板上的老鼠先行逃逸。这些"老鼠",有的与党貌合神离,有的为自己找好了"退路",还有的不但把老婆孩子送走了,巨额财产转移出去了,甚至连"身份"也换好啦。对于这些"身在曹营心在汉"的人,要他与党同命运共荣辱,他是不干的。

还有一些人也讲"忠诚",但他忠于的却不是党。比如有的地方"山头"林立,"圈子"里、团伙内的人,只忠于"老大"、"老头子"以及"教父",自己则甘当"门生"、"家臣",他们不认为自己是统一的先锋队的成员,而搞帮派内的人身依附,不认为头上的乌纱是人民给予组织培养,只知道自己是"××的人"形成一类封建的"效忠",他们不听中央的,不听国务院的,"抱团"的"朋党"、"山头"上的"喽啰"也是"令行禁止"、同进共退,只听"老板"的。又比如有的党员干部,也有他的"忠诚",却只是"虔诚"于鬼神,求神拜佛、顶礼膜拜,心中哪里还有唯物主义、无神论的党规,哪里还有什么党的性质和宗旨?

个人干净,就是清正廉洁、一尘不染,诱惑面前才能"守得"。党员干部就是"人民公仆",两袖清风才能一身正气,"不粘锅"才是官员的本相。然而现在也有一些人,不信奉鱼与熊掌不能兼得、"当官就不要想发财"的基本道理,他们把"三年清知府、十万雪花银"当成通例,把"当官不发财、请我都不来"作为口头禅,利用手中的公权力寻租、设租、护租,把人民的托付和党的执政资源,变为个人敛财的"近水楼台"和"钓饵"。有的地方买官卖官动辄几百万、上千万,"成本"高得很,为什么仍然趋之若鹜,因为他认为"划得来",仍是"一本万利",把头上的乌纱手中的权力变为赢利的"资本"。

还有一些官员,本来还算"干净",但是因为"心里不平衡",于是守不住"清贫",于是也来"伸手"。什么"不平衡"呢?市场大潮中,不少"老板"发了,与官员形成很大反差,而他们的"做大"往往有政府搭建的"平台"与官员给予的"大力扶持",于是有的"书记"去吃"老板"一顿饭,看到"桌上一个菜,就相当于我半月工资",就"不甘"了,有的"市长"看看"老板"的豪宅以及他的"私人飞机",于是就"把持不住"了,结果也来"下海",把权力的公章和官府的批文等等,当成了"发财"的"股权"。

敢于担当,就是牢记责任、恪尽职守,使命面前才能"站得出"。我们不是一般地讲干部要负责任,不能失责更不容渎职,而是说,全面深化改革一是要碰体制的"硬",二是要动既得利益的"奶酪",有的干部面对改革的"深"与"险",不愿冒风险,不愿担责任,不敢触及积重难返的深层矛盾。他们怕什么呢?怕"湿手抓面粉"怕一旦"走麦城"砸了"一世英名",于是宁可矛盾面前绕道走，难题面前退一步，创新风险面前更是畏缩不前，让别人去"火中取栗"。不担肩胛、不拍板、不负责任、不冲在头里，成为改革中有些干部的"风格"。至于有的官员，因为反腐纠风，所以"不拿也不干"，躺倒混日子，一推二躲三踢皮球，指望他们在"新常态"下勤勉奋进，在深化改革中有所"担当"就更是无从谈起了。

还有一些领导干部，十分熟知他们那里的"政治生态"，十分看重一己的"官声"、"人望"乃至"选票"，所以面对歪风邪气，不批评、不教育、不处理，做"老好人"当"滑头官"，搞得一个地方、一个单位乌烟瘴气，他却在那里稳坐钓鱼台，坐收"好官"、"善人"的名誉，而官风不正加上干净评价体系的不公，反而使这些"菩萨"四面讨好步步高升，不担当成为潜规则，仿效的人反而越来越多。至于面对奇谈怪论。错误舆论，三缄其口，甚至出来当"开明绅士"，只爱惜自己的"羽毛"，从不为党的生命"亮剑"，就更是另一种"不担当"了。

"12个大字"，是每一个领导干部的座右铭，更是党内政治生态要"山清水秀"的必要——只有党员、官员尤其是领导干部忠诚、干净与担当，健康的从政环境才能重塑，政治上清醒坚定，作风上清正廉洁、事业上奋发有为才能成为干部队伍的普通风气！

(2015.3)

"戏说"背后的迷雾

## 罗局们的"手气"咋这么好

罗其方不过一介副厅级,本来不见经传,这几天却其名远扬啦。什么道理呢?据中纪委网站援引贵州省纪委通报,这个省地质矿产局的副局长,在八项规定出来之后近两年内,仍然参与赌博、打麻将,所以被逮了个正着。

罗副局长的麻将瘾为什么这么大,以至于反腐纠风严打高压之下,仍然乐此不疲,依旧顶风作案?原来罗副局长打麻将只赢不输。一场赢多少呢?少则三四万,多则20万,仅8项规定出台到2014年6月间,罗其方光打麻将就赢了200多万!赌博这个玩意,从来输多赢少,麻将一桌。更是"有失有得",为什么罗副局长的"手气"会这么好?因为他不管是任仁怀市委书记,还是后来官升遵义市委副书记,只与"承揽工程的私营企业主打麻将",一般人找他,他是不玩的——原来如此,"你懂得"!

其实像这样"手气"特别好的官员,并非只是一个罗副局长。例如福建省宁德市副检察长高良,在麻将台上就"赢"过270万,加上扑克牌桌的"战果",竟巨达471万;湖南省高速公路管理局局长杨志达,打麻将也"赢"了110万——他们的奥秘如出一辙,就是"只与私营企业主打麻将",于是如湖南交通厅党组书记陈明宪喜欢打牌,"老板们为拿项目排着队拎着大量现金上酒店陪他打,少的输几万,多的输几十万",不但不"肉痛",反而还"总算松了一口气"呢!所以罗副局长们"手气"怎么会不"好",怎会不是"常胜将军"呢?

别以为只有"山那边"才有"罗副局长",类似这样的"好手气",咱们上海也不是没有——5年之前,时任普陀区长蔡志强不就从牌桌上"赢"过数十万么?蔡志强爱打牌,颇有名气,于是"老板"们就陪他打。蔡区长其实打都不必打,一坐下来,"本钱"就有人送到他面前,"某公司大产证要分割成小产证,于是在蔡区长牌桌上送了10万元",某企业要承建项目,于是来打牌,"送了6万元";某老板要开发地块,于是也上牌桌"送了5万元"。更"爽快"的是,某公司为了要收购烂尾楼,于是在蔡区长飞抵悉尼的当晚,在那里的"娱乐场所"为他买了5万澳元的筹码,嗜赌如命的蔡区长,这次竟未"下海",却把筹码全部兑成了现金,装入了自己的口袋!所以有人叹息,他的"手气"怎么会不"好",不用下注就"赢"来了几十万人民币啊!

因为"手气"好,所以有的官员酷爱打牌,到了不释手、不停手更不收手的地步,前文那个罗副局长,不就是去参加"全省学习贯彻党的十八届三中全会暨省委十一届四次全会精神专题培训班"期间,夜航飞到重庆,召集私营老板打一夜麻将么?至于蔡区长手下有一个"区府办"殷主任,"十分能干",专事召集"牌局"。有人要托蔡区长办事,往往通过他,办完了,又由他来"拉场子"做局"陪区长打牌",保证蔡志强每上牌桌,绝不空手而归,每次打牌"赢"的钱,都由他"安排妥帖",那样"顺水人情"一点也不"尴尬"。所以蔡区长的"牌瘾"越来越大,他的"手气"会那样的令人惊叹。

当然"赌场"之成了"贿场",区区几张麻将牌变成了行贿赂贿的载体或工具,当是由来已久。"工作麻将",借打牌而"打通关节",早年是企业搞定客户的不得已,借"输钱"而送钱,早已是公开的秘密。到了后来,发展到"官商同桌",结交官员、打点官府,为了攀权寻租,几十万几百万地"输"给他。再到后来,官员"不便"收钱,于是就来打牌,赢来输去,似乎正常得很,最多只是小小违纪吧——例如前文说的杨志达杨局长,就在庭审中辩称"110万属于打麻将赢的",不应算作受贿,似乎还是"劳动所得"甚至"智力成果"呢,这就真是"手气"问题的实质所在啦!

(2015.3)

"戏说"背后的迷雾

## 五老皆已驾鹤去

解放日报有个"中国新闻名专栏",多次获得中国新闻奖及上海新闻奖的一等奖,这就是曾名闻30年的"解放论坛"。名曰"解放",不仅是与报名相合,更是因为十一届三中全会后即应运而生的这个评论阵地,素来以"解放思想"作为自己的旗帜。"解放论坛"35年的历史中,由我主编了25年,现在回眸这几千篇评论、百余名作者,最令我难忘的,却是这样几位老人,他们尽管均已西去,现在的读者也许已经不知,但在上世纪八九十年代那个激情燃烧的时代,他们的名字却如雷贯耳,他们的"直声"更是"满天下"啊!

最磊落的作者,要数拾风先生。记得上世纪80年代后期,有过轰动一时的"演唱会",几个很有名气的服刑犯出来引吭高歌。你在大墙里面搞搞就算了,但是开到了万体馆,还卖了一部分票呢。这样的"改革"似乎见仁见智,却激起了时任市政协常委的评论家和戏剧家郑拾风拍案而起,当即在"解放论坛"发表了尖锐的批评。这篇评论影响之大,不但得到于伶、柯灵、佐临、杜宣、张瑞芳、秦怡等文化名家的一致支持,也引出有人跑到解放日报来"交涉",临退时扔下两句话,一句是"我们××××不是吃素的",另一句是"什么拾风,拾文化大革命之风"!当我把这并不好笑的笑话说给拾风先生听时,他却只用四川话淡淡地说了一句——"不知今日复何日,看他还能干啥子?"。拾风就是这样宠辱不惊,九十年代初,胡乔木同志在"解放论坛"上看到他的评论,当即要人民日报全文转载,我告诉他时,拾风也就是哈哈一笑。

最不端架子的作者,可数束纫秋先生。时任新民晚报总编辑的束老,常以"言微"与"荆中棘"笔名给"解放论坛"写评论。记得有一年高考,上午刚刚考了作文,下午2时,我就接到束老的传真,说他按照中午刚出来的作文题，也在规定时间内做了一篇"作文"，不知过得了语文老师的"法眼"否？束老还谦逊地说，不一定有小朋友写得好，说不定不能及格呢！第二天的"解放论坛"，与作文的新闻一起，发表了这位百万报纸的总编辑与普通中学生考生的"同题作文"，一时传为佳话，也成了后来几年作文高考次日"解放论坛"的"惯例时评"。

后来束老给"解放论坛"写过一篇批评文章，是针对当时一个不正常事件的，得到主管当局的肯定，但又引出了当事者的反弹，来了几十人，两次坐满了时在汉口路的解放日报接待室。我独自接待了这一批批"上访者"，承担了全部"风波"，却没有惊动作者。后来束老知道了，在一次会议上说，我们为什么乐意给"解放论坛"写，因为他的编辑是"担肩胛"的，从不把作者推到第一线，这是对的，是一个报纸的操守。你发表，你就负责任嘛！束老的话，我一直铭记着，懂得了既然做了编辑，就要"勇于担当"，就要保护作者，可不能溜肩卸责啊！

最尖锐的作者，应数何满子先生和冯英子先生啦！江青死去的消息只有几十个字，大杂文家何满子先生看了，当天就亲自送来一篇《江青为什么自杀？》。他秉持彻底否定"文革"的一贯立场，提醒善良的人们不要健忘。评论于次日在"解放论坛"发表。虽然不得不删短了一些，但仍然引起国内外很大反响。满子先生后来说，这样的文章，当时只有"解放论坛"敢登。其实这类檄文，历经20年，即便拿到今天，也还是正义的，尤其是当关于"文革"的种种奇谈怪论复又沉渣泛起的时候，更有其发聩振聋的意义。

冯英子先生给"解放论坛"写得最多。一位八旬老人，始终保持着他活跃的思想、蓬勃的朝气尤其是杂文家的义愤，这是我等后辈们难以做到的。冯英老写得多，但发表的却不那样多，这是我至今遗憾愧疚的。其实冯英老的战斗文章，大多都是其理凿凿的，只不过因为一时时势，也由于我的软弱，所以竟敢给前辈大家打了不少"回票"。而冯英老对我这个编辑，却很大度豁达，从来就是那一句"没关系，我理解"，一点也不抱怨责备我。看到我以"司马心"笔名发表的那篇《也是一场战争》后，他还不声不响地写了一篇四千字的文评刊登在《文学自由谈》上，给我这个"青年"以极大的褒扬鼓励呢——说起"青年"二字，那是因为我刚进入解放日报不久，去新民晚报看望冯英老，他立即带我去赵超老那边，说："老将，这位青年想认识你！"那一回，赵超老与冯英老与我叙谈了一个下午，还签名送了一套刚出的《未晚潭》，我这个"青年"这才认识了"林放"前辈啊！

其实"解放论坛"当年还有一位最富思想性的名家，就是主持过市委研究室的虞丹（蒋文杰）先生，发表在论坛上的名篇《"精英淘汰机制"》就是他的手笔。20多年前的美文，就已经提出了类似今天"健康政治生态"与"良好从政环境"的大问题。虞丹先生的文章，是不容编辑改一字的，我刚接盘"论坛"，陈念云总编辑就告诉我这一条。那时还要排字，每次小样出来，交由其夫人总编室的虞雅兰老太太捎回，次日再带回虞丹的亲校样，若发表改动一字，必受到他的严厉批评。我后来当评论编辑，也不喜欢改别人的文章，手不"发痒"，因为一来每个人都有自己独特的语言风格，二来作者自有他的思维逻辑，你尽可能不要轻易地去碰他嘛，叫做尊重原创包容个性——我在3月22日写下这篇文字时，最后一句写的是"欣知虞丹先生还健在，祝他寿比南山哦，"而就在次日凌晨，95岁的蒋文杰先生却也撒手离去——五老皆已驾鹤去，竟成了这篇文章的标题……

(2015.3)

## 说"难"论"易"道"为官"

现在当官，是越来越难，还是变得容易了？近时竟成为众说纷纭的一个热点。官员中间，有叹息"为官不易"，抱怨"官不聊生"甚至危言"官心大乱"的，而报章之上，则轻言当官容易啦，官儿"好当"了——其实当官的"难"或"易"，是一个问题的两面，要一分为二、两面讲才行，只讲一句，就有片面性，就缺乏说服力。

当官确实是"难"，尤其是在反腐纠风的大背景下，为官还真"不易"。比如"动辄得咎"，吃一桌公款的酒菜，私用一次公家的车儿，甚至多摆了几桌喜宴收取了几个红包，或者公出之间，绕到名胜古迹去玩了一趟，都会被追究，都会被"通报"。制度不再是"稻草人"，纪律不再是"橡皮筋"，稍有不慎，就会"动辄得咎"。又比如社会监督，无处不在，网络时代，更是"拍客"遍地。从腕上的一只手表，到桌上的一盒香烟，官员的一言一行、一举一动，无不在众目睽睽之下，更不要说任何一个举措、一项政策，都会引出七嘴八舌，激起舆论的汹涌澎湃。再比如说手中的权力，再也不能"任性"。不但凡事一个"不"字，再也不能脱口而出，就是样样要"管"的"多动症"、到处伸手的"千手观音"，也不能再犯再当啦，那种"管得过多、统得过死"的"勤政"，不想也成了改革的对象，至于随心所欲的"拍脑袋"、口无遮拦的"拍胸脯"，就更不再能任意了。当官真是"不易"，真是越来越"难"。

其实"为官不易"，难，是个再正常不过的事儿。人民公仆就要殚精竭虑、一肩担当，要勤政要吃苦，决不能轻松当官，懈怠其责；当官就要两袖清风、做"不粘锅"，就会清贫甚至清苦，决不可当官又发财、鱼与熊掌兼得；既然戴了乌纱帽，就要即接受严格甚至严厉的吏治，又承受全社会的民主监督，就要"夹着尾巴做官",决不能天马行空。总之,当官为什么"难"?为什么也可说是"高危职业"?因为权力必然带来风险,越是大的权力,就越伴随着严格的制约。当官之"难",难就难在权力有"笼子",吏治有监督,谁也不能任性,谁也不能忘乎所以、随心所欲,否则就会"动辄得咎"。这本是天经地义之事。

"难"的另一面是"易"。这是指在反腐纠风两年后的今天,从某种意义上来说,当官确实开始比过去"容易"啦。比如说,买官卖官的"规则"被颠覆,德才兼备的官员,应该再也不要因为别人"买",他也只好贷款借钱去"送"了,凭着自己的努力奋斗,就可以脱颖而出了吧!又比如说"团团伙伙"被端掉,"圈子文化"和"山头主义"被扫荡,正人君子再也不必因为不拜"老头子"、不依附"老板"而长期被边缘化,被视为"独立大队"而放在一边了吧?清官能吏也不会因为多少年的"逆淘汰机制"而无路可走甚至永无出头之日了吧!由于党内政治生态的重构,官员从政环境的变好,走仕途应当不必再天天去揣摩"潜规则"、夜夜研究"厚黑学",以至于不得不熟通封建官僚制度下的"为官之道",使自己"成熟"成变态而痛苦的弄臣小人。至于八项规定之下,那种因为"外面"来了人,县委书记一天要陪洗八次温泉的无奈;那种因为"上面"来了人,一个县长要翻山越岭夜行百里,去"敬一杯酒"表一个"忠心"的痛苦,现在应当不再重演了吧!不少官员说"解脱"了,可以不必餐餐围着圆桌转、顿顿喝得酩酊醉,可以把精力放在工作学习上,把下班用来"常回家看看"了,这就更是对官员的一种解放啦。

当官本来就是既"难"又"易"。有的官员现在说"难",无非是因为他长期以来"容易"惯了,所以不适应反腐纠风后的"新常态"。那就慢慢来,别着急,新习惯形成了就会不"难"。实在不适应,干不下去,也可以另请高就,官员队伍也要"吐故纳新"嘛!至于崭新的政治生态和从政环境,现在刚刚在"破","立"还有长路要走,才能形成新习惯、新文化、新规则,所以也不要着急,尤其不要估计过高,以为盘根错节,已经"一朝倾覆"。

(2015.3)

## "成本"问题

这篇小文,起得平平,是因为引出"成本问题"的,不过是近日披露的一个"小案子",虽然造成了国家损失2000万,但小小墨吏,却只受贿了5万元——国有合肥"新站建设"将一座大厦卖给私企"合肥正鼎",合同约定,后者承担产权过户中发生的所有税费。但"正鼎"要想赖掉税责呀,于是明知他未缴一分钱的税,合肥市国土局新站分局的副局长顾扣乐在变更审核中,便虚构"缴税完毕",使土地使用权证顺利变更到"正鼎"名下。接下来,顾局长又将地块的土地使用证借给"正鼎",使他完成了房产权登记,又将这产权去抵押贷款,结果"正鼎"因涉多起失信纠纷,该房产被法院查封,致使"新站建设"垫付的土地增值税1995万元国有资产打了水漂……

这案件是枯燥了些,但有一点颇有"可读性",那便是顾副局长为什么如此积极地"帮"正鼎公司,以至于敢于铤而走险,因为一个月黑风高的夜晚,"正鼎"老板陆勤俊跑到顾副局长家中,塞了5万元现金给他!于是"贪官受贿5万元,国家损失2000万",便做成了标题,在报章网络不胫而走——其实顾局长真易"搞定",不要说5万元,便是给他一千元卡,他也帮你"办事"呵!

陆老板的行贿,可谓"成本"很低。区区5万元嘛,就"顺利"拿下了一幢大厦。其实这类的"低成本贿赂",一本万利的生意,陆老板只是小巫一个啦。某国有银行的分行长,收了20万,于是在明知虚假抵押的情况下,贷出几个亿,当然变成了"坏账";某市市长,收了几十万,于是拍板,将价值近10亿的矿山,折价4000万"卖"给了老板。这样看来,顾副局长收5万,致使国资损失2000万,真不算什么,"低成本贿赂",一方面是行贿者以小博大,另一方面是贪官收受区区,结果造成国家巨大损失,还真不必少见多怪。

其实这类"成本问题",还有一个买官。在一些"窝案"高发之地,30万美金只能买一个处级区长,个别"系统性腐败"的地区,一个厅级的市长,要标到千万。于是民间有议论,觉得"成本"太高了,这么贵,值吗——我在10多年前,曾写过一篇《"低成本腐败"》,讨论过这个"成本问题"。那篇文章说到的数例之一,就是时任广西钦州市委书记俞芳林,花了几十万买了官之后,又来卖官,光这一项,就卖了二百余万;而向他买官的吴耿岳,为谋县长之职,花了90万,吴当上县长后,任内就进账606万。所以很"划得来",所以"成本"很低,所以贪官污吏,竞相买官,不惜以一分之本,攫十倍之财——这当然只是10多年前的"行情",到了后来,在"塌方"了的某些地方,在政治生态恶化的某些层面,就更是一本万利啦——比如近日审讯的那个"武爷"武长顺,行贿花了1000万,那么"盈利"呢?卖官卖了8400万,贪污更达4个亿,还挪用了1亿公款呢!难怪总书记怒斥"无法无天",难怪中央领导批他"白天是公安局长,夜里是董事长"!

"低成本"也要成本,行贿买官,"本钱"从哪里来?当然是过去贪贿的"积累"啰!但到了后来,这点"成本",贪官也不肯从腰包里掏,而要"老板"出。刘志军买官兼捞人的"活动费"4000万,不是每一文都是"企业家"丁羽心出的吗,他可是一滴"血"也未出,叫做"零成本"吧!至于已经揭露出来买官卖官成风甚至明码标价的那两个地市,污吏买官的钱,大多由"老板"来出账,就曾经形成"行规"啦,真是一笔"无本生意"——至于腐败高发之后,有的地方"高高举起,轻轻放下",甚至以党纪政纪代替刑罚,那就是另一种"低成本腐败"、另一个"成本问题"啦!

(2015.4)

## 韩天衡的"三论"

韩天衡不是有名扬南北的《豆庐十论》吗，怎么说起了"三论"？是的，清明过后，跑到嘉定的韩天衡美术馆去看他，只见盈丈见方的泥金大宣纸已经铺开在展厅里，十公斤重的大笔也已蘸在墨池，军旅出身的书画大师正要"弃文从武"，挥舞"兵器"写大字呢！见我不速而来，一句"咱们先文后武吧"！便让座、饮茶，侃侃而谈起来，不料竟聊了"三论"。

一论"学习"。叙谈当然是从近期正在筹备的"韩天衡学艺七十年"活动说起，韩天衡说，都是"从艺××年"、"舞台××年"，我却叫做"学艺七十年"。一字之差，什么道理呢？因为艺术这个行当，天天都在学习。他4岁习字，6岁学篆刻，36岁学画，70年就是一个学习的"古稀"呵！孔夫子曰"三人行，必有我师"，就是要向所有的人学习，向古人、今人学习，向学生、青年人学习。"知无涯"，学更是没有边际、没有止境，所以说"从艺"怎如说"学艺"更对？

韩天衡刻过三方章，一方就是著名的"老学生"，说自己要刻到老、学到老，一生到老都是"学生"；另一方叫做"老大努力"，不仅是说少小不努力，老大徒伤悲，而是说老了更要学习，那你一生都不至于"伤悲"啦！这两年还刻了一方"老来多梦"。不是说"中国梦"吗，老为什么有为，为什么还要不倦地学习，就是因为还有"梦"啊！所以说，一个"学"字，是韩天衡70年的总结。

二论"辩证"。韩天衡笔墨丹青篆刻刀，但他竟是读过一点哲学的。天衡说，那时除了读毛著，还提倡"读一点马列"，于是也来读，马克思主义的唯物论、辩证法直到认识论，都"读一点"。他居然还读过恩格斯的《路德维希·费尔巴哈和德国古典哲学的终结》这样的哲学著作呢！虽然初得尚浅，但那意识毕竟是"潜移"下来了呀，对于后来的艺术思维竟打下了一点"童子功"。天衡曰，书画篆刻充满着辩证法，黑与白、强与弱、实与虚、满与空、精与拙等等，都是一对对矛盾、一个个辩证的范畴呵！比如篆刻，方寸之间，你要能容纳最多的矛盾，又要使之和谐协调，这就要辩证，一方图章一尺宣纸，你要掀起惊涛骇浪，又要让它归于平静，这也要讲对立统一呵！

韩天衡的《豆庐十论》，已经石破天惊，但那其实是讲了"十大关系"、"十对矛盾"的，《十论》论天赋、成才、读书、坚忍、打通、艺术圈、风格、自我评价、名利及批评，可谓贯穿着辩证法，讲的是《矛盾论》。比如论天赋，"天赋这东西，讲早了或预支了，往往不是激励人，倒是适得其反麻痹人"；又比如论自我评价，"攻艺如登山，登顶远眺，别自诩登泰山而小天下，须知此时也小了自己。即使身居峰峦，也要清醒明白，山外有山、天外有天"等等，都是一分为二、合二为一，都是两面讲、两分法，讲的不都是辩证法吗？

三论"做人"。怎么做人？韩天衡有六个字，"夹住尾巴做人"。尽管已经有了大师的地位和美誉，但他仍然认为"低调就是腔调"。40岁成名之后，韩天衡极少参加酒会、典礼和颁奖仪式等等，而且多次挂印辞仕，是因为时间实在太金贵，要做的事实在太多呀！但韩天衡同时还有一句话，叫做"放开胆子攻艺"，就是说，在艺术的探索和创新上，他是"不客气"的。韩天衡不太同意孔老夫子的"不逾矩"，说"矩"是要不断地"逾"的。不打破常规，不挑战陈习，艺术就不能突破，不能进步，千万不能为了讲规矩而固化僵滞呵——那一天韩天衡的大字，写了"涛声"各一，但他却不写"依旧"，这也许有其道理吧？

(2015.4)

## "促进派"与"促退派"

面对新一轮深化改革的大潮，你是促进派，还是观望派，甚至是促退派？这是放在领导干部面前的问号。刚刚结束的中央深改组12次会议，向全党发出了"争当改革促进派"的号召，这就要求每个领导干部亮出旗帜、交出答卷。

当改革的"促进派"，原是小平同志当年提出的口号。35年前开始的第一轮改革，就是靠着改革的"促进派"才启动、才成功，一大批冲锋陷阵的改革闯将，面对盘根错节的僵化体制，顶着动辄就要问"姓社姓资"的政治风险，勇立潮头，敢破敢立，敢为天下先，敢于吃"第一只螃蟹"，才有了改革的摧枯拉朽。今天的新一轮深化改革，面对体制改革更为错综复杂的"深水区"，面对利益调整更为深刻严峻的"险滩"，也面对形形色色的"中梗阻"与"软钉子"，改革要有真突破，急迫地呼唤"促进派"——只有"大家争当促进派"，深化改革才能真正形成潮流。

当改革的"促进派"，就要"想改革、谋改革、善改革"。"促进派"就是不安于现状，不甘于僵滞，不囿于陈规旧习，就是有强烈的改革激情和"再也不能拖下去"的紧迫感；"促进派"就是殚精竭虑、夙夜为公地谋求改革，把精力和智慧集中在谋划改革上，决不为一身羽毛、一己毁誉而远避风险，更不为一顶官帽、一点仕途而顾忌重重；"促进派"不但要有勇气，而且要有改革智慧，善于把"摸着石头过河"与科学的顶层设计结合起来，把敢闯敢试与法治思维结合起来，把一马当先与团结多数结合起来，"促进派"不是蛮干乱闯，能吏不是匹夫之勇，作风硬朗也不是"一言堂"乱拍板，更不能犯"颠覆性错误"——中央已经明确，"要把想改革、谋改革、善改革的干部用起来"，这既是鲜明的好官标准、用人导向，也是对每个领导干部都要"争当改革促进派"的激励。

改革也会有"促退派",因此提出当"促进派"并非无的放矢。"促退派",既有反对改革的"摇头派",也有不愿改革的"梗阻派",其实还有更多为官不为、在位不干的"观潮派"。"促退派"现象,不说很普遍,但也决非个别地方、个别层面才有,其间虽少有胆大妄为的,却多有不知不觉者,虽未有公开"跳出来"的,却多有我行我素的,不能不说这是深化改革的一个大阻碍,一个不容忽视的大问题。

"促退派"也有两种。一种是"利益派",因为改革必然要突破利益藩篱,要引起权力格局的深刻调整,尤其要动权力设租寻租护租的土壤和根本,因此有的官员心有"小九九",打足小算盘,他们抱着手中的"资源"一寸也不肯放弃,顽强地要保护一己一部门的"一亩三分地",要他"削手中权"、"断腕割肉"、"勇于自我革命",他是不干的,所以在改革面前,死阻硬扛有之,瞒天过海有之,口是实非也有之,你劝他要以一颗公心看待既得利益得失,要以改革大局看待利益调整,他哪里听得进去?

平心而论,在"促退"的人们中,多数还不是出自一己私心——他们恰恰是"一心为公"呢。有不少同志,在陈旧的思维方式和习惯定势的老路上走惯了,在"管得过多统得过死"的过去行政模式下做"婆婆"当"千手观音"习惯了,你要他"放"一点权,他就觉得天下将会大乱,"秩序"就会无存,所以还是要"捏在手里"。他的确是"勤政",是"负责任"的,却往往会把企业、市场与社会的活力搞死。当然还有一个问题,那便是不少官员的"知识老化"和"本能恐慌"。新技术新业态新的企业组织方式包括前卫的交易方式先进的配置模式,他看不懂,因此"接受不了",于是"非驴非马"刚一露头,他就要"迎头痛击",新形态还在胎动,他就"赶紧管住"。一方面是看不懂、看不惯、"看不下去",另一方面是性急慌忙,要"把问题解决在萌芽状态",于是有些部门、有的官员,就这样走到了改革的对立面——我想,"上海要有一次新的思想大解放",韩正同志的呼喊就是针对者这类观念与知识陈旧吧,而这在我们的干部队伍中恰恰是一个带有普遍性的现状呢!

(2015.5)

## 冷静下来才好

"冷静"二字，先是起于对两起网络风波有感。

一是某官员出了"问题"，正在"接受组织调查"，似乎还立了案，但既没有"进去"，也没有"拿下"，居然还在岗位上工作。于是传到网上，于是舆论大哗，说是"调查"了还在岗？真是"咄咄怪事"！当然更有猜测有什么人"保护"的啦。

但也有"冷静"的声音，说是"调查"不等于结论，调查下来，可能问题很大，也可能没啥问题，否则还要"调查"干什么？该官员一未"双规"，二无"人身强制"，一边调查，一边工作，似乎正常的很，再说一"调查"必是贪官的定势，也不一定对呀——但是这点"冷静"之论，又有几个人能"冷静"地听一听呢？

还有一件事，那便是某官也是"出了问题"，还做了被告呢！但他在庭审当日，强硬抗拒，公开自辩，说他没"问题"，没有贪污受贿的行迹，甚至前面的"交代"，也是被"逼"而行。这件事传到网上，当然更是铺天盖地，说"贪官"居然"翻供"，居然"自辩"，可见态度之恶劣、面目之狰狞，必然严厉打击该种"嚣张气焰"才行！

自然也有法学专家出来，要求"冷静"看待"贪官"的"自辩"。该官作为被告，还并不是罪犯，他有自我辩护的公民权利，甚至还有"翻供"的法定权利，他和他的律师更有关于自己罪轻甚至无罪的辩护权，怎么能因此就要"打击"就要"罪加一等"呢——但这"冷静"的依法论理，又有多少人能容他"冷静"地说几句呢？

其实需要冷静下来思考一下的，并不止上述两起风波——

比如深圳那边，著名的"娃娃鱼事件"。一群警官聚餐，吃了一顿娃娃鱼，鱼是家养的，并非"野生动物"，钱是聚餐者中一人所出，也非"公款吃喝"，但因为网上汹涌澎湃，所以来了个"严肃处理"，除14名官员停职而外，还启动"专项教育整治活动"，"严禁"以各种形式聚餐，警察从此不能在一起吃饭，哪怕你是私人聚餐，还是自己掏腰包，似乎连基层警察在户外同吃盒饭，都似乎"不得"啦！难怪到了网上，舆论又从一片"严打"声翻转为"莫名惊诧"，不平、不解的调侃复又汹涌起来。

又比如鹤壁市的"嗑瓜子"事件。社保局的郝科长，在行政服务大厅一侧"嗑瓜子"，结果被弄到了网上，什么话儿都有，什么"评论家"都来"打落水狗"。其实郝科长"患有糖尿病，需要不断进食，不然会晕倒"，他也只是个负责外勤的，工作岗位并不在大厅内呢！但郝科长为了嗑几颗瓜子，照样被"打"了下去——其实不少糖尿病人都有这症状，有的是服降糖药后出现的低血糖，所以口袋里需备零食一包，一难受赶快要掏出来，似乎真有点"人之常情"哦，但网络之上，又有谁跟你"冷静"地讨论几句？至于近时，一位公务员因为在桌上放了小小一包零食，结果被通报批评，被舆论热嘲严批，就更是"热"得不行，谁来"冷静"地想一想呢！

难以"冷静"，一个要因，是因为有些"上级"，从原本无视和拒绝舆论监督，走向了唯舆论潮流而向唯网络声音而从的另一极端，甚至讨好网络取悦"舆论"，往往为了"平息声浪"，急急忙忙作出"严肃处理"甚至过度处置，要他"冷静"地对待，他哪里肯依法据理地"担当"呢——某地一名科官，在特定语境下放言"国家规定是狗屁"，经网上穷追猛打之后，迅即被开除党籍并撤职。这句狂言当然要严批痛击，但官员说错一句话，就要几近"双开"，就要"以言获罪"？是否也可以冷静下来讨论一二、三思而行呢？

(2015.5)

## 从"刘胡兰之死"说开去

远飞途中,便来谈近期的《党史文汇》,尤其是陈德邻老人写的《出卖刘胡兰的叛徒为何解放后十多年才被揭发处决》。这位从云周西村走出来的刘胡兰乡亲,曾经用十年时间,调查了大量证据,最后把隐藏已深的叛徒石五则送上了审判台。陈德邻的长文,以确凿的凶手供词,再次证明 68 年前杀害刘胡兰的是阎锡山"国军"72 师 215 团一营机枪连指导员张全宝和二连连长许德胜等人,而出卖刘胡兰的则是同村石五则——石是云周西村最早入党的三人之一,因包庇地主段二寡妇而被开除党籍,撤销农会秘书职务。1946 年 10 月,阎军在晋中平原实施"水漫平川"战役。疯狂屠杀我干部群众。石五则找到在阎军 37 师搜索排当特务的本村地主刘树旺、石廷璞,投靠了"奋斗复仇队"队长吕德芳,并出卖了和直接参与杀害刘胡兰等云周西村干部,1963 年 2 月公审后伏法。

为什么要这样详细地介绍陈文的概要呢?因为近年以来,有"专家"发表惊人博文,说是"经过严肃考证",刘胡兰不是被阎军所杀,而是"被颤抖的乡亲铡死的"!考证者既未到过云周西村,也没有找到任何当时与当事之人,现在他们如果读到陈德邻老人的亲历记,不知是否能"严肃"对待呢?

对于先烈的流言,先是戏说的段子,比如董存瑞炸碉堡,呼喊的不是"为了新中国、冲啊",而是"再不要相信河南人",刘胡兰临铡,说的也不是"俺就是共产党",而是什么"俺舅是共产党",是"国军"听错了,等等,黄继光的堵枪眼、罗盛教的冰下救人,直到雷锋住一夜旅馆,都有轻佻的调侃。但是到了后来,就有了"严肃的考证",不是段子的嘲笑了,而是对于真相的"颠覆",比如狼牙山五战士的跳崖牺牲,是因为"要吃要喝",所以被"乡亲们"

告密,又比如刘胡兰不是叛徒出卖,也不是阎军所杀,而是被铡于自己人。子虚乌有,一点也没有"严肃"可言的"考证"之外,当然还有"科学",比如说邱少云的烈火烧身纹丝不动,"违背了生理学常识",已经受到了严肃的批评——该类打着"考证"与"科学"的"揭秘",比起坊间茶余的戏说,当然更具有"虚无主义"的嫌疑,所以主流舆论强烈抨击之,也是有道理的。

其实"严肃"的虚无主义,并非一概"虚无",除了轻慢的"解构"之外,更有精心的"重构"。比如刘文彩成了"善人",只讲他办过学、赈过灾,全然不讲他的剥削尤其是这个"中将清乡司令"手中包括共产党人萧汝霖在内的九条人命;马步芳成了"圣人",只讲他的搞过绿化、修过公路,一笔勾销这个杀人如麻的西北王一次活埋6000名西路军将士,还拿毛毯裹尸空运南京去领赏;至于周作人的投日事敌,更被说成是为了"保护北大校产",甚至无中生有捏造他是"北平地下党派去的卧底",竟有了一点"地下工作者的色彩"……而将瞿秋白烈士就义时的一路引吭尤其是"此处甚好"的视死如归,硬安在伏法的汉奸陈公博头上,就更是不择手段,一点"严肃性"也不讲啦。

对于先烈的"颠覆",有人洞察出这里的醉翁之意意在山水,也有人看出它的项庄舞剑剑指沛公,所以有问一句"意欲何为"、究竟要干什么的。这当然不无道理,应当"上纲上线"。但依我所见,也有并非"严肃"的"政治目的"的,不过是哗众取宠,为了一鸣惊人,或许不过是满足一己以及粉丝们那一点"颠覆"之"快感"之"过瘾"而已,当然还有别无所长,只好拿"揭秘"来充作"学术成果"的。所以我们既不能过于松弛,也不必过度紧张——他们不过是一点不上台面的"小九九"罢了!

(2015.6)

## 学一点陈云同志的"请不动"

正值陈云同志110年诞辰,忽然想到了他的"请不动"——陈云同志的"请不动",人们耳熟能详的是七千人大会,形势究竟好不好,路线到底对不对,毛泽东同志请陈云同志"讲一讲",陈云同志却推说正在搞工业调查,还没完,没把握讲。七千人大会上,陈云同志既不愿违心附和,又不想让领袖难堪,所以一言不发,毛泽东同志也"请不动"……

其实陈云同志还有一个"请不动",那便是他从来不请吃,更不吃请,与不收礼、不迎送、不串门一样,成了陈云同志的"招牌"。曾有他关心过的某省书记省长到京,要想请陈云同志"表表心意",托一位中央领导同志转请,这位领导同志一言回拒,说陈云同志不"出来",这是人人皆知的,你请不动,我也请不动,天王老子也"请不动"。你知道陈云同志视察东北,那边按他的口味做了一桌偏素的菜,陈云同志却坐在桌边与秘书讲话,一筷子也不动,直到撤成一素一饭,他才端起碗来吗?所以不要去讨这个没趣……

为什么要特别提一下陈云同志的这个"请不动"呢?因为在我们一些领导干部中,"请不动"的太少,而"一请就去",甚至"一去就喝"乃至"一喝就醉"的毕竟太多了。比如对于官场的"吃席"、同僚间的"饭局",有的同志趋之若鹜,积极性高得很,可谓一叫就到、一次不缺。有的网友不了解"官场",以为官员的嘴馋、好吃,其实没有那样"小儿科",他是把"请吃"作为官场上的"感情纽带"、仕途中的"携手共进"呵!在曾经奢靡的官风之中,"一请就去"成为"好同志"的"好素质",而在帮派林立的那种政治生态中,"请吃"和"吃请"不仅成为团团伙伙内部的"粘合剂",而且成为山头宗派中利益共享与分赃的"平台",他怎么可以"请不动"呢?除了"差不多"的官员三天一宴而外,有的官员面对下属的"请吃"也只要一个电话，他要在酒席上"考察干部"，要"透过酒风看人品"，要测验麾下的"忠诚"与"素质"，岂止是一点酒瘾而已？当然除了官场上的同僚之外，更有面对商界的"老板"，有的领导同志居然也是"有请必到"，有的"老板"甚至在酒席上炫说，我一个电话他就来了，结果当书记任市长的，果然迅即应召而到呢！政商关系是个复杂的范畴，我们确要关心、扶持企业，不要怕与企业家交朋友，但"老板"的高尔夫，你不要去打，"老板"的豪车，你不要去"借"，尤其是"老板"的山珍海味，你最好不要去吃，正如俞正声同志在上海时讲的，一定要吃个饭，可以你买单嘛！但在有些领导同志那里，政商关系岂但是"勾肩搭背"，甚至发展到了"你中有我"，分也分不清理了更加乱的地步，所以他一个电话，你怎好不半小时赶到呢，更不要说当一个"请不动"的"父母官"了。

"请不动"是陈云同志的"招牌"，这是他从不在官场搞庸俗关系的操守和秉持，这是他以严格自律而著称党内的官声与清誉。"请不动"应当是我们学习的榜样、为官的"招牌"。不要怕有人说"缺人情"，共产党人为人民服务，讲的是爱民如父的大"人情"；不要怕有人说"架子大"，共产党人作为执政者，必须是"不粘锅"，必须要端一点"清官"的"架子"。如果说在两年之前，一个"请不动"的官员很可能被视为"异端"贬为"怪人"，很难独木成林坚持下去，那么在反腐纠风的当下，在政治生态和从政环境发生了明显变化的今天，更多的人"请不动"、不"出去"，就可以形成官场政界的从政风格和清廉风气，"请不动"应该不再那么难吧？

当然眼下还有一种"请不动"，却值得我们同样警惕。这倒不仅是说有的同志过去"一请就到"现在"请也请不动"了，是慑于"风头"，仅仅属于"不敢"，甚至只是"蛰伏一时"、待等变局，而更是说，有的官员请是"请不动"了，但事也不办了，所以"不拿也不干"，成为当下一个倾向性问题——一位乡镇领导说，他们要为居民造一批厕所，要批，过去只要请一顿酒，发十个红包（卡），一个礼拜就搞定。现在呢？酒是"请不动"了，一个也不来，要你走"正常程序"，"窗口"里进来排队，等他慎重研究。研究的结果是什么呢？说这事"十二五"规划中没有，等上几年，待"十三五"期间再说吧！基层同志叹息，现在办事反而难啦——这种故事颇有一点普遍性，应当引起严肃注意。

陈云同志如果在世，目睹这一类的"请不动"，该拍案而起了吧？

(2015.6)

## "官夫人"与"红军服"

近日两条"官太太"新闻，一是赣州50名科官夫人，齐刷刷穿上"红军服"，游沙洲坝喝"红井"水，接受"管好后院"的廉政教育；二是十堰70名"一把手"配偶，随夫君体验"牢狱生活"，亲睹丈夫昔日上级的囚徒吃睡，表示要当好"家庭纪委书记"，管好老公云云……网络之上，有赞曰"别出心裁"，也有讥其"滑稽"的，当然还有说不过是"红颜祸水论"之现代版的……

说起这个"红颜祸水"论，倒是有一点传统的，中国的女人历来要派大用场，国破家亡，可以派一个西施虎穴卧底，终于夺回河山；奸相乱朝，可以派一个貂蝉去"连环"，终于诛杀董卓；至于男人不便从戎，于是派一个花木兰替代从军，既要她织布连衣，又要她执矛戍边，就更是千古佳话，但是中国的"太太"除了"挑大梁"而外，还有一个功能，那便是"代受过"——江山的变色，班固推给赵飞燕；陈朝的灭亡，魏徵归于赵丽华；后蜀的亡国，都说罪在花蕊夫人，至于商纣的下场，更是要算在妲己这个"妖姬"的账上啦。一顶"祸水"的大帽子，几千年戴在"红颜"的头上，多少回"君主城上竖降旗"的责任，可以一股脑儿推给一个深宫之"妾"，可见中国的"太太"，岂止是"半边天"，她是要负"全责"的呀！便是到了现下，贪官们还要把受贿的"全责"，统统推给"身边人"，许运鸿在法庭上不是两手一摊，说钱都是"太太"收的，"我不知道呀"，而肖作新不也在庭上痛斥"太太"贪得无厌，害苦了这位肖市长吗？今天又叫"官夫人"穿上"红军服"，似乎只有她们才应当"受教育"，她们的官夫君，为什么不穿呢？网友们不明白。

其实叫"官夫人"穿"红军服"，只是一种无奈——为了反腐，前几年可谓奇招百出，有设"廉政账户"指望贪官们受贿之后悄悄还给国家的，有吁请科学家发明"腐败测谎器"以及"清白CT"的,也有给官员发"反腐日历"甚至"廉洁扑克"的。当然更有苦口婆心,给贪官们讲"腐败使人短命,廉洁才能长寿",希望他们以性命为重,不要去豪取暴敛,以免"心脏承受不了"而折寿早去,至于到"阶下"去吃一顿"牢饭",睡一晚"牢铺",就更是已有多地做过啦!奇招无效之下,于是便来寄希望于"官太太","夫人学习啦"已经办了不少,"家庭纪委书记"也已聘了无数,指望她给夫君吹"枕边廉风",当好"第一道防线",现在又叫她穿上"红军服",也算是山重水复之下的柳暗花明吧?

当然"官夫人"问题要重视。但"太太"之贪,根子在哪里呢?"贪太太"一是直接用夫君的权力敛聚,二是利用官员的"影响力"圈钱,说到底,毛病就在于官员的权力不在笼子里。贪官的"太太",由服务员变成厅级党组书记,他的情妇,由三陪女变身文广局长,毛病难道出在"妾身"么?而国企老总公款报销老婆的30万美容费,问题出在太太的脸上,还是老公的笔下?至于"给我家人送钱,是冲着我的权力而来"这一条,连周永康都懂,我们不懂?

"官夫人"穿"红军服",滑稽就在于将反腐的斗争,当成了她家炕头上的私事,将严肃的政治,化为家门里头的私情。"身边人"是要管好的,但靠"太太"来管,还是靠制度靠民主来监督?问题也许就在这里——至于穿一件"红军服"就能当好"家庭纪委书记"?不要忘记,就在同一天,澳门赌王的四姨太也穿上"红军服"亮相在井冈山呢!

(2015.6)

## 怎样的"骨气"?

"骨气"这个东西,本来属于正能量,抵御外侮,要有"铮铮铁骨",乱云飞渡,讲的是"丹心傲骨"。不料的只是,在贪官的嘴里,竟也出了"骨气"二字——就在一个多月前,现刚落马的南宁市委书记余远辉在一次专题教育党课上,一言惊人"有些党员干部违纪违法被审查,两天啥都招了,没有点骨气和意志"!

余远辉的放言,这几天到了网上,被叫做"腐败骨气论",万人批斥,排山倒海,论其荒唐,责其嚣张。当然也有一种疑问,那便是余远辉如此公开对抗反腐,为什么台下数百官员,衮衮诸公,没一个出来批评?更不要说拍案而起了。

我看问题恐怕就在这里——在某些地方的"政治生活"中,余远辉的"骨气论"其实并不"惊人",在那些政治生态腐败、从政环境恶化的"官场",这种"骨气"不但成为帮派团伙的纽带,而且变为"考察干部"是否"过得硬"的标准——比如某些地方、某些层面山头林立,派系错综,团伙中人,不但要讲"义气",携手同进,利益均沾;更要讲"骨气",遇到"风浪"要攻守同盟,联手互保,碰到"难关"要挺身而出,共渡时艰,尤其是一人"进去",更要咬紧牙关,不吐一言,在"里面"的"表现",成为帮派考察你有没有"骨气"的"试金石"。如果你是条"汉子","出来"后自会"照应"你,欢迎你"荣归",假如你"招"了,而且"喷"了,牵涉到了外面的"兄弟"尤其是"老大",将来就再没人搭理,所以这个"骨气论",并不是一般的"意志",说到底,是江湖上的"规矩",几近黑社会的"道"——君不闻某地出了"窝案",一批官员"进去"了,男干部因为尽数招供,所以被"外头"贬为"甫志高",而其中的几名女官员，据说多是一甩头"不知道"，竟被圈子里捧为"江姐"。你看在那些地方，黑白已经如此颠倒，是非已经如此不分，所以余远辉的"骨气论"，有些官员听来并不"惊人"，也不"突兀"，这不是很流行吗？

"骨气论"其实还在某些地方的官商关系中"流行"。比如官员接受老板的"进贡"，老板要放在肚子里，闭口不谈，不但是平时不能"吹"，不能"透风"，即便公司出事，老板"进去"，你也不能"咬"，要有"骨气"，要"顶"住，否则决不会有人"搭救"你，更决不会再有人与你"交朋友"，因为你"素质差"嘛！还有一种"骨气"，比如前沈阳市长慕绥新，不但判了无期，而且病入膏肓，只有半年时间了，但仍有他过去"关照"过的老板，硬是闯进监护病房送了一百万现金，按说慕市长已经没有了咸鱼翻身的可能，为什么还要一送百万，因为那是做给"江湖"上看的，表明这个老板不但讲"义气"而且有"骨气"，这样的"素质"，今后才会如鱼得水，如此的"心意"，才会引来更多的"慕市长"来"帮"他啊！

"腐败骨气论"既有明摆着的荒诞，更有骨子里的"流行"，我们还需深一层次分析之。"骨气论"并不仅仅是说给贪贿的"个体户"听的——其实在腐败问题上，很少有真正"单干"的，腐败往往与腐化的政治生态相联系，常常是共损共荣的"窝案"，因此余远辉讲"骨气"，不外乎讲出了一种贪官的"道德"和"政治文化"，决不要浅看了他的荒诞呵！

(2015.7)

## 再也别闹笑话

这可是一条"正面报道"噢——某县城出了大事故,不但疑涉"责任",而且引发聚集。市委书记第一时间赶到现场,目睹此状,勃然大怒,当场拍板,撤了县长之职。这条新闻,到了第二天的报网之上,当然是正气凛然,无不赞扬书记的作风硬朗——狠煞不作为,"就是要有这种铁腕"!

但这种"铁腕",却不料悖背了我国的法律——还是宪法性法律呢!按照法律,地方行政机关首长的任免,必须经过同级人民代表大会的投票表决,这就是说,一个市委书记是不能就这样"当场拍板",撸掉一个县长的七品乌纱的呀!也许这位"硬朗"的书记"内定"惯了,"拍板"也拍溜了,所以忘记了还要有个法律程序,才能"摆到台上"来呢!至于我们的媒体,天天在呼喊"依法治国",怎么到了"第一现场",就不知道了"地方国家权力机关"才可以给一个县长戴上官帽或摘掉它呢!

这类新闻,究竟属于负面报道还是"正能量",我们不知道,但有一点可以肯定,那便是早非个例。数年之前,报网热炒"献血大王",说北方一颗善良之星,18年献血8万cc,救治了无数垂危之人,真是感动了中国啊!这几天,南方又出"献血大王",说11年献血达18万cc,真是"遍地英雄下夕烟"!然而也有细心之人,说一部《献血法》,规定两次采血间隔不少于6个月,每次采集血液量最多不超过400cc,这就是说,一个人每年献血应只能有两次,总量不超过800cc,18年献血8万cc,一年不是要4500cc吗?这是合法的"献血"吗?至于11年献了18万cc,要么采的血小板,如果是,也要说清楚,可不能就这样做出"11年献血18万"的重磅大标题啊——这样的事,不知血站是否向"英雄"告知过《献血法》,至少我们的媒体,激动之下,是不知道共和国还有献血的法律啊!

众多媒体的不讲法律,一个突出的倾向,是在"正面报道"中透出悖法的信息。已经有人质问,大力宣传读完小学就辍学的男孩,回家全力尽孝照顾病瘫在房的老母,媒体读过《义务教育法》吗?反复炒作七旬老汉十年来靠蹬三轮赚点微薄,全拿来资助失学孩童,媒体又知不知道有个《保护老年人权益法》呢?到处赞扬小学生坚持多年上街当"小交警",一部《青少年权益保护法》,又放在哪里呢?这类的"正能量",又给法治社会带来了多少"负效应"呢?

在我们工作的媒体中,曾有资深的报人以为"券商"与"上市公司"是一回事,也有善良的老总,想当然地断言加息必定是"利好消息",更有权重的编辑将前阵沸扬一时的××被移送审查起诉的消息,做成"××已被起诉"的偌大标题,他不知道公安机关的"移送检察院审查起诉"与检察院的"提起公诉",中间还有很长的路要走呢!至于"小辫子记者"分不清"法人与法定代表人",一个是企事业或团体,一个是活生生的自然人;闹不清"代理律师"与"辩护律师",一个是民事官司,一个是刑事诉讼;理不清"未成年人"与"幼女"并不是一回事,等等,就更是司空见惯了。

微信里头,仅一个婚姻法的新闻宣传,就被公众列出错误达50例之多,而且反复回荡,十年不改。看看这条微信,对我们的同人似乎不无好处,追求法治,新闻界呼声强烈,诟病违法,媒体拍砖最为积极,可不能"以己昏昏欲人昭昭"以至于不断闹笑话啊!中国已步入法治,公众的宪法与法律素养提高甚快,我们的媒体人,不管你出身哪个专业,都来读一点法律的ABC,行不?

(2015.7)

## "办公问题"也莫等闲看

官员"办公",要到办公室,这件 ABC 的小事,怎么竟成了大大的新闻——这两天,从新浪到网易,再从搜狐到凤凰,各大网站几乎众口一词,莫不在首页做出大标题,刊载了山西省委书记王儒林近日在全省大会上的一个"严令"。王书记拍了什么桌子呢?原来是"一些地方有的领导干部习惯在住地办公,不到办公室去",因此,"从今天开始,全省各级领导干部一律到办公室去办公"!

"办公"问题,这么严重,需要省委书记拍案而起?江湖之远,可能不知就里,而官场里头,至少是在"一些地方",倒真是有那么一点普遍意义。就拿这个在"住处"办公而言,不只是山西,便是在再北边的内蒙古,不是出过一个杨汉忠杨书记吗?因受贿 4000 万而落马的杨汉忠,当过三年兴安盟委书记,兴安城郊有一处警官培训中心,堪称奇山秀水,杨书记一言此处风光甚好,可用作我办公,就成了杨书记的"住处"。杨书记可真是在"住处"办公的哟,开个常委会,几十个人要远道赶来,批个文件,都要急切切送到这个"中枢"。杨书记不但自己"办公",还让老婆、孩子、弟弟、弟媳、妹妹、妹夫,乃至老婆的远亲等等,总共 10 多口人都住进这个"办公处",吃喝尽兴挥霍 200 多万,以"办公经费"一笔报销,而在这个"住处"其实是"杨公馆"里,竟有管理员、服务员、厨师、司机、保安共 12 名,为了要"办公",当然还要专配副秘书长和办公厅副主任各一名,外加男女秘书 5 名!

杨书记从不到办公室办公,他的"住处"如此奢靡,这般排场,当然把一个"办公问题"变成了腐败的案件。但平心而论,这样的"办公问题",并非只有杨汉忠一例——曾任湖南某市市委书记的马勇,也是基本不进办公室,却喜欢在茶楼里"办公"。知府大人占了"老板"的一层茶楼，在富丽堂皇又不失清雅的茶室中，不光是听琴品茗，更批文件、理市政、发"口谕"，在茶楼里听汇报，在雅室中考干部，一家茶楼竟成了该市的"政治中心"。至于曾任副省长的倪发科，怎么总也找不到，原来他并不在政府办公，你要找他，要在一个玩玉石的"会所"，如果你进得去，他必定端坐在里头，一逮一个准；而像原某市市委书记陈安众那样的官员，常年在五星级的大酒店"办公"，终日花天酒地莺歌燕舞，就更并非只是"极个别现象"了。当然还有喜爱在麻将台上"拍板"，习惯在豪饮酒席上"定局"，甚至"坦荡"到在三温池边批条子，就更是不上台面的"办公问题"了。

其实"办公问题"还有另一类，他也是到"办公室"办公，背后却有着似乎更大的"问题"——两年前，曾有媒体批评某县级市政府，大楼几乎摩天，人均令人咋舌，装修堂皇之极，他的经费从哪里来？当地人大批准了没有？结果闹到后来，终于出来了真相，没有什么经费超标或者来路不明的问题，这市政府的"办公大楼"，他没化一文，压根儿就是向一家私企整体"借来"的，也没说要付一分钱的租金。于是一个市政府，在"老板"修的"衙"里，一"办公"就是十年。县官们倒是天天在办公室里"办公"的，但是日日坐在"老板"送的"办公大楼"里，面对这个"企业"，这份"公权力"还能那么无私无畏，那么地"一碗水端平"么？

还是回到"办公问题"来，王儒林书记的拍案，并非小题大做。"一些领导干部习惯在住处办公"，恐怕并不只是因为懒，或贪图享乐，嫌"办公室"的软硬件没有"住处"好，他是追求一种权力与控制力的"感觉"呀——杨书记远居"住处"，从不在"办公室"坐班，却遥控着整个兴安政坛，成为当地真正的"老板"、"老头子"，而那些在会所、茶楼里办公的"一把手"，既使不现身"办公室"，你不也要围着他跑断腿吗？这种封建官场曾经有过的"规矩"与风气，在某些地方政治生态中的沉渣泛起，这类封建官宦中曾经流行过的"习惯"与嗜好，在"一些领导干部"身上的重演，我们还是不能小看呵！

一个ABC的"问题"，引起一位省委书记的拍案严令，一件看似的"小事"，激起众多媒体的热切关注，"办公问题"堪可折射某些地方的政治生态与从政环境，我们应当举一反三。

(2015.7)

## 一点也不好笑

在这炎热的酷暑里，这算不算一个解暑的"笑话"呢？江苏卫视的真人秀《真心英雄》上，葛天因为不知道鲁迅笔下的"发小"闰土，竟大声地呼喊"闺土"。事后，葛天不以为事，反而说道："大家看了笑笑，开心就好"……

葛天的"笑话"，其实一点也不好笑，"闺土"一出，网上网下也没有多大的抨击，可谓波澜不惊。什么原因呢？因为明星们的此类笑话，实在是太多了呀！

演艺界的"才女"，将《念奴娇》中的"羽扇纶巾"读成"伦巾"，娱乐界的新星，将"憧憬"反复说成"撞景"，已经司空见惯。一位大明星听写苏轼的《赤壁赋》，竟写出了"大江东去狼逃尽"这样的名句，而名闻南北的歌星，当着上海万体馆万目睽睽，大言不惭地"感谢陈变阳先生的精彩指挥"，这类的"笑话"，人们始时尚感滑稽，到了后来，因为屡见不鲜，竟也不再觉得有什么好笑啦！

明星的"笑话"，当然多由无知而酿成，比如久盛不衰的女歌星，在晚会上穿着印有BITCH的裙子招摇了一夜，她实在不知这个词在英文中就是"婊子"的意思啊，而声名鹊起的女影星，在公众场合身着白背心，背上写着HUSTLER的大字一路走过，她哪里知道这个词就是"妓女"呢！至于前几年赵薇穿着日本军旗走秀，网上一片骂声，斥其"卖国"，论其"汉奸"，这怕也是错怪了她呢，她真不知道这个图案的来历，不知道这面军旗竟是皇军的旗帜啊，这有如明星在"七七"上电视，听到"卢沟桥"三个字，便急切地问，卢沟桥在哪，今天出了什么事一样，她真是不知道呀！

当然有点好笑的是，明星的"笑话"往往还颇有"专业性"呢，比如周杰伦作客《鲁豫有约》，鲁豫拿一本雷锋的杂志给他瞧，周董不认识雷锋，只追问"他会不会唱歌"；又比如李玟听了《满江红》的歌曲，十分喜欢，便问"谁写的"？答曰"岳飞"，李玟一脸地诚恳，问索尼唱片的主管，"那我可不可以请岳飞帮我写歌"？她是一片诚心，只是不知岳飞早已是千年古人罢了。至于在音乐盛典的发布会上，因为王宝强自豪地说董存瑞也是俺河北人，我们主持界的才子吴宗宪竟一脸茫然，急问"董存瑞？是不是《士兵突击》中的那个团长？"就更是令人笑不出来了。

其实明星之中，便是颇有"文化"的明星，也会闹出令人笑不出来的笑话。"艺术人生"的那位主持人，算得有品位吧，但是采访毛新宇，因为毛岸青刚逝，便"首先向家父的去世表示哀悼"。他不知道称别人的"家父"应当为"令尊"，而"家父"恰恰是指自己的老爸呀，结果闹出个大笑话。当然还有著名的主持人，反复邀请朋友到自己的"府上"吃饭，这就把他家和别人的家搅成一锅粥啦。

有些明星"笑话"，自然也不是笑话了——如果说蔡依林将"三国"说成是"刘备、关羽、张飞"，尚可一笑的话，那么杨丞琳作客《我猜、我猜、我猜猜猜》，听说南京大屠杀死难同胞达40万时，竟脱口而出，"哇，才40万啊"，那样的"没心没肺"，就没有人可以笑得起来啦！

还是回到葛天说的"大家看了笑笑"而已这句话来，据说这正是某些文娱节目的"宗旨"，所以"闰土门"说不定还能使离婚落寞之后的葛天小小地火一把呢——可惜的是，公众对于明星的"笑话"已经麻木、已经"审丑疲劳"，长此以往，人们还笑得出来吗？

(2015.7)

## 从"砌墙新闻"说开去

小小一堵墙,这几天怎么成了大大的新闻——自太原铁路局局长与书记因为班子全部成员办公室超标而被双双免职后,据说铁路系统风声鹤唳,纷纷"改正"违规办公房,"谁也别在关键时刻给我捅娄子",于是一名干部因为办公室超标一平方米,连夜砌出一堵墙,以示合乎规定……

"连夜砌墙",引出网上铺天盖地的质问,有说"数字游戏"的,认为这一平方米,砌了又有何用,所以叫形式主义;也有说"伺机反弹"的,推测这堵墙一推就倒,"风头"过去,就会复又拆除。总之评论热火朝天,批评众说不同。

"砌墙新闻",我们不知就里,"新闻"只有十多个字,为什么引出轩然大波?因为这个"办公室问题",这一年来从未平息。据已有的报道,一曰"添兵减灶",在宽大超标房里放上几张办公桌,其实并无人进入,算是降下了"人均";二曰"一分为三",在领导的偌大办公房内也是"砌墙"、打"隔断",分割出"办公室"、"接待室"甚至"休息室"等等,还是他一人独用。至于至今还在超标数倍的豪华办公室里发号施令的,更不是个别——他不动,你也不能咋的,叫做"上有政策、下有对策",还是那句老话。

其实"下有对策"的,不只是一个"办公室问题"。便是公款吃喝这个"舌尖上的腐败",经过两年的整治,应该说"好多了",但期间还是有"顶风"的,比如豪华宾馆不去了,躲到乡间别墅拉上窗帘继续吃,又比如吃喝账不能一笔报销了,就开成"绿化工程"项目,如去年查出的山东交通系统那样,一百万的发票竟然飞过了海。现在据说又出来一招,那就是"不出去"了,"请进来",在自己的食堂吃"工作餐",还是豪华包房,还是四碗八盘,还是胡吃海喝,不过是将茅台五粮液灌进了矿泉水瓶子而已。因为食堂成了"主战场",

所以掌勺的不能再是老阿姨啦，要请五星级的大厨来操盘。据说有的地方，名厨师一时抢手，各个"食堂"都要配，抢也抢不到呢！你看"风头"之上，他尚且"流散转移"，更不要说他那"总有一天"的"预期"了。

近日有的省份，下文件撤销所有县级驻省会的办事处，但留了一个口子，说是特殊需要，可加入市级驻省办一起工作。于是有的县，摘了驻省办的牌，甚至退了租赁的办事处用房，准备摇身变成上级驻省办的一个科室。县驻省办是"撤销"了，"跑部钱进"的功能依然，"财礼疏通"的"预算"不变，江山仍旧，本"职"难改呵——例如这样的瞒天过海，即便是在"风头"上，又何止几个"办事处"呢？

还是回到"砌墙新闻"来，网友之间，有斥其形式主义的。这话有道理，形式主义本来就是"四风"之一，形式主义就是不动根本，只秀皮毛。真如网友所析，只要官僚主义的根子不动，那么"办公室问题"作为官场身份、特权和上下等级的象征的内核就会反复表现；只要奢靡之风不从根本上消除，那么变了法儿的各式吃喝，就会生生不息；只要权力过于集中，又成为寻租钓饵这种体制不彻底改革，"驻京办"也好，"驻省办"也罢，就永远只会"条顿剑在行动"。所以反"四风"切忌形式主义，说的就是要动体制改革这个根本。

中国的官僚主义，是个"超稳性结构"，这里既有体制弊端盘根错节的依托，又深植于千年文化尤其是那一套官场明潜规则软硬习惯的深土厚壤，你要动它一下，还很难。我们千万不要小看了反"四风"的艰难性和复杂性，则如"砌墙新闻"这样的并非怪事，又一次给我们敲响了"长期作战"的警钟——前几天，刚搬出超标办公室不久的十堰市人社局那位孙局长，不是以为"风头已过"，复又搬回了他那大房间吗？难怪网友叹息，映山红还在盛开，"胡汉三"已经急切地要回来啦！

(2015.8)

## 绝不再让"好人主义"风行一时

"好人"本来众心向往之，但"好人主义"却不是个好东西。这既是某些地方流行"为官不为"的重要风气来源，更是某些官场风行明潜规则的基本"哲学"基础。习近平同志多次强调"坚决反对党内生活中的自由主义、好人主义"，更把"治理好人主义等不良风气"，作为"整治党风建设中存在的突出问题"，警醒全党"十分注意"，就在近日网上热传的总书记"十句硬话"中，就有着他对"好人主义"的一语中的——"你在消极腐败现象面前当好人，在党和人民面前就当不成好人，二者不可兼得"……

"党内生活中的好人主义"，首先不是一般性地指干部队伍中的庸俗官风，而突出表现在一些领导干部的"执政风格"上。一是不讲原则、不敢批评。有的地方、有些单位，不正之风"风起云涌"，不良倾向早已不是"青萍之末"，但是那里的"一把手"，听而不闻、视而不见，听凭风气越刮越烈，他在那里"稳坐钓台"，要么睁眼闭眼，要么三缄其口，更不要说拍案而起、亮剑碰硬了。甚至到了班子中、队伍里发生了腐败现象，他仍然当"好人"、做"好官"，要么"以和为贵"，要么轻描淡写，甚至还有出来打"包票"的。在这些地方和单位，歪风邪气如入无人之境，甚至整个官场出现"塌方式"腐败，与"一把手"奉行"好人主义"，做"好好先生"，有着直接的因果关系。二是不敢担当、不负责任。深化改革进入了深水区，"剩下的都是硬骨头"，深也好，硬也罢，就是在动体制的同时要动"奶酪"。然而有些领导同志，不做改革的促进派实干家，却在新形势下奉行改革面前的"好人主义"，他们不碰体制一根毫毛，是因为体制改革要触动某些机构的"一亩三分地"，他们不打破权力和财产的固有分配格局，因为改革再前行一步就要引起利益关系的深刻调整，总之，他们决不冒"得罪人"的风险，决不愿背任何"骂名"，抱着一个宗旨，做一个维持现状的"太平官"，尤其当一个维护和固守既得利益的"好官"。

一些领导干部奉行"好人主义"，不但使一个地方、一个单位"批评与自我批评"荡然无存，而且上行下效，形成了庸俗的官风和林林总总的潜规则。比如说，班子内"一团和气"，出了事儿回避掩盖，重大决策你好、我好、大家说，宁可得罪事业，也不得罪同僚，宁可丧失原则，也不伤害感情；又比如说，同志间"低头不见抬头见"，面子至上、友情第一，明知不对、少说为佳，事不关己、皆作壁观，大家都做"顺水人情"，人人争当"好好先生"；再比如说，上下级讲究"和谐"，下级有问题，"上面"包着、护着，大事化小、小事化了，而下级则对"老板"随声附合、奉承捧场，等等。反过来，在"好人主义"成为"流行病"的地方，你要敢于批评，敢于表达不同意见，敢于唱"红脸"、当"出头鸟"，就会"不见容于众"，被视为"异端"、划作"另类"，甚至被孤立、被边缘化，不但走投无路，还将无立足之地。

"好人主义"并不是什么真"好人"。"多栽花"，不是为了"少惹刺"吗，"与人方便"不是终究为了"自己方便"吗，八面玲珑、当面讨好的"好人"，往往心中有着一把算盘，一肚子精于计算的"小九九"，满心思的个人进退毁誉得失。比如说追求"群众关系好"的"美誉"，这可不是平常的所谓"官声"啊，到了考核呀测评呀甚至选举呀，"好人"往往得票多、争议少、"大家没什么意见"，这可是"好官"青云直上的一个台阶呀！又比如说某些上级考"官"，讲的是"稳重、稳健、稳妥"，而"好人"们治下，往往班子"没矛盾"，下属"没意见"，群众也摆得平，加之他从不介入复杂矛盾，更不动体制皮毛与格局现状，没有风险，也不存在"试错"，于是成为"上面"放心重用托付守土的"好官"，纵然"无为"，但也没有"麻烦"，不出"乱子"不捅"娄子"，于是前途似锦、扶摇直上，成为干部队伍中吏治里头的普遍"示范"，"教育"了更多的官员，使他们顿悟"上"与"下"的"秘诀"。

"好人主义"其实是千年封建留下的"官场文化"，在封建官僚体制下，"同朝为官"，在对专制王权的一致依附中结成利益共同体，同进退共荣辱，"一团和气"成为做官的座右铭，圆通、圆熟、圆滑成为八面通达的通行证，明哲保身和务求中庸成为仕途的不二法门。这种官场的"腐化剂"与"麻醉剂"流传至今，比如"好人主义"对上峰奴颜吹拍，横向间一团和气，对下属包庇纵容，又比如不做"出头椽子"，不悖官场"规矩"，不动别人半根毫毛，再比如"不说话"、"说好话"、"好说话"的为官秘诀等等，其实都成为"好人"们因为"八面玲珑"所以"四处讨好"的江湖秘籍与官场宝典。

　　现在要干部能上能下，能者上、平者让、庸者下，庸官里头，就应当包括信奉庸俗哲学的那些"好人主义"者，一方面再也不能让"好人"吃得开、得好处，以免形成更大的"导向"，一方面对造成重大损失的"好官"，不能让他们继续做"太平官"，要抓几个"下"的典型——曾任衡阳市委书记的童名谦，这个"洁身自好"的"好人"，这个"谁也不得罪"的"好官"，不是因为"无为而治"而玩忽职守，已经被判了五年徒刑吗？

（2015.8）

## 一碗炸酱面与一盘涮羊肉

一碗炸酱面和一盘涮羊肉，说的显然不是舌尖上的事儿，这是官员与"老板"交往的一段佳话，政商关系的一个典型细节——政商关系，说到今天，不仅是市场经济下一个"两难之题"，而且是反腐斗争中凸显出来的一个突出问题，错综复杂，众说纷纭，所以必须要有一点辩证法，这就是总书记的两句话、"两面讲"。

官商不能"背对背"，这是第一句话。官员对于"老板"，不能整天板着脸，更不能拒人千里。道理很明白，企业是市场经济的基本细胞，企业家是中国特色社会主义的建设者，在严峻下行的经济形势下，他们更是稳增长、促就业尤其是创新创业的主力军，所以要关爱企业家，扶持企业家，要像俞正声同志主政上海时大声疾呼的那样，"敢于与企业家交朋友"，排企业之忧，解"老板"之愁。现在有着被一种倾向掩盖着的另一种倾向，相当一些官员，为了避免"瓜田李下"，不正确地汲取了某些教训，宁可远离企业，也不搭界沾边，宁可横眉冷对，也不敢再交朋友，甚至为了避嫌，走上了对企业"拒、卡、压、推"的另一个极端，政商关系出现新的扭曲，这就值得注意。

官商不能"勾肩搭背"，这是另一句话。对于某些领导干部来说，这句话也许更重要。在某些地方，官商之间，为什么近似"兄弟"亲如"哥们"，恐怕不只是"交富朋友"的"感情"使然，而有着千丝万缕的利益关系。从近两年反腐斗争实践来看，这种政商关系的异化，成为我们这个最大发展中国家产生腐败的一大特色。刘志军靠商人丁书苗出巨资买官捞人，刘铁男案中有行巨贿的倪日涛倪老板，仇和这个干员能吏甚至成了地产商刘卫高的马仔，李春城身边更布满无处不在的"灰顶商人"，季建业从吴县、昆山到扬州、南京，每迁一处，身边便簇拥一群"老板"，为他"保驾护航"，靠他"赚钱发财"。不少官员的落马，都有着"老板"的身形，而那些不法商人的案发，"上面"多牵出官员的后台，几乎成为一条规律。

官商之间的"勾肩搭背"，在某些地方，还不止是金钱的输送往来。一是某些官场的团团伙伙，已经有"老板"们深度加盟，形成政商合流的帮派。"西山会"除了山西籍某一层面的高官方可加入外，这个"高门槛"的宗派，不是就有"晋商"的入伙，由她买单，当"金主"吗？二是某些"老板"，已不甘于"红顶商人"，而深度干政，当起了政界的"后台老板"。三晋最大的煤老板张新明，不是被称为"太原第二组织部长"吗？不但有权"提名"官员的升迁，而且有势"摇头"否决政界的人事决定。金钱有力掌控某些地方的官场政坛，开始主导政商关系，显然已不只是"商品交换关系侵入"那么简单、那样轻描淡写啦！

还是回到第一句话来。拨乱反正、正本清源之后，还是要"敢于与企业家交朋友"——其实俞正声同志当年所讲，在"敢于"同时，更有一个"善于"的问题。官商要大胆交朋友，但"君子之交"要"淡如水"，官商交往要有"道"，企业的困难，你要去帮，企业家的忧患，你要去体贴关心，但"老板"的高尔夫，你不要去打，他的出国游，你不要加入，他的卡，你也不要笑纳，尤其是他的豪宴——"相当于我一个月工资的一顿饭"，你可不要去吃。到了点一定要吃个饭，怎么办呢？那就请看本文的标题，这就是习近平同志与老板"吃饭"的"食谱"——台商宣建生回忆说，习近平任台商云集的福州市委书记时，"我们之间的关系也不需要勾肩搭背。他来我们这吃什么？炸酱面。我去福州，他请我吃涮羊肉"。这一碗炸酱面与一盘涮羊肉，恐怕可以形象地说明"君子之交"的清淡清澈，既不是"背对背"的冷漠，也不是"勾肩搭背"式的过火——我们不是很喜欢仿效总书记吃什么吗，从北京的庆丰包子到陕北的biabia面？那就不妨先来学学他与"老板"交往时的这一碗炸酱面和这一盘涮羊肉吧——可别小看了这一碗面与一盘羊肉啊，这可是健康政商关系的生动写照呢，或许有助于我们举一反三、以小见大，读懂一碗面背后的"政治学"，从而逐步解开道不清理还乱的那个"结"！

(2015.8)

## 不只是笑料

数月前的"已晚谭",曾写过《贿赂也"奇葩"》,说的是行贿的"上家",如何变着法儿给官员送钱,又创造了多少千奇百怪的方式。但无论怎样说来,行贿者的"戏法"毕竟有些无奈,而索贿人的招数,才是更为不要脸面的"奇葩"呵。

广东惠南县委常委,又兼着统战部长的黄祝南,以受贿罪被判了12年。黄部长怎样收钱呢?原来打的是"孝子牌",说老母患了癌症需要买进口药,向一家公司开口索要16万美金。黄部长把大把美金装进了自己口袋,因为经查,"从收款到其母病逝几个月内无实质性买药行为",原来老母生病,只是索贿的一张"王牌"而已。如果说黄部长打的是"悲情牌",那么深圳宝安区龙华工商所长黄启周则是要"锦上添花",他的太太爱唱歌,于是黄所长看出了"商机",常打着"给老婆出CD"的幌子,向私企要"赞助",竟收了101万。"老板"们也没办法,"考虑到他是工商所长,以后很多事还要有求于他",只好掏腰包给黄太太"出CD"。

已众所周知的是,原铁道部运输局长张曙光受贿额中,有1600万是声称他要"参评中科院院士"而敛聚的,这固然至今仍是个悬案,张曙光的1600万"活动费"送了没有,又送给了谁,尽管舆论一度追问,但终于没有下文,然而不管怎么说,张局长要"上进",总算还是一件"雅事",而广东增城市人大副主任邱伙胜的"含泪索贿"就怎么也摆不上台面了——邱副主任多次"泪流满面"地对下属说,情妇勒索他,如果没有钱就会家破人亡,于是人家只好掏钱。邱副主任靠"含泪"共索要贿赂高达105万,其中98万真的给了情妇,算是"摆平"了后院的风波。

当然真正的"奇葩",莫过于这几天爆出的河南周口市政法委朱家臣书记的"以诗索贿"——每逢年节,朱书记都要发短信,给一些基层干部"赋诗一首","提醒"一下,如无反应,便再赋一首,直到人家主动上门来"看"他。每逢干部调整,朱家臣的诗更赋得紧,或"表扬",或告知"我可以帮你说话",无非是要对方"来一下"。

"来"干什么呢?朱书记必塞你一叠发票,要你去报销了,"有一年,单位调整干部,他给我发短信诗,说我干得不错,让我见见他。一见面,他就给我两万多的发票让帮助处理一下。我也知道他起不了多大作用,但担心成不了事坏你事,只好自己掏腰包给他垫出来",这是周口政法系统一名干部叹的"苦经"——朱书记酷爱报销发票,先后向近百人塞过"发票",少则一两万,多者十几万,少的"报销"一两次,多的五六次。人们用"票不离手"形容朱家臣,下基层检查递发票,吃饭给客人塞发票,连逛商店也不忘要张空白发票,所以人们避之不及,生怕被塞发票。他上班第一件事就是填写发票,装好信封,写清数额,列上名单,谁把"报销"钱给他,他就在谁的名字下打个"勾",而你不给他"报销",那就走着瞧,朱家臣下县里检查工作,照例给县委书记"派"发票,结果被婉拒了,从此朱书记就给他"穿小鞋",大会小会,逮着机会就批,硬是把这个县评为"落后单位"。朱家臣的发票哪里来?一是虚开多开,二是填空白发票,三是买假发票。别看不上台面,朱家臣仅几年的"报销"发票,就"攒"了400多万和18年的刑期呢!

索贿的"奇葩",自然不需要多加评论,但如若我们只把它当成官场的笑料茶余的谈资,而忽视了反腐斗争的严峻性,就会终于笑不起来的哦。

(2015.9)

## 警惕和识别"AB面"现象

习近平总书记给领导干部的十二字座右铭,第一句话就是"对党忠诚"。这不但是对党员干部的首要要求,而且是对党内"两面人"现象的尖锐批评——正如刘云山同志指出,一些党员干部包括领导干部失德现象严重,台上道貌岸然,台下乌烟瘴气,戴着假面具,成为"双面人",在群众中造成恶劣影响。"两面人"现象,必须引起我们高度警觉和清晰识别。

"两面人"现象,最激起公众愤慨的莫过于贪官的"反腐壮语"。比如近日落马的贪官周本顺,仅仅是今年上半年,就以"贪腐绝不能有第一次"的警句尤其是那句"全家腐必然是全家哭"的名言而豪壮一时,事实证明,周本顺正是一个"全家腐"的典型。还有一个以"高调反腐"著称的原遵义市委书记廖少华,把监狱变成干部廉政教育的基地,让官员呆半天囹圄、吃一顿牢饭,就是他的发明,结果呢?廖少华正是最应该进监牢的那个人。从万庆良到季建业,从李春城到王敏,无不是台上张口"廉洁清正",台下日夜横纳暴敛,这种"两面人"的暴露,极大地扭曲了整个干部队伍的道德形象,甚至有可能动摇公众对于执政团队的基本信任,其害莫大焉。

除了这一类"假清官真贪吏"之外,我们必须警惕和识别另一种政治上的"两面人"。比如口头高喊与习近平同志为总书记的党中央保持政治上、思想上和行动上的"高度一致",背地里却阳奉阴违、自行其是、另搞一套,甚至说还要"看一看","看"什么呢?只有他自己知道。又比如口头上讲"三个自信",而对于某些奇谈怪论,却从不肯"亮剑"碰硬,其中有些人是过于爱惜一己羽毛,要当"太平绅士",也有的却是私底下认为它"有学问"、"有道理",甚至觉得"开眼界",他在思想理论上有一套自己的"小九九",怎么可能"对党忠诚"呢？再比如有的天天说与党"同心同德"，但是船儿仅仅遇上了风浪，他就要做"甲板上的老鼠"准备逃逸了，老婆孩子包括财产都送出去了，甚至自己的身份也早已悄悄地变了，这种"身在曹营心在汉"的"两面人"，你怎么指望他"同舟共济"？更要注意的是面对当前的反腐邪风，有的人台上讲坚决拥护，讲"高压"对于"不敢"的必要性，暗地里却抱怨"官不聊生"，散布"过头论"，甚至"运动论"，还有等着"看好戏"的呢！这类政治上的"两面人"，对党的统一和团结的危害，其实不下于"假廉真贪"的那种墨吏，值得引起更大警觉。

党内的"两面人"现象，是某些地方、某些层面政治生态恶化的一个突出表现，有识之士，最近罗列"两面人"的"AB面"，表面信仰马列，背后迷恋"大师"；表面清廉俭朴，背后享乐奢靡；表面扶持发展，背后官商勾结；表面一心为公，背后"一家两制"；表面是人民公仆，背后脚踏两头船；表面循规蹈矩，背后我行我素；表面任人唯贤，背后用人为线；表面五湖四海，背后拉帮结派。"两面人"的"AB面"，还不止这八条，在有的地方，成为官场的风气，形成为人的"楷模"，甚至变为"潜规则"，哪里还有"对党对老百姓忠诚老实"可言？

对于这些地方"两面人"的风行，我们应洞察其制度层面和文化深层的原因。比如有的地方仍然实行"一言堂"，官员的任免升迁，由一把手说了算，"两面人"的阿谀奉承、拍马抬轿，往往成为"门生"、心腹、"自己人"的青云之道，加之"两面人"常常八面玲珑，四处讨好，也会成为得票高，"群众关系好"的"好官"，而踏实干事、耿直如一的干部，就因为一无"上头"二无"人缘"，被晒在一边，甚至难以立足。又比如"两面人"其实是封建官场文化的"常态"，旧时的官僚，以毛泽东同志痛斥过的李林甫式的"口蜜腹剑"为做官的秘籍，"见人只说三分话，未可全抛一片心"，阳奉阴违、两面三刀，说他是"AB面"，"分裂人格"，其实暗的B面才是他的本心、本相和本来的"人格"呢！

"AB面"现象要识别，"两面人"现象更要警惕。只有提高到政治生态和以政环境的高度，看清它的文化劣根性，从政治上、体制上予以防止和解决，才能让党内的这种怪胎逐渐失去市场和土壤，真正让"对党忠诚"四个大字成为做官从政的座右铭！

(2015.9)

## 不要放过这只"米粉箱"

邝光华这个名字,这几天在报网之上忽成热词,这位原江西省安远县委书记,因为落马时的一个"细节"而引出舆论哗然评家蜂起——邝光华"进去"时,检查其随身物品,发现身上求神避邪的符、钱竟然有六七样之多!于是"不信马列信鬼神"的批斥便蜂拥而至,邝书记凡事要问风水先生的奇事也被披露出来,成为官员"丧失信仰"的一只"麻雀"。

这当然很有意义,但细读邝案全貌,邝光华之所以成为一只"麻雀",更有深意的,却是"求神符"外的那一只"米粉箱"。

邝书记的"进去",并不是因为他的信神,而是因为他受贿639万元,其中仅一名民企老板谢祚珍就给了他370万。谢老板怎样给邝书记几百万巨款?通过一只"米粉箱"——大年夜那天,谢老板要司机搬一个20公斤装的米粉箱放到邝光华汽车的后备箱里,邝光华回家打开米粉箱,里面是百元大钞,共100迭,计100万。这前后,谢老板又以送米粉、豆干等土特产为名,共向邝光华行贿6次,其中3次单笔金额均为百万元,均以"米粉箱"的"惯用方式"送上。

谢老板的"米粉",并没有白给,邝光华收了300余万,心知肚明,"竭尽全力予以关照"。谢老板为使自己开发的"财富苑"小区升值,希望时任邝县长更改规划,将县里新修的湘南三路贯穿该小区延伸至国道,邝县长亲自主持会议,完全按照谢老板的要求,作出调整规划的决定。这一"调整","财富苑"楼盘的容积率、建筑密度随之变化,共增加1500平方米店面,小区住宅和店面大大升值——这当然不是几个"米粉箱"里300万现金的价值啰!

邝书记对"企业家"真好!好到不是一般的"扶植"、"支持"啦,依他自己的话,叫做一是"设身置地"为老板想,二是"量身定做"为老板谋工程,所以邝书记的"政商关系"可以说是天下最"好"、最密切的,似乎还招人羡慕教人可以仿效呢!然而这种"关系"的实质都是官商勾结、权钱交易。邝书记与谢老板,已经不是"勾肩搭背、不分彼此"而已,邝光华收了谢老板的"米粉箱",于是以县太爷的权势,连规划都为谢老板"量身定做"。谢老板行贿300万,邝书记或邝县长便以手中公共权力为他谋利,以一县的公共资源为他所用,这恐怕就是这对"政商关系"的实质。

"米粉箱里的300万",邝光华这只"麻雀"告诉我们,政商关系的变异,在某些地方,早已不是打打老板的高尔夫,吃吃他的豪宴那样的低层次了,而是"老板"以钱买通官员,"书记"则以权进行"回报",那样一种交易。在季建业案、李春城案乃至刘志军案中,这种权钱交换的"政商关系"比比皆是,只是邝光华的那几只"米粉箱"更为"生动形象"、更为活灵活现而已。

再说一遍,政商关系既不能"背靠背"又不能"勾肩搭背"。官员要敢于善于同企业家交朋友,甚至为"老板""设身置地"地想一想,但必须守住一条底线,那就是"君子之交"要"淡如水",尤其不能有"利尚往来"、利益输送。不要说老板的"米粉箱"你不能收,就是他区区几张充值卡也不能去"笑纳",收了,你就要给他"办事",就不得不给他"调整规划",你手中的公共权力就要变质,公共资源就要"配置"给他——近日山西省委大讲特讲政商关系,省委书记王儒林再三强调,官商之间,"有交集不能有交换,有交往不能有交易",值得我们自戒——邝光华与"老板"的"交集、交往",结果变成了"交换"与"交易",他可是以人民赋予的公权与"老板"的私利在"交易"啊,所以说邝光华作为一只新近出来的"麻雀",他"五脏俱全"的"标本意义",固然在于身上的六七件符钱,但是更在于那几只"米粉箱",值得深入解剖一番!

(2015.9)

## 一把手要警惕被"围猎"

反腐风暴之下,落马的官员之中,多有"一把手"。有一条规律值得注意,那就是这些"一把手",原来又多是"好同志",是怎样一步步变为"阶下囚"的?有的是被体制内身边人、下属、同僚拉下水,有的则是为体制外不法商贾所俘虏被"拿下",总之成了被"围猎"的对象。对于这个"围猎"现象,习近平同志在今年初就严肃地予以指出,一把手"手中掌握着很大权力,各种诱惑、算计都冲着你来,各种讨好、捧杀都对着你去,往往会成为'围猎'的对象"。一把手要警惕被"围猎",成为从严治党中一个突出的命题。

一把手为什么"往往会成为'围猎'的对象"?因为权力大。有的地方的党委与政府,并不实行民主集中制,而形成事实上的个人集权。有的一把手,成为"一言堂",有的"班长",其实成为"家长"。比如官员的任免,看上去似乎有组织部门考察,更有常委会"集体研究",事实上呢?乌纱帽掌握在一把手手里,由他一言乾坤、一人定夺。又如项目的拍板、资金的决断、土地的予夺等等,好像有部门的调研筹划,有班子的研究过堂,其实往往也由一把手说了算,更不要说一把手一个电话、一张字条甚至一个眼色的"影响力"了。于是有的属吏跑官买官,他是只拜一把手的门,"求别人没用";于是有的"老板"弄项目,他的"利益输送",只送给一把手的老婆儿子,"我只搞定'老大'",成为有些"企业家"的炫耀,也成为他的"直通车"。总之,内外的"围猎",都是冲着权力而来,尤其是一把手"手中掌握着很大权力",这种权力又往往过大、过于集中,正是他成为主要的"围猎"对象的体制原因。

那么一把手为什么有时又容易被"围猎"?因为权力缺少制约。在不少地方、不少层面,要监督一把手是很难做到的。同级纪委,能检查一把手吗?班子的成员,能制约书记吗?说起来不易,做起来更难。有些班子里外,还形成了普遍的"好人主义",不但是互相之间你好我好,更主要的是唯一把手马首是瞻,凡事由"老大"定夺,一切听一把手的,更何论"咬耳朵扯袖子",更不要说脸红耳赤的批评与自我批评了,致使有的一把手无所顾忌,为所欲为。对一把手的权力制约严重缺失,其实是一把手容易被"围猎"容易"落水"的生态原因。

一把手要防止被"围猎",除了政治体制的改革、政治生态的优化以及党内政治生活的健康化以外,一把手自身要有高度的警惕,这就是习近平同志在说到"围猎"问题时讲的"心中有戒"。一把手要有清醒的头脑,要看清楚、想透彻,那些"围"着你抬轿拍马、"围"着你输送利益的人,并不是冲着你的"魅力"、你的高明而来,他们真正要"围猎"的,是人民交到你手中的那份权力,其实就是要染指公权力、分享公共资源,只有看透看穿了这一条,才不会被"围猎",才不会引起权力的蜕变。一把手还要有清晰的慧眼,看得清"围猎"者的奸臣小人的本相,不要以为"走得近"才是好下属,不要以为"打成一片"才是好老板,他们当中,往往隐蔽着居心叵测的"围猎"者。所以识人要准、交友要慎,要信用"直臣"交心"诤友",尤其要警惕习近平同志指出的各种"诱惑"与"算计",他们"冲着你来",最后是要让你做"阶下囚"去那个地方的啊。一把手的"感觉"还不能太好。正如总书记指出,一把手在位子上,各种讨好、捧杀都对着你来,有的一把手看不懂这种人身依附的实质和那种"众星拱月"的危险性,于是自我得意、忘乎所以,以至于飞扬跋扈,在一片奉承声中,对一己的执政能力、人格魅力、道德形象作出完全失真的自我评价,殊不知这种"捧杀"正是"围猎"的一种方式,结果头脑发热,昏庸无度,从"高处"重重摔下,成为别人的"猎物"。

我们不是处在桃花源中,而是在一个五光十色的开放环境中执政,尤其是在一个政治生态与从政环境并不那么健全健康的状态下做一个"好同志"、好官,警惕和防止被"围猎",是总书记给包括所有一把手在内的整个"官场"敲响的警钟,我们决不能当成耳边风!

(2015.10)

## 一点杞忧

屠教授的获诺奖，网上线下，已是热火朝天。这也难怪，被"诺奖焦虑"缠绕了几十年的国人，多么需要一次又一次的"零的突破"？但这恐怕还只能算是第一波热潮——再过两三个礼拜，诺奖就要颁发。屠教授的腰腿好些了吗？她会不会亲赴斯德哥尔摩去拿奖？不管她去不去，屠教授把相当于北京"半个客厅"的几十万美金拿来之后，估计会有第二波的热火朝天，真如数年之前莫言拿了奖回来一样。

说到莫言，人们或许不会轻忘，莫言回来之后，"莫言热"立即在神州大地掀起，初始尚称过热，随即走向荒诞。那一回莫言火了，没有火了中国文学，却火了"莫言醉"的烧酒，火了当地早已不种了的"万亩红高粱"，火了高密街上的火烧、饺子和山药，更火了莫言"旧居"的五间土房——不但管家的叔伯侄子，因为游人如潮，已经"无法生活"，就连小院中那一片葱郁的胡萝卜，其实还是一畦秧苗，就已经被南来北往的"朝圣者"拔个精光，说是要带回家"供起来"。至于半世纪前莫言哇哇落地时，"相传"屋顶上飘来的一朵祥云，以及莫言先祖及故地的风水，已经一个"周易研究会"周密考出，属于"好得不得了"的宝地等等，也已在坊间流传。

于是想到了这次的屠教授。屠教授获奖当天，她在宁波的祖屋，已经第一时间被拍照上网，屠家的"旧居"，会不会因为游人蜂拥而同样被挤破门槛？可怜天下父母，会不会又带着儿孙"高中"的祈愿，去那里磕头、烧香、扔钱币？屠家那一方的"故土"，要不要开发，要不要形成"一日游"？屠奶奶幼时上过的小学，坐过的板凳，连同她或许站过的"壁角"等等，要不要重新陈列出来、圈护起来？至于"青蒿酒"要不要连夜酿制，会不会一举畅销，似乎要成为不成问题的问题啦!

　　这也许是一点杞忧。但也许不是。你看,屠教授还没去领奖,她多年前散失的书信,不是已经拍出天价吗——最贵的拍了41500元,再便宜的也卖了31025元,屠奶奶的一张纸片,现在也值4000大洋啦。当然网上还卖屠教授的"亲笔题词",一共八个字,叫价4000元,经屠家声明,才知道原来是假的,连个"屠"字都写错啦,但还是在叫卖呢!

　　宁波的旧居,似乎还来不及开发,但远在广东的罗浮,却已经动手了——罗浮山将抓住屠呦呦获诺奖这一"商机",投建万亩5A级"青蒿观光园"。罗浮与屠教授有半毛钱关系吗?原来"据传",当年屠教授的试验陷入失败,忽然翻到了东晋葛洪所著《肘后备急方》中的一页,上有"青蒿一握,以水二升渍,绞取汁,尽服之"一行大字,于是得到灵感,"终获大胜"!葛洪不是曾在俺罗浮山中修道吗?所以不算风马牛吧!于是摩拳擦掌,决定"联手开发"啦!

　　屠奶奶在旧居上网的第一时间,就急告宁波乡亲"不要宣传",可见屠教授也有一点担忧,一点先见之明——此次屠教授获奖,国人更多的应当是冷静、是反思。比如屠呦呦作为"三无教授"获奖,是不是击中了我们院士制度的"七寸"?又比如中国企业为什么在青蒿素中只获喝彩几无盈利,连个专利也没有?再比如"宁可中国不获奖,也不能让她一人出头"的"举报信",又到底是一种何等样的国民根性和"文化心态"?等等,如果我们不冷静下来思考,而再一次陷入全民性的热炒和近乎荒诞的狂欢,那就真不是"一点杞忧"啦!

(2015.10)

## "要做政治的明白人"

"要做政治的明白人",是习近平同志不久前对县委书记提出的"第一要求",没有这第一条,就谈不上做发展的开路人、群众的贴心人和班子的带头人这其余几条。这不仅是对县委书记们而言,也是对所有领导干部的"第一要求",不仅是我们党多年来的一贯要求,而且有着强烈的现实针对性。

"做政治的明白人",首先是"头脑要清醒"。我们早已不是在铁板一块的态势下执政,多元化、多样化、多变化和多选择性已经成为常态,在纷纭复杂的思想文化形势面前,领导干部必须做"明白人",绝不能当鼻塞耳聋的"糊涂官"、随波逐流的"跟风者"。政治上要"明白",一要有鉴别力,要看得清理论的正邪、舆情的明暗、"民意"的真伪,要看得懂那些"醉翁之意"和"项庄剑指"的实质,对于精华与糟粕、表象与本质、动态与走向,尤其是被一个倾向掩盖的另一个倾向,要有基本的辨别力。二要有敏锐性,月晕而风,础润而雨,要能够睿智地预见起于青萍之末的各种风向,要能够有远见地判断"多米诺骨牌"的最终指向。领导干部尤其是一把手,还是要讲政治,决不能成为政治上的庸人与外行,看一个领导干部是否合格,第一条还是要看他政治上明白不明白。

"做政治的明白人",当前一个重要问题,就是"规矩要严明"。党是工人阶级先锋队,不是松散的同人派对,更不是什么"江湖"。政治规矩,是党内生活的准则和铁律,也是政治生态的突出核心。领导干部对于一地一单位政治规矩的现状和走向,要有火眼金睛,要有治理铁腕。如果一个地方宗派横行、山头林立,团团伙伙潜伏公行,而领导干部浑然不觉,听之任之,还在那里高唱"团结歌",那就是最大的糊涂官;如果一个单位跑官卖官已经渐成歪风,而一把手都视而不见,或听而不闻,那怎么叫"明白人"?至于政商关系扭曲,官员同"老板"勾肩搭背、"互通有无",已经形成风气,而做领导的仍然闭眼塞听,认为"很正常、很健康、很有利于发展"啊,这就更是昏官一个啦。总之,政治上"明白",不是空话一句,也不是"高射炮"、"远程炮",领导干部要在政治规矩上做看得清、管得住的"明白人",是一个普通而现实的命题。

"做政治的明白人",还要求领导干部的眼光要锐利,尤其要有一双识人的慧眼。领导干部既要有人情味更要讲原则性,既要善于团结各种人又要学会分辨鉴别。执政者手中有权力,因此"围"着你的人会不少,既有真诚为了工作的人,也有"围猎"者,以讨好而行"捧杀"。因此身居权位,观世尤其要透,识人尤其要准,要分得清直臣与小人,要听得懂各种"进言",要看得破世事的纷纭与复杂,才能做一个心知肚明的"明白人",做一个明辨真假的"明君"。领导干部的"明白",也不是天生的,甚至不是靠一己的智慧就能不糊涂的,因此领导干部一方面交友要慎,一方面要多交"净友",那些敢于直言真实情况的人,敢于"直议庭争"、当面提出不同意见甚至发表批评的同志,恐怕才是真正的朋友,真正能使领导干部因为"兼听"而变得"明白"的"君子"。

领导干部"要做政治的明白人",不是因为他特别聪明、特别灵敏,前提是他有比较坚定的理想信念。领导干部要忠于党的信仰,忠于党的宗旨和党的最高纲领与最低纲领,这才是政治上的大"明白",是做一个"明白人"尤其是"明白官"的基础。比如说如果没有理想信念的坚定,一点"自信"也没有,那么不要说面对林林总总的奇谈怪论会毫无警觉,就是看懂了,也会因为过于爱惜他自己的羽毛,而争当"太平绅士",不说话、不发声,更何论"亮剑"呢?又比如说如果对党的宗旨没有忠诚度,就会把"人民公仆"混同于一个牟利的"职业",就不可能把当官与发财不可兼得的规则看透彻、想明白,就会在金钱和诱惑面前犯"糊涂"、贪小利、越雷池,不但管不好自己,往往还会与那些违反政治规矩的团伙、那些"利益输送"的小人"打成一片",以至于"进去"了,才追悔自己"真是好糊涂"——他的"糊涂"、不明白,说到底,就是在总书记论"明白人"时说的世界观这个"总开关"上哦!

(2015.10)

## "既有人情味、又按原则办"

近日,一个关于官员"朋友圈"的民调于网上热传,官员的人际关系这个似乎的老生常谈,又引来新一轮万千议论。我们的官员,以凡胎肉体之身,处于纷纭的"世俗人间",他怎样处理好复杂的"人际关系"——"既有人情味,又按原则办",习近平同志对县委书记们讲的这两句话,应当成为座右铭。

官员也食五谷,也有七情六欲,作为个人,也有私密空间,作为社会的人,他既有长辈、妻儿、亲戚,又有或公或私的老朋友、老同事,还有一路走来的老上级、老下属等等。"好官"同时也应是个"好爸爸"、"好丈夫"以及"好朋友",应当有一己的亲孝之情和友善之谊。谁也没有理由要求当了官就"六亲不认",谁也不能要求掌了权就"薄情寡义"。但是必须明白的是,"在处理人际关系和人情问题上",一,"领导干部既要真诚待人、乐于助人,不搞'人一阔脸就变'那一套";二,"更要讲党性、讲原则,坚持按党纪国法、政策制度办事,不搞'关系学'那一套"。总书记讲的这两条,说到底,就是不能以原则与人情作交换,不能用公权来还"私情"。这是一条界限。

当前一些官员在处理人际关系问题上,主要的倾向不是太不讲"人情味",不是太"无情",而是"人情"发生了异化,既变成了"关系",正如总书记严肃指出的那样,"哥们义气代替了同志友谊,上下级关系成了人身依附关系,干部为人情和关系所累,党性原则日益淡薄"。在某些官员身上,儿女私情和夫妻感情,演变成利用权力和影响力牟取不法暴利的纽带,亲属关系和好友之谊,蜕变成瓜分公共资源的砝码,而同僚同事上下级的交集,又变为官帽私授的"自己人"关系。一些"人情中人"利益输送、攀附权势,所求所指,早已不是什么孩子的上学、老人的就医、户口的搞定这样的"小儿科",而是直指土地、项目、资金、批文、政策等等公共资源、"大宗交易",或是明白冲着官位要津、封邑肥缺而来。在已经落马的不少高官显爵的罪状中,我们太多地见到了被"人情"而异化的"关系"拉下水的案例,这一方面揭示了所谓"人情"吞噬公权力的规律,另一方面更印证了习近平总书记所警告的"领导干部一旦掉进关系网、人情陷阱而不能自拔,就很容易出问题"!

现在还有一个倾向值得注意,这就是在"人情"的掩盖下,"关系网"演变成帮派势力。有的地方搞宗派团团伙伙,拉山头自成一系,已经不是声气相通而已的"松散联盟",而走向了圈子的固化、组织化以及跨界式。你看那个"西山会",如果说它还仅是什么级别的山西官员才能参加,同时还只有一个"老板"来客串买单的话,那么近日揭露出来的"山西汾酒会",就不但是山西籍,而且还要运城帮才行,同时它根本就是一个由"企业家"拉出来的山头,竟然有40来名官员加入。这个政商一体的帮会,表面上看是以"乡谊"为纽带,实际上在"人情"的背后,就是一个刚性的地下组织,一个"党内有党"的怪胎,可见那种所谓的"人情"发展到极致,往往就是一种官商勾结的团伙。

再说一遍,官员要有人情味,但更要讲清楚,共产党人讲"人情",讲的是大"人情",是对人民的大爱;施的是大"仁政",是争取人民群众整体的、根本的、长远的利益,而不能仅仅是"言不及义、好行小惠"。延安时期,有一名女战士因为失恋而过黄河赴前线,毛泽东同志给她送行,写下了"去吧,不要爱个人,去爱整个人民吧"的一行大字,说的就是要从小"人情"中解放出来,去讲大的"情感"。现在有些同志,错误地理解了马克思的名言——"人是社会关系的总和",把经典作家讲的生产力、生产关系和经济基础这些"物质生产方式"为核心的"社会关系总和",误读为"现实的人际关系",因此总也摆脱不了"人情陷阱",甚至成为"人情羁绊"的俘虏,这就很不对了——我们还是要像总书记讲的那样,既有人情味,更讲原则性,"特别是当个人感情同党性原则、私人关系同人民利益相抵触时,必须毫不犹豫站稳党性立场,坚定不移维护人民利益,即使被人指为'无情'、'无能'也在所不惜、不为所动"!

(2015.10)

## "八小时之外"的政治学

为什么"八小时之外"这个似乎的老生常谈,这几天又成为网上线下的热门话题?因为某省近期下发《关于加强党员领导干部"八小时以外"活动监督管理的意见》,明确提出加强监管县处级以上党员领导干部的社交圈、生活圈及休闲圈。这个"红头文件",竟然引出了当地一些官员的反弹,"官员有没有私人生活"呀,"不要侵犯隐私权"呀,"很没有安全感"呀,以及"为什么对我们这么不放心"呢?可谓不一而足。

管好管住官员的"八小时之外",其实正是因为这个"之外"很"不安全",所以对某些官员确实"很不放心"——据一项调查显示,落马官员的收受贿赂,六成以上不是发生在"八小时以内",也不在庄严肃穆的办公室里,而是起始于月黑风高的"八小时之外",成交在属于"隐私"的私宅内室,甚至发生在杯觥相交的私人宴会、灯红酒绿的歌厅舞榭,绿草成茵的高尔夫球场。"八小时之外"成为贪腐的"黄金时段",远离办公室成为贪贿的"基本形态",这是某些地方腐败高发的一个规律,成了一些官员落马下水的一个"常态",所以管一管"八小时之外",不能说不是有的放矢,不是直击了某些人的软肋七寸。

关于官员的"隐私权"与"私人生活",似乎抬到了"法治"的高度,但这恰恰是一个宪法的误区。官员当然有"隐私权",但不要忘记权威的政治学说早已揭示,现代社会的基本准则之一,就是完整的个人隐私权只适用于一国普通公民,对于担任公共职务的人而言,其个人隐私权必须牺牲一部分,这就是宪法学说的"让渡",担任的公职越高,"让渡"的权利就越多。已经有有识之士举例,为什么普通公民不必申报个人财产和配偶子女的基本信息,而官员就必须申报?为什么私企老板,他怎么灯红酒绿都可以,只要不违法,只要用的是自己的钱，而官员则不行，他不能进入高档娱乐场所，也不能随意同什么人吃饭喝酒，正如习近平总书记告诫官员的那样，"不能什么饭都吃，什么酒都喝，什么人都交，什么话都说"，至少去了要报告，吃了要能说明白？就是因为作为一个官员，你不但就是一口"不粘锅"，而且原则上要成为一个"透明体"，并没有完全的"隐私权"——你不愿意"让渡"，可以"挂印封金"嘛。

官员的确应有一己"私人生活"，应当得到尊重甚至保护，但公众对官员的私生活，往往自有几近严苛的要求，这不仅因为它关乎官员的道德操守，而且关系到公权力会不会被"私生活"侵蚀。比如对于法官，社会要求他有"高贵的孤独"，这其实是对法官的一种职业道德约束，而这正是从对法官的"八小时之外"私生活的规范而始。法官在一定程度上要远离喧嚣人群，谨慎出入社交场合，减少各种应酬，甚至要与亲朋好友保持距离，更不能陷入"江湖"，永远保持性情的冷静与人格的独立。既要约束自己的生活方式，远离纸醉金迷与声色犬马，保持独善其身的美感和高贵，又要远离鲜花掌声，清心寡欲，心如止水，不为官职所诱，不为荣誉所累，不为金钱所惑，不为美色所动，不为威武所屈，保持独立的人格和只对法律的忠诚。其实对于其他公职人员也是这样，也有特别的"私德"要求和"私生活"规则——正因为官员也是人，也有七情六欲，也不能不面对贪念人欲的诱惑，所以对于他的"私生活"，他的"八小时之外"，才更应有特殊的约束和监督。

"八小时之外"，官员也有业余生活，也有个人爱好。焦裕禄喜爱拉二胡，一曲悠扬引来了当年焦夫人；孔繁森爱好摄影，一架照相机拍遍了雪域高原；任长霞一口豫剧高腔，成为登封市尽人皆知的"品牌"，他们的"雅好"，一直被我们赞不绝口。但也有一些官员的爱好，"八小时之外"的"业余生活"，却变成了另一种腐败。摄影总是"健康的爱好"吧？但有的官员因为喜欢拍照，结果收受了几百万价值的镜头器材。书法总是"高雅艺术"吧？但有的官员涂鸦几个字，就"拍卖"出几十万的"官价"。酷爱玉石的官员，一次收下上百万的"玩意"，而痴迷于高尔夫的官员，仅这一项"爱好"，就花了公款几百万，还不算老板送的堪可"打遍天下"的会员卡呢！这种种的"私人爱好"，早已是滥用公权力的一个变相，它岂止是一点点"私生活"呢！

官员有多少"隐私权"，他的"私生活"又应有多大的"自由度"？这两个问题，从来就是政治学的基本范畴，弄清楚了这两个问号，才能使"八小时之外"的争论走上拨乱反正、正本清源的正道！

(2015.11)

## "我不是局长"？

也算作这几天的一则奇闻吧——因为国家审计署公布一个"惊人数据"，某市投资85亿元建造的3万余套保障房，竟然一直闲置，一边是有房无人入住，一边是老百姓无房得以居住，所以央视记者来到该市住建局局长办公室，请问一个究竟。谁料局长一听是采访，连呼你们搞错了，"我不是局长"，是过来看工作图纸的！而住建官网上一查，这位自称"我不是局长"的人，正是局长刘朱——当然舆论哗然之下，这个朱局长昨日（23日）即被追责免职，到了今天，真的"不是局长"啦。

"我不是局长"，为什么堪称奇闻呢？因为在我们的生活，似乎充斥于耳的是"我是局长"的吼声，而少有自称"我不是局长"的——比如数年之前，两斤白酒下肚便在公共场合非礼小女孩的深圳海事局党组书记副局长林嘉祥，面对前来交涉的女孩家长，就是大吼一声"我是局长，与你们市长一样大"！而兰州市城关区旅游局长张德礼，为了一件小小的交通碰擦而与路人发生纠纷，张局长跳下车来，不也是当街一声吼"你知道我是谁吗？我是局长"！就连"不是局长"的处长，南京市玄武区住建局副调研员陈爱平，因酒后要住宾馆，与前台工作人员发生冲突，陈处长大打出手，掌掴服务员，腿扫保安之时，不是连声高呼"我是处长，我打你还敢还手吗？"

在我们的耳畔，此伏彼起、不绝于耳的似乎是"我是局长"的当街一吼，怎么现在出来了"我不是局长"的矢口否认呢？道理似乎很简单，在某些"局长"那里，面对特权的享受，他就"我是局长"了，叫做特权凌人，借"官"而逍遥法外，到了要担当，要负责任，要面对"麻烦"时，他就"不是局长"了，变成"来看图纸"、打酱油的路人，避之一边、逃之夭夭啦——就如有的地方，企业要出生，基层要办事，"有关部门"九龙治水，个个伸出手来卡你一把，到了出点问题要他解决时，九条龙就皆作壁上观，躲得远远的，"有关部门"都变成"无关"了。就拿文首这个住建局来说，老百姓的住房天天漏水，天天去找他，七八个月也没见人接待解决，到了那个时候，不要说"局长"，连科长处长们都退避三舍，说"我不是×长"啦！

"我不是局长"，似乎少有听闻，但生活之中，这种不担当的"推事"，这种卸责任的"滑吏"却并不少见。比如改革面临攻坚，调整利益关系须要碰硬，面对"动奶酪"要得罪人，碰体制要冒风险的盘根错节，有的"一把手"就"不是局长"了，卸责溜肩，躲避滑脚，不拍板，不说话，不签字，平日里"我是局长"的豪气早就丢到了爪哇国。又比如面对错综复杂的社会矛盾，甚至一旦碰上了群体事件，有的"局长"就"不是局长"了，不敢直面，不敢担当，不敢化解，要么一拖二躲，要么要别人、下属去火中取栗，他这个"局长"一点肩胛也没有，一点勇气也不见啦，致使有的动荡愈演愈烈，有的矛盾发生质变。再比如舆情当前，甚至出现了舆论风潮，有的"局长"更是畏缩不前，躲在暗处，不出面、不澄清、不担责，坐视舆情发酵，群情激愤，直至不可收拾，就说文首这个住建局长，为什么口口声声"我不是局长"，不就是躲记者、避媒体，怕亮相、惧曝光吗？但真如网友所说，躲得了初一躲不了十五，你这个"局长"，这份责任，靠一个"躲"字，靠"我不是局长"的逃避，躲得了、避得开吗？

勇于担当，是总书记给领导干部12字座右铭的一个要义。我们当然不愿听到特权面前的"我是局长"这类吼声，但同样不愿再听到责任面前"我不是局长"的那种矢口否认。既然做了"局长"，就要负责任、有担当，像个一把手的样子，对党对人民尽好"主体责任"当好"第一责任人"；就要冲在头里、站在风口浪尖，让下属看到你领导干部赴汤蹈火的背影——我们不要仅仅把"我不是局长"当作"奇闻"，应当从中举一反三，洞察我们的官员在担当问题上的软肋命门——尤其是在当下！

(2015.11)

## 不是读史

小雪过后，小暖骤寒，到了这几天，竟有了一点冬天的肃杀。于是闭门读史，竟也读出几则"轶闻"，因为颇多感叹，不妨录以备忘，也可以飨读者。

一是陈云同志的一张"退款收据"。陈云同志逝世后，在他的遗物中找到一张退款收据，这是怎么回事呢？原来1959年6月至次年6月，陈云同志因心脏病到杭州修养，夫人于若木陪同照料。陈云对于若木说："你在陪我期间，工资不能拿"，于是于若木回上班后，把这一年的2000余元工资全部退了回去，这才有了这一张退款收据。其实这样的收据还有一张，1971年9月，陈云的大女儿陈伟力到南昌照顾父亲，陈云照例对女儿说，"国家发给你工资是让你为国做事，这时间你没给国家做事，就不能拿工资，你要把工资退还给公家"。次年6月，陈伟力回到北京，把这段时间的工资如数退回了她所在的中科院物理所。

二是习仲勋同志的一次"一票否决"。上世纪80年代前期，习仲勋担任中央政治局委员、中央书记处书记。1983年4月14日，中央决定，以后凡省市自治区人大、政协副职配备的报告，不必再交书记处讨论，由中组部报习仲勋、胡启立同志批准即可，恰在此时，陕西省委负责同志在汇报干部调配工作时，提出拟提拔的副省级干部中有习仲勋的胞弟习仲恺，不料习仲勋同志当即否定了这个提拔。其实习仲恺是抗战前参加革命的老同志，长期任地市领导，提拔也是无可非议，但习仲勋认为做干部就要以身作则，尤其是在官位面前，他说服弟弟放弃了晋升机会。

三是胡耀邦同志的一起"火山爆发"。前几天，正值耀邦百年，她的孙女胡知鸶有一篇回忆，"记得小时候弟弟霁光（即耀邦同志的大孙子）有一次肺炎发烧，爸爸妈妈白天要上班，没有带他去医院。到了第三天半夜，弟弟突然出现了呼吸困难的症状，只能送去急诊。那时爷爷已是国家领导人了，由于夜晚很难临时找到交通工具，就用了他的车送弟弟去医院急诊。其实那时家里也就这么一部车，连我奶奶都是自己上下班的"。结果怎么样呢？"爷爷知道用了他的车非常生气，家里的火山就爆发了。爷爷立即要求，除了向组织如数上交车费外，家里的人还必须向组织承认错误，并且承诺下不为例"……

这三个"小故事"，说它"轶闻"也好，"史料"也罢，我总觉得不是在"读史"。这不仅因为这些事都发生在执政之后甚至改革开放之后，最多算是"当代史"，更重要的，它们竟然都有着强烈的现实针对性甚至批判价值——陈云夫人的退款收据，让我们想起了现实生活中的"吃空饷"，有的官太太，"挂名工资"一拿就是十年，有的官二代，居然从7岁起就在机关"上班领饷"，他们如何面对陈云同志珍藏的这张收据？习仲勋同志的一票否决，更让我们想起了某些官场夫贵妻荣，鸡犬升天的怪状，李春城的老婆，不是由一个服务员而跃升为厅官了吗？不是有一个高官的弟弟，为了要空手拿地，跑到某县长办公室拍拍胸脯说你看我像谁吗？至于耀邦家的"火山爆发"，在今天的人们看来，似乎更是"不近人情"，公车私用的早已成了"常态"和"常规"，到了眼下要"车改"了，不是还在吐槽"官不聊生"吗？

三则"小故事"，说的分别是票子、位子和车子，虽说只有几十年工夫，读来都恍如隔世——"不是读史"，我们真的要把它当作现实的教材、今天的警钟啊！

(2015.12)

## 从董存瑞的呼喊说开去

董存瑞烈士的牺牲,早已过了一个甲子,那么烈士托起炸药包的那一刻,究竟喊了一句什么话呢?并不"忽然"地引出这几天的热议,不只是因为近十年来,这句话早被"虚无"成一句戏谑之言,更因为重提这声呼喊,会引起我们对于英雄宣传的一点"哲学思考"。

多少年来,我们只知道董存瑞喊出的是"为了新中国,前进!"多么豪迈,多么"高大上"。但据近日中新网采访董存瑞牺牲地河北党史研究部门的考证,烈士当时,喊的却是另一句话——"卧倒!卧倒!快趴下!"

其实董存瑞牺牲三个月后的《人民日报》,曾首刊《手托炸药箱毁敌碉堡董存瑞同志英勇牺牲》,详细还原烈士牺牲的全过程,并没有那句"为了新中国"的豪言。而1950年9月29日的该报,刊发对董存瑞战友郅顺义的专访,郅说他看到董存瑞拉开导火索后就向董跑去,但董存瑞朝他们大喊"卧倒!卧倒!快趴下!"接着一声巨响,敌桥形碉堡被炸得粉碎——不光郅顺义,到董存瑞烈士纪念馆来的当年战友都回忆,当时喊的是让他们趴下……

可见烈士当时所呼,似乎并不一定就是"为了新中国"——董存瑞烈士纪念馆馆长孙小梅认为,"他当时十七八岁的孩子一下也想不到那句话,这句豪言属于艺术加工,给英雄形象一个升华。"但以我所见,董存瑞当时如果高呼的真是这句"卧倒",那不但更为真实可信,且其英雄气概一点也不亚于"为了新中国"云云。一个十七八岁的解放军战士,临难最后一刻,想到的不是自己的生命,而是战友的安危,这是什么胸怀?这是何等高尚的形象?这句话一点也不"矮化",甚至可以更深刻地震撼人心!

为什么要不惜笔墨地"辩证"董存瑞的最后一呼呢?当然是因为过去的某

种历史条件下，我们曾对英雄进行"必要"的"升华"，甚至走向过不近人情的"拔高"。不但是样板戏中，便是在日常宣传中，"三突出"曾成"规则"，"高大上"曾为"标准"，英雄人物往往不食人间烟火，甚至变为百毒不侵、刀枪不入的"超人"，做的事不近常理，说的话句句豪言壮语，"高入云端"的结果，虽然在当时语境下的确起过某种"教育"作用，但一到多元态势下，便因不够真实，引起公众疑窦，这种教训，是应当汲取的。例如董存瑞的"卧倒！快趴下"本已十分感人，似乎并不必须"升华"到别样的"高大上"。

问题在于所谓的"左"与右，都是互相惩罚的，如果说，过去某些过度拔高的宣传，是走了一个极端的话，那么近年以来，关于英雄人物的"解构"，则是作为一种"惩罚"，又走向另一个极端，这甚至可能演化成当下的主要倾向。我们是要"回原"英雄，"恢复"真实，但如果在"颠覆"的口号下，陷入亵渎的泥沼，那就岂止是"走过了一步"？比如说，把狼牙山五壮士说成是"流寇"，又把铁道游击队说成是"恐怖分子"；再比如说，将侦查英雄杨子荣，胡诌成与土匪"共用一个情人"的"更土匪"，把刘胡兰的引颈牺牲，说成是被"颤抖的乡亲们铡死的"等等，这是"回原"与"恢复"吗？——就如关于董存瑞烈士的牺牲，我们要"回原"临难还顾及战友安危的那一句真话，但这些年来"回原"的是这句"卧倒！快趴下！"吗？不是，而是所谓的"连长，再不要相信河南人"那样的胡言，这不是走到了另一个极端吗？

对于反派人物，也在"走另一个极端"。比如过去，将大邑收租院中大麻库房，添加个水牢，固然有失"真实"，但是近些年来，刘文彩却成了办学赈济的"善人"，连他的剥削尤其是这个"中将清乡司令"手中包括共产党人萧汝霖在内的九条人命，也"不许讲了"，谁讲，就"人肉"谁！又比如汪精卫，过去不讲他年轻时也曾行刺清摄政王的"英勇"，固然有片面性，但是现在呢？因为要"重新审视"，于是便把他的投敌叛国，同当年的行刺归为"一样的心路"，这便是"甘为釜山柴薪，造就革命胜利焰火"，就是"我不入地狱，谁下地狱"的"自我牺牲"式"担当"。从马步芳到张灵甫、从陈公博到胡兰成、从张国焘到周作人，这种奇怪的"回原"，不是林林总总吗？

再说一遍，不近人情的无限"拔高"，因为有欠真实，故不可信，所以应当"回原"，真如董存瑞的最后一呼，但是不要从一个极端走向另一个极端，变成更不真实更不可信的"颠覆"——一个总是在两个极端上跳来跳去的民族，终究难以真正受人尊重。

(2016.1)

## "绰号"问题

"绰号"这个东西，本来流行于江湖——梁山泊一百零八将，人人都有绰号，到了《水浒》里头，虽是施耐庵编加，但民间毕竟早就有这样的"加冕"。始料不及的是，今日之官场，却也有了林林总总的绰号。

就拿已经落马的贪官来说，其中有不少早就在民间有了他们的绰号。曾任南京市长的季建业，因为胡乱拆建，被称为"季挖挖"，甚至被呼为"推土机市长"和"砍树市长"；曾任吉林省副省长的谷春立，在主政铁西、鞍山时因喜好暴力强拆，被称为"谷大扒"；原云南省副省长沈培平，因主政普洱时狂拆乱建，竟学着"皇军"口气现场发令，被百姓封为"拆迁大佐"；原广州市委书记万庆良，颐指气使，动辄在图上划改红线，被讽为"规划之神"，而宁夏回族自治区政府副主席白雪山，则一路以"城建"青云直上，早被吴忠等地群众叫做"白乱折"。至于曾任福建省副省长的徐刚，获号"三不书记"——不讲政治、不讲纪律、不讲规矩，已经落马的中国证监会副主席姚刚，一手遮天股票发行十余年，被封为"发审皇帝"，尤其是前天津市公安局长武长顺，黑白两道通吃，"连天津的停车场都是他的"，"武爷"的大号更是远近闻名，一直传到北京，传到总书记的耳中，引出了庙堂之高，拍案而起。

乍一看，上述官员的绰号，只是对他们"强悍作风"的讽刺，其实在绰号背后，早已隐藏着贪腐的背景。季建业这个"推土机市长"酷爱"大项目"，喜欢"强势推进"，不讲法律，不要规划，动辄随心所欲，"现场拍板"，"只要不死人，不死在现场，什么手段都可用"，是他的名言。其实季市长的"工程"，很多都有猫腻，从他主政的昆山、苏州、扬州，一直到南京，他的身边一直追随着一批"建筑老板"，而"工程腐败"在季建业受贿案中竟占了大头，可见这个"季挖挖",不是作风问题那样"简单粗暴"而已。沈培平沈副省长除了"拆迁大佐"而外,还有一个绰号,叫做"沈矿主"。他主政期间,在矿场公司兼并、开发矿产资源、处置矿区群体性事件上,一边是帮"老板",一边把他们当"金主"收受大额贿赂,矿山变成他的摇钱树,所以"大佐"背后的"矿主",才是事情的真相。

当然也有人说,老百姓起的绰号,民间的饭后茶余,那是不能听的,老百姓不了解情况,情绪又趋偏激,听他们的议论,就会"冤枉好人",就会错怪官员。但是也有一种看法,认为"群众的眼睛",基本上还是"雪亮的",他们虽然看不清官场的盘根错节,但从自身的感受,会有八九不离十的准确性。所以说老百姓给贪官起的绰号,不失为一封封无形的"举报信",而一些官员的绰号,也往往会是"腐败的信号"……

这两种说法,孰是孰非,我也弄不清楚,但亲身感受过一事,又会深有所思,略有所解。多年前在安徽某市,听街谈巷议,听饭后茶余,当地百姓莫不称那里的市委书记王怀忠为"王坏种",还有人称王书记的绰号为"王三亿",说他的贪贿收赃,早已"巨大"。但又有什么用呢?王怀忠照样一路亨通,反而升任了副省长,带着"王三亿"的桂冠坐镇了省政府!王怀忠后来终究还是落马,还判了极刑,但这和老百姓的"无形举报"似乎一毛钱关系也没有,还是官场同僚"狗咬狗"咬出来才案发的呢!

所以说,"绰号"问题终究是个"问题",值得我们举一反三。

(2016.1)

## 不是曹雪芹？

一部《红楼梦》，倾倒了多少代人，而一门"红学"，则又让多少人捧起了"饭碗"。

"红学"的新成果，年年有石破天惊，夺目的新发现，有如星汉灿烂，若出其里——最近的一项"新贡献"，早已不是了前段关于林黛玉的胸围、腰围以及她脚的大小鞋的尺寸，而是又一次关于《红楼梦》作者的颠覆，其言凿凿，说她不是曹雪芹，根本就是冒辟疆！这样一来，这位冒公子，就成了《红楼梦》发现史上第63个"真正的作者"啦！这回不是洪升，也不是李渔，更不是袁枚，而是大名鼎鼎的明代四公子之一的冒才子了。

冒辟疆当然不是无名小卒，这位当年复社的重要成员，曾经在大明王朝危急关头发表《留都防乱公揭》，指斥阮大铖等祸国殃民的阉党余孽。尤其是冒公子在金陵结识了秦淮名妓董小宛，并与董小宛于明亡后隐居故乡如皋水绘园——于是如皋的学者就坐不住了，从大观园的设计原理到水绘园收藏的石头，从董名妓的经历，到冒家的戏班，从董小宛擅长厨艺，特别是到《红楼梦》里出现过的"如皋方言"，"无不证明"，《红楼梦》的真正作者绝不是什么曹雪芹，而是俺们的冒辟疆！"冒公子以自己为原型，创造了贾宝玉"，而林黛玉的原型，就是董小宛！

尽管"冒辟疆说"在网上一时波澜汹涌，尽管经一位大V转发后，竟有近万人跟着转发，看来曹雪芹的著作权、署名权就要保不住了。但也有"红学"大腕却说，"冒辟疆说"槽点太多，太过荒诞，他已经"无力吐槽"。比如说，《红楼梦》第54回，贾母指着湘云说道，"我像她这么大的时节，她爷爷有一班小戏，偏有一个弹琴的凑了来，即如《西厢记》的《听琴》、《玉簪记》的《琴挑》、《续琵琶》的《胡笳十八拍》，竟成了真的了，比这个更如何？"这段话里提到的《续琵琶》，是曹雪芹祖父曹寅的剧作，面市于康熙四十二年，即1703年，而冒辟疆冒公子则早在十年前即1693年就归了天。"试想，如果冒辟疆是《红楼梦》的作者，他怎么可能未卜先知地就将《续琵琶》写进《红楼梦》呢？"仅此一例，大概就可以证明"冒说"的不经了吧？

其实，不但关于《红楼梦》作者，就是关于书中两位主人翁，各种各样的"原型"说也不断地"推陈出新"——有学者将李清照的才华、形象、性格、爱好、身世经历以及诗词文赋，进行"仔细分析"，断言"林黛玉就是李清照"，而也有高人认定，贾宝玉的原型，不是废太子胤礽，就是词人纳兰性德——这样的"研究"，大概还算靠谱的，近年以来，有的"红学"早已走火入魔，比如大观园的人们经常聚在一起喝茶饮酒，他们喝的什么茶？每个人茶叶放多少？用什么样的茶具？泡茶的水是自来水还是泉水？喝酒喝的是米酒、黄酒，还是白酒？酒是什么牌子、怎样包装？酒精多少度？谁喝酒上脸谁不上脸？每个人酒量如何？贾宝玉在薛姨妈处为什么要喝两碗鸡皮汤，而不是一碗或三碗？为什么是鸡皮汤而不是别的什么汤？作为男人，贾宝玉为何要蹲下小便？《红楼梦》里吃螃蟹是常事，吃的河蟹还是海蟹？还是大闸蟹？公蟹还是母蟹？尤其是王熙凤毒设相思局，骗得贾瑞晚上等她时，"哗啦啦一净桶粪可巧浇了他一头一身"，到底浇的是什么粪？这种被红学会长冯其庸斥为"非学术和非道德的喧闹"，一时竟也甚嚣尘上，不一而足。

呜呼了，"非"字头的"红学"！

(2016.2)

## 六尺巷也要抢？

桐城西南宰相府中的六尺巷，本来有点名气，这两年来，又有两件事儿，使六尺巷名闻遐迩——是前年的11月15日，王岐山同志低调去了一趟六尺巷，之后一周之内，当地五名官员落马；二是不久前的春晚之上，赵薇一曲《六尺巷》，唱尽了高扬的旋律，六尺巷一夜之间，变得尽人皆知。

据《桐城县志》说，清康熙年间文学殿大学士兼礼部尚书张英老家的人与邻居吴家因宅基问题上起了争执，谁也不肯相让于丝毫，张家人飞书京城，让张英出面"摆平"吴家。张英阅信，仅释然一笑，挥毫写下一首诗，"一纸书来只为墙，让他三尺又何妨。长城万里今犹在，不见当年秦始皇。"家人见之，只好"让"，让三尺看看，即将垣墙拆让三尺。尚书一家的"让"，感动得吴家热泪盈眶，于是也将围墙后退三尺。两家之间，空了一条巷子，共六尺宽，这条几十丈长的巷子虽短，但留给人们的思考却很长，这条宽六尺的巷子，从此村民可以自由通过，这就是名闻后世的"六尺巷"。

赵薇那晚，唱的当然是桐城的六尺巷，据报道，春晚次日起，整个春节期间，"前往桐城争观六尺巷的游客爆满，以致窄窄的小巷被堵得水泄不通"，连六尺巷周边的小吃都被一扫而空——于是又据报道，因为这个火爆，"山东的聊城人不干了，争六尺巷到底应属谁家的帖子，一时间真是不少"！

"聊城人"为什么"不干了"，桐城的六尺巷火了，与你又有何干？有关系的，而且还很直接，因为据说，在聊城也有一个六尺巷，而且也是"古已有之"——据"聊城人"说，他们的"六尺巷"，在水城东关大街东首路北，说的是清代开国状元聊城人傅以渐，在京城为秘书院大学士，加封太子太保，授武英殿大学士兼户部尚书。家中也是因宅基纠纷，修书一封，送到京城，希望他能撑腰。傅大学士遂修一纸家书,曰"千里修书只为墙,让他三尺又何妨?万里长城今犹在,不见当年秦始皇"。后面的故事,就雷同啦,也是家人见诗,自感惭愧,主动让出三尺,也是邻居知道后,深感不安,又让出三尺,于是形成了今天的"六尺巷"。"聊城人"还强调说,这傅以渐的后代,就是近代名闻天下的一代学者、著名教育家傅斯年呢!

难怪"聊城人不干了",六尺巷的归属还是个大悬案,为什么只有你桐城一家火?所以一定要争一下,"抢"回来。其实对六尺巷有"主权主张"的,又何止聊城一地,江苏的泰州、河南的安阳、河北的霸县等等,据说全国已经声明有"六尺巷"的已有十五个地方!他们是否摩拳擦掌,是否愤愤不平,就只有天知道了——至少已经有山西人士,引经据典,从明清笔记中找到"记载",说是明代晋地榆社举人李锦袭,其公子与邻居争墙地不得,写信求助父亲。李锦袭回信一诗,道是"千里寄书只为墙,让他一步又何妨。含元殿上离离草,原辈风流诗味长",比你们都要早呢!

我不知道关于"六尺巷"的烽烟,会不会遍燃四起。但近年以来,一个"抢"字,早已硝烟弥漫——明君清官的家乡要抢,奸臣权相的故地也要抢;确有其人的要抢,妖魔鬼怪的"故里"也要抢;流芳百世的古人要抢,遗臭万年的反角,他的"出生地"、"祖居处"也要抢。这样看起来,一个"六尺巷"的争抢,如果真的"打起来",就不算怎么地荒诞啦——只是那句"让他三尺又何妨",当今年代,是没有人再记得了。

(2016.2)

## 墨吏之"孝"

这大概可以算作"第二十五孝"了吧——原安徽省淮北市政协主席,正厅级的贪官阚相华,终审下来,受贿409万,但阚主席手里一文也没有。钱到哪去了呢?都交给了母亲,阚相华每受贿一笔,基本不过夜,就跑到母亲那里,如数"孝敬"。

网民之间,多调侃阚相华是个"孝子",也有曰自古忠孝不能两全的,你"孝"了老母,结果背叛了人民,做了阶下囚。当然更有有识人士,说这哪里是"孝",大凡贪官,不但两边不能全,更是"忠孝俱失"啊!

这是极有道理的——两年之前,也是在"己晚谭",我曾写过《且听雷母那席话》的短文,雷母说了什么话呢?雷政富开审的前两天,在重庆长寿区孝庄村,75岁的雷母愁肠百结,说老伴前几天突然离世,过两天儿子又要在法庭上受审,这几天简直是度日如年啊。双手厚厚老茧的雷母,一遍遍地说"做啥子官嘛",如果可以选择,她宁可儿子当初没有走出大山,宁可儿子在老家种地,在外面打工……"其实那几天老太太还一遍遍地说,只要能等到儿子回来,就不会再让他离开,叫他住在自己的屋里,"什么工资都不要,什么钱都不要——什么也不要,就待在我身边",而雷政富71岁的阿姨秀碧也叹息:"这真是家破人亡啊,平平安安做啥子官嘛"……

其实贪官之"母",岂但是"度日如年"?四川省交通副厅长周道访的老母,在电视上看到儿子被定罪受贿千万,当场就咽了气,郑的岳母也在女婿案发后服毒自杀;开封市原市长周以忠落网,老母把双眼给哭瞎了……当然更可悲的,是胡长清的岳父孙竹佰,硬是被"活活气死"——胡长清的岳父母,都是厚道农民,在他们眼里,胡长清是个"孝顺"的女婿啊。1999年11月,年近九旬的孙竹佰老人，在电视里得知胡被"双开"，并移送司法处理。老人天真地认为，胡只是被摘了顶戴，但只要认罪，出来之后还可种田。老人天天早晚烧两次香，说皇天不负有心人，只要心诚，菩萨显灵必定会保佑胡长清。谁料次年3月5日，老人又在电视里得知胡长清已于当日上午在南昌被执行死刑，当即"热血上涌"，"一头栽倒"。当晚孙竹佰带着极度的绝望离开人世。"一生为人老实，经常预言会有个'好死'的老人，万万没想到竟被爱婿活活气死"！

再来听一听安徽省原副省长倪发科在法庭上的这一大段"最后陈述"——"我老母已91岁高龄，曾在那艰难困苦的年代，含辛茹苦用米糠和野菜让我活下来，之后省吃俭用供我读书。我担任领导干部后，为支持我工作减少我负担，几十年一直远离我居住。"

"我去年出事后，老人整日以泪洗面，至今日日盼望两个囹圄中的儿子在她有生之年能回家，听到我近期要开庭审判，老人要求到庭看我一眼。'慈母心中念，囚中儿子思'，我何不想见老母一面，可是我不忍心91岁的老母见儿伤感，我让老人失望了，我只能向远方的老母道一声对不起，妈妈，儿子不孝，来世再报答您的养育之恩"……

在即将写完此文的时候，传来贵州省水利厅原厅长黎平被判十余年徒刑的消息，也是年已耄耋的黎平老母，面对入狱的儿子，只有再三叮嘱，你好好表现，我等你出来——但愿那时已近百岁的黎母，真的可以等到罪儿"出来"呵，更但愿天下为官的"儿子"们，读一读这篇小文，懂得"腐败是最大的不孝"的天经地义！

(2016.3)

## 卖官也标"明码"?

这篇小文,写的是卖官的"明码标价",却是从一宗并不"明码"的"市场行为"说起——一年多前,也是在"已晚谭",我曾写过《新"官场现形记"》一文,里头讲了三门峡市一个收啤酒瓶的小混混聂卫东,"买"了副市长后,在酒席上叹息"我准备了200万,结果只花了100万就办成了。"这是怎么回事呢?原来三门峡市的市委书记连子恒和组织部长李卫民"比赛"卖官,你卖一个,我也卖一个,为了畅销,不惜竞相降价,所以出现了随行就市的"市场价",所以聂卫东这个"副市长",原来要200万,结果价比两家,100万就搞定啦!

于是有人说,连书记和李部长这样"竞卖",把"市场"搞乱了,在有些官场,乌纱帽是有价有含金量的,你这样搞,不是把价格搞下去了吗?所以还是"明码标价"比较好,比较刚性,不让买家钻空子,比如近日披露的广东省公安厅交管局政委,汕尾市公安局长马伟灵就比较好——马局长有一张卖官表,都是明码标价的,都是不二价,比如说,要买分局长一级的官,50万人民币,如果是港币或美金也行,总之折合50万,而大队长或所长一级的小官儿,则一概港币10万,老少无欺,也没得商量。

其实明码标价地卖官的,决非马局长一人,比如当过盟委书记又升了内蒙古自治区副主席的刘卓志,86次受贿817万,主要是卖官收入。刘书记卖官也有"价目表",如牛志美升任县级的锡林浩特市委书记,向刘卓志付了42万人民币加3万美金,折合65万;某公司董事长张某人要当政协委员,付刘卓志59万元;贾乘麟付了65万,官授市规划局长,某旗委副书记付40万,当上地级市的局长,等等。

卖官的"明码标价"也好,"竞价甩卖"也罢,真的是把某些地方的官场当成了"市场"。已经落马的大老虎苏荣,说得再形象不过了——"我家成了'权钱交易所',我就是'所长',老婆是'收款员'"。苏某卖官,什么人的钱都收,上至省级干部下到副县级,什么东西都要,既有巨额现金也有名贵字画、瓷器,连价值仅千元的小摆件也来者不拒,办成的收,办不成也收,还有收钱不办事,不给"官"的。这就不那么地道了,既要"明码标价",就该"银货两讫"啊,所以苏某的妻儿,一直为这事跟他吵,为付钱请托者兑现,看来他俩倒是有一点"诚信"的呵!

当然也有老百姓,看了这些"价目表",说买个官这么贵,不是划不来吗……南方的一笔交易,买个区长花了30万美金。其实是"一本万利"的生意,否则不会趋之若鹜。近日网上,就讲了个生动的故事,担任山东巨野县田桥镇党委书记的陈宜民,敲开县委书记刘贞坚家门,说要换届了,想当个副县长,留下一张10万元的银行卡。陈宜民凭区区10万元买到副县长后5年任期内,便贪了400万,你说划得来划不来呢?所以贵一点,也要买。

卖官的"明码标价",近期成了网上线下一个热点,也有饱学之士,说那张表"古已有之"——秦朝"缴粟千石,拜爵一级",东汉卖爵授官,以致"天下贿成,人受其弊",宋徽宗时,"斗量珠,便龙图;五千索,直秘阁;二千货,且通判",明中后期,"未用一官,先行贿赂,文武俱是一般"。那么这几个朝代,结局竟是如何呢?那是有史共睹的。所以说,卖官一节,曾在某些地方上行下效,几成风气,千万不可小看呵!

(2016.4)

图书在版编目（CIP）数据

"戏说"背后的迷雾/凌河著.-上海：上海文艺出版社.2016.12
ISBN 978-7-5321-6212-3
Ⅰ.①戏… Ⅱ.①凌… Ⅲ.①杂文集－中国－当代
Ⅳ.①I267.1
中国版本图书馆CIP数据核字（2016）第269451号

责任编辑：徐如麒
封面设计：徐　徐

书　　名："戏说"背后的迷雾
作　　者：凌　河
出　　版：上海世纪出版集团　　上海文艺出版社
地　　址：上海绍兴路7号　200020
发　　行：上海世纪出版股份有限公司发行中心发行
　　　　　上海福建中路193号　200001　www.ewen.co
印　　刷：上海文艺大一印刷有限公司
开　　本：700×1000　1/16
印　　张：25
插　　页：2
字　　数：383,000
印　　次：2016年12月第1版 2016年12月第1次印刷
ＩＳＢＮ：978-7-5321-6212-3/I・4958
定　　价：39.00元
告读者：如发现本书有质量问题请与印刷厂质量科联系　T:021-59404766